商業概論

名古屋学院大学商学部 ◎編

岡田千尋／清水　真／髙木直人／岡田一範
蒲生智哉／岩出和也／濱　満久／杉浦礼子
三井　哲／姜　喜永／小谷光正／岡本　純

中央経済社

はじめに

　「商学」という学問領域は基本的に「商業」を分析対象とするものであり，従来多くの研究者によって分析・探究され，それなりの業績が残されてきているにもかかわらず，同じ対象領域を分析対象としながらも，残された業績の内容は多種多様で統一的な見解はほとんどない，というのが現状である。
　これには種々の要因が考えられるが，例えば「商業」とは何か，ということに関してみても，ある者は商業なるものを外形的あるいは表面的に捉えたり，商品流通を現象的に捉えてその担当する組織や企業，形態などを分析対象としたり，分析に対する基本的視角が異なっていたりと，それぞれの観点からおこなわれてきた結果であろう。
　さらに近年では，商学なり商業学は「古い学問」と評されたり，「商業ではなく流通」が新たな領域とみられて分析・探究が多くなされてくるなど，商業に関する分析・探求はほとんどなされなくなってきている。
　また，大学においても従来の「商学部」が名称変更されたり，商学部であったにしても従来設置されていた商学総論や商業論，商業史，商業政策などの科目名が流通概論や流通論，流通政策などに名称変更され，「商業ではなくもはや流通がトレンド」であるかのごとく扱われてきている。
　こうした状況下において，あえて今なぜ「商業概論」として本書を上梓するのか，それは，もう一度「商学とは何か」「商業とは何か」を問い直してみようと考えたからである。もちろん，本書で取り上げた諸章で「壮大な商学体系」すべてが探求できているわけではないが，執筆者一同はこれを出発の書として今後も「商学」を探求していきたいと考えている。
　本書は，第1章以下次のような内容で構成されている。まず第1章「商業の歴史と理論」では，商業概念を把握するために，商業の発生から発展，さらに

商業の理論や学説を通して商業の本質を明らかにしている。第2章「卸売業」では，卸売業の意義と機能を確認し，卸売業者の種類や市場について要説している。第3章「総合商社と専門商社」では，日本における商社の基本的役割について論述したうえで，総合商社と専門商社に分類し，その歴史や特性について具体例を用いて概説している。また，近年の商社機能の変貌やグローバル活動など今後の商社の方向性について触れている。第4章「小売商業」では，小売商業の役割を確認し，その構造や業種業態について要説している。さらに，小売業主導の流通システムとしての流通系列化や小売機関の発展や理論についても考察している。第5章「生活の中の小売業」では，身近な小売業として百貨店，スーパー，コンビニエンス・ストアなどの業態について説明している。また，インターネットの普及によって誕生した無店舗型小売業について具体例をあげて考察している。さらに有店舗小売業と無店舗小売業の結びつきとしてＯ２Ｏやオムニチャネルなど今後の小売業の発展についても論述している。第6章「流通政策」では，公共政策である流通政策に関する活動や機能について，その根拠や目的，体系を確認し，政策がどのように展開されてきたのか，歴史的な流れを通して考察している。第7章「物流」では，近年高まる物流の重要性を理解し，物流およびロジスティクスの概念の変遷を明らかにする。そして，今日的物流の展開として現代企業に不可欠な物流の広域化，高度化，複雑化について考察している。第8章「金融」では，金融の役割や定義について論じたうえで金融仲介機関の役割について要説している。そして，銀行業務と信用創造機能について論じている。さらに，金融の新しい動きとしてITを活用した革新的金融サービス事業として実現したビットコインを代表とするフィンティックの概要について考察を加えている。第9章「証券論」では，証券市場と証券投資について明らかにしたうえで，証券制度や市場について論じている。そして，投資家がどのような投資選択をするべきかというポートフォリオ理論や資本市場理論について分析し，モデルを用いて考察している。さらに，先物取引とオプション取引についても述べている。第10章「商品政策論の展開」では，マーチャンダイジングとは何かを明らかにしたうえで，価格政策，単品管

理，カテゴリーマネジメント，仕入れ・在庫調整などの商品管理や小売業者の代表的な小売業として百貨店における商品政策について述べている。第11章「消費者行動」では，消費者は流通経路の末端に位置する受動的な存在ではなく，情報の発信者として能動的な立場に位置しているという観点から消費者をとらえ，集計水準や選択行動に着目した分析や代表的な分析モデルをあげ消費者行動を分類している。そして，消費者の購買行動における意思決定プロセスや影響を及ぼす要因について要説している。

　本書の執筆者たちは，それぞれの章ごとに，各自の視点を入れながらその見解を自由に展開している。したがって編集にあたっては何らの修正を加えることなく1冊にまとめることにした。さらに取り上げるべき課題や記述したい論点は多くあるものの，残念ながら紙幅の都合や制約のために触れるには至らなかった。

　この点についてはご寛容いただき，今後機会があればいっそう研鑽，推敲を重ね，より充実したものにしていきたいと考えている。

　本書を執筆するに当たり，現代商業や商業学を学習する人たちの基本的なテキストとして活用できるよう，できるだけわかりやすく記述するように努めた。本書が，商業を学ぶ人や研究を志す人にとって，少しでも参考になれば幸いである。

　最後に本書の出版にあたり，快くお引き受けいただいた中央経済社浜田氏に，また編集の方々のご厚意に，心からお礼を申し上げる次第である。

2019年3月

著者を代表して

岡田千尋

岡本　純

目　次

はじめに

第1章　商業の歴史と理論 … 1

1　商業の発生と発展 … 1
2　商業学の対象と理論 … 5

第2章　卸売業 … 17

1　卸売業 … 17
2　卸売業の社会的機能 … 18
3　流通機構と卸売業 … 24
4　卸売市場流通 … 28
5　米の流通 … 30

第3章　総合商社と専門商社 … 35

1　商社の基本的な役割 … 35
2　商社が生業とする事業 … 38
3　総合商社の歴史と7大商社 … 40
4　専門商社とその分類 … 45
5　商社の機能の変貌とグローバル活動 … 53

第4章　小売商業　…57

1. 小売商業の役割 … 57
2. 小売業主導の流通システム … 65
3. 小売機関の発展，理論 … 70

第5章　生活の中の小売業　…75

1. 身近な小売業 … 75
2. 無店舗型小売業態の誕生と拡大 … 80
3. 無店舗型小売業態の具体例 … 86
4. 有店舗小売業と無店舗小売業の結びつき … 93

第6章　流通政策　…97

1. 流通政策の基礎 … 97
2. 戦前の大型店規制と中小小売商問題 … 100
3. 戦後の振興政策と近代化政策 … 102
4. 戦後の調整政策と大型店規制 … 106
5. 流通政策の転換：まちづくり政策の成立と展開 … 110

第7章　物　流　…117

1. 物流とは … 117
2. 物流機能の分類 … 126

　　　　3　今日的物流の展開 ………………………………… *133*

第8章　金　　　融
　　　　　　　　　　　　　　　　　　　　　　　　　　　139
　　　　1　金融とは ………………………………………… *139*
　　　　2　金融仲介機関の役割 …………………………… *142*
　　　　3　銀行の業務と信用創造機能 …………………… *145*
　　　　4　金利 ……………………………………………… *153*
　　　　5　金融の新しい動き ……………………………… *157*

第9章　証　券　論
　　　　　　　　　　　　　　　　　　　　　　　　　　　161
　　　　1　証券市場と証券投資 …………………………… *161*
　　　　2　証券制度 ………………………………………… *163*
　　　　3　証券の発行市場 ………………………………… *166*
　　　　4　証券の流通市場 ………………………………… *169*
　　　　5　ポートフォリオ理論と資本市場理論 ………… *172*
　　　　6　先物取引とオプション取引 …………………… *178*

第10章　商品政策論の展開
　　　　　　　　　　　　　　　　　　　　　　　　　　　183
　　　　1　商品政策の概念 ………………………………… *183*
　　　　2　小売業の商品管理 ……………………………… *189*
　　　　3　小売業者がおこなう商品政策 ………………… *198*

第11章　消費者行動

1　日常生活における消費と購買 …………………… 207
2　消費者行動の分類 ……………………………… 210
3　消費者の購買行動における意思決定プロセス …… 216
4　消費者の購買行動に影響を及す要因 …………… 220

索引 ……………………………………………………… 225
執筆者一覧 ……………………………………………… 228

第1章

商業の歴史と理論

1 商業の発生と発展

1.1 古代から江戸時代までの概略
(1) 自給自足から物々交換へ

　もっとも初期の社会経済状態の時代には商業は存在していなかった。生活単位は家族あるいは同じ血族間の集団である種族という類型であり、最重要関心事は自らの生存を保つことであった。したがって、衣食住などはすべて自らの努力によって手に入れる以外に方法はなかった。その生計は天然資源や自らの力・可能性にすべて依存せざるを得なかった。すなわち、彼らは自然の動植物を採取・狩猟し、自らの生活の必要を満たす自給自足の生活を営んでいた。

　そのうち、家族からその発展形態としての種族・部族などの集団が発生するようになり、互いに独立して併存するようになるが、それでもまだこれら集団の内部においては私的所有は認められず、自然に働きかける採取・狩猟などのいわゆる生産は集団のためにおこなわれ、収穫物は共有原則であり、交換は偶然的なものを除けばほとんどおこなわれていなかった、といってよい。こうした原始社会においては生産物・収穫物の分配は"長"の命令によっておこなわれ、種族全体の生活の維持にあてられていた。

　その後、社会の生産力が次第に増大するようになり余剰生産物が生じるようになると、集団の欲望は増大することとなり集団間で交換がおこなわれるようになる。しかしながらこの段階では交換はまだ偶然的なものであり、規則的な

交換がおこなわれるようになるのは集団間の社会的分業がある程度発達した後であると考えられる。このような規則的な交換の発生は紀元前3〜4千年，旧石器時代と新石器時代の中間であるといわれている。

　このような集団間の自然的環境や生産方法の相違に基づく生産物は集団相互間の交換を引き起こすものであり，このような環境の相違による規則的交換は，ある集団とその隣接諸集団との間に始まったものと推察される。

　その後，農耕が発生し，それを専門におこなう者と生産量を増大させるための生産諸用具を専門に生産するものなどが現れるようになり，集団内での分業がみられるようになった。こうして労働が専門化され，生産用具の改良が促されるようになると余剰生産物の生産は確実になると同時に増大するようになり，交換は一般的になった。こうして，物々交換が広がりをみせると，一定の場所を利用して規則的に交換がおこなわれるようになった。これが"市"の始まりである。

(2)　**物々交換から売買へ**

　しかし，こうした物々交換では互いに交換を希望する品物や数量が一致しないなど，条件が合わないことが多い。このような不便を除くために，誰に対しても交換物資となり得る，あるいは通用するもの（例えば貝や石，毛皮など）を用いてそれらを媒介にして交換をおこなうようになった。これが貨幣の始まりであって"物品貨幣"といわれるものである。その後次第に保存や運搬に便利な金，銀，銅，鉄などの金属が貨幣として用いられるようになった。わが国最初の鋳造貨幣は708年（和銅元年）に作られた"和同開珎"だとされている。

　こうして，貨幣の利用とともに人々は自分の生産物をまず貨幣と交換し，その貨幣と自分の欲しいものを交換して手に入れるようになり，交換は売買の形をとるようになった。その結果，物資の交換が円滑におこなわれるようになっただけでなく，交換（売買）の範囲も次第に拡大していった。

　その一方，このような交換（売買）の発達と並行して分業も次第に発達していった。こうして物資の交換が規則的におこなわれるようになると，人々はそ

れぞれの自然的，地理的環境や自らの能力に適した物資を専門に生産するようになる。これが生産者の分業であって，農作物を専門に生産するものや道具その他の手工業品を専門に生産する人々との間に分業がおこなわれるようになる。それとともに生産者から物資を買い入れ，それを必要とするものに販売することを業とする"商人"が現れ，分業と交換は次第に発達していった。

こうして，わが国では13世紀頃になると分業はより発達し，物資の流通ルートも開けるとともに商品流通は一段の広がりをみせるようになり，これらの中から問丸や座とよばれる商業の専業者が各地に発達することになる。

このうち問丸は全国の荘園から領主の住む中央都市への年貢物を輸送する業者として現れ，後には全国の主な交通の要所に居住し，物資の保管や販売も兼ねるようになる。また市は中央の都市だけでなく地方の主要な地にも盛んに開設されるようになり，三斎市（月3回の市）や六斎市（月6回の市），四のつく日の四日市や八のつく日の八日市などの定期市が普及していった。それら地域には常設の店舗が出現することもあり，次第に町場が形成されていくようになる。

1.2 江戸時代の概略

江戸時代になると，商品生産は飛躍的に伸び，貨幣の使用は一般化してくる。また商品流通の範囲は全国的規模にまで拡大するようになる。この時代には大名や武士を中心として商人や職人が住む城下町が全国に作られた。これらの中でも最大の消費者である大名や武士層は，生活必需品を貨幣で購入する必要があったので，いわゆる給料として与えられる米や特産品を貨幣に交換する必要があった。そのため，米商人や蔵元，両替商などの商人がこれらを担当するようになった。

特に，全国の物資の多くは各地より大阪に一度集められ，そこから大消費地である江戸に送り出されるようになったので，それらに関係する多数の専門業者が生じ，複雑な流通機構が作り出されることとなった。例えば，生産物は生産者から仲買人によって集荷され，問屋に販売され，問屋から各消費地の仲買

人を通して小売人の手を経て消費者に流通するというような経路ができあがった。

　問屋はこの流通機構の中心的存在となり，当初の保管や販売だけでなく次第に生産者に商品を作らせたり，直接買い付けたり，やがては生産者に資金を融通することによって彼らを支配する（いわゆる問屋制家内工業）ようになっていった。

1.3　明治以降の概略

　わが国では明治以降，経済システムは資本主義経済システムへと変わり，近代的な生産や流通の仕組みができあがる。株式会社制度の確立や産業革命による機械制工業の急速な発達，問屋の支配から独立した生産者による大規模な生産体制の確立などによって，生産物の大部分はこれらの企業によって大量に生産されるようになった。

　こうして大規模な商品生産体制ができあがるとともに経済社会も大きく発達することとなり，各地に多くの卸売商，小売商が生まれるようになった。特に江戸時代からの伝統的な呉服商から転化した百貨店が登場するなど，近代的小売商業が生まれ始めた。

　第一次世界大戦をさかいに生産技術は飛躍的に進歩し，生産規模はますます増大，多種多様な商品が大量に生産されるようになった。それに伴って商業や工業の中心地としての大都市が生まれ，そこに多くの消費者が集まるようになっていった。こうした生産と消費の発展は第二次世界大戦後特にめざましく，百貨店だけでなくスーパーやチェーンストアなどの大規模な小売商が現れ，大都市のみならず地方中小都市にまで進出するようになった。

　卸売部門においても財閥や関西五綿を基礎に総合商社が，さらには各産業部門においても大規模な専門商社が現れることとなった。

　また，大規模生産者の中には商品販売ルートを確実に確保すべく自ら直接販売をおこなったり販売会社を設立したりする。さらに独立の卸・小売商を自己の支配下に置く，いわゆる"流通系列化"ともよばれる独自の流通経路を作り

上げていった。

このように，経済生活の発達に伴い，商業も大きな発展を遂げてきたのであり，今日では国民経済の中の重要な基本的産業部門の1つとなっているのである。

2 商業学の対象と理論

2.1 商業理論の必要性

商業を理論的に捉えるということは，商業の本質を規定し，その特徴，形態，機能の分析，解明を通して商業に固有の法則を抽出することにある。それ故に商業を規定することは非常に重要な意味をもっている。というのも，商業は資本主義社会にのみ存在しているわけではなく，前資本主義社会にも社会主義社会にも存在しているからである。しかし，商業はすべての経済社会に存在するとしてもすべての社会で同じようにあらわれるのではなく，すべて異なってあらわれており，したがってその本質も異なってくるのである。このことは，今われわれが知ることのできる種々の商業学説にあらわれている。つまり，商業の規定のしかたによってその研究対象の領域が異なることとなり，したがってその研究方法も必然的に異なることになる。これらについて詳しくは次項以降で展開するが，ここでは商業の一般的な規定と研究方法について簡単にみてみることにしよう。

まず商業をいかに規定するかについては広狭両面から捉えることができる。というのも，一般的に商業の発生は交換経済社会における売買の発生にその可能性が求められるのである。したがって，古代社会にも商業は存在している。もちろん，中世，近世へと移行するに従って商業は種々の形態をとりながら種々の機能を付加し，あるいは削除して現代へと発展してくるが，前資本主義社会における商業の力は強大であり，国富の源泉とも捉えられ，「重商主義」の時代があったことは周知の事実である。

ところが資本主義社会に移行すると「工業」中心となり，いわゆる生産主導

型産業構造のもとで商業は生産に従属するかたちとなる。すなわち，資本主義社会ではもはや商業は経済の中心とはなりえない存在となる。

さらに，社会主義社会においても種々の商業機関が存在しており，商業は交換経済社会以後のすべての国，すべての時代，すなわち，あらゆる社会に存在するのである。もちろん社会形態の違いによって商業の本質，形態，機能は異なっている。とはいえ，商業としての一定の共通性をもっており，それ故にこそ広義の商業論が展開されるのである。したがって，商業を広義に規定すると，それは，あらゆる社会を通じた商業の一般的法則を研究することになる。

これに対して，商業を狭義に規定すれば，すなわち狭義の商業論の場合には社会のある特定の歴史的段階における商業の本質，形態，機能を研究し，その法則をあきらかにすることになる。だからこそ，封建制社会，資本主義社会，社会主義社会等の商業論が展開される必然性があるわけである。

このように，商業の広義，狭義の規定によってその研究対象，方法が異なる。さらに，このような広狭の違いだけではなく，研究対象をいかにするかによっても商業の研究方法は異なる。すなわち商業を社会経済的に捉えるのか，個別経済的に捉えるのかによって経済学的研究，経営学的研究にわかれる。

このうち経済学的研究はさらに，経済学の一般理論の一部として研究する場合と，商業という部門の特殊経済理論の1つとして研究する，という2つにわかれる。したがってさしあたり3つのアプローチが可能である。このうち経済学の一般理論の一部として研究する場合には，流通という再生産に不可欠な領域を担当するものとしての商業が研究されねばならない。つまり，再生産の基本的な経済法則を解明するための商業の研究である。しかしこの観点からの研究は充分になされたとはいえず，経済学のなかでの商業の取り扱いはきわめて不十分とならざるをえなかった。

ところがこの商業の具体的現象は個々の商人の売買の絡み合いの全体である。したがってその研究素材は個々の再販売購入者の売買である。これを取り扱うのは商業の経営学的研究の課題であり，これが経営学の一分化としての商業論である。

この経営学的研究は戦前のわが国の商業研究の1つの主要な方法であった。というのも，わが国の商業学はヨーロッパ，特にドイツ商業学の影響を強く受けて発展してきているが，今世紀初頭のドイツではいわゆるドイツ経営経済学が主として商業学，および簿記や会計を中心として成立し，その発展の過程で，生産・工業の問題をも含むにいたったように，商業学は経営学のなかに発展的に解消されている。そのドイツ経営経済学の影響を受けたわが国商業学が経営学的研究を1つの主要な柱としたのは紛れもない事実である。

さらに，アメリカのマーケティング論のわが国への輸入によって商業の研究は，経営経済学中に発展的に取り込まれ，商業政策は国民経済政策の一部を形成したり，商品流通部門は経営経済的商品交通論とみられ，商業経営学は応用経営学として取り扱われたりした。その他商業会計，取引所論，商品学，商業地理，商業史，貿易実務等商業に関する学問は，それぞれの分科において展開されることとなった。

このように，対象，方法等によって種々のアプローチがあるが，われわれがここでみていこうとするのは商業という経済部門の1つの領域であり，部門別特殊経済理論としての商業論である。つまり，以上みてきたアプローチには各々それなりの見解があるとはいえ，商業論の基本的任務は商業の本質を規定し，その固有の法則を抽出することにあるのであり，商品流通を担当する商業のその時々の特徴，形態，機能を分析，解明することにある。それ故に，経済学の一般理論の1つとしてみる方法や経営学的アプローチはこれらの要求に応えられないからである。それではこうした観点から提唱されてきた種々の学説の中から商業の本質規定とその対象領域について主要なものを次項以降でみていくことにしよう。

2.2　交換説

この説は「交換＝商業」と捉える見解であり，交換そのものが"商業"と考えられた時代の概念であるが，いくつかに分類される。

第一に，交換一般を商業と見る立場である。これは，交換が偶然的，例外的

におこなわれるか規則的におこなわれるかを区別しないだけでなく，交換そのものが物々交換であるか貨幣との交換（すなわち売買）であるかも問わないものである。とにかく交換でありさえすればそれを商業と捉える見解である。

第2は，規則的，組織的におこなわれる交換のみを商業と見る立場である。この立場は，偶然的，例外的にしかおこなわれないような交換は商業とはみなさないが，交換に際して貨幣が用いられるか否かをとわない。すなわち物々交換であっても売買であってもとにかく規則的におこなわれればそれをすべて商業とみなすのである。

第3には，貨幣による交換，すなわち売買のみを商業とみる立場があげられる。

つまり，交換に貨幣を用いることで売買が成立することになるが，こうした交換の形態としての売買を商業として規定するものであって，物々交換はこの説では考えられないことになる。

2.3 再販売購入説

再販売購入説は，商品の単なる販売や購入ではなく，一方で購買したものを他方に販売するという売買，すなわち再販売するために購入する場合を商業と捉える見解である。これは生産と消費の経済的分離のなかで，人的分離を克服するために，商人が生産者から商品を購買し，消費者に販売するという経済行為に着目して，再販売を目的とした商品の購買に関する諸活動の総合が商業として解されてきたのである。これはさらにいくつかに分類されている。

まず，再販売購入一般を商業とする説がある。これは広義に再販売購入を捉えたものであるが，この見解によれば購買した「商品」に本質的変化を加えないでそのまま販売するか，あるいは何等かの加工をして販売するかを問わない，というものである。しかも，この見解では"加工"についての詳しい規定はなく，極端にいえば原料を購買して新しい商品に再生産して販売するという，いわゆる一般の生産者の売買の場合も含むとも捉えられる。つまりこの見解では商業を広く規定することになり，生産者も商業を営んでいる，という見解をも

生じさせることになる。

　このような混乱を防ぎ，生産すなわち工業と商業を区別するために，再販売購入が加工や生産を伴わない，とする見解が次にあげられる。これは純粋に再販売購入だけを問題にするのであり，主体や目的，方法等には何も限定はない。したがって，これは"商業"を最広義に規定する場合には最適な見解の1つであるともいえる。というのも，前項でみたように，商業はすべての国のあらゆる時代に存在した。しかもその形態も異なって現れている。だから，例えば社会主義社会の商業と資本主義社会の商業を区別しないで商業とみようとする場合には，すなわち広義の商業論を展開しようとする場合にはこの見解が有力な手がかりを与えてくれることになる。もっとも，この見解そのものは，他の業務を営んでいるようなもの（例えば，運輸業や保管業，金融業など）や協同組合等が再販売購入する場合にも適用される可能性があるために，この見解をそのまま適用するのではなく，若干の手直しが必要となろう。

　そして第3に，再販売購入がこれを業とする商人によって，営利を目的として組織的，継続的におこなわれる場合にこれを商業とする立場から提唱される，いわゆる"商人商業説"である。これは営利，すなわち利潤追求が1つのキーワードになっている。しかしこれは資本主義社会，封建制社会の商業は捉えられても社会主義社会の商業は捉えられない。なぜなら，社会主義社会では利潤追求，利潤獲得という考え方はないし，資本家が存在しないからである。もちろん社会主義社会の商業も再販売購入をおこなっており売買差益の発生もある。しかしながら，この社会形態の商業の目的は営利ではないし，仮に売買差益がそこに発生するとしてもそれは国や共同体など，いわゆる社会的所有に属するものであり，私的所有の認められる社会形態における"利潤"とは本質が異なっている。したがってこの説では狭義の商業論としてはその妥当性をもつとしても，広義の商業論を展開することはできないであろう。

　このように，一口に再販売購入といっても種々の見解があるが，私的所有の認められる社会の商業をみる場合には商人商業説として捉えられる説に頼ることは可能であろう。しかし，この説では資本主義社会の商業と前資本主義社会

の商業とを区別することは困難である，という難点がある。

2.4 組織体説

この説は主に配給組織体説として知られているが，これはこの当時の経済状況が，生産者から消費者にいかに商品を流通させるか，ということが問題視されていた時代背景があるものと思われるが，いずれにせよ，生産と消費との人的分離を克服するために種々の組織体がこれに従事してきたところから，これを商業と捉えようとしたのである。

このような，財貨の人的移転が商業であるためには，その移転行為が系統的な組織によっておこなわれる必要がある。つまり，人的移転行為が一定の秩序の下で連続的におこなわれることが必要である。

というのも，商品流通が盛んになるにつれて，さらに大量生産体制の確立につれて生産企業の売買の必要性は一層深刻となり，企業は交換の為に多大な労働を必要とするために自己の本来の労働に専念することができなくなる。そこでここに商業が介入する必然性が生じ，生産企業に代わって商人が売買のための組織を作るようになる。そしてその組織体をもっとも早く作ったのが商人たちである，という歴史的事実から提唱されてきたものである。

しかし，これらの人的移転のための組織は必ずしも商人である必要はなく，生産者や消費者であっても問題ない。例えば消費者の場合であっても消費生活協同組合のような商品の売買をおこなう組織はこれを商業の中に含めようとするものである。

このように，組織体説は商品流通に関わる労働の組織体を商業とみる見解である。もちろんこの労働は非常に重要であるが，ここに言われるものは生産者や消費者の労働も商業に関する労働に含まれてしまう。さらに，協同組合や非営利組織のおこなうものまでも含まれるという，非常に広い商業概念であるということができる。その意味で広義の商業論の1つと捉えることができよう。

またさらに，取引企業説とする見解もある。これは「商＝取引」という基本的概念をもって流通の大部分を包括的に把握しようとするものである。それに

よれば，市場経済の現象を考察する際に必要な要素は個々の取引行為であり，それは交易であって取引である，ということを最重要視する考え方である。そして，取引主体，取引客体，取引形態によって種々の取引行為が発生するし，商業を同種の個々の取引を系統的に秩序づけ実行する組織であると捉える考え方であった。

この考え方によれば商業とは取引のために存在する企業ということになる。したがって，純粋な商業と捉えられている売買業と，運送業，保管業，金融業など，いわゆる補助商業とを区別することは無意味なことなのである。

しかしながら，このような「商＝取引」という概念をもって商業を把握，分析，解明しようとした考えはあまりにも壮大なるがゆえに商業の研究は実際には後の諸章で詳しくみるように細分化され，各々１つの学問領域とし精緻化されていったのである。

2.5 機能論

機能論は生産と消費との経済的隔離を克服する"機能"を商業とみるものである。

それによれば，商品の社会的流通現象は商業現象として捉えられるが，そのためには商品の流通機構の存在が問題となる。つまり，流通機構がなければ商品流通がないわけである。つまり流通機構とは商品を生産者から最後の消費者まで，転々と社会を流通せしめる社会的な機構または組織なのである。

それでは，こうした社会的な流通機構はいかに生成するのであろうか。この機能論の研究対象である流通機構の構成要素は，主として個々の企業であり，企業と企業との常住的な売買関係ということになる。つまり，個々の構成要素（ここでは企業）が個々バラバラに存在するだけでは機構となりえず，そこに売買関係の継続が必要とされている。そしてこのような流通機構の存在があってはじめて，すなわちそこでの売買という媒介によって生産，消費の両過程は社会的な経済組織として成立することになる。

そして，このような流通機構の発展には"機能"が必要である。したがって，

社会的機能を発揮しえない流通機構は社会的には存在しえないことになる。何故なら，その機能は組織の存在する根拠であり，またその発展する動力となるからである。

こうした機能は，**図表1-1**のように本質的機能と副次的機能に分けられる。

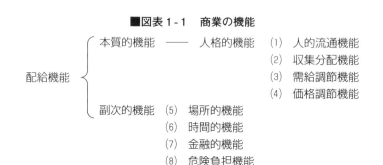

出所：谷口吉彦『配給通論（再増補版）』千倉書房，1966年，p.82.

このように，人格的機能が本質的機能として捉えられている。これが本質的な機能である理由は生産と消費の人的分離を克服するのが，この機能の本質だからである。このように，生産と消費の経済的分離を克服する機能を商業として研究する"機能論"の対象と方法が示される。

2.6 商業資本論

商業資本論は商業を資本の運動として捉える見解である。

商業資本は単なる商品流通と貨幣流通とが存在すればその存立根拠が与えられ存在するものである。したがって，商業資本は資本主義以前の社会においても存在し，「重商主義の時代」には国富の源泉ともなりその存在意義は大きかった。

しかし，資本主義社会では，資本主義的商品生産の不可欠の一契機である販売を市場において生産企業に代わって担当することによって生産に奉仕するという立場へと変化する。

生産企業の経営活動は，原材料の購入－商品生産－商品販売であるが，この中には資本の３つの形態と循環の段階が含まれている。それは，貨幣資本，生産資本，商品資本であり，購買，生産，販売の３段階である。これら３つの資本の循環は中断されることなく，常に継続しなければならない。

　しかしながらこれら３つの資本形態のうち，流通過程でのみ機能する貨幣資本と商品資本は生産資本としては機能せず，当然のごとく価値も剰余価値も生産しない。したがって流通過程は資本の価値増殖を制限する。そればかりではない。商品の販売はもっとも困難な過程である。なぜなら，消費者がその商品を必ず選択購入するとは限らないからである。

　このように，流通過程は生産企業にとっては必然的に通過せねばならない過程であるが，この流通過程では，既述のように，貨幣資本と商品資本という形態で常に生産企業の一部が存在する。

　この流通過程にある資本の一部，つまり商品資本が社会的分業の１つとして独立した形態を与えられて商業資本となるのである。すなわち，商業資本は商品資本の自立化したものにほかならない。

　この商業資本の運動はG－W－G'であらわされるが，これは貨幣で商品を購入する購買過程（G－W）と，商品を販売して貨幣へと転化する販売過程（W－G'）との両過程が反復継続する。

　これは生産企業のW'－G'を２つの段階で代位するものであり，商業資本にとってはこれ自体が独自の資本運動をなしているのである。つまり「G－W－G'」これこそが商業資本の全運動なのである。この意味で独自の資本なのである。

　しかも，商業資本は同一部門のみならず多数の生産企業の流通過程を集中的に代位担当することができる。つまり，商業資本は社会総資本の一部として，他の一部である生産企業の流通過程を代位担当するのである。そのことによって間接的に価値や剰余価値の生産に貢献する。

　すなわち，商業資本は価値や剰余価値の生産を制限する流通過程を集中代位し，流通期間を短縮し，流通費用を節約することによって，生産企業のみなら

ず，社会全体にとっての価値や剰余価値の生産に貢献することで一般的利潤率が上昇する。これが商業資本自立化の根拠であり商業利潤獲得の根拠である。

こうして，商業資本は，社会総資本の一部として，一般的利潤率を上昇させることでその存立根拠が与えられている。そして，自由競争段階においては，一般的には，商品流通は商業資本によって社会的・集中的におこなわれるのである。そうすることが社会全体の利潤の増大につながるからである。

ところが資本主義経済が発展していわゆる寡占経済状況になると，商業資本は種々の要因から変化せざるをえなくなる。そのもっとも特徴的なことは商業の大規模化と商業排除の傾向であろう。詳しく論述する余裕はないが以下簡単に商業資本説による寡占経済下の商業の分析についてみてみよう。

まず商業の大規模化である。前述のように，商業資本は一般的利潤率を上昇させることでその存立根拠を有しているが，このために商業資本は常に生産の発展レベルに応じた発展が要請されるのである。というのは，生産部門において生産と資本の高度な集積集中を基礎とする独占資本が形成され，生産が拡大すればするほど生産される商品はそれだけ増大し，より一層迅速かつ大量な販売が要求されることになる。つまり，商業資本の集積集中による「大量販売機関」や，生産企業のための「大量購買期間」が要求されることになる。

商業資本の集積集中はすでに自由競争段階でもあらわれているが，寡占経済段階への移行はそれをさらに促進する。それは，直接的な要因としては大量生産によって商業資本の大量購買を要請するとともにそれを可能にするのみならず，間接的には大都市を出現させ，そこに巨大な人口すなわち消費者層を集中させることによって大量販売のための条件が整うようになるからである。

このような大規模化は商業資本間競争による超過利潤獲得競争から具体化するが，それは商業資本の社会的平均回転数以上に回転を促進させること，による恒常的な超過利潤の獲得競争であり，長期安定的最大利潤の獲得をめざす競争行動なのである。企業間競争において他企業よりも早く大規模化することがそのもっとも有効な方法であり，競争上有利な位置を占めるために大規模化を志向するのである。つまり，商業資本の大規模化は社会的要求であるとともに

商業資本そのものの個別的独占利潤の獲得という資本の本性をも看過することはできないのである。

　このように，商業大規模化の要請は寡占経済段階への移行によって一層強まるが，商業が大規模化すれば，生産企業にとっては多数の小規模な商業に販売するよりも一個の大規模商業に販売するほうが，より以上に価値実現の困難性から解放される。また当該商業にとってみれば，大規模化することによって企業内部での分業が可能となり，それによって必要な労働時間の節約，価値実現のための物的費用（いわゆる流通費用）が相対的に減少することになる。

　また一方，多数の小規模商業の存在は，価値実現されるべき商品量を一定とすれば，売買および売買操作をも分散させることとなり，商業資本自立化の意義を著しく減退させる。というのは，売買の集中，価値実現の集中代位が不充分とならざるをえないからである。つまり小規模で分散的な商業が大量生産に対応しようとするのであれば，流通時間は延長し，商業資本の自立化の利益も不利益になることになる。

　しかしながら，前述の如く，商業資本は社会総資本の一部として機能するのであり，決して特定の個別独占的生産企業だけに寄与するわけではない。したがって，大規模商業資本に価値実現を社会的に集中代位させるほうが有利であるにもかかわらず，独占的生産企業自ら販売を担当するようになる。何故なら，生産は増加の一途をたどるが，労働の生産性の向上は相対的過剰人口を増大し，賃金の上昇をさまたげ，消費は増大しない。こうした生産と消費の矛盾，いわゆる市場問題が激化し，独占的生産企業間の競争が激化するようになる。こうした背景により，独占的生産企業は個別的独占利潤確保のために商品流通を自ら担当するようになる。

　すなわち，長期安定的最大利潤獲得のためには生産の独占のみならず，市場の独占的支配の確立がどうしても必要となるのである。それ故，社会全体で見れば商業の存在を認めることが一般的には有利であったとしても，個別企業の長期安定的最大利潤獲得のためには商業による販売を認めず，自らが直接販売や流通系列化，販売会社の設立などを通して販売過程に乗り出すことになる。

これが独占的生産企業による流通過程進出の大きな理由である。そしてこれが商業排除論の基礎になっている。

第2章

卸　売　業

1　卸売業

　卸売（wholesaling）とは，同業の卸売業者（wholesaler）や生産者から商品を仕入れ，それを再販売目的とする流通業者（卸・小売）や需要者または組織など，最終消費者以外への販売のことである。誰に商品やサービスを販売するのかという対象で考えれば，卸売業者と小売業者との区別がわかりやすい。また，小売業者は最終消費者への小口取引が一般的であるのに対して，卸売業者は最終消費者以外への大口取引を特徴としている。ただし，小売業者が卸売行為をおこなうケースもある。そこで，玉城は「卸売を主たる業務とするものを卸売業」（玉城［1988］33頁）と称している。また鈴木・田村も，「卸売を主たる業務とし，それに専門化している流通機関であって，しかも商業者として機能している企業」（鈴木・田村［1980］178頁）を卸売業者としている。卸売は卸売業者だけではなく，メーカーの販売会社，小売業者の仕入本部，フランチャイズ・チェーンの本部なども従事しており，主たる業務を卸売とする業者を指していることが定義からわかる。

　経済産業省が実施している『商業統計』によれば，卸売業とは主として**図表2-1**に示す業務をおこなう事業所とされている。

■図表 2-1　卸売業の種類

① 小売業または他の卸売業に商品を販売するもの
② 建設業，製造業，運輸業，飲食業，宿泊業，病院，学校，官公庁等の産業用使用者に商品を大量または多額に販売するもの
③ 主として業務用に使用される商品｛事務用機械および家具，病院，美容院，レストラン，ホテルなどの設備，産業用機械（農業用器具を除く），建設材料（木材，セメント，板ガラス，かわらなど）など｝を販売するもの
④ 製造業の会社が別の場所に経営している自己製品の卸売事業所（主として統括的管理的事務をおこなっている事業所を除く）
⑤ 他の事業所のために商品の売買の代理行為をおこない，または仲立人として商品の売買のあっせんをするもの（代理商，仲立業）

出所：経済産業省HP［2014］

『商業統計』では，生産者が別の場所で自社製品の卸売の事業所を経営している場合，その事業所を卸売業に分類している。つまり，主たる業務が何であるかは分類の基準にはしていない。

2　卸売業の社会的機能

2.1　需給結合機能

　消費者の生活の場が広範囲に分布すると，小売業者もそれに合わせて分布することになる。また生産者も安価で広大な土地を求めて広範囲に分布している。このように，生産者や小売業者は特定の場所に集中していない。そのため，卸売業者が仲介することで，生産者と小売業者との結合が可能となる（**図表2-2**）。このような生産者にとっては販売先の確保，小売業者にとっては仕入先の確保という物理的結合だけでなく，次のような供給量と需要量の調節が需給結合機能にはある。

　生産者においては，自社商品を取り扱っている全国の小売業者，各小売業者での販売数量を把握することは困難である。一方で，小売業者にとっては，多岐産業分野にわたる無数の生産者によってつくられる商品の種類や数量を把握

することは容易ではない。

　また生産者は販売予測に基づいて，生産計画を立案する。そして一日でも早く小売業の店頭に商品を陳列し，多くの商品が消費者によって購入されることを望んでいる。これに対して小売業者はできる限り在庫を抱えない仕入を計画する。ここで，少しでも多く商品を出荷したいと望む生産者と，在庫を抱えたくないという小売業者との間で考え方に差が生じることとなる。そこで卸売業者は供給量と需要量の調整という重要な役割を果たしている。

　卸売業者は生産者と小売業者との物理的結合としての役割を担う中で，生産に関する情報と，小売業を通じて市場に関する情報とを集約してきた。これらの情報をもとに，生産者に対しては市場の需要を考慮した，商品の企画・生産量・生産時期，価格政策についての指示，また小売業者に対しては，生産者がつくった商品の品質・機能・種類・量など生産にかかわる情報を提供する，情報的結合の役割も担っている。

　以上，卸売業者は全国に分布する生産者から商品を仕入れ，それを卸売業者が在庫調整し，各小売業者に分散することで，物理的結合と情報的結合の両方の役割を果たしている。このような機能を需給調整機能という。

■図表2-2　需給結合機能

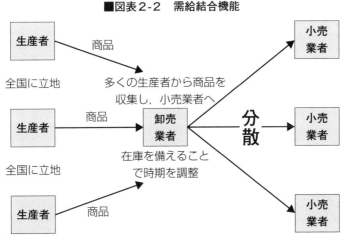

出所：筆者作成

2.2 品揃え形成

　卸売業者は多くの生産者から商品を仕入れ，それを多くの小売業者へ販売している。卸売業者は，生産者によって流通過程に投入された異質の工業製品や農産物を規格・等級によって選別し，同一規格の規格・等級の財の集積をつくりあげる集荷という作業をおこなう。そして，それを消費地へ送る段階で小口に分荷する。つまり，卸売業者は小売業者の品揃えが容易になるように，生産者によってつくられた多様な財を適宜な量に組み合わせて，卸売業者としての品揃え物を形成している。このような卸売業者の活動は品揃え形成活動として捉えることができる（尾碕ほか［2007］127頁）。

2.3 金融機能

　卸売業者は中小規模の生産者に対して，商品代金の前払い，即時払い，現金買い取りなどにより，生産資金を提供している。また，中小規模の小売業者に対しても，掛売や手形の受け取りなど，資金的便宜を図っている。卸売業者の存在により，中小規模の生産者および小売業者の多くは，小資本でも事業を営むことができる。

2.4 危険負担機能

　流通過程においては，破損・汚損，紛失，盗難，詐欺，貸し倒れ，流行遅れ，火災など，さまざまな危険が発生する可能性が高い。卸売業者はこうした生産者や小売業者の主な危険を負担する。卸売業者はこれまで培ってきた長年の経験や知識，保険などを活用し，損害の軽減や危険の転嫁を図っている。また，輸送や保管・在庫に伴う各種の危険も負担しているため，損害が他に波及することが避けられるなど，卸売業者の役割は大きい。特に，中小規模での小売業者において商品の売れ残りが生じた際，卸売業者は小売業者からの返品を認めるが，生産者への返品ができないケースが多く見受けられる。このような場合，卸売業者は商品の売れ残りにより生じる損害の一部を肩代わりしている。

2.5　情報収集・伝達機能

　小売業者は消費者と直接接触しており，流通段階において一番，消費者ニーズを把握しやすい。需給結合機能でも述べたように，その小売業者から流行や需要の動向などの情報を収集し，生産者に伝えることで，商品開発，生産計画にさせることができる。また卸売業者は多くの生産者と取引をしている。卸売業者は，生産者から生産にかかわる動向を収集し，その情報を小売業者に伝えることで，小売業者は仕入計画やプロモーションに反映している。

2.6　卸売業者の存在意義

　卸売業者の社会的意義として，マーガレット・ホール（M.Hall）は次の2つの原理を提示している。

(1)　取引総数最小（単純）化の原理
(Principle of Minimum Total Transactions)

　この原理は生産者と小売業者との間に卸売業者が介在することにより，卸売業者が存在しない場合に比べ，取引総数が減少し，流通コストが削減されることを指摘している。

　例えば，流通過程に卸売業者が存在せず，市場には生産者が5人おり，各生産者から5種類の商品の仕入れを求める小売業者が5人いると仮定する。この場合，各生産者と各小売業者が直接取引をおこなうとするならば，その取引総数は5×5で25回となる（図表2-3）。

■図表2-3　卸売業者が介在しない場合

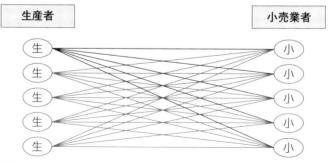

出所：筆者作成

■図表2-4　卸売業者が介在する場合

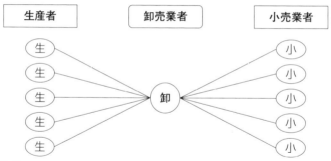

出所：筆者作成

　では，生産者と小売業者の間に1人の卸売業者が介在したら取引総数はどうであろうか。5人の生産者は1人の卸売業者に商品を販売すればよい。また，5人の小売業者も1人の卸売業者から商品を仕入れるだけで，品揃えが可能となる。この場合の総取引数は10回となり，卸売業者が存在しない流通過程と比較すると，社会全体の流通コストが大幅に削減されることが**図表2-4**からわかる。しかも，1回の取引には，発注，商品選別，荷造，帳簿記入，代金回収など多くの作業が付随する。これらのことを考慮すると，卸売業者の社会的意義は大きい。

(2) **不確実性プールの原理**(Principle of Pooling Uncertainty)

　これは不安定な供給や需要に対処するために，各小売業者が分散的に在庫を保有するよりも，卸売業者によって集中的に在庫を保有するほうが，流通過程全体的の在庫量が少なくて済むという原理である。

　例えば，**図表2-5**のように10人の小売業者がいたとする。売り切れによる販売機会を逃さないために，各小売業者が500個ずつ在庫を備えると，10人×500個＝5000個の在庫量が生じることになる。これに対して，生産者と小売業者の間に卸売業者が介在する場合，卸売業者は1000個の在庫を保有すれば，各小売業者の在庫は100個程度備えれば十分である。この場合の流通過程全体の在庫量は，10人×100個＋1000個＝2000個となり，3000個減少したことになる。

　小売業者の商品が品切れになった際に，卸売業者が早急に発注に対応してくれるのであれば各小売業者は多くの在庫を備えておく必要がない。また，各小

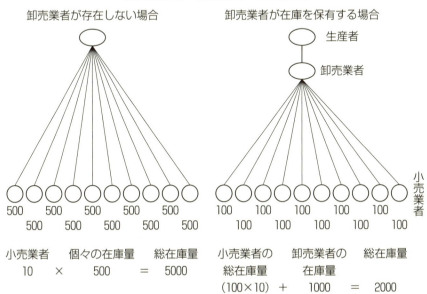

■図表2-5　不確実性プールの原理

出所：野口智雄『ビジュアルマーケティングの基本』日本経済新聞社，1994，123頁

売業者において，一斉に同一商品が売れ切れになる可能性は低い。そのため，卸売業者がある程度の在庫を保有していれば，各小売業者の在庫量は大幅に減少できる。これを不確実性プールの原理または集中貯蔵の原理（Principle of Massed Reserves）といい，卸売業者における社会的意義の1つである。

3 流通機構と卸売業

3.1 消費財・生産財の流通機構と卸売業

現代においては，多種多様な商品が市場で取引されている。それらの商品は，使用目的や購入者の属性によって，消費財と生産財（産業財）とに大別される。消費財は最終消費者であるわれわれが生活を営むために使用または消費する商品やサービスである。生産財とは，主として企業，行政機関，その他の組織が業務を遂行するために購入する商品やサービスを指す。ただし，われわれが食べているご飯（米）は消費財であるが，酒造メーカーが清酒づくりの目的で購入される米は，生産財に分類される。なお，消費財の使用者・購入者を消費者とよぶのに対して，生産財のそれを需要者または業務用使用者などとよんでい

■図表2-6　消費財の流通経路

タイプA	生産者 →				消費者	直接流通
タイプB	生産者 →			小売業者 →	消費者	間接流通
タイプC	生産者 →	卸売業者 →		小売業者 →	消費者	
タイプD	生産者 →	一次卸 →	二次卸 →	小売業者 →	消費者	

出所：筆者作成

る。次に消費財と生産財の流通経路についてみていく（**図表2-6**）。

　消費財のタイプAは，生産者が訪問販売やインターネット販売により，消費者に商品を直接販売する場合である。わが国よりも電子商取引（EC）の進んでいる中国では，小売業者の廃業が増え続けている。

　消費財タイプBは，流通過程に小売業者が1つだけ介在する形態である。量販店や百貨店のように小売業者が大規模の場合，仕入コストを下げるため，直接，生産者と取引するケースが増えてきている。また生産者においても，自社製品を有利に販売するために，小売業者と直接取引をする場合がある。

　消費財タイプCは，消費財で一般的に見受けられる形態である。大規模な生産者によって大量生産された工業製品は1段階の卸売業者を経由して小売業者に届けられる。

　消費財タイプDは，複数の卸売業者を経由する形態である。中小零細規模の生産者による少量の工業製品や生鮮食料品など，また小売業者が中小零細規模である場合，2ないしは3段階の卸売過程を経由することが多い。

　図表2-7で示すように，生産財の流通において原則，小売業者は介在しない。小売業者は介在しないが，消費財と同様に複数の卸売業者を経由することがある。生産財の特徴として，工場や事業所は原材料や部品などを一度に大量購入するため，卸売業者から仕入れるほうがよい。また大学や企業の研究所で必要とする実験装置や大型工作機械などは複雑，特殊，高額なものが多く，開発から納品，修理，点検，設置，取扱説明などに至るまで，顧客との関係の緊密化が要求される。しかも実験装置の組み立てに，数週間かかることも少なくない。このようなケースでは，生産者と需要者との直接取引の形態が多い。

■図表2-7　生産財の流通経路

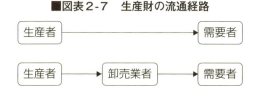

出所：筆者作成

以上，生産と消費に関わる規模，量，商品特性などによって，異なったタイプの流通経路になることがわかる。

3.2　卸売業者の種類

　流通過程において生産者と直接取引をする位置にある卸売業者を一次卸という。一次卸は生産者から仕入れた商品を多数の二次卸や大規模な小売業者などに販売している。そのため，一次卸の多くは大量に取引する能力を有しており，東京，大阪，名古屋などの大都市に集中する傾向にある。一次卸には，元卸売業，集散卸売業，収集卸売業（産地問屋），商社などがある。

　元卸売業とは比較的少数の生産者から直接取引をする卸売業者のことを指す。主として分散の役割を果たし，大量生産される各種の商品分野でみられることが多い。

　久保村によれば，集散卸売業とは，比較的多数の生産者から商品を仕入れ，多数の二次卸や小売業者へ販売する卸売業者のことをいう。収集（集荷）と分散（出荷）の役割を果たしており，収集する相手は，中小規模の生産者が多く，分散して販売する相手は小売業者の場合もあるが，一般的には消費地問屋の場合が多い。雑貨や繊維製品などの業種で多くみられる（久保村ほか［1995］131頁）。

　また，金子によれば，収集卸売業とは産地仲買人などから農産物を買い集めて消費地へ分散する大規模な卸売業者のことを指す。産地仲買人とは，各農家を訪れて収集する比較的小規模な商人のことである。この他，陶磁器，漆器，金物などの伝統的軽工業品の生産地で商品を収集し，消費地問屋へ分散する卸売業者も収集卸売業に相当する（金子ほか［1998］135頁）。商社にはある特定の商品を専門に取り扱う専門商社と，世界各地に拠点をおき，多種多様な商品を扱う総合商社がある。総合商社は，優れた人材と多額の資金力，高度な情報収集・処理力をもち，資源・海洋・宇宙開発などの事業に参画している。この商社については，第3章で詳しくみていく。

　二次卸は元卸売業や収集卸売業などの一次卸から商品を仕入れ，これを小売

業者や需要者などに販売する卸売業者である。二次卸は多くの業種にわたって多数存在しているが，流通経路の形態によっては二次卸と小売業者との間に三次卸が介在することもある。二次卸や三次卸は小・零細規模の小売業者との取引が多く，多段階性，複雑性という流通機構の特徴を物語っている。二次卸には，仲継卸売業，分散卸売業などがある。

仲継卸売業とは，収集卸売業と分散卸売業との間で，需要と供給を調整し，価格形成をおこなう卸売業者である。卸売流通である商品の収集，仲継，分散という3つの機能のうち，仲継機能を担っている。しかし，生産と販売の時間差を短縮し，より連動性の高い流通システムを構築していくという方向性のもとで，仲継卸売業者が排除されたり，存立基盤に制約が生じている。

■図表2-8　流通段階と流通経路の関係

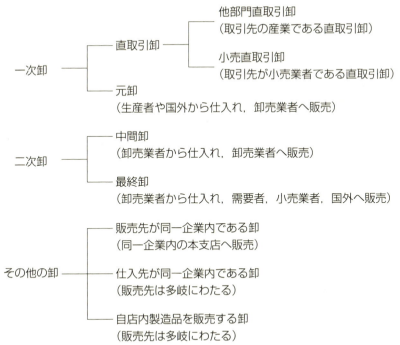

出所：経済産業省『平成26年　商業統計表（二次加工統計表）流通経路別統計編（卸売業）』別表1より筆者作成。

分散卸売業（消費地問屋）は，主に都市である消費地に立地し，仲継卸売業者から仕入れた商品をさらに小口化し，地元の小売業者や需要者の特性や要望に合わせて品揃えをおこなっている。

以上，卸売業者の種類についてみてきた。経済産業省の商業統計では，**図表2-8**のように示されており，卸売業者の呼び方や分類は業種によっても異なっている。

4　卸売市場流通

4.1　卸売市場の概要

農林水産省によると，卸売市場とは，生鮮食料品などの卸売のために，1923年に制定された中央卸売市場法に基づいて整備され，開場されている市場のことをいう（農林水産省HP［2016］）。卸売市場は，青果物（野菜・果物），水産物，食肉など，日々の食卓に欠かすことのできない生鮮食料品などを国民に円滑かつ安定的に供給するための基幹的なインフラとして，多種・大量の物品の効率的かつ継続的な集分荷，公正で透明性の高い価格形成など重要な機能を有している。このように，卸売市場では，生鮮食料品を中心に取り扱っているが，この他に花きや加工品を含む場合もある。また一般的には取扱品目によって部類別にわかれていることが多い。

図表2-9に示すように，卸売市場は，その果たす役割から，中央卸売市場，地方卸売市場，その他の市場に区分されている。そして，その卸売市場の構成員は開設者，卸売業者，仲卸業者，売買参加者である。各構成員の役割は次のようになっている（芝崎・田村［1995］136-137頁）。

中央卸売市場の開設者は都道府県または人口20万人以上の市など，地方公共団体または地方公共団体が加入する事務組合である。地方卸売市場にあっては地方公共団体の他，協同組合，民間会社などがこれにあたる。開設者は市場の施設の整備から市場全体の業務までを担う。

卸売業者は出荷者（農協・個人等）から委託，もしくは卸売業者が自らの判

■図表2-9　卸売市場の流通

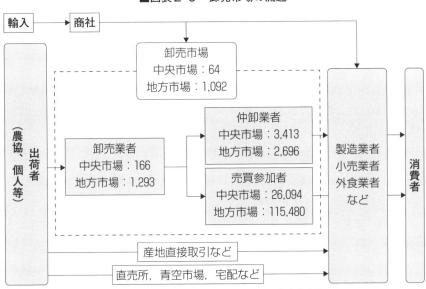

注：中央市場のデータはH27年度末時点，地方市場のデータはH26年度末時点
出所：農林水産省「卸売市場をめぐる情勢について」平成28年6月，1頁

断で買付けた商品を集荷し，それを仲卸業者や売買参加者に，セリもしくは入札の方法で販売することを原則としている。しかし，規格性，貯蔵性があり供給事情の安定している特定物品または特別の事情がある場合の集荷および販売については，買付および相対売りをおこなう。

仲卸業者とは，中央卸売市場内において店舗をもち，卸売業者から買受した生鮮食料品を仕分けして，製造業者，小売業者，外食業者などの買出人に販売する業務を営むものである。

売買参加者とは，開設者の承認を受けて，卸売業者のおこなう卸売に直接参加して物品を買受けることができる小売業者や大口需要者であり，仲卸業者とともに卸売業者の卸売の相手方となっている。

これらの構成員以外に，市場内においてその市場の卸売業者の卸売する取扱品目以外の生鮮食料品などの卸売，市場取扱品の保管，運搬，飲食店などのサービス提供の業務を営む関連事業者がいる。関連事業者は市場本来の業務で

はないが，市場の機能を高める重要な役割を果たしている。

4.2　卸売市場の機能

卸売市場の機能について，農林水産省食料産業局は，集荷・分荷機能，価格形成機能，代金決済機能，情報受発信機能の4つをあげている（農林水産省HP［2016］）。これらの機能について，日本フードスペシャリスト協会では次のように説明している（内山［2006］65頁）。

1つは，集荷・分荷機能である。全国の出荷者から出荷される商品を集荷し，これを小売業者などの売買参加者や買出人（製造業者，小売業者，外食業者）などに公正な価格で分荷する機能で，卸売市場の基本的機能である。

2つは，価格形成機能である。卸売市場での取引は，出荷者と卸売業者間での取引，卸売業者と仲卸業者および売買参加者間の取引，仲卸業者と買出人間の取引の3つがあり，それぞれの段階で価格が形成されている。特に，卸売業者と仲卸業者および売買参加者間での競りまたは入札による取引においては，公開的に価格形成がおこなわれている。

3つは，代金決済機能である。卸売市場における代金決済は，当日，現金主義が原則である。これは，生産者・出荷者および買受人が零細な業者が多いことに起因している。

4つは，情報受発信（処理）機能である。卸売市場には生鮮食料品などに関する生産および消費の情報が集中している。また，日々の取引を通じて生鮮食料品などの需給および価格に関する情報も大量に発生している。卸売市場はこのような情報の処理，分析，提供を通して情報センターとしての機能を有している。

5　米の流通

農林水産省HPによれば，1995年から2004年4月の食糧法の大幅な改正まで，農家が生産する米は計画流通米と計画外流通米とにわかれていた。

計画流通米とは，国内における供給と価格の安定のため，政府が生産・流通を管理する米のことである。また，計画流通米は，食糧法における区分の１つで，自主流通米と政府が買い上げる政府米の２つに分類される。自主流通米は一般的に，第１種登録出荷業者（農協），第２種登録出荷業者（経済連），全農・自主流通法人を経て，自主流通米価格形成センターで目安となる価格が決定され，その後，登録卸売業者，登録小売業者，そして最終消費者に届くという流通経路になっていた。

　政府米とは備蓄米であり，災害や異常気象の影響による不作に備えて政府が一定量を蓄えていた。なお，この政府米も一年間倉庫に保管された後は，自主流通米と同様，登録卸売業者，登録小売業者を経て，最終消費者に届いていた。現行の食糧制度での政府米は，備蓄のための一定範囲内に制限されている。

　計画外流通米とは農家が直接，消費者に販売する米のことである。われわれが量販店などでよく目にする○○産「こしひかり」，○○産「あきたこまち」などの有名ブランド米の多くが計画外流通米である。米のブランド化は，農家が直接販売による売上を高めるための戦略であったと考えられる。

　2004年の食糧法の改正により，計画流通米・計画外流通米の区分が廃止されたため，政府米以外の流通米はすべて民間流通米となった。また米の卸売業者や小売業者になるためにはさまざまな条件をクリアにする必要があったが，年間20トン以上の米を取り扱う業者であれば，届け出のみで米の卸売りや小売りが可能となった。さらに農家においても，JA（農協）を通すことなく，小売業者へ直接販売できるなど，農家やJAも自由に販売先を選択できるようになった。

　現在の一般的な米の流通は**図表2-10**のようになっている。農家で収穫された米は地元のJAへと出荷され，JAに集荷された米は，直接もしくは全農・経済連などを通じて，卸売業者，そして小売業者へと販売され店頭に並ぶこととなる。今後はインターネットの普及に伴い，農家からの直接販売が増えていくものと考えられる。

■図表2-10　米の流通経路

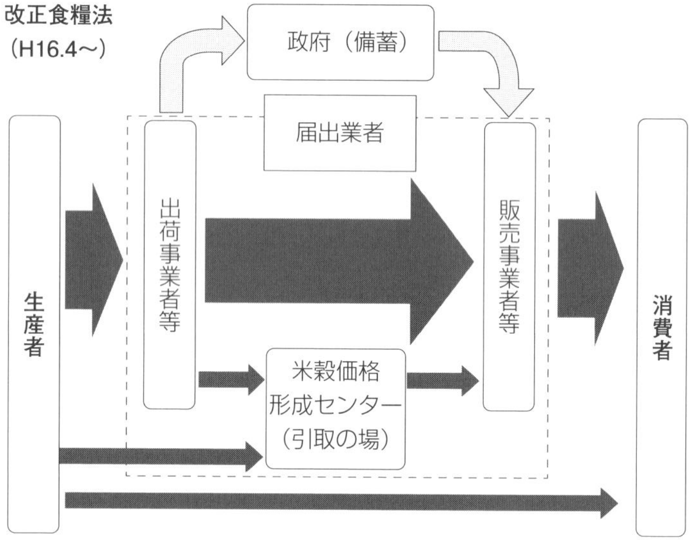

改正食糧法
(H16.4〜)

政府（備蓄）

届出業者

生産者 → 出荷事業者等 → 販売事業者等 → 消費者

米穀価格形成センター
（引取の場）

出所：農林水産省「米流通をめぐる状況　資料8」平成20年10月，2頁。

〈参考文献〉

青木均・石川和男・尾碕眞・濱満久 [2014] 『新流通論』創成社
石川和男 [2018] 『基礎からの商業と流通　第4版』中央経済社
内山和男 [2006] 「第2章4　卸売市場」日本フードスペシャリスト協会編『食品の消費と流通—フードマーケティングの視点から—第2版』建帛社
太田幸治 [2007] 「第7章　卸売業の役割と形態」尾崎眞・野本操・石川和男編著『流通業のマーケティング』五絃舎
金子泰雄・中西正雄・西村林編 [1998] 『現代マーケティング辞典』中央経済社
木綿良行・三村優美子 [2003] 『日本的流通の再生』中央経済社
久保村隆祐・荒川祐吉監修・鈴木安昭・白石善章編 [1995] 『最新商業辞典』同文館出版
芝崎希美夫・田村馨 [1995] 『変貌する食品流通』日本実業出版
鈴木安昭・関根孝・矢作敏行編 [1997] 『マテリアル　流通と商業　第2版』有斐閣
鈴木安昭・田村正紀 [1980] 『商業論』有斐閣
寳田國弘・朝岡敏行・城田吉孝・尾碕眞編 [1998] 『現代商業の課題と展開』ナカニシヤ出版

田島義博編著［1984］『流通のダイナミックス』誠文堂新光社
田中道雄・田村公一編著［2006］『現代の流通と政策』中央経済社
玉城芳治［1988］「卸売業の意義と特徴」玉城芳治編『卸売業マーケティング』，中央経済社
宮下正房［1989］『日本の商業流通』中央経済社
矢作敏行［1996］『現代流通』有斐閣アルマ
山口正浩監修・田中秀一編著［2009］『流通　マーケティング』同文館出版
鷲尾紀吉［2004］『現代流通の潮流』同文館

経済産業省『平成26年　商業統計表（二次加工統計表）流通経路別統計編（卸売業）』（http://www.meti.go.jp/statistics/tyo/syougyo/result-2/h26/pdf/ryutsu/ryuturiyou2.pdf　2018年9月3日参照）
経済産業省HP「平成26年商業統計調査　産業分類表及び商品分類表（平成26年7月1日調査」（http://www.meti.go.jp/statistics/tyo/syougyo/result-1/pdf/5h26k-sangyo-syohinbunrui.pdf　2018年8月16日参照）
農林水産省HP「米をめぐる関係資料（平成27年3月）」（http://www.maff.go.jp/j/seisan/kikaku/pdf/mz_270326.pdf　2018年8月16日参照）
農林水産省HP「卸売市場をめぐる情勢について（平成28年6月）」（http://www.maff.go.jp/j/shokusan/sijyo/info/pdf/siryo2_01.pdf　2018年8月16日参照）

第3章

総合商社と専門商社

1　商社の基本的な役割

　商社とは，輸出入貿易ならびに国内における物資の販売業務を中心にした，卸売業を営む企業である。商社の役割は，商品を企業から仕入れ企業に販売する企業間取引（B to B）である。製造業から消費者までの商品の流れのすべての局面にもかかわる。すなわち，商品流通にかかわる部分で利益を得ることが可能であると判断すれば，商社は積極的に介入する。

　ただし，実際の商社の業務は，このような単純な商品取引だけではない。また，商社は，幅広い商品を扱う「総合商社」と，特定の分野に特化した商品を扱う「専門商社」に区分されている。

　商社の基本的な役割は，製造業や小売業とのかかわり方である。それは，消費者は何気なしに，A家電製造業やB食品製造業の商品を，自宅近くの小売業で買っている。その何気なしに買っている商品こそが，商社との関係が深いのである。

　具体的には，A家電製造業やB食品製造業は自社商品を生産するが，消費者に直接商品を販売することは得意でない。消費者は欲しい商品を購入する場合，製造業ではなく小売業から商品を購入している。製造業と小売業を結び付けているのが商社や卸売業の存在である。

　図表3-1が示すように，製造業から大量の商品を商社が買い取り，商社は小売業から注文があった分の商品を卸す。すなわち商社は，製造業と小売業と

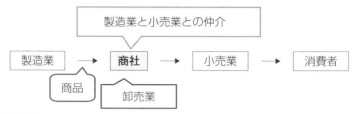

■図表3-1　製造業と小売店の仲介役業務

出所：筆者作成

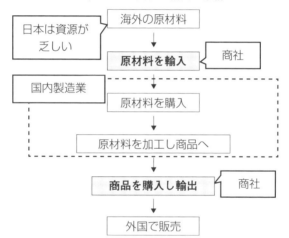

■図表3-2　商社の輸出入業務

出所：筆者作成

の仲介役を果たしながら利益を得ていることがこの図からも理解できる。

　図表3-2に示すように，もう1つの商社の役割は，輸出入貿易に関する業務である。

　日本は鉱物や化石燃料の天然資源が乏しいため，海外からの資源輸入に頼っている。商社は原材料を海外から輸入し，国内の製造業に販売し利益を得ている。さらに，製造業が国内向けや海外向けに加工した工業製品を，商社の営業担当者が海外を飛び回り販売し利益を得ている。

　商社は，海外でいろいろなものを買い付ける業務や，同時に日本で作った工

業商品などの販売も行っている。商社は，この輸出入貿易に関する業務から利益を得ている。

図表3-3に示すように，商社は，製造業に対して原材料費や設備投資のための融資も行っている。

商社が製造業と小売業の仲介役をすることによって，製造業に資金を融通することができる。本来は，製造業が生産した商品を小売業で消費者が購入することによって，小売業から製造業は代金を受け取ることになる。消費者が小売業から商品を購入していなくても，商社が仲介していることによって，製造業は商社より運転資金を調達することができる。これ以外にも商社は，製造業に対して，将来利益が見込めると判断した場合は，原材料費や設備投資のための融資も行っている。

なお，図表3-1，図表3-2，図表3-3で商社の基本的な役割が理解でき，商社が製造業と小売業の仲介役で利益を得ているイメージが頭の中に描けたと思う。商社の役割には，上述で説明した製造業と小売業の仲介役で利益を得ているトレーディング事業と，製造業などへの事業投資（企業に対する支援活動）がある。次節では，商社が生業としている事業について見てみる。

■図表3-3　商社から製造業へのお金（商品代，設備投資など）の流れ

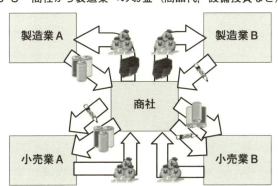

出所：筆者作成

2 商社が生業とする事業

前節で商社の基本的な役割が理解できたと思う。そこで，商社が生業とする2つの事業である，トレーディング事業と事業投資（バリューチェーン）ついて見てみる。

2.1 トレーディング事業

トレーディング事業は，前節でも説明したように，簡単にいえば製造業と小売業の取引の仲介業である。輸出入貿易をはじめとする海外との取引の仲介をおこない，円滑に商取引ができるようサポートをおこなう事業である。

従来の商社は，トレーディング事業が中心であった。しかし，商社を介さずに製造業が直接原材料の取引をするケースが増えてきている。それは，インターネット普及により商社を仲介業者としなくとも，情報収集と原材料などの購入ができるようになったからである。

このような状況を考えてか，一時期は，商社不要論が唱えられている時代もあった。しかし，商社が姿を消すことなく，現在も世界を駆け巡り活躍している。それは，商社の強みである，製造業が持っていない情報収集力やノウハウであろう。

昨今は，製造業もいろいろな方法で情報を手に入れられる。しかし，トレーディング事業を得意としている商社には，過去にから蓄積してきた膨大な情報とノウハウがある。製造業は現在も商社の仲介に頼っている。

2.2 事業投資（バリューチェーン）

先ほども説明したように，商社はトレーディング事業だけで収益を上げることが難しくなり，そこで取り組んだのが，バリューチェーンの構築である。バリューチェーンとは，原料調達から加工，製造，流通販売，アフターサービスといった一連の事業活動に価値を提供し，ただ仲介をするだけでなく原料調達

図表3-4 バリューチェーンの基本

	全般管理（インフラストラクチャー）					
支援活動	人事・労務管理					マージン
	情報・技術開発					
	資金調達活動					
主活動	購買物流	製造	出荷物流	販売・マーケティング	サービス	

出所：M.E.ポーター『競争優位の戦略』を基に筆者作成

や加工の機能も持つようになった。

　図表3-4の示すように，商社は，バリューチェーン構築を積極的に推し進める。それは，バリューチェーン構築に価値のある企業に対し，支援活動をおこない，主活動を支える。主活動とは製品が顧客に到達するまでの流れと直接関係する活動のことである。

　商社は，主活動を支援するために，人材，情報，経営ノウハウ，資金，資材調達力などの支援をおこなう。それは，長期的に事業経営をサポートすることによって，出資先企業の価値を向上させる。これによって商社の収益も向上させるのである。

　商社は，利益を得ることができる企業間取引（B to B）を積極的に，得意とする情報収力を活用しながら事業を展開させている。

　商社がどの企業よりも利益追求するための事業展開をしているとすれば，一時期いわれていた，商社不要論はあまり意味がなかったのである。

　商社にとっても，事業投資は決して安い事業投資金額では済まない。時には，数千億円の事業投資をする場合もある。この事業投資を「総合商社」は積極的

に展開し，現在も5大商社が，国際会計基準で1.7兆円の利益を上げている現実も理解できる。

3　総合商社の歴史と7大商社

「総合商社」は日本特有の巨大商社で，世界中に取引の拠点をもち，多数の商品を貿易主体に幅広く扱って巨額の売上を計上している。「総合商社」は規模も大きく，扱う商品も幅広いことから「インスタントラーメンからミサイルまで」取り扱っているといわれていた。

当時，三菱商事と伊藤忠商事が，日清食品の開発したチキンラーメン（図表3-5）の特約代理店となりスーパーマーケットなどの小売業に商品を卸し，チキンラーメンの普及に寄与していた。その状況から，「インスタントラーメンからミサイルまで」取り扱っているといわれていたのであろう。

この表現からもわかるように，「総合商社」は取扱商品や提供するサービスが極めて多岐に及んでいた点が日本独特の卸売業の1つとされている。

図表3-5　チキンラーメン（すぐおいしい，すごくおいしい）

出所：https://www.nissin.com/jp/products/items/8463

3.1 総合商社の歴史

　商社の始まりは幕末まで遡ることになる。現在の説では，坂本龍馬が1865年に長崎で初の民間貿易会社となる亀山社中を設立したのが商社の始まりといわれている。明治維新を経て，三菱商事の前身となる九十九商会を岩崎弥太郎が設立する。九十九商会の設立と同じ頃，三井物産の前身となる先収会社を井上馨，益田孝らが設立する。

　商社は明治初期に製糸業の発展を強く支え，製糸業に欠かせない製糸機械，紡績機械，発電設備などを輸入し，国内で製造した完成品の生糸，綿糸，織物などを輸出していた。また，商社は明治後期から大正中期にかけては鉄鉱石や石炭など日本に乏しい資源を輸入し，重工業の発展を支え，明治維新後の日本の産業の発展を強く支えたのであった。

　終戦後にはGHQ指令による財閥解体によって三菱商事，三井物産はそれぞれ解散する。その後GHQは経済復興のために商社の存在は必要と考えた。徐々に三菱商事再建に向け新会社の集約，合併が進み1954年に新生三菱商事が発足する。三井物産は内部の争いなどもあり，その4年後に発足する。

　三菱商事と三井物産の二大商社体制は戦後日本の高度経済成長を力強く支え，日本に数少ない資源である鉄鉱石，原油，石炭などを輸入し，重工業の発展に大きく貢献した。

　さらに，1960年代後半には，三井物産，三菱商事，住友商事，伊藤忠商事，丸紅，日商岩井，トーメン（東洋綿花），ニチメン（日綿実業），兼松江商，安宅産業の10大商社体制が確立された。

　しかし，オイルショック後に起こるさまざまな経済環境変化の影響によって，安宅産業は1977年10月に伊藤忠商事に吸収合併されその名前は消えている。兼松江商は1990年1月に商号を兼松に変更し，「総合商社」から独自の道を歩んでいる。双日は2004年4月に日商岩井とニチメンが合併して誕生している。また，豊田通商は2006年4月にトーメンを吸収し「総合商社」に加わっている。

　現在は，三井物産，三菱商事，住友商事，伊藤忠商事，丸紅，双日，豊田通

商の7大商社である。

3.2 7大商社

ここでは7大商社の三井物産，三菱商事，住友商事，伊藤忠商事，丸紅，双日，豊田通商の特徴を簡単に紹介する。また，就職活動の企業情報としても知っておいてほしい。なお，**図表3-6**はそれぞれの企業のロゴマークである。

■図表3-6　各社の社章

出所：各社ホームページを参考に筆者作成

(1) 三井物産

　三井物産の正式名称は，三井物産株式会社であり，日本初の総合商社とされている。1876年に発足し当時は国策的な事業の側面が強く三池炭鉱の石炭の輸出販売をメインとして事業展開していた。戦後にGHQにより財閥解散がおこなわれたが，その後，第一物産との大合併を経て現在の形となる。

　特に，金属・機械インフラ・科学品・エネルギー・生活産業分野を手掛けている。最近では資源に力を入れ，資源価格の暴落から業績は下がっている。人

材においては積極的にグローバル人材を取り込もうという流れがあり，個性を大切にするという考え方がある。

(2) 三菱商事

　三菱商事の正式名称は，三菱商事株式会社であり，総合商社のトップとして名高い。三菱商事は1918年に三菱合資会社から独立して誕生している。今でこそ業界トップであるが，当時は筑豊炭田の石炭の販売を中心に事業展開していた。

　近年は，地球環境インフラ・新産業金融・エネルギー事業・金属・機械・化学品・生活産業といった分野を手掛けている。長い間貿易を中心としたビジネスをおこなっていたが，最近の特徴として資源開発に力を入れている。また，資源価格の暴落で業績が落ちているという現実もある。

(3) 住友商事

　住友商事の正式名称は，住友商事株式会社である。住友商事の源流は1919年に設立された大阪北港株式会社といわれている。当時は不動産経営を足掛かりに，1945年に日本建設産業株式会社として商事活動を開始し，1952年に住友商事として改称する。

　現在は，金融・輸送機建設・環境インフラ・メディア生活関連・資源化学品部門を扱っている。当然，住友系の会社であり，不動産を多く持つことから，堅実で穏やかな経営や社風を持っているといわれている。

(4) 伊藤忠商事

　伊藤忠商事の正式名称は，伊藤忠商事株式会社である。1858年に近江商人の伊藤忠兵衛の麻布行商から始まっている。また，丸紅とは同じ源流でもある。その後，いったん丸紅と分割されたものの，戦時中に大建産業として再度合併するが，戦後の財閥解体措置により再度両社は分割される。なお，1949年に現在と直接つながる伊藤忠商事株式会社が設立された。

特に，繊維分野や食料分野で圧倒的に業績の高い総合商社である。他にも金属・機械・エネルギー化学品・住生活・情報金融分野を手掛けている。伊藤忠商事は，非財閥系の「総合商社」である。

(5) 丸紅

　丸紅の正式名称は，丸紅株式会社である。伊藤忠商事と同様，近江商人の伊藤忠兵衛が創業者である。すなわち，源流は伊藤忠商事と同じであり，戦後の財閥解体により，大建産業から伊藤忠商事と分割され丸紅が設立された。

　特に生活産業・素材・エネルギー金属・電力プラント・輸送機部門を扱っている。電力プラント部門が特に強く，IPP（独立系発電事業者）は商社トップの実績である。また，丸紅も，伊藤忠商事と同様に，非財閥系の「総合商社」である。

(6) 双日

　双日の正式名称は，双日株式会社である。開国，明治・大正期の産業革命，戦後復興，高度成長といった近代日本の発展の過程で大きな役割を果たしてきた日本綿花，岩井商店・鈴木商店を源流とする。双日は，ニチメンと日商岩井の両社が，2003年4月に持ち株会社を設立し，翌年2004年4月に合併して誕生している。

　特に，自動車・航空産業・環境インフラ・エネルギー・石炭金属・科学・食品・生活産業・都市開発部門を扱っている。

(7) 豊田通商

　豊田通商の正式名称は，豊田通商株式会社である。1948年に設立された豊田通商は，トヨタグループ唯一の商社として，1980年から1990年代にかけて海外進出を強化し，自動車関連事業を主軸に成長している。その後，自動車以外の分野への事業拡大を目指し，2000年に加商，2006年にトーメンと合併し，現在は「総合商社」の1社として事業を展開している。

特に，金属・グローバル部品・自動車・機械・エネルギー・化学品・食料・生活産業・アフリカ部門を取り扱っている。

3.3 総合商社と経営の国際化

　日本国内のみでなく，海外にも大規模な商社は存在している。しかし，海外の商社は，資源や穀物といった特定の分野を扱っており，日本のように取扱商品が多岐にわたる「総合商社」のような形態は存在しない。どちらかといえば，「専門商社」として考えられる。

　また，「総合商社」は日本でもっとも多国籍化が進んだ企業であることは有名である。特に，輸出入貿易を積極的に行っていたことからも，「総合商社」は，世界を相手に事業を進めなければならなかったのである。そのような状況からも，「総合商社」は日本特有の卸売商業として，もっとも早い段階から経営の国際化を進めた業態の1つでもある。

　それが理由となるのかはわからないが，世界においても日本のような「総合商社」が存在しないことから，英文表記としても「SogoShosya」が使用されている。

4　専門商社とその分類

　「専門商社」は，売上比率の50％以上が特定の商品を取り扱っている商社である。すなわち，「総合商社」のような広い領域で事業を展開していない。特定の事業分野に特化していることが特徴である。具体的には，繊維や鉄鋼，自動車部品，日用品など，ある特定の事業分野を手がけている。「総合商社」以外の商社はすべて，企業間取引（B to B）を仲介する「専門商社」である。

　「総合商社」は，幅広い事業領域を象徴して，「インスタントラーメンからミサイルまで」と表現される。しかし，インスタントラーメンは食品であり，ミサイルは機械やエレクトロニクスである。それぞれの事業分野に深く関係している日本の「専門商社」は，これまでの日本のものづくり産業にとどまらず，

これから未来の日本のものづくり産業も支えるに違いない。

また,「専門商社」は,ある分野に特化した商社のことでもある。たとえば,鉄鋼製品を売るのが得意な商社なら「鉄鋼系の専門商社」として,繊維製品を売るのが得意な商社なら「繊維系の専門商社」として,化学製品を売るのが得意な商社なら「化学系の専門商社」というように分類もなされている。

図表3-7で示すように,ある分野に特化している「専門商社」は国内に多数ある。ただし,ここに示している企業は一部に過ぎない。

■図表3-7　分野に特化した商社

鉄鋼系	●伊藤忠丸紅鉄鋼　●メタルワン　●阪和興業　●JFE商事　●日鉄住金物産　●神鋼商事
食品系	●三菱食品　●加藤産業　●マルハニチロ　●日本アクセス　●極洋　●トーホー
繊維系	●東レインターナショナル　●帝人フロンティア
電機系	●キヤノンマーケティングジャパン　●マクニカ　●日立ハイテクノロジーズ　●菱電商事
化学系	●花王カスタマーマーケティング　●稲畑産業　●長瀬産業　●蝶理
医薬系	●スズケン　●メディパルホールディングス　●アルフレッサホールディングス
機械系	●岡谷鋼機　●シークス　●ミスミグループ本社
エネルギー系	●伊藤忠エネクス　●岩谷産業
紙・パルプ系	●日本紙パルプ商事　●新生紙パルプ商事　●国際紙パルプ商事　●日本紙通商
その他	●兼松

出所：筆者作成

では,「専門商社」が,企業間取引（B to B）にどのようにかかわっているのかを見ることとする。

図表3-8に示すように,ある分野に特化した「専門商社」が,パソコンができ上がり消費者の手元に届くまでに,どのように介入しているのかが理解できると思う。

パソコンが製品として，消費者の元に届くまでに，上流から下流まで無数の製造業がかかわり，それぞれの間に「専門商社」が介入し利益を得ている。パソコンの部材は何千点にも及ぶので，部材や素材の数だけ商社が存在し介入している。

■図表3-8　パソコンが消費者に届くまで

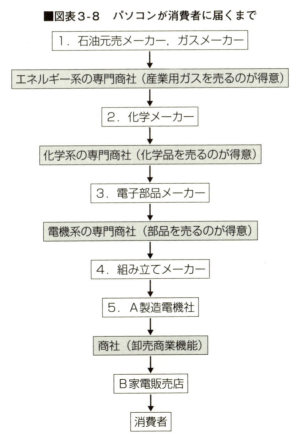

出所：筆者作成

ただし,「総合商社」であれば,この企業間取引（B to B）に,1社で介入することもできる規模を誇っている。

さらに,鉄鋼系,食品系,繊維系,電機系,化学系,医薬系,医薬系,機械系,エネルギー系,紙・パルプ系,その他系を代表する「専門商社」を紹介する。また,就職活動の企業情報としても知っておいてほしい。

(1) 鉄鋼系の専門商社の神鋼商事

■神鋼商事のHPより

神鋼商事の歴史は,1946年,神戸製鋼の製品を扱う戦後初の製造業専門商社として設立された「太平商事」に始まる。当時,世の中の製造業各社は戦火によって生産拠点を失い,商品流通機能も麻痺する。その中で創業者たちは,製造業と直結した「専門商社」によって製造業を支えたいという情熱のもと,品質の高い製品提供に尽力している。

(2) 食品系の専門商社の加藤産業

■加藤産業のHPより

加藤産業の歴史は,1945年創業の大手加工食品卸商社である。地域スーパーやコンビニエンスストア向けの取引が堅調であり,業界4位に位置する。「Kanpy」「GREEN WOOD」などの自社ブランドも手がけている。近年では,海外における日本式食品卸事業の展開に注力している。

(3) 繊維系の専門商社の東レインターナショナル

東レインターナショナルは，東レグループの商事会社として1986年12月に設立する。東レ株式会社の100％子会社として，資本金14億円で設立されている。まだ，創立30年程度と歴史的に浅い企業であるが，東レグループの商事活動を担う「製造業商社」としてスタートし，創立以来グローバルに拡大し続けている。

■東レインターナショナルのHPより

(4) 電機系の専門商社の日立ハイテクノロジーズ

日立ハイテクノロジーズは，2001年にエレクトロニクス専門商社である日製産業と日立製作所計測器グループ，同半導体製造装置グループが統合し誕生している。現在は，科学・医用システム，電子デバイスシステム，産業システム，先端産業部材の4つのセグメントでグローバル

■日立ハイテクノロジーズのHPより

に事業を展開している。高い技術力と長年培ってきたグローバル営業力を駆使し，時代をリードした多彩なソリューションをご提供している。

(5) 化学系の専門商社の長瀬産業

■長瀬産業のHPより

長瀬産業は，1832年京都で創業した化学系専門商社である。世界的に優良な製品を日本国内で独占的に輸入販売する総代理店権を有している。そこで培った技術力・情報力・海外ネットワークを活かし，製造・加工，研究開発機能の強化を図りながら，事業構造の転換を果たしてきている。

(6) 医薬系の専門商社のスズケン

■スズケンのHPより

スズケンは，1932年に名古屋市東区で個人商店の鈴木謙三商店を創業とし，1964年に現在の社名である，株式会社スズケンに変更している。スズケンは，医薬品や診断薬・医療用の機器・材料を，病院・医院や薬局などを，安全・確実に届ける医薬品流通事業を中核とし，医療支援や健康支援などの医療関連サービス事業を展開している。

(7) 機械系の専門商社の岡谷鋼機

岡谷鋼機の創業は1669年と，約340年以上の歴史と伝統で培った信頼と実績をもとに，常に時代の先を読み，ビジネスを創り出し，グローバルに活躍する独立系商社である。

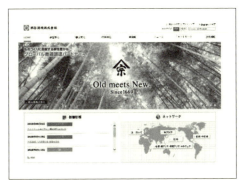

■岡谷鋼機のHPより

(8) エネルギー系の専門商社の岩谷産業

岩谷産業は，岩谷直治によって，1930年に溶接材料を扱う溶材商として，岩谷直治商店を創業する。主に，酸素やカーバイドを扱い，現在の産業ガス・機械事業にあたる事業をおこなっていた。順調に商店を成長させ，1945年に，現在の岩谷産業株式会社を設立している。岩谷産業は，ガス＆エネルギーを中心に事業を展開する専門商社である。

■岩谷産業のHPより

(9) 紙・パルプ系の専門商社の日本紙パルプ商事

■日本パルプ商事のHPより

　日本紙パルプ商事は1845年の創業以来，日本国内の洋紙販売を手掛ける等，紙・板紙の流通市場を開拓し続け，国内紙流通首位の「専門商社」としての地位を確立している。

　現在は，紙を中心とする各種産業用物資の流通販売を軸に，紙に関する川上（製紙原料，エネルギー，製紙事業）から川下（紙加工，最終製品販売）へ事業領域を拡大し，世界一の紙関連商社になるべく，広い視野を持ち新たな価値を創造し続ける企業を目指している。

(10) その他系の商社，兼松

■兼松のHPより

　兼松は，1889年に神戸の地で創業者兼松房治郎が日豪貿易の先駆けとして創業したことが始まりである。

　1967年に兼松と江商が合併し，総合商社化を一段と加速し，「総合商社」の一角に数えられていた。しかし，1990年代に経営危機に陥ったため，1999年に電子・デバイスや食品などに特化する構造改革計画を発表し，独自の道を歩んでいる。

5　商社の機能の変貌とグローバル活動

　現在は，世界の人口増加，食料問題，資源確保競争，地球温暖化などの課題が山積している。商社の役割は，こうした環境の変化によって変わる。しかし，商社に求められる基本的な役割は，多様化する社会のニーズに対応した，新たな事業や技術革新を活かした，新たなビジネスモデルを創造することにある。

　現在の商社は，必要に応じて，製造業になったり，小売業になったり，卸売業をおこなったり，事業投資をおこなったりと，すべての局面で活動している。

　「総合商社」は，世界で，太陽光発電の分野，グリーンケミカルの分野，アグリビジネスの分野，原油・天然ガス開発の分野，石炭・電力・冶金・化学品の分野，鋼材加工サービスの分野，自動車販売の分野などにかかわりをもち，事業の展開をおこなっている。

　なお，一般社団法人日本貿易会は，現在の商社機能を「商社は商取引機能をはじめさまざまな機能を駆使してビジネスを展開しています。そして最近の経済のグローバル化やIT革命といった大きな環境変化のもとで，商社は，(1)これまでに蓄積されてきた情報収集・分析機能や市場開拓機能，(2)事業経営に関わるノウハウ，リスクマネジメント機能，(3)IT（情報技術），LT（物流技術），FT（金融技術），MT（マーケティング技術）などを活用し，機能の高度化，複合化，高付加価値化を模索しています。このようにして，商社の機能は，時代のニーズに合わせて日々進化しているのです。」と示している。

　また，商社の機能として，商取引機能（グローバルな商取引を推進する商社のコア機能），情報・調査機能（広範多岐にわたる情報を収集・分析し，日々のビジネス活動に反映），市場開拓機能（需給動向を分析し，グローバルな市場を開拓），事業開発・経営機能（さまざまな機能を駆使し，事業の開発・育成とグループ経営の強化），リスクマネジメント機能（蓄積したノウハウを活用し，ビジネス上のリスクを最小限に），ロジスティクス機能（物流事業に参入し，全体最適の物流システム），金融機能（商社独自の金融機能を提供し，

その深化・拡大），オーガナイザー機能（各種機能を有機的に組み合わせ，大型プロジェクトを推進）の8つをあげている。

　商社は，実現に必要な情報取集力と，さらなる柔軟性を発揮し，新しい事業に積極的に挑戦しさらなる利益を追求していることは，一般社団法人日本貿易会で説明している，現在の商社機能と商社の8つの機能からもうかがえる。

　また，商社の労働環境においても，出身国や文化的背景の異なる人々が同じ職場で働く時代となっている。真のグローバル時代を迎え，働く一人ひとりのグローバル化が求められている。商社では，入社後早い時期から若手社員に海外駐在を経験させ，本社の社員と海外法人の外国人マネージャーの議論の場を設けるなど，真のグローバル時代に活躍できる人材育成を積極的に行っている。

　商社にとってのグローバル人材の条件は，日本人のアイデンティティを持って英語でコミュニケーションできるグローバル英語力や，課題解決に向けて自分の持っている力で対応する考と行動ができる人材である。

〈参考文献〉
榎本俊一［2012］『総合商社論　Value Chain上の事業革新と世界企業化』中央経済社
榎本俊一［2017］『2020年代の新総合商社論　日本的グローバル企業はトランスナショナル化できるか』中央経済社
大森一宏・大島久幸・木山実編著［2014］『総合商社の歴史』関西学院大学出版会
加藤義忠監修・日本流通学会編集［2009］『現代流通事典［第2版］』白桃書房
小林敬幸［2017］『ふしぎな総合商社』講談社
坪本一雄［2018］『総合商社の本質　「価値創造」ビジネスモデルを探る』白桃書房
田中隆之［2012］『総合商社の研究　その源流，成立，展開』東洋経済新報社
宮澤永光監修［2007］『基本流通用語辞典［改定版］』白桃書房
M.E.ポーター著，土岐坤・中辻萬治・小野寺武夫訳［1985］『競争優位の戦略』ダイヤモンド社

【参考資料として】
　総合商社は，一般社団法人　日本貿易会ホームページ，三井物産株式会社ホームページ，三井広報委員会ホームページ，三菱商事株式会社ホームページ，三菱広報

委員会ホームページ，住友商事株式会社ホームページ，住友グループ広報委員会ホームページ，伊藤忠商事株式会社ホームページ，丸紅株式会社ホームページ，双日株式会社ホームページ，豊田通商株式会社ホームページを参考にしている。

専門商社は，一般社団法人　日本貿易会ホームページ，神鋼商事株式会社ホームページ，加藤産業株式会社ホームページ，東レインターナショナル株式会社ホームページ，株式会社日立ハイテクノロジーズホームページ，長瀬産業株式会社ホームページ，株式会社スズケンホームページ，岡谷鋼機株式会社ホームページ，岩谷産業株式会社ホームページ，日本紙パルプ商事株式会社ホームページ，兼松株式会社ホームページを参考にしている（すべて2018年8月15日参照）。

第4章

小売商業

1　小売商業の役割

　私たちは欲しいものをどのようにして手に入れているであろうか。自分で生産することはほとんどなく，スーパー・マーケットやコンビニエンス・ストア，専門店のような店舗や，インターネットのオンラインモールで購入することがほとんどだろう。欲しいものを購入して手に入れているということは，流通や商業にかかわっているということである。私たちは意識する，しないにかかわらず流通や商業とかかわることなく生活することはできない。

　図表4-1のように商業に従事する者を商業者とよび，卸売業者と小売業者に大別される。卸売業者とは小売業者に商品を販売する商業者のことであり，小売業者とは最終消費者に商品を販売する商業者のことである。小売業者の商

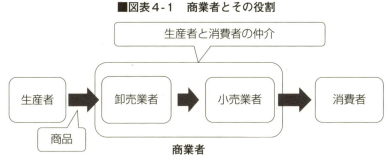

■図表4-1　商業者とその役割

出所：筆者作成

業に関する活動を小売商業とよぶ。

　小売業者の主たる活動は生産者もしくは卸売業者から商品を仕入れ，消費者に販売する「再販売購入活動」である。小売業者が商品を買うということは，自己所有が目的ではなく，他の誰かに販売することが目的である。つまり，自らが欲しいと思う商品ではなく，消費者が欲しい商品，すなわち市場で売上が見込める商品を仕入れる必要がある。

　流通過程において商業者は「社会的売買の集中」という役割を担っている。商業者は多くの生産者の商品を買い集め，品揃えをして消費者に販売する。つまり，生産者から商業者を捉えると，自らに代わって消費者に商品を販売する「販売代理」の役割を果たし，消費者から商業者を捉えると，自らに代わって生産者から商品を購入する「購買代理」の役割を果たしている。商業者は生産者と消費者の間に介在するが，ただ単に両者の間に介在し，利益を得るのではなく，再販売購入活動をおこなう主体として流通過程に存在している。

1.1　小売商業の構造

　では，現在の日本でどれくらいの小売業が存在しているのだろうか。2016年に経済産業省が実施した最新の商業統計では990,246店（法人599,684店，個人390,562店）となっている。商業統計は経済産業省が発表する日本の商業に関するもっとも基礎的なデータであり，センサス調査（商業店舗の実数調査）という意味で小売商業の構造を分析する際にもっとも重要な統計である。つまり，この統計には，ある時点における日本の商業の全データが詰っている。

　日本では1952年に初めて調査がおこなわれて以降，1976年までは2年に1回，1979年から1997年までは3年に1回，1997年からは2007年までは5年に1回調査がおこなわれてきたが，総務省所管の経済センサス（基礎調査・活動調査）が創設されたことに伴い，経済センサス・活動調査の2年後に実施されることになった。

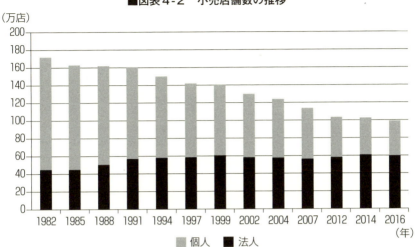

出所:商業統計表より筆者作成

　図表4-2は日本における小売業の店舗数の推移を表している。この数字は企業の数ではなく，店舗の数である。また，その店舗が生産者の営業所であっても，主に小売活動をしていれば小売店舗としてカウントされる。

　このデータから指摘される日本の小売業の大きな変化は，1985年の調査で小売業店舗数が減少に転じた点であり，日本商業の転換期といわれる。小売業全体を見ると1982年調査時の1,721,465店をピークにして，その後は基本的に減少傾向である。

　図表4-3は従業員規模別構成比の推移を表している。日本の小売業は諸外国から小規模多数と指摘を受けてきた。つまり店舗数は多いが，1つひとつの店舗で働く人数が少なく小規模ということである。ただ，小売店舗数および従業員別構成比の推移からもわかるように，従業員数が少ない個人商店の減少が明確である。一方，従業員の多い小売業が構成比を増加させてきており，少しずつ指摘は解消されつつあるといえる。

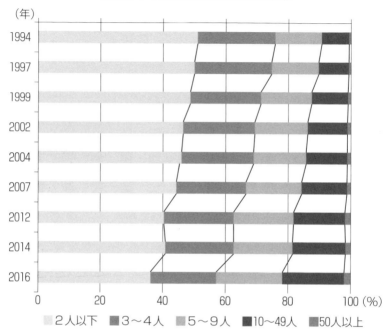

■図表4-3 従業員規模別構成比の推移

出所:商業統計表より筆者作成

1.2 業種と業態

　小売業は最終消費者に商品を販売するが,1つの小売業がありとあらゆる商品を販売しているわけではない。個々の小売業には得意とする取扱商品や販売方法がある。したがって最終消費者に商品を販売する働きが共通していることで「小売業」と位置づけられても,取り扱う商品や販売方法によって細かく分類しなければならない。

(1) 業種による分類

　業種は小売業が主としてどんな商品を取り扱っているのか,取り扱う商品の品種によって分類される。小売業は業種で分類されることが一般的であったが,近年の小売業界では八百屋,精肉店などの伝統的な業種店は減少の一途をた

■図表4-4　小売業の業態区分

区分	販売方式	取扱商品	売場面積
1．百貨店			
(1) 大型百貨店	対面	衣，食，住に関するもの	3000㎡以上（都の特別区及び政令指定都市は6000㎡以上）
(2) その他の百貨店	対面	衣，食，住に関するもの	3000㎡未満（都の特別区及び政令指定都市は6000㎡未満）
2．総合スーパー			
(1) 大型総合スーパー	セルフ	衣，食，住に関するもの	3000㎡以上（都の特別区及び政令指定都市は6000㎡以上）
(2) 中型総合スーパー	セルフ	衣，食，住に関するもの	3000㎡未満（都の特別区及び政令指定都市は6000㎡未満）
3．専門スーパー			
(1) 衣料品スーパー	セルフ	衣が70%以上	250㎡以上
(2) 食料品スーパー	セルフ	食が70%以上	250㎡以上
(3) 住関連スーパー	セルフ	住が70%以上	250㎡以上
4．コンビニエンス・ストア	セルフ	飲食良品を扱っていること	30㎡以上250㎡未満
5．ドラッグストア	セルフ	医薬品・化粧品を小売販売額全体の25%以上取扱い，かつ一般医薬品を取り扱う事業所	
6．その他のスーパー	セルフ	2，3，4，5以外のセルフ店	
7．専門店	対面	衣・食・住のそれぞれの細分類が90%以上	
8．家電大型専門店	対面	家電	500㎡以上
9．中心店	対面	7の専門店に該当する店を除き，衣・食・住のそれぞれの割合が50%以上の店	
10．その他小売店	対面	1，7，8，9，11以外の非セルフ店	
11．無店舗販売		訪問販売，通信・カタログ販売，インターネット販売，自動販売機による販売が100%	0㎡

出所：商業統計表より筆者作成

どっていることを受け，業種で分類されることは少なくなってきた。

　小売業種の分類においては売上高の半分以上を占める商品によって分類するメインの原則が適用される。つまり業種は取扱商品により分類されることから「何を扱うのか」による分類といえる。

(2)　**業態による分類**

　伝統的な業種店が衰退するのに対して，業種店の枠を超え，多岐にわたる商品を販売する業態とよばれる小売業が成長している。業態は**図表4-4**に示すように立地，商品，価格，販売方法，販売促進，付帯サービス，店舗施設といった商品の扱い方，小売業者の運営方法による分類であり，「どのように扱うのか」による分類といえる。各業態の具体的な説明については第5章で学んでほしい。

　同じ業態内では活動様式の全体像が基本的に共通で安定しているので，他の業態と区別ができる。業態は業種とは異なった商品の取り扱い方をするので，取り扱う商品の種類や範囲をも超える小売業を意味する。これらの業態は小売業による革新で誕生し，それが模倣，洗練化されることで新たな業態が形成される。それは今後も変わらないだろう。

1.3　フランチャイズチェーン（FC）とボランタリーチェーン（VC）

　小売業を経営形態で分類すると，単一店舗経営か複数店舗経営となり，さらに後者については，本・支店経営とチェーン経営に分類される。

　日本の小売業は，アメリカから経営ノウハウや技術を移転し，成長してきたが，もっとも重要な経営ノウハウは「チェーン経営」である。

　チェーン経営とは，ある企業が本部もしくは本店となり，支店や加盟店のいわゆるチェーン店を多数展開する多店舗経営手法を指す。本部は，各店舗の経営を集中的に管理する。チェーン展開をする上でのもっとも大きなメリットは，本部が一括して大量仕入をし，それらを各店舗に分配することで，低価格仕入が可能になることである。

一店舗での仕入量や販売量には限界があるが、店舗数が増えることでこれらは克服され、大量仕入を可能にする。商品を低価格で大量に仕入れることで、各店舗には低価格商品が陳列される。低価格販売で評判が上がれば、新たな出店が可能になり、さらに販売力が強くなり、仕入先との価格交渉が優位に進められる好循環が続く。

■図表4-5　フランチャイズチェーンとボランタリーチェーンの本部と加盟店の関係

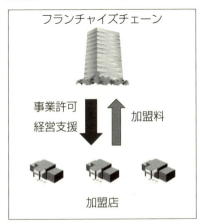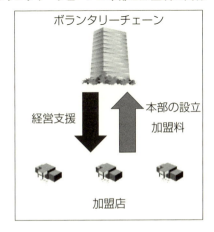

出所：筆者作成

　チェーンストアとは本社が支社を設立し、同一資本で運営されるレギュラーチェーン、独立小売商が組織化されるフランチャイズチェーンやボランタリーチェーンがある。

　図表4-5のようにフランチャイズチェーンは、本部が加盟店を募集して、本部と加盟店の間でフランチャイズ契約を結ぶ形態である。加盟店は本部から経営ノウハウの指導を受けたり、商標・商号等を使用する権利が与えられる。一方、加盟店はそれらを与えられる対価として、加盟金やノウハウ、商標・商号等の使用料をロイヤルティとして本部に支払う。

　フランチャイズチェーンの代表例はコンビニエンス・ストアである。コンビニエンス・ストアが誕生した背景は、1974年に施行された大規模小売店舗法

（大店法）が大きく関係している。1970年代から80年代にかけて，日本の小売業の主役はスーパーだった。その一方で，大手スーパーの成長が中小小売商の存続を脅かすとも考えられ，店舗規模や営業時間を制限し，大手スーパーの企業としての成長にブレーキがかけられ，経営環境が厳しくなった。

そこで，スーパー・マーケットの本部が町の酒屋さんを中心とした中小小売商をフランチャイズとして契約し，大店法の規制のかからない小型店舗いわゆるコンビニエンス・ストアを開発することで企業としての成長をめざす動きが広まった。

フランチャイズ契約に際して，本部が加盟店に対しさまざまなルールに従って経営することを求めるのは，自らが開発した経営ノウハウや，商標・商号を守らなければならないからである。本部と加盟店は別企業になるので，加盟店は自らの店舗を自らの責任で経営していかなければならない。

コンビニエンス・ストアが新規開店する店の前に「経営者募集」という看板を出しているのを見たことはないだろうか。これは本部の経営者ではなく，加盟店の経営者を募集するという意味である。

図表4-5のようにボランタリーチェーンも本部は存在しているが，加盟店が主体となり展開している点がフランチャイズチェーンとの違いである。ボランタリーチェーンは，独立の小売業者が事業を有利に進めるために自発的に参加する協同組織を指す。

日本でボランタリーチェーンが誕生した背景は，1970年代のスーパー・マーケットの成長がある。大型のスーパー・マーケットが成長したことで，同じような商品を扱う町のスーパーや中小小売商は存続の危機に立たされた。同時に自らの存続基盤に危機を感じた卸売業者が，中小小売業者を組織化し，仕入の大規模化を図る対抗力として誕生した。

ボランタリーチェーンは加盟店の注文を本部が集約し，生産者と交渉をおこない，他のチェーンと近い条件で商品を仕入れることを目的にしている。本部は仕入れた商品を加盟店に販売することに加え，加盟店に対する経営指導や店舗開発，教育・研修，販売促進の面でサポートする。加盟店はこれらのサポー

トの使用料として加盟料を支払う。

　ボランタリーチェーンには卸売業者が主体となり組織化する卸売商主催と小売業者が主体となり組織化する小売商主催がある。卸売商主催の代表例に専門商社の国分グループの国分グローサーズチェーン株式会社があり，小売業者主催の代表例に全国の有力な地域スーパーが加盟するCGCがある。

2　小売業主導の流通システム

　流通は商業者が介在する間接流通が主流である。商品流通において生産者と商業者の間にはさまざまな力関係が存在し，力を持ったほうが商品流通を優位に進めることができる。

　日本の小売業は1985年の転換期を迎える以前から，少しずつ変化してきた。1950年代に誕生したスーパー・マーケットが店舗の大型化，大量仕入れと多店舗化による販売量の増加を実現した。1970年代には多くの消費者に生活用品が行き渡り，物的に豊かな生活が実現され，人々のニーズは多様化した。こうなると消費者に多品種できめ細かい対応が必要になる。

　こういった対応を大きく前進させたのが情報技術の発展と情報ネットワーク化である。1980年代以降，多くの小売業がPOSシステムを導入するようになった。POSシステムにより商品管理が飛躍的に効率化されただけでなく，生産者と小売業者の関係も大きく変わった。

　市場に関する情報を多く保有する小売業者の力が，卸売業者や生産者に対して相対的に強くなったのである。メーカー希望小売価格が作用し，小売業が販売する商品の価格を生産者が実質的に設定していたことからも，かつては生産者が小売業に対して強い力を持っていた。しかし，近年では小売業者が設定するオープン価格へと変わっている。このことは，小売業者が生産者に対して価格設定力や交渉力が付いたことを表している。

　それだけでなく，大手製造業者が大手小売業者と独自商品としてPB（private brand）商品を開発するなど，小売業者が主導する流通システムができつつあ

る。

　このような生産者と小売業者の関係を生産者による流通系列化，小売業による製版同盟，PB商品の開発の3つから説明する。

2.1　生産者による流通系列化

　力関係が商業において形成される典型的な例の1つが流通系列化である。流通系列化とは生産者が卸売業者や小売業者との間に特別な関係を形成して，垂直統合することなく生産者直営のように商品の販売やサービスにおいて協力する仕組みである。流通系列化においては生産者が商業者に強い力を発揮する。

　この流通系列化の背後には商業とマーケティングの対立があり，生産者が商業の性格をマーケティングの目的で変える意味がある。

　流通系列化は日本独特の商慣行であり，誕生した背景には戦後の生産者と商業者の規模に関係がある。戦後，大規模製造業は存在したが，大規模小売業は少なく，大量生産した商品を効率的に販売することが難しかった。したがって効率的な商品流通を推し進めるために，生産者は自社商品の販売に強く協力する商業者を探していた。

　図表4-6で示したように，流通系列化とは生産者が価格安定を目的にして系列店を傘下に治め，自社商品の販売に協力させ，傘下になった系列店は生産

■図表4-6　流通系列化の生産者と系列店の関係

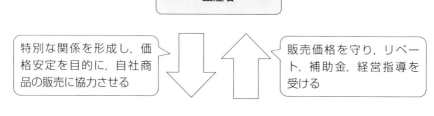

者が指示する販売価格を守ることで,各種のリベートや補助金,経営指導を受ける関係性を指す。系列店となることで社会的売買の集中に大きな制約がかかるが,その代わりに生産者からの手厚い支援を受け,安定経営を手に入れることができる。

　日本は過去から自動車,家電,化粧品の3つの産業で流通系列化が色強く現われていた。しかし,1980年代中盤以降,家電量販店やドラッグストアといった新たな業態が成長するにつれ,家電,化粧品産業では流通系列化が崩れ,現在,流通系列化が色強く残っているのは自動車だけである。

2.2 小売業による製販統合

　小売業が大規模化して,強い販売力を持ち,生産者や卸売業者の販売依存度が高まると,生産者や卸売業者に対し強い力を持つ。一般的に小売業は仕入価格を下げるために力を使う場合が多いが,決してそれだけではない。

　その例として小売業が生産者や卸売業者の物流や生産での活動を統制する製販統合,小売業が自ら商品開発に乗り出すPB商品がある。これらのケースでは小売業の力が価格交渉ではなく,物流,生産,開発などにおいて活用される。

　図表4-7のように,製販統合とは,商品の生産や物流における一連の作業を企業間で連動させ,迅速な生産・流通システムを形成することである。この製販統合によって生産や物流の効率化を目指す。

■図表4-7　製販統合

・企業間で生産や物流における情報共有
・生産活動,物流活動,在庫管理の連動

出所:筆者作成

製販統合には2種類の活動の調整が含まれている。1つは生産者や卸売業者に迅速で多頻度少量配達をさせる物流面での調整である。受発注においてオンライン受発注システム（EOS）や電子データ交換（EDI）を導入するとともに，高度な受発注情報の処理に対応した物流処理の自動化・機械化を導入して，生産者から小売業者にいたる迅速で多頻度少量の配送システムを構築し，在庫を圧縮する。

もう1つは生産者や卸売業者の生産活動や在庫管理を連動させることである。小売業者は生産者や卸売業者にPOSデータや在庫データを提供し，供給体制を整備させる。製販統合は情報を共有することで迅速で効率の良い商品流通の実現が基本になっている。

製販統合は効率的な在庫形成，商品流通のために必要なのである。生産者，卸売業者，小売業者のそれぞれが限られた情報の中で受発注，配送を個別に意思決定する限り，流通全体から見た最適な在庫形成ができない。別企業ではあるが情報共有して，最適な商品流通をおこなうことで，結果的に各企業に利益がもたらされる。

2.3　PB商品の開発

製販統合における情報交換が進むと，生産者と小売業者の関係も変化し，両者が協働で商品開発をおこなうことになる。同時にこの商品開発は，小売業が生産者に対して強い力を発揮する場面でもある。最近，コンビニエンス・ストアやスーパー・マーケットでその小売業独自のPB商品を目にすることも多いだろう。これこそが小売主導の流通システムの典型例である。

チェーンストアが発展し店舗数が増加することで大量販売力を持つ。この大量販売力を持った小売業は，生産者に対して強い力を持ち，ナショナルブランド（NB）商品を低価格で仕入れるために使って成長してきた。しかし，低価格の仕入，小売業者間の価格競争には限界がある。

そこで小売業は大量販売力を活用して，自らが商品のデザイン，品質，価格，数量を決定し，製品計画に基づいて製造業に生産委託する。この結果，小売業

独自のPB商品が誕生し，利益確保と品揃え差別化としての効果がもたらされる。

　PB商品は小売業の独自商品であることから，生産者の広告や営業活動などのマーケティング費用の節約にもなる。独自商品であるが故に他の小売業者で販売することができず，すべて買い取ることになる。ただ，低価格で独自に仕入れができるので，低価格販売ながらも，利益の確保になる。

　NB商品は販売先の制約がないので，どの業者でも取り扱うことができ，結果的にどの小売業者も似たような品揃えになる。一方，PB商品は品質，デザインなどの面で小売業の独自色を出しやすく，品揃えの差別化に有効になる。

　図表4-8の写真で右に写っているのが誰もが知っているカルビーのポテトチップスである。これはカルビーが企画，製造し，日本中の多くの小売業で販売されているNB商品である。一方，左の写真はファミリーマートが企画し，カルビーに製造委託したポテトチップスである。カルビーの工場で製造されているが，ファミリーマートが主導的に企画，提案したものであり，ファミリーマートでしか買うことができないPB商品である。他の小売業者では販売されないという意味で，当該小売業者のプライベートなブランドになる。

■図表4-8　カルビーが生産したNB商品とPB商品

出所：筆者撮影

3 小売機関の発展，理論

一言で「小売業」といってもさまざまな業態や経営形態が存在したり，近年では商品を販売するだけでなく，PB商品という生産的労働も行っている。小売業が革新的な小売業態の成立と展開を繰り返すことで市場を発展させてきた。

小売業の新業態はなぜ誕生するのか，一方，衰退する業態が生まれるのはなぜか。これらは偶然の結果ではなく，必然的に起きている。小売業の発展や衰退について，将来の見通しを立てたり，衰退理由を明確にしたりするためには理論が必要である。第3節では小売業の発展を理論から見ていきたい。

3.1 「小売の輪」仮説

小売の輪仮説はマクネア（McNair）が提唱した小売業の店舗形態の発展を説明するもっとも著名な理論である。

■図表4-9 「小売の輪」仮説

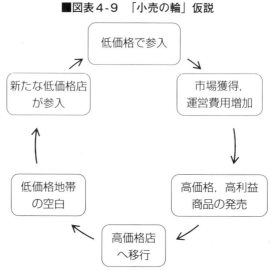

出所：McNair & May著 清水猛訳 [1982] をもとに筆者作成

図表4-9のように新しい小売業態は薄利多売による低価格を武器に参入する場合が多い。それが消費者に受け入れられ，店舗や商品アイテムが増加し，業務が拡大化すると，それまで必要のなかった売場拡大のための費用，新店舗出店の費用等，さまざまなコストが必要になる。

　そうなると参入当初は低価格を武器にしていた業態でも，利益率の高い高価格商品を扱わなければならなくなり，高価格店になる。こうなると，低価格を求める消費者の需要を満たす業態が存在しなくなり，そこに新たな安売り業態の参入を促す空白地帯ができる。小売の業態変化はこのようにして起こり，輪が回るように繰り返されると想定されるのが「小売の輪」仮説である。

3.2 「真空地帯」仮説

　「小売の輪」仮説では低価格で参入するコストリーダー型の業態革新が想定されているが，高価格・高サービスで参入する業態革新もある。ニールセン（Nielsen）はこの両方の業態革新を表す「真空地帯」仮説を提唱した。

　小売業者が低い価格を設定しようとすれば，消費者へのサービス水準を引き下げなければならず，消費者に高いサービスを提供しようとすれば高価格になるという想定で考える。そして，新しい業態の参入は，低価格・低サービス市場および，高価格・高サービス市場という両極端の「真空地帯」において発生するというものである。

　「真空地帯」が生まれるのは，参入したそれぞれの業態に消費者の選好が集中して，多くの需要が期待される市場，つまり低サービスでもなく高価格でもない市場に向けてシフトするからである。

■図表 4-10 「真空地帯」仮説

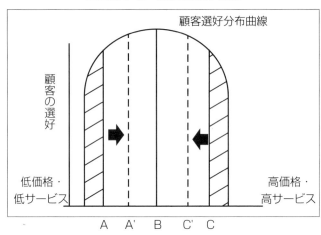

出所：Nielsen［1966］をもとに筆者作成

　図表4-10のように，A，B，Cという3種類の小売業態が存在するとしよう。それぞれの業態が提供するサービス量と価格の関係において，サービス量が少ないほど低価格，サービス量が多いほど高価格と仮定する。これに顧客の選好分布曲線を当てはめると，Aは低価格・低サービスを提供，Cは高価格・高サービスを提供する業態とそれぞれ位置づけられ，サービスも価格も中間のBがもっとも多くの顧客を引き付けていることになる。

　Aのように低価格・低サービスで参入した業態はやがて高価格・高サービスを提供するA'を志向するようになる。一方，Cのように高価格・高サービスで参入した業態は，より多くの顧客を引き付けるためにC'方向へと価格・サービス水準を落とす。そうなることで元々AやCにいた業態に「真空地帯」（市場機会）が誕生し，新規参入や業態革新が起こると考えられる。つまり，「真空地帯」仮説では「小売の輪」仮説では想定されていなかった高価格・高サービスを提供する小売業態も対象になっている。

3.3 「小売アコーディオン」仮説

　ホランダー（Hollander）が命名した「小売アコーディオン」仮説は「小売の輪」仮説,「真空地帯」仮説と同じく小売業の店舗形態発展の代表的理論の1つであり,小売業態の動態をアコーディオンにたとえて取扱商品の範囲から説明している。

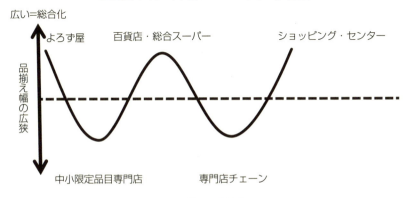

■図表4-11　「小売アコーディオン」仮説

出所：Hollander［1966］をもとに筆者作成

　図表4-11のように,よろず屋（小規模の何でも屋）ができると,それに対抗して特定商品分野のみを中小小売商の専門店ができる。今度はそれに対抗して百貨店や総合スーパーが誕生し,さらに総合スーパーは専門店チェーンへの機会を作り出す。

　アコーディオン現象は業態間だけに限ったことではない。特定業態についてもライフサイクルの過程で取扱商品が変動する。スーパーの多くは食品スーパーとしてスタートしながら非食品部門に品揃えを拡大し,総合スーパーへと進化したが,近年の出店傾向は総合スーパーよりも食品スーパーのほうが多く,総合スーパーと食品スーパーとの事業のすみ分けが見受けられる。

百貨店も呉服店から始まり，品揃えを総合化したが，近年は品揃えをファッション関係へと絞っている。ただ，大型化するだけが小売業態の変化ではない。総合スーパーの成長からコンビニエンス・ストアが生み出されたように，小型化する変化もある。

　小売業態は商品の取り扱い範囲，店舗規模，サービス水準など業態を特徴づける基本的な属性に関して多様な変化が生まれ，業態間の競争を通じて発展，衰退が繰り返されている。

〈参考文献〉
荒川祐吉［1962］『小売商業構造論』千倉書房
石井淳蔵［1983］『流通におけるパワーと対立』千倉書房
石井淳蔵・向山雅夫編［2009］『小売業の業態革新』中央経済社
石原武政・竹村正明編［2008］『1からの流通論』碩学舎
懸田豊・住谷宏編［2009］『現代の小売流通』中央経済社
柏尾昌哉［1975］『商業学総論』実教出版
佐藤肇［1974］『日本の流通機構』有斐閣
髙嶋克義［2002］『現代商業学』有斐閣
髙嶋克義・西村順二［2010］編『小売業革新』千倉書房
田村正紀［2008］『業態の盛衰』千倉書房
橋本勲［1971］『現代商業学』ミネルヴァ書房
満薗勇［2015］『商店街はいま必要なのか「日本型流通」の近現代史』講談社
森下二次也［1995］『流通組織の動態』千倉書房
M.P.マクネア，E.G.メイ著，清水猛訳［1982］『"小売の輪"は回る』有斐閣
O.Nielsen,［1966］"Development in Retailing," inM.Kjaer-Hansen（ed.）Reading in Danish Theory of Marketing,North-Holland
S.C.Hollander.［1966］"Notes on the Retail Accordion," Journal of retailing

第5章

生活の中の小売業

1 身近な小売業

　さまざまな小売事業をおこなう業種店や業態店が今日の社会生活のなかにあり，年間消費額300兆円のうち140兆円が小売市場によるものとなっている。小売業の歴史に関する文献に目を通すと，近代の組織小売業の始まりは国内外ともに百貨店にみられ，戦後の日本における小売業の発展の流れはスーパーならびにコンビニエンスストアの出現と競争の歴史を辿ることで一定の大枠を掴むことができる。

(1) 百貨店

　百貨店の歴史は古く，世界最古の百貨店は1852年にフランス・パリにて登場した「ボン・マルシェ」とされる。日本では「三越」の前身となる「越後屋八郎右衛門」にその起源をみることができる。越後屋はボン・マルシェよりもずっと歴史は古く，1673年に伊勢商人・三井高利が日本橋に開業した呉服店であり，1683年に併置した両替店は現在の三井住友銀行の起源にもなっている。越後屋は「店前現銀無掛値」という世界初の店頭での現金定価販売をおこない，当時の呉服業界は反物単位での販売が原則であったが「小裂いかほどにても売ります」と宣伝し12センチ四方から販売するなど，近代的な小売システムにつうじる革新的な取り組みをみせた。当時の越後屋1904年には三井姓の「三」と越後屋の「越」をあわせ株式会社三越呉服店を設立し，初代専務・日比翁助が

事業方針となる「デパートメントストア宣言」を発し，国内初の百貨店が誕生した。その宣言内容は，「当店販売の商品は今後一層其の種類を増加し，およそ衣服装飾に関する品目は一棟御用弁相成り候 設備致し，結局は米国に行わるるデパートメントストアの一部を実現致すべく候」とあるが，つまり視察に訪れたアメリカの百貨店に倣い，品揃えを拡大するとともにサービスの質向上と設備充実をもって先進的な百貨店を目指すというものだった。したがって，日本においては三越が近代的な百貨店の原点といえるだろう。

　現在，国内の百貨店業界は三越伊勢丹HDを筆頭に，J.フロント リテイリング（大丸と松坂屋が統合），高島屋，エイチ・ツー・オーリテイリング（阪急うめだ本店が旗艦店），そごう・西武（池袋西武が旗艦店）が全国展開の大手百貨店としてあげられる。また，百貨店業界の特色として，鉄道企業が多く参入しており，近鉄グループHDが近鉄百貨店，東京急行電鉄が東急百貨店，小田急電鉄が小田急百貨店，東武鉄道が東武百貨店，京王電鉄が京王百貨店，名古屋鉄道が名鉄百貨店，京阪HDが京阪百貨店をそれぞれ100％出資して展開している。JRもまた東海旅客鉄道と高島屋がジェイアール東海高島屋，西日本旅客鉄道と三越伊勢丹HDがジェイアール西日本伊勢丹をそれぞれ共同出資して展開している。さらにはファッションビルが運営する，パルコ，丸井グループ，ルミネが競合する。全国の百貨店売上高は1991年をピークに6割（2016年5兆9,780億円）にまで減少しており，近年の訪日客による「爆買いバブル」やアベノミクス効果によって若干回復傾向が見られたものの，いまだ厳しい景況の中にある。

　一般的に百貨店事業は，生産者や卸売業者が百貨店に商品を預け，消費者がその商品を購入した時点で百貨店側にその商品の所有権が移転すると同時に仕入れがなされたとみなされる「消化仕入れ」方式をとっている。一般的な小売業の「買取仕入れ」方式は生産者や卸売業者から商品を買い取り販売するため値下げや廃棄ロスによる負担を強いられるが，消化仕入れの場合はそのような事態を回避できるメリットがある。だがその反面，生産者側が品揃えのイニシアチブをもつため，特に近年の衣料品の不振を中心とする百貨店業界の悪景況

にあっては，アパレルメーカーが在庫リスクを恐れるあまり，売場はコモディティ商品で溢れかえり同質化を招く。基本的な競争戦略となる差別化が難しくなり，価格競争に陥ると利幅も薄くなってしまう。

現在このような苦境に立たされている百貨店事業の新しい方向性として，「テナントビル化」や「自社企画品（PB）の拡充」が示される。例えば，ファッションビル系百貨店の丸井やパルコやルミネは，テナントビル化することによって専門店と売場の賃貸契約を結び固定賃料による安定的な収入を得ることができる。PBについては，第4章を参照してほしい。

(2) スーパーマーケット

百貨店に比べてわれわれの日常生活においてより身近であり，市場規模の大きい小売業態が「スーパーマーケット」である。1953年に増井徳男が創業した紀ノ國屋（東京・青山）に端を発して生まれたこの業態は日本の小売業の発展に寄与し，社会の時勢とともに業態自体も大きく様変わりしてきた，まさに代表的な小売業態といえよう。現在の日本で「スーパーマーケット」と総称される業態は，衣食住の関連用品を店舗内に揃え販売する「総合スーパー（GMS：General Merchandising Store）」と衣食住のいずれかに特化した専門スーパーのうち食料品を主に扱う「食品スーパー（SM：Super Market）」に大別される。前者は，国際的にはハイパーマーケットと称し，日本と欧州では衣食住の総合店であるが，アメリカではGMSは非食品の総合大型点として発展しており，食品専門スーパーをスーパーマーケットと分けてよんでいる。

GMSの日本におけるパイオニアは，1957年に中内㓛が開業したダイエー（1号店：大阪・千林店）であり，GMSとしては2号店（三宮店）から食品を中心として衣料品と住居関連用品を取り揃え展開してきた。その後，1960年にはイトーヨーカ堂，その2年後に東光ストア（現・東急ストア）と西武ストア（現・西友）が開業し，GMSの競争市場が形成されていった。1972年にはダイエーが三越を超える販売額を計上し小売業トップの座に着くほどにまで急激に成長した。そのような急成長の要因は経営形態の違いにある。百貨店は都市部

での単独店経営が基本であるのに対して，GMSはチェーン経営を基本とし都市郊外及び地方都市部への広範囲の出店戦略をとり，豊富な品揃えと広い売場面積から享受される販売量の優位性を築くことができる。また，小林らはチェーンストア戦略によって得られるスーパーのメリットとして**図表5-1**のものをあげている。

■**図表5-1　チェーンストア戦略によって得られるスーパーのメリット**

- ナショナルブランド（NB）メーカーへの大量発注によって交渉を有利に進めることができ，規模の経済性を実現できる。
- プライベートブランド（PB）を企画・発注することができ，それによって他店との差別化が可能になるとともに生産者と中間流通業者の利益が得られる。またPB商品の価格決定権をもつ。
- マスメディアを利用して広範囲かつ効率的な広告ができ企業認知度が高まり，資本と人材確保が容易になる。

出所：小林二三夫・伊藤裕久・白鳥和生編著［2017］

　スーパー業界では，イオン（旧ジャスコ）とセブン＆アイ・ホールディングスが2強となっており，両者ともGMSと食品スーパーを運営する。イオンのGMSはイオンリテールが中心店であり，食品スーパーをユナイテッド・スーパーマーケット・ホールディングスがマックスバリュ，マルエツ，ダイエー，カスミを統括している。他方のセブン＆アイ・ホールディングスはGMSのイトーヨーカ堂，食品スーパーのヨークマートとヨークベニマルを運営している。その他，ユニー・ファミリーマートホールディングスのユニーが愛知県を中心にGMSのアピタならびにピアゴを展開している。

　SMの業態は，最大手ライフコーポレーションの大株主が三菱商事であったりヤオコーとPBを共同開発するなど，タテ・ヨコの連携をもつケースがよくみられる。その他，ユニーとイズミヤとフジは共同PBを開発していたり，イズミとセブン＆アイ・ホールディングスは電子マネーで提携しているし，サミットは住友商事の100％子会社であるなどみられるが，企業規模がさほど大きくないことと，コンビニやドラッグストアといった他業態との競争環境が複

雑な連携関係の背景にみられる。

　スーパーの営業利益率は平均２％程度といわれるが，各社の新規出店によって競争は激化し店舗の売上高は伸び悩んでいる状況にあるなか，さらに販管費と仕入原価の上昇が利益を圧迫している。そのような状況の対策として，出店からコスト抑制可能な店舗改装に戦略転換したり，粗利率の高い惣菜や生鮮食品の販売に注力する企業も出ている。また例えば，いなげやは精肉加工センターを設置し店舗作業をセンターに移管し，ヤオコーは物流センターを新設するなど，設備投資による効率化を図る「センター投資」が業界のトレンドとなっている。

(3)　コンビニエンスストア

　コンビニエンスストア（CVS）はアメリカから輸入された業態で，1974年にイトーヨーカ堂グループのヨークセブン（現セブン-イレブン・ジャパン）が開業したセブン-イレブン１号店（東京・豊洲）に端を発する。その後，1980年代には国内CVSの顔触れは揃っており，西友がファミリーマートを，ダイエーがローソン，イオンがミニストップ，ユニーがサークルK，旧長崎屋がサンクスを展開してきたが，経営統合やブランド統合の結果，セブン-イレブン（１位），ファミリーマート（２位），ローソン（３位）の３社による寡占化が進んでいる。

　CVSは平均面積100㎡程の標準化された空間に3000種もの商品が陳列され，現在では小売業の枠組みを超えて，公共料金支払いや宅配便，銀行ATMサービス等，生活の利便性を高めるサービス事業所となっている。一般的にフランチャイズ・チェーン（FC）の経営形態をとり，本部企業は加盟店に販売権を付与し，経営ノウハウの提供及び商品の開発と供給，宣伝広告をおこなう。加盟店側はその対価として本部に加盟料とロイヤルティ（売上高－売上原価×数10％）を支払う。本部にとっては，店舗にかかる固定費と人件費を抑えることができる。この関係性から，CVS本部企業の顧客は加盟店オーナーであり，小売業は加盟店が担う。CVSは一定の地域に集中して店舗を出店・運営する「ド

ミナント戦略」をとるのが定石であり，またPOS（Point Of Sals：販売時点情報管理）システムを併用し，物流と在庫管理の効率を高めるとともに，当該地域の需要情報を集めることができ，地域レベルでの市場ニーズの対応もしやすくなる。

2 無店舗型小売業態の誕生と拡大

　無店舗型小売業態は，本章前半で取り上げたような有店舗型小売業態で取り扱われる商品を，店舗を有さないモノが販売する業態である。このような小売りの形態は無店舗販売（Non-store Retailing）とよばれている現代においては，インターネットショッピングが想像されやすいが，自動販売機や無人販売，カタログやTVを通した通信販売も無店舗型小売業態だといえる。

　現代の無店舗型小売業態の特徴は，訪問販売など一部例外はあるが，売上げの大きなものは小売業者と消費者が相対せずに取引を終了することにある。かつては，無店舗型小売業の売上げは，訪問販売などの相対取引に寄るものが多かったが，情報社会の到来により，インターネットを通じた無店舗型小売業態の売上げは拡大しており，有店舗型小売業態の機能をより特化する形での顧客管理や市場開拓が試みられている。

2.1 無店舗型小売業態とは

　無店舗小売業態を藤岡［2015］は**図表5-2**のように説明している。

　より具体的に，無店舗型小売業態を小売業者と消費者が相対するかについて中心に分類すると，**図表5-3**のようになる。

　無店舗型小売業を一体的に分析する学術研究はあまり無い。一方，インターネットや携帯電話の普及によって，通信・カタログ販売についての分析が深まっている傾向にある。

■図表5-2　無店舗小売業態の種類

① 訪問販売：販売員が家庭や職場を訪問し，カタログや商品を見せて販売する方法．顧客に直接対面して商品の特徴を説明できるため販売促進効果が高くなる．化粧品販売や薬販売などが代表である．
② 通信・カタログ販売：カタログや新聞，雑誌などの宣伝広告・チラシ，テレビやラジオなどの宣伝，インターネットによるネット・ショッピングなどによって顧客に直接商品を知らせ，電話やハガキ，ファックス，インターネットなどで注文を取る販売形態のこと．
③ 自動販売機による販売：無人販売による省力性と狭い場所での省スペース性，24時間稼動する無休性などの性質により，1960年代後半から急速に普及するようになった日本独自の販売方式である．

出所：藤岡明房［2015］

■図表5-3　無店舗型小売業の分類

小売業者と消費者が相対しない	自動販売機
	無人販売
	通信・カタログ販売
小売業者と消費者が相対する	移動販売
	訪問販売
	車内／機内販売

出所：筆者作成

2.2　情報社会の進展と無店舗小売業態

　現代の無店舗小売業態として代表的なものとして，インターネットショッピングがあげられる．インターネットを介した商取引は，eコマース（電子商取引）とよばれ，さまざまな形態が存在する．
　本章では，小売業について触れるので，B to C取引を取り上げるが，情報システムの発展により，B to B取引や，電子入札システムなどを用いたG to B取引なども拡大する傾向にある．
　無店舗型小売業の中でも，業績を急拡大させてきたのは，インターネットを

■図表5-4　eコマースの形態

B to C	企業と消費者の取引
B to B	企業間取引
B to E	企業と従業員の取引
G to C	政府と消費者の取引
G to B	政府と企業の取引
G to G	政府間取引
C to C	消費者間取引

出所：筆者作成

通じた通信販売であり，amazon.comの日本事業の売上高は，約1.3兆円となっている。経済産業省［2018］によると2016年の日本におけるB to C取引額は，2010年以来毎年10％前後成長している。

　インターネットによる通信販売は，図表2-4（第2章参照）で示した総取引数極小の原理が，卸売業業者を小売業者に，卸売業者を消費者に置き換えるとより有効に機能する可能性が理解しやすい。この際，中心に存在する小売業者は，プラットフォームとよばれる，商品やサービス，情報を集めた場を提供することがある。プラットフォームは非常に多義的な言葉ではあるが，ここではB to Cにおける取引の場としてのプラットフォームのみについて説明する。商品やサービス，情報が集中することで利用する消費者が増え，プラットフォームの有効性が増すとより多くの商品やサービス，情報が集中し消費者がさらに増加する正の循環を生むことができる。

　日本で代表的なプラットフォームは，amazon.comや楽天市場などがあげられるが，商品やサービスの種類によって多種多様なプラットフォームが乱立している。

　プラットフォームの機能としては**図表5-6**のものがあげられる。

■図表5-5　国内B to C市場規模推移

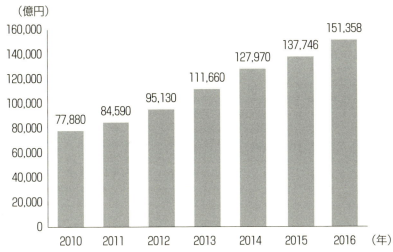

出所：経済産業省「平成28年度電子商取引に関する市場調査」より筆者作成

■図表5-6　プラットフォームの機能

マッチング機能	プラットフォーム上で小売業者と消費者をマッチングさせる。
コスト削減機能	決済機能やセキュリティなどの機能を各小売業者が負担するよりも安価に実装できる。また，消費者は複数の小売業者に個別に手続きをおこなうよりも費用を削減できる。
探知コスト削減機能	各小売業者がおこなうよりも安価にブランディングをおこなうことができる。
外部ネットワーク機能	利用者の増加が利用者全体の利益と利便性を増加させる外部ネットワーク効果を構築できる。
三角プリズム機能	直接関係ないなく，相互作用が起こりにくい主体同士を結びつけることができる。

出所：平野・ハギウ［2010］より筆者作成

　また，プラットフォームには，多種多様な商品を取り扱い，顧客情報を収集していることから，さまざまな付加価値を創造することができる。

(1) Recommendation

　プラットフォームには，多くの顧客情報が存在することから，消費者の傾向によって別の商品をRecommend（推薦）する機能が多く実装されている。例えば，映像コンテンツのパッケージを購入した消費者にポテトチップと炭酸飲料を提案するといった形のものである。

　西田［2015］は，「ネットフリックスはアメリカにおいて利用者の75％が次にみる作品をレコメンド経由で決定」しているとしており，顧客情報を分析することによって得られた傾向によってRecommendすることによってプラットフォームからの離脱を防ぎ，プラットフォームの魅力を確保している。

(2) Personalization

　Recommendする財・サービスに関して，さらに進める行為がPersonalization（個別化）である。Recommendのための情報は，統計情報に基づくものである。利用回数の多い顧客に対しては，各個人に特化した形でRecommendすることが可能になる。個別化には，セッションごとのアクション情報に基づく一時的個別化と，プラットフォームでの取引情報をもとにした永続的個別化があげられる。

(3) the long tail

　無店舗型小売業の中でも，通信販売には，他の業種とは違った特徴がある。その中の1つがロングテールとよばれるビジネスモデルである。有店舗型小売業などでは，店舗面積などの制約により，売上げへの貢献度の高い，いわゆる「売れ筋」商品を中心とした品揃えを優先しなければならない。しかし，通信販売であれば，地価が安価な地域に倉庫を置けば，「売れ筋」ではない商品を販売することが可能になる。Anderson［2006］では，特にインターネット通販のこうした特徴を，the long tailとよんでいる。**図表5-7**にもあるように，売れ筋商品（ヘッド）に対して，長い尻尾のように売れ筋以外の商品（テール）が存在するため，ロングテールとよばれる。パレートの法則に従っていえ

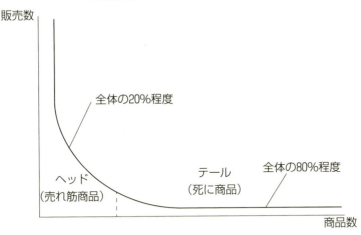

■図表5-7　ロングテールの概念

出所：Anderson［2006］より筆者作成

ば，売れ筋商品は，総商品数の20％程度であり，残りの80％売れ筋ではない商品となる。有店舗型小売業では，満たすことのできないニーズであるが，無店舗型小売業においては先にあげた賃料以外にも，人件費についても低減することができるため，ニーズに対応することができる。

(4) サブスクリプション型ビジネスモデル

　サブスクリプション型ビジネスモデルとは，利用者がモノを買い取るのではなく，一定期間の利用権を購入する形態のビジネスモデルである。サブスクリプション型ビジネスモデルは現在ソフトウエアや，コンテンツビジネスを中心に用いられている。情報化以前は，ソフトウエアやコンテンツは，CD-ROMやDVD-ROMなどを用いたパッケージ販売による買い切り型が主流だった。情報社会の到来によって，高速通信網が整備されるとソフトウエアの更新やコンテンツの配信といったビジネスをパッケージによることなく供給することができるようになった。

　サブスクリプション型のビジネスモデルは，**図表5-8**のように複数のプラ

■図表5-8　サブスクリプション型ビジネスモデルの価格設定

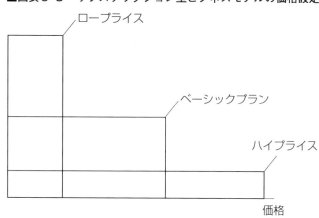

ンが用意されることが多い。

　買い切り型のビジネスモデルでは，購入後に他の価格帯への乗り換えをおこなうことが難しい。しかし，サブスクリプション型のビジネスモデルでは，他の価格帯への移行が容易である。そのため，常時消費者に対して自分の利用状況に合わせてプランを変更することが可能になっている。複数のプランを提示す利点は，①フリープランを含めてロープライスを提示することにより，新規顧客が獲得しやすい②顧客側が，自身の利用状況に合わせて適切な価格帯を選択するスクリーニング機能③買い切り型と比較し，顧客の定着が達成できれば安定した収益を期待できるなどがあげられる。

3　無店舗型小売業態の具体例

(1) 自動販売機

　我々の身近にある自動販売機であるが，歴史は古く，紀元前215年頃にエジプトのアレキサンドリアの寺院に設置された聖水の自動販売機がその起源だとされている。これは，古代エジプトの科学者ヘロンの『Pneumatika』に登場する「聖水自販機」であり，コインを投入するとその重みで水が一定量抽出さ

れる。

　現在的な自動販売機が登場したのは，産業革命期にイギリスで誕生した。飲料や，菓子を含めた食品，たばこ，チケットなどが販売され，現在の自動販売機の基礎が確立された。

　日本では，1904年に山口県の発明家俵谷高七によって自動郵便切手葉書売下機が開発されたものの，技術的に未熟で国産の自動機切手販売機は1938年に実用化された。飲料を中心とする自動販売機は1962年に日本コカ・コーラ株式会社が初導入した。1964年には100円玉が改鋳され，自動販売機の普及に拍車がかかることとなった。1974年には世界初となる温冷双方を販売できる自動販売機が導入されるなど，独自の進化を遂げることとなった。

　日本自動販売機工業会（2016）によると，飲料の自動販売機の設置台数は約25億台，年間自販金額は約2兆円となっており，すべての自動販売機を含めると約50億台設置されており，年間自販金額は約4.7兆円となっている。

(2)　**無人販売**

　販売員を置かず，自動販売機を置くか集金箱のみを置き，商品やサービスを販売する形態である。小売業者は人件費を削減することができるほか，営業時間や営業場所の制約が緩和され，営業機会を増加させることができる。

(3)　**通信販売**

　現代の通信販売は，無店舗型小売業の中で唯一着実に成長している分野だといえる。その原初は，カタログ販売だとされるが，情報技術の発展により，ラジオ，テレビ，インターネットとチャンネルを拡大している。

　カタログ販売の可能性の一端を示したのは，米国のSears, Roebuck and Company（現Sears）だといえる。Searsは，1893年にカタログを郵送するダイレクト・マーケティングを大規模に実施し，一括仕入れをおこなうことで安価に商品を供給する事を可能とした。当時のアメリカの主要産業は農業であり，広大な国土に分散して生活していた。交通手段は主に鉄道や馬・馬車であり，

消費者はコストをかけて都市で取引をするか,個人商店や行商人から高価な商品を購入していた。Searsのカタログを郵送して,一括仕入れで安価に商品を提供するダイレクト・マーケティングは,交通技術が未発達だった当時,消費者に安価で利便性の高い商取引を可能とした。

Searsのカタログには,商品が満足できるモノではなければ返金する旨明記されており,消費者の満足度を獲得した。さらに,1908年から1912年には自社製の自動車や,住宅の販売も行っている。1970年代には,全米小売業で一位の売上げを誇ったが,1980年代にはウォルマートが急成長し,有店舗型小売業が拡大することになる。この背景には,モータリゼーションの拡大により,カタログ販売の優位性が失われたことと,情報システムの発展により大規模小売業の規模の経済性の発揮が容易になったことがあげられ,Searsの経営は著しく低迷している。

当時カタログ販売が,有店舗型小売業態を規模の視点で上回ることはなかったが,情報技術の進展により,多種多様な通信・カタログ販売が誕生することになる。

ジャパネットたかたは,1986年に「株式会社たかた」としてカメラ販売店として創業する。1990年に,NBC長崎放送でラジオ放送による通信販売を開始し,1991年には,全国放送とし,1994年からはテレビショッピングを開始した。1995年には,顧客向けカタログ誌の送付を開始し,同年新聞向け折り込みチラシを開始する。2000年には,カタログ誌「ジャパネット倶楽部」を創刊すると共に,インターネットショッピングに進出,2000年には郵政省よりCSデジタル放送委託業者の認可を取得し,独自のスタジオを開設するなど,通信販売のチャンネルを横断的に確保している。2018年現在,年商2000億円程度で推移している。

インターネット通販で最大手の企業はamazon.comである。2017年度の決算では,売上高19兆9209億9200万円であり,純利益は3396億9600万円となっている(1ドル=112円で計算)。そのうち,B to Cによる売上げは,12兆1357億円である。amazon.comはAnderson [2006] でも多く主題の1つとされているが,

B to C取引のプラットフォーム企業の代表格ともいえ，Recommendationや，the long tailを効率的に運用している企業である。amazon.comでは，実際にロングテール部分が多くの売上げを生み出していることが知られている。

amazon.comは自社でもサプライヤーから商品を仕入れ，小売業をおこなっているが，ECサイト上には，多数の小売業者も出店している。小売業者が，それぞれで決済サービスやECサイトを準備することは多大なコストがかかる。マーケティング情報に関しては，小売業者ごとにおこなうよりも，より多くの情報を用いたほうが有効性を増す。amazon.comはプラットホーマーの特性を活かし，決済サービスと多くの購買履歴を元にマーケティング情報を提供する事が可能になっている。amazon.comのビジネスモデルを，楠木［2010］は**図表5-9**のように説明している。

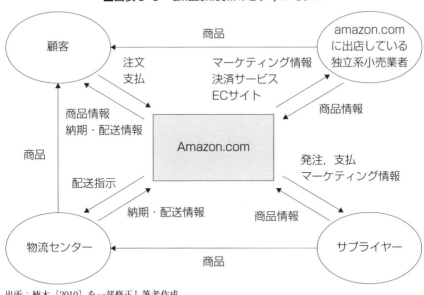

■図表5-9　amazon.comのビジネスモデル

出所：楠木［2010］を一部修正し筆者作成

探知コスト削減機能と外部ネットワーク機能については，創業者のBezosが

■図表5-10　amazon.comの成長戦略

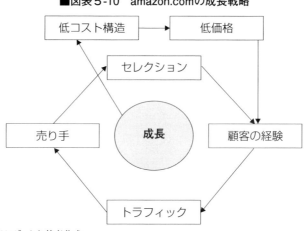

出所：楠木 [2010] より筆者作成

創業時にレストランの紙ナプキンに描いたとされる図からうかがい知ることができる (**図表5-10**)。

　消費者がamazon.comを通じて良好な取引がおこなわれたという経験が，ECサイトのトラフィックが増加する。トラフィックの増加を認識した売り手が増加し，セレクションが充実し消費者が集まる。この正のスパイラルの結果，amazon.comが成長し低コスト構造が達成され，低価格で供給することが可能になり，より消費者を集めることができるようになると考えている。

(4)　移動販売

　移動販売は，通常自動車などを用いて輸送した商品を，常設の店舗以外で販売する形式を指す。現代では，オフィス街やイベント会場など需要が想定させる場所で出店する傾向にあるが，過疎地などにおいて，買物難民対策として運用されることもある。行商の一種と捉えることができ，モータリゼーションや，それにともなう有店舗型大規模小売業が普及前には，移動販売による小売業はむしろ主流であった。

　日本においても，高度成長期以前には商店街の屋台や，鮮魚や豆腐の販売な

ど多くの移動販売が存在していた。しかし，近年では，路上占有規制の強化や近隣住民からの苦情などにより移動販売は減少傾向にある。

(5) 訪問販売

　訪問販売は，主にセールスマンが自宅や職場を訪問し，財・サービスの取引をおこなう形態を指す。消費者庁では，『事業者が消費者の自宅に訪問して，商品や権利の販売又は役務の提供をおこなう契約をする取引の事』としており，キャッチセールス，アポイントメントセールスを含むものとしている。

　日本では，古くから富山の置き薬が有名であり，高度成長期前後までは車についても訪問販売が主流であった。当時は，宝石や化粧品についても訪問販売が主流であった。現代においても，リホームや保険などのサービスが訪問販売によって取引されている。

　富山の売薬は，日本における組織だった訪問販売の原初型であるといえる。室町時代に中原康富が記したとされる『康富記』には，1453年5月2日の項に存在が確認されている。富山の売薬が発達した背景には，富山藩が売約商法を奨励したことがある。当時，富山藩は，藩の領域の生産性が低いこと，幕藩体制を背景とした過大な出費などが要因で経済基盤が貧弱だった。そのため，売約商法を奨励し，経済基盤を確立しようとした。富山藩は反魂丹役所を設置し，藩による援助と品質保障等の統制をおこなった。

　富山の売薬の特徴としては，①先用後利・配置販売②懸場帳③「おまけ」があげられる。

　① **先用後利・配置販売**　当時貨幣経済が未発達であることを背景に，信用を確保し，利用を促進した。当時薬は，店売りが少なく大道商人が中心であったため，必要なときに手元に薬がない状態が普通だった。そのため，薬をあらかじめ消費者に預けておき，利用に応じて代金を徴収する先用後利は当時の社会経済に適合していたといえる。配置販売は，先用後利を達成するために，あらかじめ消費者に薬を預ける行為を指すが，通常半年に一度薬を預けた消費者のもとを訪問する。

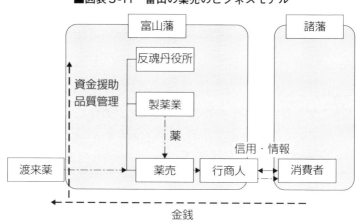

■図表5-11 富山の薬売のビジネスモデル

出所：筆者作成

② **懸場帳** 消費者を訪問する販売者が担当する地域を懸場とよび，懸場ごとの顧客管理簿や台帳を懸場帳とよんだ。懸場帳は，現代でいうデータベースであり，優良顧客やその家族構成，薬ごとの販売記録と集金履歴が記載されていた。商品管理だけでなく，顧客に対する健康指導などによる顧客満足度の確保にも役立つものであった。懸場帳そのものに財産価値があり，取引の対象にもされた。

③ **「おまけ」** 現在も訪問販売で用いられている。通常の顧客には，食べ合わせ表や版画などが提供された。優良顧客には，高価なものが提供された。日本の販促ツールの端緒を富山の薬売に求める向きもある。

(6) **車内／機内販売**

車内販売は主に，長距離列車の車内でワゴン等を用いて実施される。日本においては，1934年に食堂車を有さない長距離列車において飲食物の販売ニーズが認知され鉄道省が試験的に導入し，1935年より本格的に運用されている。現在は，人件費などにより商品が高価になりやすいことや，商品の選択肢を確保することが難しいため，そもそも採算がとりにくかったことに加え，交通技術

の発達により，列車の運行時間が短縮される傾向にあることや，駅の内外にある有店舗型小売業が発達したことにより乗車前に飲食物を購入し持ち込む傾向が強まり廃止される傾向にある。

　機内販売は，主に座席に設置されたカタログに機内で営まれる小売業である。ほとんどの場合は化粧品やバッグ，航空会社のグッズなどであるが，格安航空会社では，飲食物を旅券代金に含まず，機内販売によって提供することもある。近年縮小傾向にある車内販売に比べて，航空会社間の競争が激しくなったことにより，旅券が安価になりつつあるため，事業外収益を通じて収入を増やすため機内販売に力を入れる傾向にある。

4　有店舗小売業と無店舗小売業の結びつき

　本章で見てきたように，有店舗小売業と無店舗小売業は社会的な背景とともにそれぞれの利点をいかして進歩してきた。

　近年は，eコマースを中心とした通信販売が拡大しつつあるが，eコマースでは手元に届くまで商品の詳細な情報がわからないことなどもあり，衣料や化粧品など有店舗型小売業の利点が目立つ商品群も存在する。そのため，有店舗型小売業と無店舗型小売業を連携させた形の小売業態も発生している。

(1) O2O

　O2Oは，Online to Offlineの略語で，インターネットで財・サービスへ情報接触行動から実店舗へ誘導することを指す。インターネット上では，広告活動をおこなう際に，実店舗で使用できるクーポンの発行や，携帯電話の位置情報サービス等を利用して所在地の認知や来店への誘因を形成する。

　消費者に直接促す行為以外にも，価格比較サイトや口コミサイトを通じて実店舗での購入を検討する行為もO2Oに含まれる。

(2) マルチチャネル

　マルチチャネルとは，消費者複数の接点（チャネル）を通じて小売業をおこなう形態を指す。小売業者と消費者とのチャネルは，実店舗，ECサイト，企業HP，訪問販売，広告など多数存在し，その中から2つ以上を用いて小売業を営むことをマルチチャネルという。

　マルチチャネルでは，消費者はそれぞれのチャネルを独立した複数のチャネルとして認識するが，小売業者はチャネルごとのノウハウを活かした運営が可能であり，取引機会を増加させる。

　マルチチャネルは一見，接点を増加させる利点のみが目につくが，実際には実店舗とその他のチャネルで同期させる形で在庫管理していないため，ECサイトなどで欠品の商品を販売し続けてしまうなど機会損失の可能性が生じることになる。

(3) クロスチャネル

　クロスチャネルは，マルチチャネルに在庫管理システムなどの情報システムを導入したモノで，複数のチャネルで在庫を一元管理している。消費者は，それぞれのチャネルを単一ブランドのもとで複数のチャネルが存在すると認識する。小売業者は，複数のチャネルにまたがる消費者を個別に認識することが可能になり顧客管理が容易になる。複数のチャネルで在庫を一元管理するため，欠品の商品を販売し続けるリスクを回避できると共に，より適切な在庫管理を達成し，機会損失の可能性を低減させることができる。

(4) オムニチャネル

　オムニチャネルは，クロスチャネルをさらに進めたモノで，実店舗と特にeコマースの境界をなくすことを目指した形式である。オムニチャネルでは，消費者は顧客管理ソフトウエアにより，実店舗とeコマースの区別なく一元管理され，実店舗で欠品が起きた場合，ECサイトや他店舗に誘導することができる。また，決裁についても一元管理されるため，実店舗で現金を支払い，EC

サイトの購入と同様に自宅へ配送することや，ECサイトで決裁をおこなった上で，近隣の実店舗や提携しているコンビニエンスストアで受け取ることも可能だ。

実店舗におけるRecommendや，Personalizationも顧客管理システムにより，店舗ごとに分断されることなく適切な形でおこなうことが可能になる。そのため，消費者からはチャネルではなくブランドとして認識することになり，ロイヤリティの高い顧客を確保することが可能になる。また，小売業者は，他店舗やECサイトを含めた在庫管理が可能になるため店舗在庫を圧縮することが可能になる。

〈参考文献〉

石井淳蔵・栗木契・嶋口充輝・余田拓郎著［2004］『ゼミナール マーケティング入門』日本経済新聞社

一般社団法人　日本自動販売機工業会［2016］『自販機普及台数及び年間自販金額（2016年（平成28年）版）』

楠木建［2010］『ストーリーとしての競争戦略 ―優れた戦略の条件』東洋経済新報社

経済産業省［2018］『平成28年度 電子商取引に関する市場調査』

小林二三夫・伊藤裕久・白鳥和生編著［2017］『ようこそ小売業の世界へ ～先人に学ぶ商いのこころ～改訂版』商業界

西田宗千佳［2015］『ネットフリックスの時代―配信とスマホがテレビを変える』講談社

平野敦士カール・アンドレイ=ハギウ［2010］『プラットフォーム戦略』東洋経済新報社

藤岡明房［2015］「無店舗販売の基礎的研究」『立正大学経済学季報』第63巻，第2号，pp.73-94

『会社四季報 業界地図2018年版』東洋経済新報社，2017年9月

Chris Anderson［2006］"*The Long Tail: Why the Future of Business Is Selling Less of More*"，Hyperion Books（篠森ゆりこ訳（2006）『ロングテール―「売れない商品」を宝の山に変える新戦略』早坂書店）

「Data Bank SERIES① 全国大型小売店総覧2017」『週間 東洋経済 臨時増刊』東洋経済新報社，2016年8月

第6章

流通政策

1　流通政策の基礎

　流通政策とは，流通に関する活動や機能を，社会全体の利益に合致させるための公共政策である。それは流通機能・活動を「望ましい状態」にするための，国や地方公共団体による指針・方針・計画・理念の体系やそのための取組みである。本章では流通政策について，その根拠，目的，体系を確認し，政策がどのように展開されてきたのか歴史的な流れをつかむ。

1.1　流通政策の根拠
　政策とは，将来に向けての特定的な目的に対して，それを遂行・実現するための指針・方針・計画・理念の体系であり，またそのための諸々の取組みである。政策には「成立（策定）」と「運用（執行）」の側面がある。

　図表6-1のように前者の側面として，政策は唯一の絶対的な価値に基づいて，現実と遊離した形で成立しているわけではない。現実的にはさまざまな利益集団や政府・自治体の交渉過程の中で，すり合わせがおこなわれて生み出されたものである。さらに，政策は真空の中で純粋な産物として成立するのではなく，その時に直面している具体的な問題に対処するために成立する。

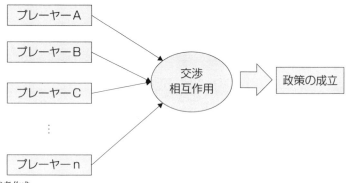

■図表6-1　政策の成立（策定）の実際

出所：筆者作成

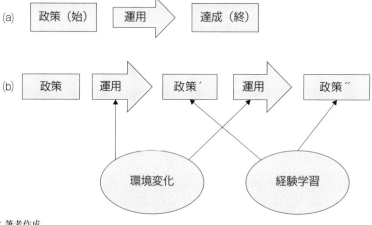

■図表6-2　政策の運用（執行）の実際

出所：筆者作成

　次に，後者の側面として，政策の運用は**図表6-2(a)**にあるような，明確な始点と終点が最初から確定している作業ではない。実際に運用される過程でさまざまな環境の変化が起こり，そこから新たな経験・学習が蓄積される中で，漸進的に矯正された政策の運用がおこなわれていく。つまり，**図表6-2(b)**のように，政策の運用とはプロセスのただ中でおこなわれていくことである。

流通政策は経済政策の一部門としての公共政策であり，それは流通を「望ましい状態」にするためのものである。では，そもそもなぜ流通政策が必要なのであろうか。私たちの暮らす社会は市場経済社会であり，それは基本的に市場メカニズムを通じて適切な資源配分がもたらされる。それは製造業者や卸売業者，小売業者などの自由な競争によって，望ましい状態が導き出されるということである。しかし，市場メカニズムは常に適切な結果をもたらすわけではなく，それはしばしば市場の失敗をもたらす。本章に関連した市場の失敗として，次の2点があげられる。

第1は市場や技術などの外部環境変化における適応の時間である。例えば，革新的な大型店の出現によって，競争上不利に立たされる中小小売業が，それに適応するには相応の時間がかかる。しかし，市場メカニズムはそうした時間を想定していない。第2は市場の外部効果である。例えば，大型店の出現が買物の利便性を高めたとしても，交通渋滞やごみ問題など地域の生活環境の悪化をもたらすことがある。外部効果にはプラスとマイナスの効果があるが，常にプラスであるという保証はない。

このように不可避な市場の失敗を政策的に介入することで，市場メカニズムを補完する役割として流通政策が必要とされるのである。

1.2 流通政策の目的と体系

流通政策の目的は，流通を望ましい状態にすることである。それを評価する基準には，効率性と有効性の2つがある。効率基準とは，投入されるコストと産出される成果の比（産出／投入）で測られる。コストが同じであれば成果が大きく，成果が同じであればコストが少ないほうが効率的という考え方である。ただし，効率性はあくまでも量的な意味に過ぎない。どのような産出としての成果を出すかも重要である。つまり，質的な意味の評価基準が有効性である。

しかし，有効性は効率性のように投入・産出の比率といったような統一的な捉え方をすることは困難である。したがって，重要なことはそれぞれの基準を単純に理解することではなく，さまざまな価値観があり，その時々に直面する

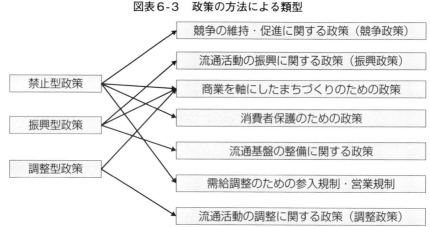

図表6-3 政策の方法による類型

出所：渡辺達朗［2016］『流通政策入門第4版』中央経済社, p.30

環境の中で，どのような基準を評価するのか，常に考えていく必要がある。

図表6-3のように，流通政策の体型は，どのように介入するかという政策方法によっても整理することができる。それは統制型・禁止型・振興型・調整型の4つに大別できる。ただし，統制型は政策主体が流通活動を直接掌握するもので，主に市場自体が未成熟であった戦前にみられた型である。したがって，その役割はほぼ終えており，現在では市場メカニズムを前提にそれを補完する型の政策が中心となっている。以下では，それら流通政策の展開をみていこう。

2　戦前の大型店規制と中小小売商問題

2.1　第一次百貨店法の成立と背景

　小売業を直接の対象とした初期の代表的な政策として，百貨店法と商業組合法をあげることができる。前者は調整政策，後者は振興政策の原型とされる。

　当時の日本は，大正末期から昭和初期にかけて連続的な不況に見舞われる。1923年の関東大震災による震災恐慌，1927年の金融恐慌，そして1929年の世界恐慌の影響による1930年の昭和恐慌と立て続けに経済への打撃が起こった。こ

のような連続的不況で，中小小売商には鉱工業部門の失業者や農村からの流出人口といった多くの参入がみられた。

　小売商は他の産業と比べて，設備や技術をそれほど必要としない。したがって，中小小売商は潜在的失業者の雇用吸収装置の役割を果たしていた。しかし，一方で特に東京，大阪など大都市において過剰になった小売商の激しい競争で共倒れの状態もあった。

　他方で，日本で百貨店が誕生したのは，1904年の三越による「デパートメントストア宣言」からとされている。この宣言から，呉服店から百貨店化への歴史が始まった。陳列販売，正札・現金販売といった新たな販売方法が導入され，また部門別管理の近代的な組織体制を築いた。

　当初，中小小売商との間にすみ分けができており，直接の競合にあったわけではなかったが，関東大震災を契機に百貨店の大衆化路線が進む。また百貨店間の競争激化もこれに拍車をかけ，高島屋十銭ストアといった均一価格店のような日常用品を扱う店舗が展開された。こういった動きは百貨店全体としての売上増加をもたらすことになるが，一方で中小小売商との対立を招いた。

　規模で劣る中小小売商は，その圧倒的な数において規制を求める反百貨店運動を展開する。潜在失業者を吸収していた中小小売商は，社会政策上の救済対象として位置づけられる。

　中小小売商と百貨店の対立が増すなか，百貨店側も百貨店協会による自制協定を発する。だが，結局それは継続せず，1937年に百貨店法の成立をみることになった。同法は，中小小売商との対立関係の調整だけでなく，百貨店同士の過当競争を排除して，小売業全般の健全な発展を目指すことを目的としていた。また具体的には，閉店時刻・休業日数は法定され，開業，支店・出張所の設置・売場面積の拡張・出張販売を商工大臣による許可制とした。

　ところが，同法が制定された同年7月には日中戦争が始まり，第二次世界大戦へとつながっていく。この結果，戦時統制により，営業そのものが制限されていった。ただ，同法は大型店と中小小売商の対立において政策的に介入する最初の事例となり，戦後の大店法など調整政策の萌芽とみることができる。

2.2 中小小売商と商業組合法

　百貨店法によって規制がおこなわれる一方で，中小小売商に対しても自助が求められていた。というのは，当時の経済不況において産業全体の合理化が求められていたからだ。

　中小小売商の合理化には共同化が志向され，具体的には1932年の商業組合法の施行がそれにあたる。さらに1936年には商工組合中央金庫が設立され，中小企業を対象とした金融機関が登場した。

　同法の目的は，規模で劣る中小小売商の組織化によって，共同事業を展開することである。基本的には中小小売商が組合を結成し，法人化することで資金援助をうけたり，組合内において価格協定を実施したりするというものである。また，もっとも典型的には連鎖店（チェーン・ストア）を想定した共同仕入れによるスケールメリットを通して，経営の合理化をもたらそうとしていた。

　同法による組合の設立要件は，設定地区内における各業種の過半数の同意が必要になる。この規定や共同仕入れの想定からもわかるように，基本的には同業種による業種別組合が想定されていた。だが，百貨店ともっとも競争関係にあったのは商店街である。異業種集積である商店街にとって同法の設立要件は高いハードルであった。ただ，そうした中でも少数の商店街商業組合が存在しており，1938年には設立要件を緩和する形で同法は改正される。こうして商店街商業組合を結成しやすくなり，「横の百貨店」としての役割が期待された。

　以上のことは，中小小売商における集団化や共同事業の推進など，政策的に振興を目指す施策であったことから，振興政策の萌芽であったということができる。

3　戦後の振興政策と近代化政策

3.1　中小小売商の組織化政策

　戦後の経済復興において，中小小売商は単なる保護対象ではなく，競争主体

の育成対象へと位置づけが変わる。そのためには，まず規模のハンデを克服しなければならないが，具体的には共同化・組織化が求められた。

その政策として，1949年に中小企業等協同組合法が制定された。同法は中小企業全般を対象としており小売業が固有の対象というわけではないが，商業にも適用することができる。同法による事業協同組合の設立は，4人以上の事業者が発起人となること以外は特に要件の設定はない。しかし，実際はそれほど組合が結成されたわけではなかった。

というのは，中小規模の「事業者」に限定されていることから，商店街のような民家など非事業者が混在するところには適用しにくいのである。つまり，純粋な事業者ではなく地域という場を基盤とする商店街には，同法によって組合を設立することは容易ではなかった。ただし，同法の成立は共同事業のための組織化の枠組みを設定した意義があるといえる。

他方で，伊勢湾台風（1959年）というできごとが，事業者を想定する政策と，非事業者も混在する商店街の現実とのズレがもつ問題を浮かび上がらせた。

台風は商業施設であるかどうかに関係なく，全体に物理的な被害をもたらす。当然ながら被災した商店街には復興が必要になるが，支援対象は組合を結成して法人化されていることが条件であった。ところが，中小企業等協同組合法を適用しにくい商店街では，支援対象としての条件を満たせない。そこで，このような問題に対応するため，商業者の積極的な運動もあり1962年に商店街振興組合法が成立される。

商店街振興組合の結成には有資格者の3分の2以上が組合員となり，かつ総組合員の2分の1以上が小売商業又はサービス業に属する事業を営む者であることが必要である。さらに定款で定めれば非事業者も組合員に含めることができる。

同法は初めて商店街を対象とした固有の政策であったが，その特徴として次の2点がある。第1に事業活動の共同化だけでなく，事業をおこなう場所そのものの環境整備事業（アーケード整備など）が含まれたこと，第2にそのためには業種・規模の多様さだけでなく，必要であれば非事業者も組合員にできる

ようにしたことである。つまり，商店街が単なる事業者の集まりではなく，地域を基盤にした集まりだという側面を示したことである。

3.2 商業近代化と振興政策の体系化

　以上のように，商店街を共同化・組織化する制度が整えられた。この動きは，後に中小企業全体の政策を保護的なものから近代化への育成に転換させることにつながる。それは，1963年に中小企業基本法を中心として中小企業近代化資金助成法・中小企業近代化促進法・中小企業指導法などが制定されたことで決定づけられる。これらは中小企業全体の底上げを図ることで，大企業との二重構造を解消して，経済全体の発展させることを目指したものである。それには中小企業の近代化が必要であった。

　1950年代後半から60年代にかけて「スーパー」とよばれる大規模小売商が台頭する。この時期は「流通革命」とよばれ，小売業界において大きな転換期であった。当時，スーパーは流通機構を合理化・近代化させるものとして肯定的に捉えられていた。このことはスーパーの抑制ではなく，中小小売商の体質改善による近代化を推進すべきとの考え方をもたらした。

　そして，近代化を地域全体の発展に位置づけておこなうものとして，1970年から商業近代化地域計画事業の策定が開始された。同事業は，日本商工会議所に商業近代化委員会が設置され，選定された地域ごとで部会をおいておこなわれる。これは当該地域の歴史や，地域商業の現状・問題点などを考慮して近代化の方向性と地域開発の計画が作成されることになっていた。

　同事業については，次の3つの特徴がある。1点目は駅前整備の進展である。この時期，都市域の拡大において鉄道駅が都市間移動の玄関口としての役割を果たしていた。そのため，スーパーを核とした駅前商店街の整備が進展したが，アーケードやカラー舗装などハード施設の整備に傾斜した。その結果，どこも似たような地域となり「駅前シリーズ」などと揶揄されることもあった。

　2点目は同事業における支援は計画の「策定」に限られ，「実施」は含められておらず，計画の内容そのものにも拘束力はほとんどなかった。その意味で

計画の実現性について，目立った成果を得ることは難しかった。

しかし，3点目として行政や中小小売商など計画策定に関わったメンバーにとっては，あらためて地域における商業の意義について認識する機会を提供したのも事実であった。

こうした，中小小売商の振興政策を体系化するものとして，1973年に中小小売商業振興法（小振法）が制定される。小振法は中小小売商のさまざまな事業計画に対して認定と助成をおこなうものである。具体的には商店街整備事業，店舗共同化事業，連鎖化事業といった高度化事業である。これらは従来の近代化政策において，すでに取組まれていたものであり，小振法はそれに法的な位置づけを与えたということだ。小振法に共通するのは，中小小売商を共同化・組織化させることで振興することである。つまり，中小小売商の「保護」ではなく，あくまでも「近代化」を目指すためのものである。

3.3 流通システム化政策

近代化政策には，既述の中小企業問題への対処としての中小小売商業政策と，日本の流通システム全体を近代化させる流通システム化政策がある。両者は関連しながらも，特に流通活動をシステムとして捉え，生産者から販売業者までの流通を構成する要素を1つの全体として理解するものである。

当初，システム化政策の問題意識は，在庫や需要動向に関する情報を適切に得るための流通機能を高めることにあった。具体的には，商品コードの統一や伝票・帳簿類の規格化，商品の荷姿の規格化などである。

そして，流通システム化は情報システム化の進展によって具体化されていく。もっとも代表的にはPOS（Point of Sales：販売時点管理）システムの導入があげられる。これは70年代末から80年代前半において何度かの店舗導入実験がおこなわれ，1985年にセブン・イレブンで全店導入されることで急速に普及した。また，これと合わせて共通の商品コードであるJAN（Japan Article Number）コード（バーコード）が採用され，1978年にはJIS規格化されている。情報システム化のもう1つの柱は，オンライン発注システムのEDI（Electronic

Data Interchange：電子データ交換）などの，e コマースに関する基盤の整備である。これらは1980年代以降に企業間のデータ交換サービス事業が認められたことで普及した。以上，流通システム化政策は流通全体の効率化に寄与し，現在の e コマースの発展にもつながっている。

4 戦後の調整政策と大型店規制

4.1 第二次百貨店法と小売商業調整特別措置法

　戦後，第一次百貨店法は「営業の自由」を制限するものとして，いったん廃止（1947年）された。ところが，1950年代半ばになると経済復興の兆しをみせ商業も活発化する。特に，小売業界においては百貨店が先駆けて復興していくが，復興途上にある中小小売商には脅威でもあった。

　そのことから，1956年にはふたたび第二次百貨店法が制定されることになる。同法は第一次百貨店法と同様に，店舗の新増設や出張販売などを許可制とした。また同法の特徴として，規制対象が1500㎡以上（指定都市3000㎡）の売場面積をもつ百貨店業という企業主義としたことにあるが，それは後に「疑似百貨店問題」を生み出す。

　他方で，戦後復興を担った小売業態として，公設・私設小売市場もあげることができる。食料品をはじめとして日常生活を支える商品を取り扱い，ヤミ市と対抗する形で適正価格を推進してきた。特に1950年代後半になってくると，小売市場の開設数は関西を中心として増加する。

　しかし，小売市場の急速な増加は一方で小売市場間の競争の激化をもたらした。例えば，来客のバスによる送迎やおとり販売，宣伝合戦や安売り競争など過当ともいえるような競争の状態を呈していた。このような状況であっても，小売市場への参入が衰えることはなかった。というのは，新規に小売業を始めようとするものにとっては，単独よりも小売市場へ出店するほうがはるかに手軽で成功もしやすかった。それだけに，悪徳な市場開設の業者が低コストで施設設置し，高額な権利金や賃貸料を要求するということもみられた。

当然，これらは他の中小小売商の経営を圧迫する要因とみられ，小売市場開設の規制を要求する声が高まる。こうして1959年に小売商業調整特別措置法（商調法）が制定されることになる。商調法は，指定都市での小売市場の店舗の貸付・譲渡を知事の許可制とした。

以上，戦後復興期の調整政策はいまだ混乱にあった流通に秩序をもたらすため，第二次百貨店法も商調法も，許可制という規制色の強いことが特徴であった。

4.2 大規模小売店舗法の成立と運用
(1) 大規模小売店舗法の成立

1960年代の高度経済成長期は，既述のように「流通革命」が起こっている時期である。それまでの大型店といえば百貨店を指していたが，この時期にはスーパーとよばれる量販店が台頭しており，特に総合スーパーはSSDDS（self-service discount department store）と称され，チェーン・ストア方式によって急速な店舗網の拡大をみせていた。

量販店がこの時期に大きく発展した要因として2つあげることができる。1つは，当時の経済状況として高度成長にあった一方で物価騰貴がみられた。所得増加もみられたがそれ以上の物価上昇であれば，好景気を実感することはできない。その意味で，低価格販売を打ち出した量販店は，まさに時代に即応した存在であった。

もう1つは，1960年代後半からの資本自由化への対応である。1975年の完全自由化で基本的には100％外国資本の出資が認められたことで，小売業界でも外資系小売業が押し寄せてくるとの危機感がもたれた。だからこそ，そうなる前に国内小売業の店舗網を構築しておくことが求められた。

以上のことから量販店は急速に成長していたが，なぜ第二次百貨店法の規制を免れることができたのか。同法は売場の基準面積以上の百貨店業を営む小売業を百貨店と定義する企業主義を採用していた。多くの量販店は建物全体としては基準面積以上であっても各フロアを別会社にして，それぞれは基準以下に

することで，企業主義であった同法の規制を免れていたのである。このような「疑似百貨店問題」は，ある面では政策的に黙認される形で，当時の物価問題に対して低価格販売を打ち出す量販店を後押ししていた。

　しかし，このような状態は中小小売商だけでなく百貨店業界からも不満をもたれ，規制見直しが要望される。こうして，資本の完全自由化を目前にひかえた1973年に第二次百貨店法は廃止され「大規模小売店舗における小売業の事業活動の調整に関する法律」（大規模小売店舗法：大店法）が成立した（1974年施行）。大店法は1500㎡以上（政令指定都市は3000㎡）の店舗を規制対象とし，出店は事前審査付の届出制となっている。これは百貨店法と比べて建物主義となり規制対象が拡大している一方で，許可制から届出制になっていることから規制方法は緩和されたことになる。

　また大店法では開店日・売場面積・閉店時刻・休業日数が事前審査の対象となる調整4項目であり，その権限は当時の通産大臣にある。しかし実際には，地元小売業者，消費者，学識経験者によって構成される，商業活動調整協議会（商調協）が各市町村に設置され，そこで実質的な判断がおこなわれた。この地元主義の結果，地域ごとで異なる調整過程がみられるようになった。

(2)　**大規模小売店舗法の運用：出店規制の強化と緩和**

　大店法の運用プロセスについては，規制強化（1970～80年代）と緩和・撤廃（1990年代～00年）に分けることができる。

　大店法成立後すぐに起こった石油ショックは，高度成長期の終わりを象徴するが，そのことが出店の規制強化をもたらしていく。実際，大店法は1978年に改正され規制を強化する（1979年施行）。改正の主な内容は，規制対象の拡大と，調整期間が延長されたことである。前者は，従来の規制対象である1500㎡以上の店舗を第1種大規模小売業とし，500㎡以上1500㎡未満を第2種大規模小売業とした。これによって1500㎡未満の小売店舗も規制対象に含められたが，すでに自治体によっては条例・要綱によって200～300㎡というより厳しい基準のところもあった。

また，後者についても調整期間を延長することで，届出を原則受理することが意図されていたが，実際にはそのようにならなかった。というのは，実質的な運用のあり方が建前とは乖離していたからだ。地元主義の運用では，実質的調整は商調協でおこなわれる。しかし，出店者側と地元商業者の間には利害対立があるため，その調整は長期化しやすい。そのため小売商業者による届出（5条届出）前の建物設置者による届出（3条届出）の段階で，非公式な形で「事前商調協」での調整がおこなわれる。さらには事前商調協でも合意されないため，出店者と地元商業者だけによる「事々前商調協」が3条届出の前段階でおこなわれることもあった。

　こうして1980年代になると，出店凍結宣言をする都市が出るなど，さらに規制が強化された。この時期は出店凍結の時代といわれ，法の運用は実質的に許可制に近い形であった。

　しかし，このような流れが1990年代になると一転して緩和の方向に変わっていく。これには次の要因がある。1つは1982年の商業統計をピークに，中小小売商が減少することである。規制強化の時期にありながらも，大店法がもはや中小小売商の事業機会を確保できていないことを物語っていた。もう1つは，1980年代半ばからの米国を中心とする諸外国からの批判である。要するに，大店法が海外製品を扱う外資系小売業の参入を阻止する，非関税障壁になっているとするものである。特に1989～90年の日米構造協議では大店法の運用適正化，改正，廃止を含めた見直しといった抜本的な改革が求められた。

　その結果，1991年には大店法が緩和の方向で改正された。まず商調協が廃止され，大規模小売店舗審議会（大店審）が調整をおこない，出店に関する調整期間は1年以内に短縮された。また，第1種と第2種大規模小売店舗の種別境界面積も3000㎡以上（政令指定都市6000㎡）と倍に引き上げられ，さまざまな緩和措置がとられた。こうして，出店の届出があれば最低限の調整だけがおこなわれ，ほぼ確実に手続きが執行されるようになる。

　しかし，他方で地域社会や生活環境に対する弊害といった負の外部性があったのも事実である。にもかかわらず，大店法の枠組みではそれに対応できない。

■図表6-4　大型店出店に関する対立軸の変化

	1980年代まで	1990年代以降
政策的対立軸	大型店vs.中小小売業	中心地vs.郊外地
大型店に対する態度	中小小売商は出店反対 消費者の多くは出店歓迎	一部の中小小売商は歓迎 消費者は条件付き賛成ないし反対
対立軸	競争関係の調整 （商業調整）	生活環境悪化等の負の外部性への対処
大型店が出店希望する場所	中心部も郊外も	郊外＝◎ 中心部＝△
規制（調整）の目的	経済的規制	社会的規制

出所：渡辺達朗［2016］『流通政策入門第4版』中央経済社，p.179に一部付加

そのため，商業調整を前提とした経済的規制から，生活環境の保全など社会的規制への転換が求められた。**図表6-4**のように，もはや大型店の出店に関する問題の枠組みが従来までの二重構造論を前提とした，中小小売商との対立ではなくなっていたのである。

5　流通政策の転換：まちづくり政策の成立と展開

5.1　まちづくり3法の成立

出店規制や中小小売商の振興は単に競争的視点のみで調整するのではなく，都市計画と関連させるまちづくりの発想が求められるようになった。しかし，それが以前からなかったわけではない。例えば，1970年の商業近代化地域計画も不十分ながら，後のまちづくり政策の前奏曲だったということができる。

またこのような視点から，それまでの経済的有効性だけでなく社会的有効性の重要性を指摘したのが，1983年に発表された『80年代の流通産業ビジョン』である。そこでは，商店街が単なる商空間ではなく，地域社会における暮らしの広場であることが強調された。

さらに1992年施行の特定商業集積整備法（特集法）も，そうした視点をもつ

政策とみることができる。特集法は商業だけでなく，公共施設としての商業基盤施設を官民一体で整備することで，都市環境に望ましい集積を整備することを目指した。しかも，通産省・建設省・自治省の共同管轄体制は，縦割りが当たり前の当時では画期的であった。

しかし，特集法が想定した集積は地域商業活性化型と郊外立地の高度商業集積型の2タイプであり，実際には後者が中心的であった。後に中心市街地活性化型も追加されたが実施例は少ない。また，特集法によって整備された商業集積が，後の環境変化に対応できず苦戦することも多かった。

以上のようないくつかの流れと，先述の日米構造協議をきっかけとして，大店法による大型店規制から，都市政策と流通政策の連動を目指したまちづくり政策としての「まちづくり3法」が成立するのである。具体的には1998年に中心市街地活性化法（中活法）・都市計画法（都計法）の改正・大規模小売店舗立地法（大店立地法）が成立する。中活法と改正都計法は同年に施行され，大店立地法は2000年に施行された。以下，それぞれの概要を確認しよう。

大店立地法は大店法の後継とみられるが規制対象は異なる。すなわち，同法は生活環境の保持という視点からの調整である。したがって，立地の適否判断は後述する都計法が担う。大店立地法は都計法の判断のあとに，生活環境に対するマイナス効果の有無をチェックするものであり，その意味では立地することを前提としている。ここでいうマイナス効果とは，周辺住民の生活環境に関することを指しており，交通混雑・騒音・廃棄物などに運用指針として具体化されている。

大店法は調整4項目を対象とし，生活環境への視点がなかったことから考えると，同法は社会的有効性を重視したものということができる。しかし一方で，マイナス効果をどのように規定するかという問題がある。実際の運用でも，議論された内容のほとんどは交通と騒音であり，「まちづくり」という広い範囲には及んでいなかった。

中活法は流通政策の系譜でいえば振興政策に分類できる。その特徴として次の3点に整理される。1点目は総合性である。中心市街地の活性化が単に小売

業や商店街だけの活性化ではなく，地域の活性化として捉えられている。つまり，中心市街地のさまざまな機能との関連で捉えることから，その実施体制も11省庁の共同になる。

それと関連するが，2点目は支援対象である。あくまでも地域に必要とされる商業機能を対象とした支援であり，既存商業者を前提としたものではない。

3点目は地方分権化である。支援事業の認定は国の基本方針に基づいて，基礎自治体の市町村が基本計画を作成することから始まる。このことは基礎自治体が主体的に取組むことを求める。

中活法では中心市街地を管理する「タウン・マネジメント」の考え方が導入されており，その主体がタウン・マネジメント機関（Town Management Organization：TMO）とされていた。TMOには商工会議所・商工会や第3セクターなどが想定されており，これを中心としたまりづくりの実施が期待されていた。しかし，現実には事業主体として維持・運営の前提である収入面などの問題に直面し，成功事例は多くなかった。

改正都計法は，土地利用の観点から大型店の立地を判断する調整政策の系譜に位置づけることができる。都市計画の対象となる都市計画区域は，すでに市街化されている市街化区域と市街化を抑制する市街化調整区域，用途が定められていない未線引き区域（白地区域）がある。市街化区域は用途が定められており，住居系・商業系・工業系で12種類の用途地域がある。

この改正ではこの用途地域に上塗りする形で，特別用途地区を定められるようになった。つまり，市町村それぞれの状況に応じて用途を設定できるようになったのである。

しかし，それが簡単にうまくいくわけではない。特別用途地区の設定は私有財産である不動産価格と直結することがあるため，容易に合意できるわけではない。また仮に合意できても，隣接市町村との利害を広域にまたがって調整できないため，適切な土地利用計画を実現することが難しくなる。さらには，市街化区域以外では特別用途地区の設定ができず，郊外開発に対する規制をかけることが困難であった。

5.2 まちづくり3法の改正

　まちづくり3法は「商業調整からまちづくりへ」という流通政策の転換をもたらしたが，そのまま成功につながったわけではない。この時期，大型店の郊外進出は抑制どころか，むしろ増加傾向にあった。またタウン・マネジメントの事業も維持運営に課題があったため，大きな成果をもたらすことはできなかった。このため2006年に，まちづくり3法の改正が実施されることになる。

　改正は少子高齢化による人口減少時代に即したコンパクト・シティ化を基本理念とした。従来の郊外開発は人口増加を前提としているが，人口減少時代における郊外開発は，都市機能が分散化した非効率なスプロール状態をもたらす。その意味では，都市機能を集約するコンパクト・シティ化を進めるには郊外化の抑制が必要になる。

　まず，中活法は基本方針の作成や，施策の総合調整を担う中心市街地活性化本部が，内閣を本部として設置された。主体がTMOから変わり，中心市街地活性化協議会が創設され，まちづくりの総合的な企画・調整がおこなわれるようにされた。また意欲のある地域には，選択と集中で支援措置を拡充した。

　都計法は，大規模集客施設の郊外立地規制を強化した。店舗や映画館などの集客施設の延べ床面積が1万㎡超になる場合，出店できるのは12用途地域のうち商業地域・近隣商業地域・準工業地域の3つだけに限定された。さらに，市街化調整区域や白地区域も原則として立地が制限されることになった。広域調整の手続きについても，市町村が用途地域などの変更をする場合は，都道府県知事との協議・同意が求められるようになった。

　大店立地法は指針の改定がおこなわれた。その概要として，自治体ごとの実情に応じての運用を可能にしたことや深夜営業に対する対策強化，小売業以外への複合施設へ規制対象を拡大したことがあげられる。さらに，大型店が退店したあとの影響に対して，業界としてどのように対応すべきかといったガイドラインの作成を求めるなど，大型店の社会的責任を求めた。

5.3 地域商店街活性化法の成立

　まちづくり3法の改正以降も，必ずしも地域商業の衰退傾向に歯止めがかかったわけではない。それどころか，地域商業の衰退は買物弱者などの社会問題も引き起こす。政策の課題はもはや商業だけの枠組みではなく，地域社会全般にかかわるものとなっている。

　商店街の多くは，もともと比較的便利な場所に形成されていることから，例えば地域の祭りやイベント会場となってきた。また，すべての商店街は公道に面していることから，通勤・通学など日常生活で利用されもする。つまり，商店街は商活動の場でもあり公共の場でもある。だからこそ，現在の問題に対して，公共の場としての商店街の位置づけが注目されることになる。

　それが制度化されたのが，2009年に成立した地域商店街活性化法である。同法は商店街を地域コミュニティの担い手として位置づける。そして，地域住民のニーズに応じた事業活動を国が認定・支援することで，商店街の活性化を図ることを目的とする。

　具体的にはソフト事業を含めた商店街の事業を支援することであるが，事例として高齢者や子育て支援，宅配・買物サービス，防犯設備の設置やパトロール，地域イベント，商店街ブランド開発などの実施支援が想定されている。また，そのための人材育成に取組むため，全国商店街支援センターが設立された。

　同法は地域商業を取り巻く時代状況を鑑みて，現在起こっている問題に対応するためのソフト事業を支援対象に含んだことが評価できる。また人口減少時代という，これまでとは根本的に異なる環境変化に対して，地域社会に求められる地域商業の役割も大きく変わることが予測される。その意味では，同法において何が商業の役割として捉えられるのか，ということが重要になる。また，商店街も商業という側面だけでなく，いかに地域住民の生活ニーズ全体に向き合うかが，まちづくりという課題において重要になるということができる。

〈参考文献〉
足立幸男［1994］『公共政策学入門』有斐閣
石原武政［2006］『小売業の外部性とまちづくり』有斐閣
石原武政・加藤司編［2009］『日本の流通政策』中央経済社
石原武政・渡辺達朗編［2018］『小売業起点のまちづくり』碩学舎
久保村隆祐・田島義博・森宏［1982］『流通政策』中央経済社
鈴木安昭［2001］『日本の商業問題』有斐閣
渡辺達朗［2016］『流通政策入門 第4版』中央経済社

第7章

物　流

1　物流とは

　私たち消費者は商品を消費し生活している。商品は，世界のどこかで生産され，流通の機能を介して私たちの手元に届けられ消費されている。生産，流通，消費を経済の三大活動というが，生産と消費の懸隔を埋める機能を果たしている流通は，商流と金流そして物流に大別される。

　商流とは商的流通のことで，商品を生産者から需要者・消費者に届けるまでの何段階かの取引によって生じる契約や所有権，情報の移転など，取引活動の流れのことである。金流とは，取引活動における金銭の流れのことである。そして，物流とは物的流通のことで，流通に対応して発生する場所（空間）的・時間的懸隔を埋める物理的な商品の流れのことである。

　場所（空間）的懸隔とは，商品を生産したり保管，販売したり消費したりする地点が異なっていることを示し，それを物流機能の輸送によって埋めている。時間的懸隔とは，商品を生産してから消費するまでの時間に隔たりがあることを示し，それを物流機能の保管によって埋めている。

　本章では，高まる物流の重要性を理解し，物流およびロジスティクス概念の変遷，物流機能，そして現代企業における物流の今について学ぶ。

1.1　物流の重要性

　自給自足のように消費を目的に生産し，生産する地点と消費する地点が分離

することなく生産物が交換されていた時代には，生産と消費を結びつける物流は必要ではなかった。その後，余剰生産物による交換の概念が発生し，大量生産体制が確立したことにより，場所（空間）的・時間的懸隔などを埋める機能を有する物流が必要となった。

今日の物流は，懸隔を埋めるだけではなく，商品の価値を保つことはもちろん，需要者・消費者に望まれる形状で，適切な価格で，迅速に正確に届けるなど物流によって商品の価値を高めるなど，経済活動に不可欠な役割を担っている。また，経済の国際化・グローバル化の進展に伴って，物流は広域化，高度化，複雑化している。物流は企業に収益向上をもたらし，競争優位に立つことを可能ならしめる重要な活動であるとの認識が深まり，企業経営において意識が高まっている。

この流れの中で，ロジスティクス概念が浸透したり，企業内物流のみではなく社内外の商品の流れを一貫して見直して物流システムを再構築したりする企業が増えるなど，物流は企業の成長戦略の1つとして位置づけて展開され，重要性の意識は拡大している。

1.2 物流概念の変遷

現代，物流と略して表現されることが一般的となった物的流通（Physical Distribution）の概念は，大量生産体制の確立により，「つくれば売れる」生産志向から「いかに売るか」の販売志向に移り変わり，大量生産→大量流通→大量消費の流れが確立した20世紀初頭のアメリカにおいて，当時のマーケティング概念の一要素として理論研究されたことに始まり，以後，時代の流れとともに変遷している。

物流に関する理論の研究では，1915年にショー（A.W.Shaw）が著書『市場流通に関する諸問題』において，企業経営活動を生産活動，流通活動，促進活動の3つに区分した。そのなかの流通活動を構成する重要な要素として需要創造活動とともに，物的供給活動（The activities of physical supply）をあげた。ここでは物的な流通（Distribution）ではなく物的な供給（Supply）と表現し

ている。

　クラーク（F. E. Clark）は1922年，著書『マーケティング原理』において，この当時，現代の流通を意味する言葉として用いていたマーケティングの機能の1つとして，交換機能と補助または促進機能とともに物的流通機能（Functions of Physical Distribution）をあげた。この著書において，物的流通（Physical Distribution）の言葉が登場し，さらに，物的流通機能は輸送と保管に限定して捉えられていたことがわかる。

　その他，AMA（American Marketing Association：アメリカマーケティング協会）によっても1940年頃の物流は，「生産地から消費地または利用に至るまでの商品の移動および取扱いを管理すること」と定義されているが，抽象的な表現にとどまっている。1950年代にはいると，物流の研究が多くなされるようになり，1960年代にはコスト削減の切り札として産業界が注目しはじめ，1970年代には，産学において重要性の認識が浸透した。

　なお，現在，AMAのサイトで公開されているマーケティング用語辞典における物的流通（Physical Distribution）の定義は，「完成品在庫を管理するための概念あるいはアプローチであり，輸送，倉庫，在庫，および発注処理の機能が該当する」と，物流機能にも触れた内容となっている。

　日本においては1956年，日本生産性本部がアメリカに派遣した流通技術専門視察団が帰国後発表した報告書「流通技術」にPhysical Distributionの言葉が確認されている。

　当時の日本は高度経済成長期で，アメリカでマーケティングおよび物流の概念が確立した背景と同じく大量生産が可能となり，大量生産・大量流通・大量消費時代が到来した。国民所得は上昇し消費が活発化し，流通業においてはスーパーマーケットが登場した時代である。同時に，輸送力確保が急がれ，上昇し続ける人件費をはじめとする物流コストと低減するために物流機器やシステムを導入することが課題となっていた。

　輸送，保管，荷役，包装，流通加工といった個々の活動を指す用語は以前から存在していたが，これらの活動を包括する用語は存在しなかったため，物的

な移動に関する個々の活動を包括的に捉える用語として物的流通および物流は日本において使用されることとなった。1960年代には，運輸白書をはじめとする書籍などでも「物流」という用語が使用されるようになり，流通分野の専門用語として定着した。

　1966年産業構造審議会答申書「物的流通の基本政策について」のなかで，「物的流通というのは，有形・無形財の供給者から需要者へ至る実物的流れのことであって，具体的には包装，荷役，輸送，保管および通信の諸活動を指している」と物流の諸活動について具体的に記述されたが，流通加工は含まれていない。1970年代以降は，日本において物流の技術や機械，システムが導入され，流通センターが建設され，インフラも整備されるなど物流は飛躍的に進展した。

　現代の日本における物流を日本ロジスティクスシステム協会は，「商品の供給者から需要者・消費者への供給についての組織とその管理方法およびそのために必要な包装，保管，輸配送と流通加工，並びに情報の諸機能を統合した機能をいう」と定義づけている。

　物流には，交通インフラ問題のように社会経済的にみた物資の流れを対象とするマクロの視点と，企業活動における物資の流れを対象とするミクロの視点に大別される（中田ほか［2007］）。企業活動で展開されている物流は産業や業種によっても異なるが，例えばメーカーにおいては，調達先から原材料を調達する調達物流，自社内において物資を生産・輸送する生産物流（社内物流），卸・小売業や消費者のもとに配送する販売物流，消費者や納品先からの返品やリサイクルの際に発生する回収物流がある。この流れを心臓から血液を送り出す機能である動脈と心臓へ血液を戻す機能である静脈の働きになぞらえて，調達物流→生産物流→販売物流の流れを動脈物流，川下の消費者や納品先から川上に流れる回収物流を静脈物流という。

1.3　ロジスティクスの種類と概念

　ロジスティクスは，ミリタリー・ロジスティクスとビジネス・ロジスティク

ス，ソーシャル・ロジスティクスに分類される。

　物流用語として浸透しているロジスティクス（Logistics）はフランス語のlogistiqueを語源とし，兵站を意味する軍事用語である。兵站とは，前線の兵士を支援するために，武器や食糧などを必要な時に必要な分だけ供給・補充・輸送する後方活動支援のことを意味する。これをミリタリー・ロジスティクスという。

　後方支援活動がうまく機能し，戦略的に的確に物資を移動させることで戦いに勝つミリタリー・ロジスティクスの概念は，アメリカで1950年から1960年代にかけて経済や企業活動に応用され，物流に関する専門用語として使われるようになった。これをビジネス・ロジスティクス（以後，ロジスティクス）という。現在，企業活動において一般的に用いられているロジスティクスはこれに該当する。

　1963年に設立されたNCPDM（The National Council of Physical Distribution Management：アメリカ物流管理協議会）は，当時の物流をPhysical Distribution Managementとマネジメントの単語を付して表現し，定義を「財の起点から消費点に至るまでの原材料や中間財，完成品，関連情報の移動に関する流れと貯蔵を効果的に計画，遂行，統制する過程」とした。しかし，マネジメントの概念も含んだこの定義は1976年にロジスティクスの定義として新しく定義しなおされている。

　その後，NCPDMは1984年にCLM（Council of Logistics Management：米国ロジスティクス・マネジメント協議会）へと名称変更をおこない，ロジスティクスの定義を，「顧客の欲求に適合させることを目的に製品，サービス，これらに関連する情報の出発地点と消費地点の往復のフローと保管を，効果的かつ適正化するように計画，実施，統制するサプライチェーン・マネジメントの一部である」とし，2005年にはCSCMP（The Council of Supply Chain Management Professionals）に名称変更している。

　日本においてロジスティクスが注目されたのは，1980年代のバブル景気が崩壊したころである。長引く景気低迷により消費が抑えられたことに加え，飽和

市場のなかで消費は多様化し，大量生産，大量流通，大量消費時代は終わりを告げた。多様なニーズに対応するため多品種少量生産へと移行するに伴い，物流は多頻度小口物流にシフトチェンジし，また，製品ライフサイクルの短命化により在庫量が増加した。そこで，物流の活動として個別におこなわれていた輸送，保管，情報の管理などの諸活動を一体的に捉えて全体最適化を目指し物流管理するロジスティクスが注目され，企業戦略として取り組まれるようになった。

以前の物流概念では各部門において効率化を目指し活動する部分最適化が多かったが，ロジスティクス概念は各部門を包括的に捉えて全体最適化を目指す物流管理の活動である点が両者の概念の相違点である。

最後にソーシャル・ロジスティクスは，ビジネス・ロジスティクスによって全体最適化を求めるだけではなく，交通渋滞や環境破壊など社会に与えるマイナス要因を削減し，持続可能な社会を目指し，安全安心な生活を確保することを目指す物流活動のことである。

これには，企業も社会の一員として公益性を目的とする企業活動を展開することを求められるようになってきた社会的背景がある。環境破壊の削減やステークホルダーとの関係性を目指すグリーン・ロジスティクス，災害時に救援物資を迅速に確保・補給したり食の安全を確保したりするライフサポート・ロジスティクス，3R（Reduce・Reuse・Recycle）に代表されるリバース・ロジスティクスなどがソーシャル・ロジスティクスに該当する。

1.4 部分最適と全体最適

物流概念とロジスティクス概念の相違点として，物流が自社内のある部門の効率化を追求し最適化を目指す部分最適の活動であるのに対して，ロジスティクスが各部門を包括的に捉えて管理し全体最適を目指す活動であることに触れ説明した。ここでは，部分最適と全体最適の両者の思考について説明する。

まず，部分最適は，企業活動の各組織・部門ごとの最適化を実現するために，効率化や収益向上を目指す思考である。**図表7-1**の左，部分最適のイラスト

で考える。

　製造部では，いかに生産コストを抑えるかが重要な課題である。よって，規模の経済を働かせるために大量生産したり，生産の平準化を図ったり，設備稼働率の維持に努めたりする。図表では，多くの製品を製造し生産コストが削減され，1ロット当たりの製造原価を下げることに成功したため営業利益が対前年同月比10万円増加している。

　営業部では，大量に販売することが課題である。時には営業部が実需以上に製造部に生産を発注したことにより，倉庫部が長期に在庫を抱えてしまうこともある。売上高の増加を目指すために，過剰なサービスを提供することで需要者・消費者に選ばれ，CS向上を実現することもある。その結果，図表では，売上高を増加させ営業利益が対前年同月比5万円増加している。

　しかし，倉庫部では，製造部が生産効率を優先して生産したために出荷されることなく抱えることとなった在庫の管理，営業部の売上高をあげるために多頻度のピッキングによって膨れた人件費や小口多頻度配送によって輸送コストが増大したことなどで，営業利益が対前年同月比25万円減少している。製造部と営業部が部門最適を目指した左のケースでは，トータルで対前年同月比の営業利益が10万円減少したことになる。

　一方，図表7-1の右，全体最適のイラストでは，製造部は出荷予測に基づき必要最小限の在庫と供給を目指して生産した結果，営業利益は部分最適に比べると少ない対前年同月比2万円増加にとどまっている。

　営業部においても，コスト意識を高めムリ・ムダを生まない思考に切り替えた結果，営業利益は部分最適に比べると少ない対前年同月比2万円にとどまっている。

　しかし，倉庫部は，製造部と営業部の思考の転換により，倉庫に必要以上の在庫を積むことなく，人件費も削減できたため営業利益が対前年同月比1万円のプラスに転じた。このように，全体最適を目指した右のケースでは，トータルで対前年同月比の営業利益は5万円増加し，部分最適のトータルに比べて営業利益が15万円増加している。

■図表7-1　部門別対前年同月比の営業利益増減でみる部分最適と全体最適

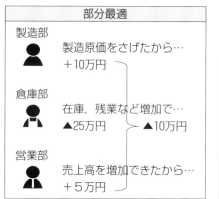
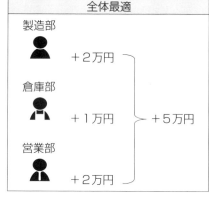

出所：筆者作成

1.5　サプライチェーン・マネジメントの概念

　SCMと称されるサプライチェーン・マネジメント（Supply Chain Management，以下SCM）とは，原材料の調達から生産・流通を経て消費者に販売されるまで，一企業内にとどまらずさまざまな業種の企業が鎖のように横断的に連鎖して物資を供給している様子をサプライチェーンつまり供給連鎖と捉えて，これにかかわるすべての企業の物流および物流機能を管理するマネジメント手法のことである。

　市場の需要動向に合わせた商品の供給システムで，需要情報に合わせて，的確なタイミングで的確な量を適切な価格で需要者・消費者に供給できるように管理することは，過剰な生産や在庫を減らすことができるだけではなく販売機会のロスを回避することでき，これらはキャッシュフロー増加に繋げることができる。

　SCMという用語は1983年にアメリカのコンサルティング会社であるブーズ・アレン・ハミルトンが用いたことが確認されている。その後，1996年設立のSCC（Supply-Chain Council：NPO法人サプライチェーンカウンシル）によってSCMは，「価値提供活動の初めから終わりまで，つまり原材料の供給者から

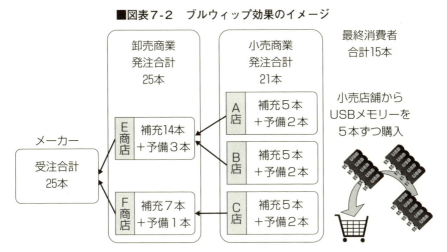

■図表7-2　ブルウィップ効果のイメージ

出所：筆者作成

　最終需要者に至る全過程の個々の業務プロセスを，1つのビジネスプロセスとして捉え直し，企業や組織の壁を越えてプロセスの全体最適化を継続的におこない，製品・サービスの顧客付加価値を高め，企業に高収益をもたらす戦略的な経営管理手法」と定義されている。

　SCMに期待される効果には，売上高の確保，リードタイムの削減，在庫の最適化などがある。例えば，SCMによって的確な量とタイミングで商品を確保する体制を整えることで欠品や納期遅れを防ぎ，販売機会のロスを生じさせることなく売上高を確保することができる。原材料の調達から最終需要者に至るまでの流れにかかる期間をコントロールすることで，リードタイムを削減することができる。このすべての流れにおける情報を共有し把握・分析することでムダ・ムラ・ムリを排除した在庫の最適化，ブルウィップ効果を最小化することができる。

　ブルウィップ効果とは，すべての流れで適切な需要情報が共有できないために，川上に行くほど需要が増幅して伝わり在庫が増加する需要変動増幅現象のことである。図表7-2のブルウィップ効果のイメージ図で説明する。

最終消費者が小売商業を営むA店，B店，C店それぞれからUSBメモリを5本ずつ計15本購入した。小売商業の店長は，USBを買い求める消費者が増えるかもしれないと考え補充分5本に期待需要分2本を上乗せして計7本をそれぞれの取引先である卸売商業を営むE商店，F商店に発注した。この時点で，実需の15本より6本多い21本を発注していることになる。次に，卸売商業者は小売商業の店長と同様に補充分に期待需要分を上乗せし，E商店は補充14本に期待需要分3本，F商店は補充7本に期待需要分1本を上乗せして発注した結果，メーカーの受注合計は25本となり，実需15本よりも10本増幅して需要が伝わっている。店長が期待した通り需要があり，予備を発注したことで販売機会をロスすることなく売れればよいが，販売できなかった時には卸売商業，小売商業のそれぞれにおいて在庫を抱える結果となる。

2　物流機能の分類

　物流における機能は，輸送，保管，荷役，包装，流通加工，情報の6大物流機能に分類できる。例えば，小売業者が卸売業者に受発注システムを利用して注文「情報」を出した場合，卸売業者は倉庫に「保管」してあった商品を取り出し，要望のサイズに「流通加工」した商品を「包装」し，配送用トラックに積み込み「荷役」，店頭まで「輸送」する。本節では，この6つの物流機能ごとに特徴や関連する物流用語について説明する。

2.1　輸送機能
　商品の発生地点と消費地点が異なる場所（空間）的懸隔を埋める物流機能が輸送である。つまり輸送とは，商品を物理的に移動させて目的地まで運ぶ機能であり，運ばれる商品を貨物，その輸送を貨物輸送とよぶ。
　輸送と同じ機能を果たす用語に配送があり，これらを合わせて輸配送という。輸送は，比較的貨物量が大きく，移動距離が長いa地点からb地点に貨物を移動させることで，一次輸送ともいわれる。配送は，比較的貨物量が少なく，c

地点から移動距離が短い複数地点に向けて貨物を移動させることで，二次輸送ともいわれる。

　貨物輸送の手段には，主にトラック，鉄道，船舶，航空機がある。貨物の種類や形状，量，緊急度などを把握し，かかる時間やコストなど手段ごとの特徴と照らし合わせて，最適な手段を都度選択している。

(1)　トラック輸送

　国内貨物輸送分担率の推移を国土交通省発表のデータでみると，トラック輸送は輸送重量を示すトンベースで全体の約9割，輸送重量×距離を表すトンキロベースでは約5割を担っており，国内貨物輸送はトラック輸送に依るところが大きい。国内は高速道路が整備されており，また，時間に縛られることなく輸送が可能なトラック輸送は，目的地まで荷物を積み替える手間をかかることなく，安価に輸送できるメリットを有している。一方，交通渋滞や環境汚染を引き起こすデメリットも有しており，これらの課題を解決する取り組みが積極的におこなわれている。

(2)　鉄道輸送

　北アメリカ大陸やユーラシア大陸のように広大な大陸ではないうえに高速道路が整備されている日本においては，大量の貨物を長距離輸送するのに適した鉄道輸送が十分に活用されておらず，国内貨物輸送分担率をみると，トンベースでは約1％，トンキロベースでは約5％に留まっている。鉄道輸送は海上輸送とともに，トラック輸送よりも環境への負荷が少なく，交通渋滞を引き起こさないメリットを有しており，トラック輸送から鉄道輸送や海上輸送に輸送手段を切り替えることが推奨されている。

　輸送手段をこれらに切り替えることをモーダルシフトという。貨物を搭載したトラックごとカーフェリーに乗り込み，目的地の最寄りの港まで海上輸送することも，トラック輸送から鉄道輸送へのモーダルシフトに含まれる。

　鉄道輸送は，車扱いとコンテナ扱いの輸送形態がある。車扱い輸送は，貨車

1両ごと借り切って貨物を輸送する形態のことである。貨車ごと借り切るため大量輸送できるメリットを有するが，貨車への荷物の積み下ろしの手間を要するデメリットもある。コンテナ扱い輸送は，規格化されたコンテナに貨物を入れて輸送する形態のことである。規格化されたコンテナは，輸送手段に共通する規格であるため，輸送手段が変わっても貨物に触ることなく引き渡しながら，最終目的地まで輸送することが可能である。

(3) 海上輸送

　船舶による輸送を海上輸送といい，海運ともいう。海上輸送は，国内の船舶貨物輸送を示す内航海運と国際間の船舶輸送を示す外航海運に大別される。

　内航海運は，国内貨物輸送のトンベースで1割弱であるが，トンキロベースでは3～5割を占めており，トラック輸送に匹敵する輸送を担っている。これは船舶による海上輸送が，重量が重く長距離輸送に適している特徴を有しているためでる。

　外航海運は，国際貨物輸送分担率が重量ベースでほぼ100％，金額ベースでも約8割を占めており，日本の国際貨物輸送は海上輸送が担っている。

　また，海上輸送は，不定期船（トランパー）と定期船（ライナー）に大別することもできる。不定期船は，需要に応じて不定期に不特定の航路を就航して輸送する貨物船のことである。鉱山資源や食糧を輸送するばら積み船や，石油などを輸送するタンカーなどの利用が多い。定期船（ライナー）は，あらかじめ決められている時刻に，決められている港と港の間を定期的に運航して貨物を輸送する。この場合，鉄道輸送のコンテナ扱い輸送で用いられるのと同じ規格化されたコンテナに収められた貨物を輸送する，海上コンテナ船であることが一般的である。

(4) 航空輸送

　航空機による航空輸送は，短時間で長距離を輸送できるメリットがある。海上輸送に比べると1回で輸送できる量は劣るが，輸送スピードの速さで航空輸

送に匹敵するものはなく，緊急性を要する輸送に適している。

　輸送過程にある貨物は荷主の在庫であるが，航空輸送により短期間で需要者のもとに届けることで在庫期間の短縮化につながる。しかし，スピードの速さに比例して輸送コストが高額であるデメリットもある。

　国際貨物輸送に航空輸送が占める割合は，重量ベースでは1％に満たないが，輸送コストが高くても採算がとれる高付加価値貨物を輸送する際に選択されることが多いため金額ベースでは2〜3割を占めている。

2.2　保管機能

　商品を生産する時間と消費する時間にある懸隔を埋めているのが保管機能である。つまり，商品を時間的に移動させているのである。また，商品の価値を維持する役割も保管には含まれる。

　近年は技術革新により，冷凍・冷蔵技術は高まり，それとともに日進月歩で保管機能は高まっている。生鮮食料品や医薬品などを低温で輸送したり，一定温度に保つことができる倉庫で保管したり，生産・流通・消費の過程で途切れることがない徹底した温度管理が可能なコールドチェーン・システムが確立している。

　物流の概念においては，一定期間にわたって長期に保管するための施設として倉庫が用いられる。しかし，近年は，ネット通販や取引先からの出荷要請に対して，必要な商品を必要な時に必要な数量を迅速に出荷するJIT（Just In Time）の対応が求められる。ロジスティクスの概念のように物流が高度化・複雑化した現代においては，これに対応するために，高度化した倉庫である物流センターが増えている。物流センターは，受入れから出荷までの一連の流れをコンピュータで一元管理できるシステムを導入した自動倉庫であることも少なくはなく，物流センター内における物流活動は高度化・多様化し多岐にわたっている。

　在庫管理も保管機能に含まれるが，これには在庫の数量管理と保管場所の管理がある。在庫の数量管理は，倉庫において出入庫の数量を把握し，その履歴

を管理・保存することである。保管場所の管理は，商品をどこに保管するか，どこに何をどれだけ保管しているかを正確に管理することである。保管場所を正確に管理し把握することは，出荷作業時のピッキングがスムーズとなり，生産効率性を上げることに繋がる。

2.3 荷役機能

荷役とは，トラックや鉄道，船舶，航空機の輸送機関から物流施設への商品の積み込みや輸送機関からの荷下ろしのほか，物流施設への出入庫時に商品を移動させる作業，またはそれに伴い生じる作業の総称である。物流施設内における商品の品質や数量を確認する作業である検品，保管している場所から必要に応じて取り出す作業であるピッキング，商品を発送先別や輸送温度別に分ける作業である仕分けも，荷役機能に含まれる。

輸送機能で説明した輸送と配送に類似する用語に搬送がある。搬送は，倉庫内や工場内など短い距離を移動させる作業のことを意味し，これも荷役機能に含まれる。

人の力や手数に頼ることが多かった荷役だが，急速に合理化が進んでいる。物流で多く使用されるコンテナは箱を意味するが，国内外で同一規格としたコンテナの発明は，荷役を大幅に効率化した。パレットとフォークリフトの使用により力がなくても一度に多くの荷役機能を果たすことができ，物流センター内に高速自動仕分け機を導入することで，わずかな人手で発送別に商品を仕分けることができるようになった。

物流機能を遂行するにあたり作業効率や生産性，経済性を高めるために統制することをマテリアル・ハンドリング，略してマテハンという。パレットやフォークリフト，高速自動仕分け機をはじめとする作業道具・機器類のことをマテリアル・ハンドリング機器，略してマテハン機器とよぶ。

2.4 包装機能

包装とは商品を包装資材に収めることで，包装機能は商品を損傷から守るこ

とで品質を保ち価値を維持するほか，梱包することで作業効率を高めたりする。

　包装機能は目的別に，商品を守るための包装，販売するための包装，効率性を高めるための包装の3つに分類される。守るための包装とは，輸送時の衝撃，保管時の温度変化，荷役時の落下など多くのリスクから商品を守る包装である。緩衝材でくるみ梱包したり，紫外線を通さない色や素材の容器に充填したりすることが該当する。販売するための包装とは，商品価値を高める包装である。需要者・消費者を引き付けるキャッチ・コピーを包装資材に施したり，デザインを工夫したりすることが該当する。効率性を高めるための包装とは，段ボールやドラム缶に大量に商品を入れることで運搬や保管を容易にしたり，持ち運びしやすいように持ち手がある形状に梱包を工夫したりすることが該当する。

　また，包装機能は種類別に，個装・内装・外装の3つに分類される。それぞれに，目的に合致した包装資材を使い包装することで，品質を保持・向上させ，効率を高める役割を担っている。個装とは，商品1つひとつを包む直接包装のことである。個装によって商品を保護し，商品に情報やデザインを付加することによって商品価値を高めている。内装とは，水・光・熱・衝撃などから個装された商品を守る貨物内部の包装のことである。外装とは，商品価値を保持しつつ物流機能の効率化を目的とした貨物外部の包装のことである。例えば缶ビールの包装では，ビールをアルミ缶1缶に充填する個装，6缶を1パックに束ねる内装，4パック24缶を1箱に詰める外装となる。

　メーカー主体で商品包装をみた場合，工業包装と商業包装にも分類される。工業包装は，商品を保護したり，保管・輸送時の容易性や効率性を求めて適切な包装資材に収めたり，包装コストや環境配慮も視野に入れて包装される。商業包装はパーケージとよばれ，宣伝媒体となったり商品の一部として認識されたりするため，デザインも重視して包装されている。

2.5　流通加工機能

　流通加工とは，流通させる過程で商品を成形・加工する作業のことである。流通加工機能によって，商品の価値を高めたり，川下の取引先・納品先の作業

を軽減することで商取引上の利便性や競争力を高めたりしている。流通加工機能は，生産加工と販売促進加工の2つに大別される。

　生産加工とは，商品の価値を高めるために組み立てたり，切断したりするなど商品そのものを加工し形状を変化させることである。販売推進加工とは，取引先・納品先の要望に合わせた量・大きさにユニット化したり，値札やタグをつけたりラベルやシールを貼り付けたりする作業のことである。従来は，メーカーや小売店でおこなわれていた作業であるが，次第に，下請企業が取引先に選ばれるためにおこなうケースが増え，近年は，物流関連企業がこの分野に積極的に参画し，倉庫や物流センター内でおこなうケースが増えている。

2.6　情報機能

　情報機能とは，その他の物流機能である輸送・保管・荷役・包装・流通加工における作業を円滑に遂行するため，流通過程で発生するさまざまな情報を正確に把握して管理・分析し，活用することである。情報機能を管理・分析することは，作業の効率化・最適化を図り物流コストを低減させたり，需要者・消費者サービスの向上を実現させたりすることができる。

　流通過程で発生する情報には，物流情報と商流情報がある。物流情報には，商品の入出庫や在庫時の数量を管理する数量管理情報，温度や湿度など商品の品質管理時に利用される品質管理情報，保管すべき場所や保管されている場所を管理する位置情報管理などがある。商流管理には，商品の販売時点で商品に関する情報を管理する情報システムであるPOS（Point of Sales：販売時点管理）やオンラインで発注データを交換するシステムであるEOS（Electronic Ordering System：電子発注システム）をはじめ商品の内容や数量に関する受発注情報と，銀行オンラインシステムやインターネット決済などの金融情報がある。

3 今日的物流の展開

3.1 3PL

3PL（Third Party Logistics：サードパーティー・ロジスティクス）とは，物流サービスを商品として，荷主に物流改革を提案し物流機能の業務を包括的に請け負って，荷主に代わり物流を代行する事業者のことで，新たな物流業のビジネスとして拡大している。荷主の側からは，自社の物流業務をアウトソーシングした先である第三者（Third Party）が3PLに該当する。ファーストパーティー（First Party）は荷主企業，セカンドパーティー（Second Party）は運送業や倉庫業者などのことを指す。

従来，企業は，物流機能である輸送・保管・荷役・包装・流通加工・情報の業務を自社で遂行するか，あるいは，物流機能それぞれに応じた事業者にアウトソーシングすることで事業活動をおこなってきた。例えば，輸送機能のアウトソーシング先となるのは輸送サービスを提供するトラック運送業（道路貨物運送業），海運業，鉄道業，航空運輸業など運送業である。保管機能のアウトソーシング先となるのは保管サービスを提供し需給調整している倉庫業である。運送業や倉庫業のように，各物流機能を専門とする事業者を物流業という。従来からの物流業の事業者が，物流機能の一部を専門に単体で業務受託するのに対し，3PLは物流機能を包括的に業務受託することが特徴であるため事業領域が広い。

3PLは1990年に入りアメリカで誕生したが，日本で注目され始めたのは少し遅れて1990年代後半になってからである。日本で3PLが注目された背景には経済不況と経済のグローバル化があった。長引く経済不況による企業収益悪化を改善するには全社的な業務改善はもちろんであるが，物流部門のコスト削減に課題を有する企業は多くあった。当時は需要者への細やかな対応を目指し多頻度少量の輸配送が展開され始め，また，リードタイムを短くするために各地に自社の物流センターを構える企業も少なくはなかったが，これらの非効率性が

高まり採算悪化の一因となっていた。加えて，経済のグローバル化が進展し競争が激化するなか，コア・コンピタンスを強化するために経営資源を集中させ，競争力を高める必要があった。限られた経営資源をコア・コンピタンス強化に集めるために，物流部門の経営資源についてもいかに削減するか企業を悩ませていた。そのような背景のもと，物流改革を提案し企業に効率化をもたらす3PLは受け入れられ，今に至っている。

　この3PLには，アセット型3PLとノンアセット型3PLがある。アセット型3PLとは，物流機能を包括して請け負う事業者自らが，トラックや鉄道，倉庫や物流センター，情報システムなどの資産を有しており，その資産を活用して荷主企業のニーズを満たすサービスを提供している事業者のことである。ノンアセット型3PLとは，自らが物流機能を担う資産を有したり物流業務をおこなったりはせず，荷主企業のニーズを満たす業務設計やシステム構築を提案し，その提案した業務内容を請けることができる外部事業者を適宜調達するまでのマネジメントを業務としている事業者のことである。

　また，トラックや鉄道など輸送手段を保有して運行する事業者をキャリア，それらを保有せずにキャリアを利用して荷主に輸送サービスを提供する事業者をフォワーダーとよぶ。

　3PLに求められる主な能力には，コンサルティング能力，情報システム構築能力，マネジメント能力がある。コンサルティング能力は，荷主企業の経営ビジョンや物流システムの現状と課題を把握し，コスト削減や効率化を実現する新たな物流システムの仕組みや方法を企画立案する能力である。次に，情報システム構築能力は，提案する新たな物流システムの仕組みや方法に適した情報システムを構築する能力で，荷主企業の特性を踏まえ個別にカスタマイズしてサービスを提供している。最後にマネジメント能力は，物流センター内の作業や物流センターからの配送などを管理して効率的に運営する能力である。さまざまな作業をマネジメントすることで間違いのない作業を遂行するだけではなく，業務効率を上げたり，リードタイムを短くしたりすることで物流サービスの質を高めつつコストを削減しなければならない。

3PLによる改善提案によって合理化され物流コストが削減されたことによって利益が出た場合，その利益を荷主企業と3PLがシェアする制度としてゲインシェアリング（Gain Sharing）がある。ゲインシェアリングは，業務を委託した荷主企業だけではなく，業務を請け負った3PLにも利益の一部が還元される制度である。Win-Winの関係が構築されるゲインシェアリングの制度で高い成果を生み出し，3PLのさらなる浸透と成長に期待が寄せられている。

3.2　グローバル化と国際物流

　現代の日本は国際化，グローバル化が進んでいる。国境を越えた多国間取引である国際物流は，国内物流に比べて場所（空間）的懸隔，時間的懸隔が大きいために物流コストがかさむだけではなく，文化や制度が異なるためにさまざまな障壁やリスクが生じることもあるなど，国際物流管理が課題である。

　国内企業のグローバル化をメーカーのケースで振り返ると，高度経済成長期にかけて国際化といえば原材料を輸入して生産した製品を輸出する貿易が主であった。貿易は，自社の貿易担当部門を通しておこなう直接貿易と，商社を介しておこなう間接貿易があるが，海外市場に対して深い知識やノウハウを有した企業が少なかったため，商社が介在する間接貿易が主であった。よって当時は，企業の経営資源は国内に集中させていた。

　高度経済成長期を経て，規模の経済を活かして大量に生産した製品を海外市場に大量に輸出するようになり，次第に，自らが海外に販売拠点を設立する動きが多くなった。海外に販売拠点を構えることは，販売拡大のため需要者・消費者のニーズを把握し商品開発に生かすことができるメリットがある。同時に，現地に販売物流が生じ，これを管理し効率化させる視点が企業戦略に加わった。

　大量輸出，現地販売が続いた1970年代前後には貿易摩擦が生じたため，生産拠点そのものを海外に移し，そのことにより販売物流に加えて海外に調達物流・生産物流が生じた。やがて1985年以降の円高により，マーケティングや物流管理を国ごとに遂行する企業戦略のもとで国際化が進み，海外での調達・生産・販売が本格化し，海外生産拠点での調達物流においても現地調達の比率が

高まるなど，物流管理の領域が拡大した。

　やがて，世界規模で市場を捉えるグローバル化が進み，生産機能から管理機能までの経営資源をすべて海外拠点に移転し，経営効率を上げようとするグローバル企業が増加した。グローバル企業では，企業の現地化に対応するために，海外の現地法人にロジスティクス管理部門を設置して，裁量権を与えて経営判断を委ねているケースが多い。海外の各拠点においてグローバルなロジスティクスが展開されることで，これらを結びつけるグローバル・サプライチェーンが構築されており，物流の広域化，高度化，複雑化は進んでいる。

3.3　地球環境問題への対応

　企業は社会の一員であるという考えのもと，物流活動においても公益性を意識し，社会的適応を果たしながらどのように進めていくか，ソーシャル・ロジスティクスの思考が求められている。そのなかの1つに，グリーン・ロジスティクスがある。

　グリーン・ロジスティクスとは，調達，生産，流通，消費，回収・再資源化のすべての流れにおいて環境負荷を削減し社会的適応を実現する物流システムのことである。

　グリーン・ロジスティクスが唱えられるようになったのは，日本にロジスティクスの概念が生まれてほどなく1990年頃からである。物流活動においては，輸配送時には健康被害をもたらす窒素酸化物や粒子状物質（PM）などを排出している。輸配送時の輸送動力には燃料として枯渇資源を多く使用しており，包装や梱包資材の原料にも同じく多くの枯渇資源が使用されている。そのほかにも，多頻度小口配送により交通量が増えて交通渋滞を引き起こしたり，労働者の過重労働が深刻化したりするなど，物流活動による多くの社会問題が指摘され始めたためである。

　これら諸問題を改善するためにさまざまな法制度が定められて，CSR（Corporate Social Responsibility：企業の社会的責任）やLCA（Life Cycle Assessment：環境影響評価）の考えが普及したこともあり，物流を担う企業

に対して，モラルを大切に法令を守り社会貢献を実現する，広義でのコンプライアンス（法令遵守）の姿勢が求められるようになった。

なお，LCAとは，調達，生産，流通，消費，回収・再資源化のすべての段階において環境負荷を定量的にあきらかにして，あらゆるステークホルダーとともに議論して改善に向けた対策を図る考えである。

地球環境に配慮した物流を実現するには，輸送機能，保管機能，包装機能を中心に多岐にわたる対応策を講じなければならない。輸送機能においてはモーダルシフトをはじめ，自家用に比べて積載率・実車率が高く効率的な輸送が可能である営業用の貨物自動車に転換する自営転換，発荷主が個々に着荷主に荷物を輸配送せずに複数の発荷主の荷物を集約して着荷主ごとに荷物を仕分けし直して積み合せて輸配送する共同配送，低公害車への切り替えなどの対策がある。保管機能においては，冷蔵・冷凍機器での代替フロンの利用，工場と物流センターを一体化して輸配送を無くす，倉庫で保管する商品を見直し工場間の輸送効率を高める取り組みなどがある。包装機能においては，包装・梱包資材を軽量化して輸配送コストを削減，3Rを意識した資材を使用，過剰包装をなくすなどがある。

従来，多頻度小口配送のように需要者の満足度を高めるサービスは環境負荷を高めたり，環境負荷を軽減させる仕組みを構築することは物流コストを増加させたりするといったトレードオフの関係が生じることが一般的であった。それは，個別企業ごとの物流部門内で対策を講じ行動しなければならなかったためである。

しかし，グリーン・ロジスティクスの思考が流通過程のどの段階にも浸透することによって，サービスの質と環境負荷を天秤にのせ経営判断することが容易となり，このことがサービスの適正化を導き，また，環境負荷を軽減させる仕組みの構築が物流コストを削減することに繋がる。まさに，企業や業種の垣根をなくした物流における全体最適化の実現が期待される。

〈参考文献〉
角井亮一［2012］『物流がわかる』日本経済新聞出版社
苦瀬博仁編［2014］『ロジスティクス概論』白桃書房
齋藤実・矢野裕児・林克彦［2015］『物流論』中央経済社
齋藤実・矢野裕児・林克彦［2009］『現代ロジスティクス論』中央経済社
丹下博文［2010］『企業経営のグローバル化研究－マーケティングからロジスティクスの時代へ－第2版』中央経済社
丹下博文［2014］『企業経営の物流戦略研究』中央経済社
寺島正尚［2010］『事例で学ぶ物流戦略』白桃書房
中田信哉・橋本雅隆・嘉瀬英昭編［2007］『ロジスティクス概論』実教出版株式会社
中田信哉［2004］『ロジスティクス入門』日本経済新聞出版社
日通総合研究所編［2007］『ロジスティクス用語辞典』日本経済新聞出版社
日本物流団体連合会［2017］『数字でみる物流－2017年度－』
日本ロジスティクスシステム協会監修［2009］『基本ロジスティクス用語辞典　第3版』白桃書房
日本ロジスティクスシステム協会JILS研究所［2013］『これからのロジスティクス～2020年に向けた50の指針～』
橋本直行［2015］『図解入門業界研究 最新物流業界の動向とカラクリがよ～くわかる本　第3版』株式会社秀和システム
森隆行［2013］『現代物流の基礎』同文舘出版
矢野裕児［2012］「ロジスティクスにおける環境問題対応とCSR」『物流問題研究No.58』流通経済大学物流科学研究所
湯浅和夫［2009］『物流とロジスティクスの基本』日本実業出版社
吉本隆一［2009］「最近の物流動向と企業が直面している課題」『物流問題研究No.55』流通経済大学物流科学研究所
Shaw, Arch Wilkinson, [1915] "Some problems in market distribution", Harvard university press.

第8章

金　　　融

1　金融とは

　金融とは，読んで字のごとくお金を融通しあうこと，簡単に言えば，お金の貸借のことである。そしてほとんどすべての経済活動がお金（通貨）の流れを伴っていることから，金融論はお金の流れに関わるさまざまな経済現象を見ていく学問ということができる。

　金融と貨幣（通常の表現では「お金」）は極めて密接な関係にあるが，以下では，お金に関するいくつかの表現の，それぞれの意味の違いについて説明する。

　まず，1万円札などの紙幣や，500円玉などの硬貨のことを貨幣という。また，後述するが，金融論では，紙幣と硬貨の発行高のことを現金通貨，当座預金や普通預金のことを預金通貨といい，これらを合わせて通貨といっている。

1.1　貨幣の役割

　貨幣の基本的な役割には，①交換手段，②価値尺度手段，③価値貯蔵手段という3つの機能がある。当座預金や普通預金などを預金通貨として通貨に分類されるが，これらの預金もこの3つの機能を持っているからである。

　ここで，貨幣の第1の役割である交換手段とは，商品やサービスを交換する時に，物々交換する商品の代わりに受け取ってもらう物としての役割を果たすことである。貨幣が誕生する前には，人々は物々交換をして自分の必要とする

商品を手に入れていた。しかし，リンゴを持っている人がミカンを手に入れたいと思っても，ミカンを持っていて，しかもリンゴがほしいという人を見つけない限り，ミカンを手に入れることができない。これを「欲望の二重の一致」と言い，リンゴを持っていてミカンと換えてほしいという欲望を持った人と，ミカンを持っていてリンゴと換えてのほしいという欲望を持った人がバッタリ顔を合わせないことには交換が実現しない。しかし，たくさんの人が集まる市場に行っても，そんな都合の良い人に出会うことはめったにない。

そこで，人々は工夫をし，誰もが欲しがるものにいったん交換して，それを使って自分の欲しいものを手にする方法を考え出した。紀元前のアッシリアでは，小麦粉が使われていた。塩が使われていたケースもある。

塩や小麦粉は，きちんと保管すれば腐らないし，小分けがしやすく，また，生活の必需品であるということから，交換の道具として受け入れられやすかったが，濡らすと溶けてしまうなどの問題もあり，万能ではなかった。しかし，塩を貨幣のように使うことの便利さがわかってくると，そのもの自体にはそれだけの価値がない貝殻や石を使っての交換が始まる。

この石や貝殻も，割れやすいとか，重すぎるといった欠点があったため，金や銀の小さな固まりを，重さを量って切り取って使われるようになり，やがて金貨や銀貨などが交換専門の手段として利用されるようになる。

このように，貨幣を渡すことで自分の欲しいものを手に入れることができるという貨幣の働きを交換手段という。

貨幣の第2の役割である価値尺度手段とは，ものの価値を比較するときの物差しになる機能をいう。物々交換の時代には，すべての商品の交換比率を記憶していないと，自分に不利な交換をすることが避けられないが，何千，何万とある商品のすべての交換比率を覚えることはとてもできない。それが貨幣があれば，円なら円という単位1つで示される値段によって，すべての商品の価値を比較することができる。この機能のことを価値尺度手段という。

3つ目の機能である価値貯蔵手段は受け取った時の価値をそのまま持ち続け，いつでも交換手段と利用することができる機能をいう。リンゴやミカンは時間

がたつと腐ってしまうため，手に入れた時の価値をいつまでも持ち続けることができないが，貨幣は傷まないので，受け取った時の価値がそのまま持続するからである。

1.2 貨幣の定義

日本の貨幣には日本銀行券という正式名の紙幣と，補助硬貨という500円玉などの硬貨があるが，これらをまとめて現金通貨という。

また，前述のように，預金の中にも貨幣の3つの機能を果たしているものがある。それは，流動性預金といわれる当座預金や普通預金などの預金である。普通預金は，銀行の窓口やATMに行けば，直ちに現金に変えることができる。また，当座預金を開設していれば，小切手に金額を書き込み，売り手に渡すだけで支払いができる。このように，当座預金や普通預金も現金と同様の使い方ができるので，貨幣とみなして構わないだろうということで，金融論では，普通預金や当座預金などの流動性預金も貨幣に含めて考えることにしている。

また，私たちは，買物代金の大部分は現金で支払っているが，電気料や水道料などの公共料金は，銀行の預金口座から自動引き落としにしている家が多い。企業の取引では，振込みや小切手などの支払いによって処理をしている。

こうして流動性預金は，現金以上に貨幣としての役割を果たしてることから，これらの預金のことを預金通貨とよんでいる。また，現金通貨と預金通貨を合計したものを，お金の流通量を示すマネーストック統計では，M1（エムワン）と定義している。

銀行預金には当座預金や普通預金の他にも預入期間の違いなどによってさまざまな預金があるが，どの預金まで通貨に含めるかによって，M1以外にも**図表8-1**に示すようなさまざまな統計指標がある。

■図表8-1　マネーストック統計の各指標の定義

M1＝現金通貨＋預金通貨
　対象金融機関（全預金取扱機関）：M2対象金融機関，ゆうちょ銀行，その他金融機関（全国信用協同組合連合会，信用組合，労働金庫連合会，労働金庫，信用農業協同組合連合会，農業協同組合，信用漁業協同組合連合会，漁業協同組合）

　　現金通貨：銀行券発行高＋貨幣流通高
　　預金通貨：要求払預金（当座，普通，貯蓄，通知，別段，納税準備）－調査対象金融機
　　　　　　　関の保有小切手・手形

M2＝現金通貨＋国内銀行等に預けられた預金
　　対象金融機関：日本銀行，国内銀行（除くゆうちょ銀行），外国銀行在日支店，信金中
　　　　　　　　　央金庫，信用金庫，農林中央金庫，商工組合中央金庫

M3(M1＋準通貨＋CD〈譲渡性預金〉)＝現金通貨＋全預金取扱機関に預けられた預金
　　対象金融機関：M1と同じ
　　準通貨：定期預金＋据置貯金＋定期積金＋外貨預金

広義流動性＝M3＋金銭の信託＋投資信託＋金融債＋銀行発行普通社債＋金融機関発行CP＋
　　　　　　国債＋外債
　　対象機関：M3対象金融機関，国内銀行信託勘定，中央政府，保険会社等，外債発行機
　　　　　　　関

出所：日本銀行調査統計局［2017年］

2　金融仲介機関の役割

2.1　金融機関の種類

　金融機関とは，資金を必要とする者と資金を運用しようとする者の間に立って資金の移動を仲介する銀行，証券会社，保険会社などの機関をいう。
　日本の金融機関は中央銀行（日本銀行），民間金融機関，公的金融機関に大別される。民間金融機関にはまず，預金を取り扱う普通銀行（都市銀行，地方銀行，第二地方銀行），長期金融機関（信託銀行），中小企業金融専門機関（信用金庫，信用組合，労働金庫，商工中央金庫），農林漁業金融機関がある。

預金を取り扱わない金融機関としては生命・損害保険会社，ノンバンク，証券会社，短資会社がある。公的金融機関は公共的な目標達成を目的とする特別銀行（日本政策投資銀行など），公庫・公団，基金・事業団などがある。

なお，郵便局は長らく公的金融機関として利用されてきたが，2007年10月に民営化され，ゆうちょ銀行として営業している。

2.2　金融機関の持つ機能

この金融機関が持つ代表的な機能には，金融仲介機能，リスクシェアリング，流動性の提供の3つがある。

金融仲介機能とは，事業を展開していく上で，自分の持っているお金だけでは足りなくて，どこかからお金を借りてくることが必要な個人や企業（これを資金不足の経済主体という）と，使わないお金があって，それを運用したいと考えている個人や企業（これを資金余剰の経済主体という）の間に立って，預金や貸出という形で，それらの人々に資金が流れていくための仲介をする機能をいう。

投資した資金が返ってこなくなるような危険のあるプロジェクトに対して，全財産を投入して投資をすることはなかなかできないが，多くの人で分担して資金を出し合い，自分も財産の一部だけを使うのですむのなら投資してみよう，という人は出てくる。そういう人達から資金を集めて必要な資金を作り出してプロジェクトを実現する。このようにしてリスクを分散させることをリスクシェアリングといい，リスクシェアリングをすることで，大きなプロジェクトを実現に導くことも金融システムの役割とされている。

3つめの流動性の提供とは，たとえば，原材料購入資金1億円の支払いは，振り込んだり，手形や小切手で支払っても，現金と同じように受け取ってもらえることから，当座預金や普通預金も，現金とほとんど同じ機能をもっているといえる。このような，お金に代わる働きをする機能を持っていることをいう。

2.3 間接金融と直接金融

　資金不足の経済主体がお金を借りる時に相手方に渡す借用証書には，例えば企業がお金を借りる時には，社債，手形，借用証書，株券などがある。このような資金不足の経済主体が発行した借用証書のことを本源的証券という。

　この資金不足の主体によって発行された本源的証券が，そのまま資金余剰主体の手に渡って保有される形で資金の貸し借りがおこなわれるものを直接金融と言う。たとえば，1億円の余裕資金があった企業が，1億円の国債を買って資金運用をした場合，企業は国という資金不足主体が発行した本源的証券である国債を，手元に直接保有することになる。これが直接金融である。

　他方，多くの預金者から集めた資金を使って，銀行が国債を買った場合，本源的証券である国債は銀行が保有することになる。そして，最終的なお金の出し手である預金者の手元には，銀行が発行した預かり証である預金証書などが渡されることになる。このように，資金余剰主体から資金不足主体へ，金融仲介機関をはさんで「間接的に」資金が流れ，最終的な資金の出し手には間接証券といわれる預金証書などが渡される形態を間接金融という。

　間接金融の場合は，本源的証券を発行した企業が倒産し，お金が返せなくなた時，その被害は銀行が被ることになり，投資家には被害が及ばないが，直接金融の場合は，その損害は，投資家が直接被ることになる。

　なお，近年は直接金融と間接金融の中間に位置する金融手法として「市場型間接金融」という分類が使われることが多い。市場型間接金融については，まだ確定した定義はないが，基本的には銀行等が貸付をおこない，その債権をまとめて証券化し，それを投資家に売却する形態をいい，代表的なものとして，投資信託，証券化商品，シンジケートローンなどが該当するとされる。

3 銀行の業務と信用創造機能

3.1 銀行の基本的機能
(1) 固有業務

　間接金融の担い手である銀行の業務は銀行法によって規定されている。すなわち，銀行は「銀行法」の2条と4条によって，「内閣総理大臣の免許を受けて銀行業を営む者」と定義されており，

① 預金または定期積金の受入れと資金の貸付または手形の割引をあわせおこなうこと

② 為替取引をおこなうこと

のいずれかをおこなう者が銀行業であるとされている。すなわち，預金業務，融資業務，為替業務（為替取引）の3つが銀行の本来業務（以下に出てくる固有業務と同じ）で，この業務の全部，または一部を営む者が銀行ということになる（図表8-2）。このため，「預金の受入れまたは定期積金の受入れ」のみをおこなうだけでも銀行業ということになる。

■図表8-2　銀行法第10条第1項・銀行の固有業務
銀行は，次に掲げる業務を営むことができる。
一．預金又は定期積金等の受入れ
二．資金の貸付け又は手形の割引
三．為替取引

(2) 付随業務

　銀行は固有業務のほかに，銀行法第10条第2項により，銀行業に付随する業務を営むことができる。これを付随業務といい，①債務の保証または手形の引受け，②有価証券の貸付，など合計20項目の業務が例示されている。付随業務は，銀行もつ公共機関的な性格から，次のような条件を備えている必要があるとされている。

第1に質的に固有業務,つまり本来の銀行業務と関連性,ないしは親近性があること

第2に業務の分量が,固有業務（銀行業）に対して付随する業務という程度を超えないこと

第3に営業としておこなうものであるということで,無料サービスは付随業務にはならない

というものである。

また,銀行法第12条では,兼営が認められた場合以外の業務を営むことを禁止している。これは,銀行のように公共性の高い企業は,

・可能な限りその本業に専念して,社会的意義と経済的機能を発揮しなければならない

・銀行に固有業務,付随業務以外の業務を許すと,その影響を受けて固有業務等の顧客に対するサービス水準の低下を招き,そのうち,預金者等の資産や取引者の安全を害することが予想されること

という2つの理由からである。

なお,銀行の証券業務は戦後原則的に禁止されていたが,1992年の銀行法の改正によって,証券業との相互乗り入れという形で付随業務としての取り扱いが認められることになった。

3.2 銀行の機能

次に現在の銀行業務を銀行の機能という点から整理すると,経済的機能と社会的機能に大別できる。経済的機能はさらに狭義の金融仲介機能と通貨創造機能とに分類され,狭義の金融仲介機能は資金提供機能,情報生産機能,資産変換機能の3機能に分類できる。

これを整理すると,**図表8-3**のようになる。以下,この図に沿って,金融仲介機能を見ていくことにする。

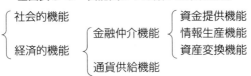

■図表8-3　機能面から分類した銀行業務

出所：三井哲・二村和之［2004］9頁〜20頁

(1) 金融仲介機能

① 資金提供機能

資金提供機能とは，直接金融と間接金融のところでみた間接金融にあたる機能である。すなわち銀行は，最終的な資金の取り手から本源的証券を受け取り，最終的な資金の出し手である預金者には間接証券を渡すという形をとって，資金の出し手と取り手の仲介をおこなう。この機能を資金提供機能とか，金融仲介機能という。

② 情報生産機能

情報生産機能は，銀行が情報の非対称性を解消する上で重要な方策として位置づけられている。情報の非対称性（informational asymmetry）とは，「銀行と資金の借り手の間には，その融資に関する情報に対して，情報の精度などに大きな開きがある」ということである。この情報量，情報の質に開きがあればあるほど，社会的に見ると無駄なコストがかかるとされている。

お金の借り手は，不利な情報を銀行に正直に伝えると，融資が実行されない可能性がある時には，あえて真実を伝えようとしない可能性が高い。例えば，貸出先の過大な売り上げ見込みを報告し，銀行がこれを鵜呑みにして，計画を妥当なものと判断して貸出しを実行すると，やがてその企業が行き詰まり，銀行は不良債権を抱え込む，という問題が起きる可能性があるというのが情報の非対称性が持つ第1の問題点である。

第2の問題点は，逆選択が発生する可能性があるということである。逆選択とは，優良な借入人をはじき飛ばして，より危険な借り手を選んでしまうことを逆選択という。

たとえば、G、B2社がともに10億円の融資を受けたいと、銀行に申し出たとする。そしてG社は10億円の新規事業の成功の確率はほぼ100％であるが、収益率は低く、4000万円程度の粗利しか期待できないと考えていたとする。一方、B社は10億円を投入する新規事業に成功する確率は10％しかないが、成功した場合には毎年5億の収益をあげられると考えていたとする。

この時、銀行が4％の貸出レートを呈示すると、G社は、金利を払うと何も残らないので借入れをあきらめるが、B社は喜んで、その金利を受け入れるので、銀行はB社に貸出しを実行することになるが、B社が事業に失敗して、銀行に資金が戻らなくなる確率が9割もあることから、銀行が不良債権を抱える可能性は非常に高くなる。この、結果的にみて条件の悪い方を採択することを逆選択といい、情報の非対称性が生み出す典型的な弊害とされている。

この情報の非対称性が生み出すコストを削減するため、古くはメインバンク制、近年はリレーションシップバンキングなどの手法によって、少しでも、持っている情報のレベルを借り手に近づけようという努力をしている。銀行は、企業との間に存在する情報の非対称性を解消するために、調査部などに普段から情報収集活動をおこなわせ、その情報をもとに、データを加工して、業界や個別企業の分析をおこなっているが、これを情報の生産といっている。

③　**資産変換機能**

3つ目の機能は、資産変換機能である。銀行は比較的短期で小口の資金を集めて、これを資金不足主体の必要とする金額にまとめあげる。そして、預金者に対しては、いつでも現金に変えられる高い流動性を保証する一方で、リスクを伴う貸出や有価証券投資などの、より長期の資金需要に対応している。

つまり銀行はリスクの少ない短期資金を、銀行にとってリスクの大きい長期資金に変換することで、本来、資金余剰主体、即ち、預金者である個人投資家が負担すべき信用リスクや市場リスクあるいは将来の支出に関する流動性リスクなどのリスクを銀行が代って負担している。

ここで、信用リスクとは、貸したお金が返ってこないというリスクのことで、市場リスクとは、債券で運用したときに、価格が暴落して損失を被るリスクの

こと．将来の支出に関する流動性リスクとは，長期の貸出しをした場合，自分が必要になっても貸し出してしまったお金は使えないというリスクをいう。個人投資家は，本来はこうしたリスクを背負って投資をしなければならないが，預金をすることで，そうしたリスクは全部銀行が肩代わりすることになる。

銀行は，短期，低リスク，流動性という資金余剰主体のニーズを満たすとともに，資金余剰主体と資金不足主体との間にある金額，期間，金利などの貸借条件の不一致を解消して，資金不足主体の長期，安定資金の確保というニーズに応えることのできる資金を提供する。この機能を資産変換機能という。

銀行がこうした資産変換機能を持てるのは，銀行は非常に多くの預金者と取引することで，個々の預金は短期資金が中心でも，全体としてみれば，長期間，比較的安定した量が確保できているので，短期の預金であっても，貸出や国債，社債などの長期の資産に運用することが可能になるからである。

(2) 通貨供給機能

証券会社や保険会社も顧客から預かった資金の一部を企業や個人に融資しているので，資産変換機能は銀行固有の機能という訳ではない。しかし，保険会社や証券会社は顧客から受け入れた資金の範囲内でしか貸出しができない。これに対し，銀行は，当初の預金額を超えた貸出をすることが可能である。これを銀行の信用創造機能という。銀行の通貨供給機能には，この信用創造機能と決済機能があるが，まず，信用創造機能について見ることにする。

① 信用創造機能

銀行の信用創造機能とは，マネタリーベースが新規に投入されると，銀行システムの中で信用創造が起こり，それによって当初投入額の何倍もの信用（＝貸出）と預金通貨が創造されるということをいう。その説明に入る前に，マネタリーベースから説明することにする。

■図表8-4　通貨関連用語の相互関係

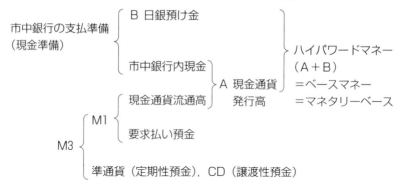

出所：筆者作成

図表8-4は，現金通貨および預金通貨関連用語の相互関係を示したものである。図のほぼ中央に，A現金通貨発行高という項目があるが，これは，日銀が発行した日銀券と造幣局が作り出した硬貨を，民間銀行の引き出したことによって，日銀の金庫から社会に出てきたお金の総額である。

社会に出てきたお金の大部分は，現金通貨流通高といい，私達の財布の中や企業の金庫に収まり，取引に使われるのを待っているお金である。

また，日銀の手を離れたお金の一部は，銀行の金庫の中やATMの中に詰まっている。これは，図の市中銀行内現金の部分である。この2項目を加えたものが，Aの現金通貨発行高になる。

次に，銀行はお客様から預かった預金を貸出に回して，貸出利息収入を得て，これで収益を生み出しているが，預金者がお金をおろしに来たときのために，預金の一部は貸出しに回さず，現金のまま手元に用意しておかなければならない。これが，市中銀行の支払い準備である。この支払い準備には，Bの日銀預け金も含まれる。

民間銀行は準備預金制度によって，預金残高の一定割合を日銀に強制的に預けさせられているが，この準備預金は，一時的に全額引き出し，残高をゼロにすることはできる。したがって，突然の巨額の引き出し請求があった時は，この日銀預け金も引き出して支払いに充てることができる。このため，Bの日銀

預け金と，市中銀行内現金をあわせたものが，市中銀行の支払い準備となる。

また，このBの日銀預け金にAの現金通貨発行高を加えたものを，ハイパワード・マネーという。これはベース・マネーとかマネタリーベースということもある。それは，次に説明するように，このハイパワード・マネーが投入されると，銀行システムを通じて，どんどん預金通貨が創造される，つまり，図のM1，M3というマネーが当初の投入量を大きく上回って増えていくからで，そのことを指してハイパワードマネーとか，ベースマネーということもある。

② **信用創造理論とマネー乗数**

マネーには日銀が供給するハイパワード・マネーのほかに，預金通貨がある。銀行が，中央銀行が供給したハイパワード・マネーを元にして貸出しをおこなうと，**図表8-5**のような過程を経て，ハイパワード・マネーの何倍もの預金通貨を生み出すことができる。

図表8-5では，預金の歩留まり率 α を0.9，預金準備率 β を0.02と仮定している。預金の歩留まり率とは，経験的に見て，当初に預けられた資金の何割程度が引き出されずに残っているかという比率のことで，この分は貸出しに回すことができる。ただし，預金準備率が2％なので，預金残高の2％は別途，預金準備として日銀に預けなければならない。したがって，この分は貸出しに回すことはできない。

■**図表8-5　貨幣創造（信用創造）のプロセス**

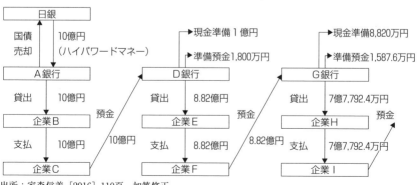

出所：家森信善［2016］110頁，加筆修正

そこでまず，日銀が10億円の国債をA銀行から買い取ったとする。この10億円はA銀行にとっては預金ではないので，全額貸出しに回すことができる。

こうして10億円のハイパワードマネーが供給され，A銀行は企業Bに10億円貸し出したとする。

企業Bは，原料の仕入代金としてCへ10億円支払い，Cはいったん，全額D銀行に入金したとする。

D銀行では，10億円×$(1-\alpha)$ = 1億円が現金として引き出され，9億円が預金として残るので，準備預金として9億円の2％（9億円×$\beta(=0.02)$）の1,800万円を日銀に預け，9億円から1,800万円を差し引いた残りの8億8,200万円（9億円－1,800万円）を貸出しに回す。そこでこの8億8,200万円を企業Eに貸し付ける。

企業Eは，受け取った8億8,200万円を，企業Fへの支払いに充て，企業Fはいったん8億8,200万円全額を銀行Gに預ける。

銀行Gには同じように，準備預金として，1,587.6万円を日銀に預け，残った7億7,792.4万円を企業Hに貸し出すことができる。

という具合に，このあとも無限に同じことが繰り返されていくと，当初の10億円から，8億8,200万円，7億7,792.4万円，6億8,612.8万円，6億516.5万円と，11.8％ずつ小さくなりながら新規の貸出しが発生することになる。

この新規に生み出された貸出額の総額は，無限等比級数の和の公式を使って求めることができる。このケースでは，初項が10億円，公比が0.882なので，総額は　10÷(1－0.882)＝84億7,000万円となる。

すなわち，当初，A銀行が日銀から受け取った10億円のハイパワード・マネーは，新たに84億7,000万円の新規融資，供給されたハイパワードマネーの8.47倍の貸出しが発生することになる。また，この生み出された貸出しの供給されたハイパワードマネーに対する倍率のことを信用乗数という。

一方，図から見てもわかるように，預金も貸出しと同額ずつ増加していくので，預金の増加額の総額は貸出増加額と同額になる。この預金増加額の当初ハイパワードマネーの供給額に対する倍率をマネー乗数という。したがって，信

用乗数とマネー乗数は同じ値になる。

③ 決済機能

　決済とは商品・サービスに対する支払いによって，債権・債務を清算することである。

　この決済方法には，以下の3種類がある。

・通常の購入と販売という取引において，現金によって当事者同士がおこなう決済
・仲介者である銀行のシステムを利用しておこなう決済

　これはさらに，ⅰ）口座振替，小切手の決済など預金口座による決済，ⅱ）郵便振替，電信送金，振込みなどの送金によるもの，ⅲ）公共料金の支払いなどの代理収納，の3種類がある。

・銀行間の決済

　銀行間の決済には，ⅰ）顧客の依頼による送金・振込みなどの為替取引の決済ⅱ）手形・小切手の取立てに伴う銀行間の未決済分の決済ⅲ）銀行間における貸借，あるいは外国為替・有価証券など銀行間の売買による決済の3つがあり，この決済をおこなうために，(a)内国為替決済制度（全銀システム），(b)手形交換決済制度，(c)外国為替円決済制度がある。

4　金利

　金利とは，お金を預けたり借りたりし，一定期間経過後に元金に加えて受け取ったり支払ったりする利子（＝利息）の元金に対する比率のことをいう。また，金利はお金の値段であると言われることもあるように，一般の商品の価格と同様に，お金の需要（借入需要が）高まると，金利は上昇し，需要が弱まると金利は低下する。

4.1　さまざまな金利の概念

　金利については，いろいろな分類の仕方があるが，代表的なものに以下のも

のがある。

(1) 短期金利と長期金利

1年以内の取引に適用される金利を短期金利といい，それ以上の期間の取引に適用される金利を長期金利という。

(2) 名目金利と実質金利

通常の取引に適用される金利で，取引期間中の物価の変動を考慮しない金利を名目金利という。これに対して，物価の変動を調整した金利を実質金利という。実質金利は名目金利からそれぞれの借り手や貸し手が想定する期待インフレ率（一人ひとり異なっている）を控除して求める。

(3) 固定金利と変動金利

適用金利が契約期間中変わらないものを固定金利といい，一定期間ごとに，あるいは随時，適用金利を見直し，変更されるものを変動金利という。

(4) 単利と複利

お金を預金したり，借り入れたとき，利息を受け取ったり，支払ったりするが，この利息の計算方法には単利と複利がある。

単利は元本に対してのみ利息がつくという考え方で計算される。例えば100万円の単利の預金をした場合，金利が年5％なら，1年目の利息は5万円となる。2年目も元本100万円として利息を計算するので，利息は5万円となる。したがって，2年間の利息合計は10万円である。

複利は，支払われた利息を次の期間の元本に追加する方法をとる。この利息を加えた額で次期の利息を計算することになる。例えば100万円を複利で預けた場合，金利が年5％なら，1年目の利息は5万円で，2年目の元本は100万円＋5万円で105万円となるので，2年目の利息は52,500円となり，2年間の利息は11万2,500円となる。

単利の金融商品と複利の金融商品は，表示されている名目の金利が同じであっても，金利がより高く，期間がより長くなれば，受取利息の格差はどんどん広がることになる。

4.2 利子率の決定要因

　金融商品のメニューをみると，数多くの金融商品があり，それぞれの商品は金利も満期までの期間もまちまちである。このように金融商品に金利の違いが生まれる原因としては，第1に金融商品の安全性の違いがある。安全性には，預けたお金やその利息がちゃんと返ってくるという意味での確実性と，お金を預けた時点で満期にもらえる額がきっちり決まっている，という意味での確定性との2つの要素がある。

　金利にバラツキが生まれる第2の要因には，市場性とか換金性といわれるものがある。

　市場性とは，運用している金融商品が，満期になる前に売却とか，中途解約しなければならなくなった時，どれほど解約しやすいか，どのくらいお金が返ってくるかという問題である。

　銀行の定期預金は，最初に契約した満期が来る前に解約すると，約束していただけの利息はもらえないが，元金に加え，普通預金並みか，それより若干多い利息をもらって，解約することができる。これに対して，生命保険を中途解約すると，それまでに払い込んだお金はほとんど戻ってこない。このような状態を比較して，銀行預金のほうが生命保険より換金性が高いという。

　国債や社債などの，満期までの期間が長いものは，満期までに換金しなければならなくなることがよく起きる。こうした需要に応えるために，満期前の国債や社債を売買する市場がある。これを既発債の流通市場とか，既発債市場といい，ここで売却して現金化することができる。しかし，国債のような信頼度の高い債券は買い手がつきやすく，売りやすいが，有名でない会社の社債は買い手がなかなか見つからない。この場合は売りやすい国債を「換金性が高い」といい，無名の会社の社債を「換金性が低い」とか「市場性が乏しい」という。

換金性が高い債券ほど有利な条件（低い金利）で発行でき，換金性が落ちるほど高い金利をつけることが必要になることで金利にばらつきが生まれる。

第3の要因は資金の額である。定期預金を例に取ると，100万円の定期預金を1口作っても，1億円の定期預金を1口作っても，作成に要する作業量は変わりがない。すると，100万円の定期を100口作って，1億円分の預金を作る手間は，1億円の定期を1口作る手間の100倍かかることになる。それなら，1億円1口の定期は利息を少し高めにして，高額の定期預金を作るほうに誘導しようとする。その結果，同じ時期に同じ預入期間の定期を作っても，金額が違えば，金利にバラツキが出ることになる。

第4の理由は，満期までの期間の違いが金利の違いを生むということである。この点については，金利の期間構造というテーマでさらに詳しく学んでほしい。

4.3 金利の自由化と政策金利

戦後，わが国の金融政策は公定歩合を中心に，公定歩合が動くと，民間銀行の各種金利は一定の開きを保ったまま変更されるという金利体系が維持されてきた。これを規制金利という。しかし，わが国経済の国際化の進展などにより，1970年代後半から徐々に金利の自由化が始まり，1994年には民間銀行の金利の完全自由化が実現した。

この結果，日銀は公定歩合を変更することによって，銀行の金利を動かし，景気を調整するということができなくなり，公定歩合を操作する代わりに，民間銀行が資金の運用と調達をおこなう短期金融市場の金利（無担保コール翌日物）を日銀が望ましいと考える方向に誘導するという形で金融政策を実施することになった。この誘導目標とする金利を政策金利という。政策金利はわが国では無担保コール翌日物であるが，米国ではフェデラルファンドレート，英国では，バンクレート（中央銀行の預金レート）など，国によって異なっている。

金融政策の手段などについては，別途学習されたい。

5 金融の新しい動き

5.1 フィンテック

フィンテック（以下FinTechと表記する）とは，「金融（Finance）と技術（Technology）を掛け合わせた造語であり，主に，ITを活用した革新的な金融サービス事業を指す。」（金融庁「平成27事務年度金融行政方針」）とされている。特に近年は，海外を中心に，ITベンチャー企業がIT技術を武器に，次のような，これまで銀行等があまり手を付けていなかった分野，あるいは提供していなかった金融サービスを提供する動きが活発化している。

①ソーシャルレンディングなどにおけるFinTechサービス，②トランザクションレンディングなど法人向け融資に関するFinTechサービス，③クラウド・ファンディング，④銀行以外が提供する送金サービス，⑤仮想通貨（ビットコインとブロックチェーン），⑥ドングル決済サービス，⑦保険，⑧家計簿アプリ

ITと産業の融合は金融分野に限らず，さまざまな業界でも展開しつつあるが，以下では，仮想通貨を中心に金融分野におけるIT化についてみることにする。

5.2 FinTechが実現した仮想通貨

FinTechが実現した代表的なものに，ビットコイン（Bitcoin）をはじめとする仮想通貨がある。現在，世界では数百種類以上の仮想通貨が発行されているが，時価総額が最大の通貨がビットコインであることから，以下では，ビットコインを中心に仮想通貨の仕組みを説明する。

ビットコインはサトシ・ナカモト（偽名とする説が多い）が2008年11月に発表した論文で提唱した分散型台帳技術であるブロック・チェーン（block chain）が用いられている。これは，多数の参加者がプルーフ・オブ・ワーク（Proof of Work）とよばれる手法で取引の正当性を検証し，分散したサーバー

で取引記録を管理するという仕組みになっている。この結果，ブロック・チェーンの運用の始まった2008年から一度も改竄されたことがなく，サービスが停止したこともないことから，その信頼性が高く評価されている。

5.2.1 仮想通貨の特徴

仮想通貨は，円やドルなどの法定通貨と同じように決済に使えるが，法定通貨とは異なる特徴も数多くある。

まず，仮想通貨には貨幣や紙幣がなく，電子マネーのようにデジタル情報で取引がおこなわれるためデジタル通貨ともよばれる。

また高度なセキュリティー技術で守られていて，誰がどんな取引したのか分からない匿名性があることから，暗号通貨ともいわれる。

さらに法定通貨は政府や中央銀行が発行して，その国でしか流通しないが，仮想通貨は特定の国が発行するわけではなく，多くの国で使われている。

仮想通貨を使うことの最大のメリットは，短い時間に安い費用で決済や送金ができることである。今日，銀行を使って日本から海外へ送金すると，お金が届くまで数日から1週間かかる上，手数料が数千円かかるが，仮想通貨を利用すると，ほぼ即時に先方に届き，手数料は送金額の1％程度ですむ。

これは，銀行による海外送金では，取引記録の信頼性を担保するために大がかりなシステムが構築されており，処理に時間とコストがかかるのに対し，仮想通貨の取引は個々の小規模な投資で構築した分散型ネットワークで記録され，分散型システムで処理することにより，取引の確定に要する時間を短縮でき，コストを安く済ませることができるからである。

こうした特性から仮想通貨は，金融機関による決済や送金サービスがまだ行き渡っていない途上国で広く利用されるようになる可能性が高いと見られる。

5.2.2 仮想通貨のもつ問題点

仮想通貨を使った国際送金や少額送金に対する潜在的な需要は大きいとみられる。2018年8月には世界銀行が流通コストの削減を目指し，分散型台帳の技

術を用いた「ブロックチェーン債」を発行した。長い目で見れば，こうした用途がだんだん広がって来ようが，現在のところ，仮想通貨の取引量は，投機を目的とした取引が圧倒的に高く，投機的取引によって価格が乱高下するという現象が目立っている。これではいかにコストが安くても，仮想通貨を使うメリットが薄れてしまう。

　次に仮想通貨の取引は匿名性が高いため，マネーロンダリングなどの犯罪の温床となるリスクがある。また，利用者の保護が不十分なため，取引所が経営破綻したりすると，通貨の保有者に資金が戻ってこない可能性が高い。

　また，金融政策の実効性が損なわれかねないという問題がある。現在の金融政策は，中央銀行が法定通貨の流通量を調整することで経済を運営しているが，金融政策の対象とならない仮想通貨が取引に占めるウエイトが高まってくると，これまでの手法による金融政策では目的を達成できなくなるという問題が出てくる可能性がある。

〈参考文献〉
可児滋［2017］『文系のためのフィンテック大全』金融財政事情研究会
関根敏隆［2017］『日本銀行統計2017』サンパートナーズ
三井哲・二村和之［2004］『新銀行論』晃洋書房
家森信善［2016］『金融論』中央経済社

第9章

証　券　論

1　証券市場と証券投資

　一般的に証券とは株式と債券のことであり，企業等の証券発行者が必要とする資金を調達するために発行するものである。企業が必要とする資本は，出資による資本と借入れによる資本がある。出資による資本は，株式会社の場合，株式を発行して投資家から資金を募ることによって調達している。他方，借入れによる資本は，銀行からの借り入れ，または債務証書のような債券を発行して資本を調達している。株式と債券は，企業への資本提供に基づく諸権利を表す証券であるので，資本証券ともよばれている。

　この株式と債券が取引される市場が証券市場であり，証券市場は資金余剰主体と資金不足主体の間に金融取引がおこなわれる市場である。資金余剰主体と資金不足主体とは，家計，企業，政府という経済主体を指す。家計は，所得の一部を将来のより大きい消費満足のために貯蓄しているので，資金余剰主体となる。企業は，企業活動から得られた利益の一部を内部留保して投資資金として使用しているが，その内部留保だけでは投資資金が足りなくて外部から資金を調達しているので，資金不足主体となる。また政府は，公共事業や財政赤字の補填等に必要とされる資金の調達をおこなっているので，資金不足主体となる。

　資金余剰主体と資金不足主体の間の金融取引は，金融機関の仲介を通して資金が移転されるかどうかによって，間接金融と直接金融に分類される。間接金

融は，資金余剰主体から金融機関の仲介を通して資金不足主体へ資金が移転される方法であり，企業が銀行から資金を借り入れることがその典型的な例である。それに比べて，直接金融は資金余剰主体から資金不足主体へ直接資金が移転される方法であり，企業や政府が株式や債券を発行して必要資金を直接調達することがその例である。すなわち，直接金融の方法による金融取引は，証券市場において資金の移転がおこなわれることである。

　証券市場では，資金余剰主体が将来のより大きい収益を期待して資金を提供しているが，将来は不確実であるので，その収益が確実に実現することではない。それ故，証券投資においては将来の不確実性から生じるリスクをどのように評価・管理するかが大きな課題となっている。証券投資に関する伝統的な理論では，そのリスクのことが曖昧であったが，ポートフォリオ理論（Portfolio Theory）から始まった現代ファイナンス理論（Modern Finance Theory）では，リスクの存在を明確化して投資理論を展開している。

　ポートフォリオ理論は，投資選択の基準として収益とリスクの尺度を提示し，その収益とリスクに基づいて，不確実な世界における個人の投資選択の問題を解明した。そのポートフォリオ理論に沿って，CAPM（Capital Asset Pricing Model）は，資本市場における収益とリスクの関係を定式化し，また新しいリスクの尺度を提示した。

　このような理論体系において，リスクは回避できる個別証券独特のリスクと回避できない市場関連リスクに分解することができる。ここで，個別証券独特のリスクは，ポートフォリオ理論で示唆される分散投資によって最小化することができるが，市場全体の価格変動による市場関連リスクは依然として残るものである。この市場関連リスクをヘッジするために用いられる投資方法が先物取引とオプション（option）取引である。

2 証券制度

2.1 証券とは

　証券とは,普通有価証券を指し,有価証券は財産的権利を表し,その権利が譲渡可能な証書である。株式と債券は,証券論において有価証券を代表するものであり,証券投資信託の受益証券,金融債権の証券化による資産担保債券等も有価証券に分類されている。

　ところが,近年そのような証券の分類に当てはまらない派生的証券（derivative securities, derivatives）の取引が増加している。派生的証券とは,伝統的な有価証券である本源的証券（underlying securities）の取引から派生した取引対象であって,先物,オプションのようなものである。

　以上のような証券の概念において,株式と債券は証券論における中心的な存在であるので,本節では株式と債券についてその経済的な意義等を考察する。そして先物,オプションについては,市場関連リスクを回避するための投資戦略として第6節で後述することにする。

2.2 株式

　株式は,株式会社が資本金を調達するために発行する有価証券であり,出資者証券,または所有者証券である。株式を所有する株主は,会社に対して残余財産分配請求権,利益配当請求権,議決権等の権利を持つ。

　残余財産分配請求権とは,会社の解散時に株主の持分比率に応じて残余財産の分配を請求できる権利である。しかし,会社が解散するということは倒産以外にはあり得ないことで,倒産するときは負債額が資産額を上回って残余財産は残らないので,この権利は現実的に意味のないものである。利益配当請求権とは,会社が得た利益を株式の持分比率に応じて配当請求できる権利である。また,議決権とは株主総会における議決権を意味し,この議決権の行使によって会社の経営・支配に参加できるのである。

株式は，経済環境の変化と投資家の多様なニーズに対応して，利益配当や株主の権利内容等が異なるものとして多種類化が進んできた。第一に，株式の券面に額面金額が表示されているかどうかによって，額面株と無額面株に分けられる。額面株とは，株券に額面金額が表示されている株式であり，会社の設立時には額面金額に発行株式数をかけた数字と会社の資本金が一致することになり，額面金額は株式の帳簿価値を表すものになる。

　ところが，企業の経営成績が上がればそれを反映して企業の財産価値は増えていき，株価はその額面金額からだんだん離れていく。そうなっていくとともに額面金額はその意味がなくなり，株式の価値は市場において評価されるようになる。そういうことから，市場で形成された時価を基準とした無額面株が現れ，日本においては商法の改正により2001年から，額面株制度を廃止して全面的に無額面株の制度が採用された。

　第二に，利益配当請求権，残余財産分配請求権の優先順位によって，普通株，優先株，後配株に分けられる。普通株とは株主の権利の全てを備えた株式であり，単に株式といえば普通株のことを指す。優先株とは，利益配当や残余財産分配において普通株より優先する株式であり，後配株とは普通株より後に利益配当を受ける株式で，劣後株ともよばれている。

　優先株は，前述したように，残余財産分配請求権が現実的に意味のないものであるので，実質的には普通株より利益配当が優先される株式である。優先株は優先配当という有利な条件が付いているので，普通株より高い収益性と安全性を持つ株式である。その反面，普通株主にとっては不利益を被る可能性があるので，議決権を制限する等の条件付で発行されるのが一般的である。

　後配株は，利益配当の順位が普通株より後位となるので，普通株に高い収益性と安全性を付与して，普通株の発行による資本調達を促進させる手段になる。すなわち，発起人や経営者達が後配株を保有することによって，普通株の発行による資本調達をやりやすくさせる株式である。また，会社が十分な利益を上げられなくて既存の普通株主の配当が下がってしまう恐れがある場合，後配株を発行して資本調達をおこなうことができる。

第三に，株主総会において議決権があるかどうかによって，議決権株式，議決権制限株式に分けることができる。議決権株式は，株主総会において1株に1個の議決権を与えることが原則であり，普通株が議決権株式である。議決権制限株式とは，株主総会において議決権の全部，または一部を制限する株式であり，議決権の全部を制限する株式を無議決権株式という。優先株は，優先配当を提供する代わりに議決権が制限されるのが普通である。

　最後に，特殊な株式として，償還株式，転換株式，黄金株等がある。償還株式は，調達した資本を一定の条件で償還する株式であり，株主が償還の請求権を有する取得請求権付株式と，会社が取得することのできる取得条項付株式がある。転換株式は，一定の条件で他の株式へ転換できる株式であり，株主の請求で他の株式へ転換できる転換予約権付株式と，会社が転換することのできる強制転換条項付株式がある。黄金株は，株主総会において会社の買収等の重要議案を否決できる株式で，1株だけで拒否権を持つ株式である。

2.3　債券

　債券とは，資金の貸付に対して，利子の支払いと元本の償還が約束されている有価証券である。債券の種類は，発行主体，償還期間，利子支払の方法等によって分類することができる。

　発行主体による分類において，国債は中央政府が，地方債は地方自治体が，政府機関債は公団等の特別法律による法人が発行する債券である。また，社債は会社が，金融債は法律で定めた特定の金融機関が，外債は外国政府，法人，および国際金融機関等が発行する債券である。

　償還期間による分類は，元本が償還される満期までの期間による分類であって，短期債は1年未満，中期債は1～5年，長期債は5～15年，超長期債は15年以上の償還期間をもつ債券である。

　利子支払いの方法による分類において，利付債は一定の期間ごとに利子が支払われる債券であって，付随している利札（coupon）との引き換えによって利子が支払われる。利付債には，満期日まで利子が固定されている固定利付債

と，一定期間後に利子率を市場金利に伴って変動される変動金利債がある。また割引債は，債券の発行時に満期日までの利子相当分を額面金額から割り引いた価格で発行する債券である。

　債券の発行主体による分類において，社債は一般の会社が発行するものであるので，債務不履行に陥るリスクがもっとも高い債券である。そのため，社債には担保物件を設定し，会社が発行した社債が債務不履行に陥ると，その担保物件を処分して債務を返済する担保付社債が，戦後の日本において長らく原則であった。しかし，社債の安全性は担保物件よりは会社の収益性にかかっているので，証券市場の国際化とともに無担保社債の発行を認めるようになった。そして，厳格であった無担保社債発行基準を段階的に緩和し，1988年からは後述する格付基準によって社債を発行するようになった。

　また，社債の収益性を付加した特殊な社債として転換社債と新株引受権付社債が1980年代に日本国内外で多く発行されていた。転換社債とは，一定の条件で普通株へ転換できる権利付の社債である。もしその企業の業績が上がれば，株式へ転換して株式の値上がり益と配当を合わせた高収益が期待できる。その反面その企業の業績が上がらなければ，社債としての利子支払いと元本の償還を受けることになる。また新株引受権付社債は，一定の条件でその会社の株式を購入できる権利付の社債であり，新株を購入することによって転換社債と同じく株式の高収益が期待できるものである。ところが，転換社債と新株引受権付社債は，2001年の商法改正によって新株予約権付社債に統合された。

3　証券の発行市場

3.1　証券の発行市場とは

　証券の発行市場は，資金不足主体が必要とする資金を調達するために証券を発行し，その証券が投資家に提供される市場である。証券の発行市場は，資金の需要者である発行者，資金の供給者である投資家，および証券発行媒介機関によって構成される。証券発行媒介機関とは，証券発行にかかわる業務を担当

するとともに，発行される証券の売れ残りの危険を負担する業者である。

　証券の発行において，投資家が発行者から直接証券を取得する方法を非公募発行，投資家が証券発行媒介機関を通して証券を取得する方法を公募発行とよぶ。非公募発行（私募）は，特定の投資家を対象とした発行方法であり，公募発行は不特定の多数の投資家を対象にしているので，発行業務と発行リスクの負担が大きい発行方法である。

　公募発行において，証券発行媒介機関が発行業務を担当するとともに発行証券の売れ残りを引き受けてくれることによって，大量の証券発行が円滑に促進されることになる。そのような業務は引受（underwriting）業務といわれ，複数の証券会社と登録金融機関が引受シンジケート団を構成してその業務を担当している。

3.2　株式の発行

　株式は，株式会社が必要とする長期資本を細分化して，譲渡可能な証券として発行するものである。株式は，会社の設立，資本金の増資，および特殊な目的によって発行されている。

　会社の設立による株式の発行は，株式会社を創設する場合と，他の会社組織から株式会社へ組織変更する場合がある。株式会社の創設は，旧商法では7人以上の発起人と1千万円以上の最低資本金が必要であったが，2006年の商法改正によって1人の発起人で資本金が1円でも会社を設立できるようになった。したがって，商法の規定による会社設立の手続きとともに株式を発行することによって株式会社が成立することになる。他方，他の会社組織から株式会社へ組織変更する場合は，資本金相当の株式を発行し，以前の出資者にはそれぞれの出資金額に応じた株式を交付することになる。

　会社が資本金を増やす増資は，発行される新株に対して払込みがあるかないかによって，有償増資と株式分割に分けられる。有償増資は，投資家が新株に対して払込みをおこなうので，資本金が増えるとともに会社の財産も増加する。それに対して，株式分割は資本金だけが増加し，会社の財産は変化しない増資

方法である。

　有償増資は，株主割当，第三者割当，および公募の方法によって株式が発行される。株主割当発行は株主だけを対象に，第三者割当発行は役員，従業員，取引先，金融機関等の特定の第三者を対象に株式を発行する方法である。また公募発行は，大量の資本調達を目的として，不特定多数の投資家を対象にして株式を発行する方法である。

　他方，株式分割は，単なる株式分割，無償交付，株式配当，株式無償割当ての方法によって新株が発行される。単なる株式分割は，資本金の変化はなく単に株式数を増加させる方法であり，株価を引き下げて株式の流動性を高める目的でおこなわれる。無償交付は，資本準備金等を資本金に組み入れてその相当金額の株式を発行して株主に交付する方法である。株式配当は，会社の利益を株主に現金配当する代わりに，その現金を内部留保して資本金に組み入れ，株主には株式で配当をおこなう方法である。

　単なる株式分割，無償交付，株式配当は，新株に対して払込みがないことから無償増資とよばれていたが，1991年の商法改正によって株式分割に統一された。また，株式無償割当ては単なる株式分割と同様に株式数が増加する方法であるが，株式分割が同じ種類の株式の分割をおこなうことに対して，株式無償割当ては別の種類の株式を無償で交付することで，2006年の商法改正で認められた方法である。

　特殊な目的による株式の発行は，株式併合，会社の合併等の場合である。株式併合は，単なる株式分割とは反対に株価を引き上げる目的で，インフレーションによって株式の実質価値が甚だしく下落している場合等におこなわれる。会社の合併においては，合併後の存続会社が消滅会社の株主に対して新株を発行することになる。

3.3　債券の発行

　債券の発行において，社債は国公債と違って債務不履行リスクが高いので，国公債とは若干異なった仕組みで発行されている。国債は，その発行目的から

みると，公共事業費の財源調達のための建設国債，財政赤字を補うための特例国債（赤字国債），既発行国債の整理または償還のための借換国債等がある。国債の発行は，引受シンジケート団による引受，公募入札，郵便局の窓口販売の方式で発行されている。

地方債は，都道府県や市町村等の地方公共団体が，建設事業の財源等，財政上に必要とする資金を調達するために，公募と私募の方法で発行している。公募地方債は，引受シンジケート団による引受方式で，36の地方公共団体が連帯債務をもつ共同発行地方債，地方公共団体が個別に発行する個別地方債，住民参加型の公募債が発行されている。私募地方債は，地方公共団体が土地の代金，漁業権の保証等のために交付する交付債，地方の金融機関に引き受けてもらう私募債が発行されている。

政府機関債は，特別の法律によって公団，公庫，公社等の特殊法人が発行する債券であり，国債に準じる信用力をもっている。政府機関債は，政府が利子支払いと元本の償還を保証する政府保証債と，そのような保証がない財投機関債があり，主に引受方式によって発行されている。

他方，社債は債務不履行リスクが高いことから，厳しい適債基準や担保付等で発行が制限されていたが，1991年から格付機関の格付けを取得することにより発行できるようになった。格付けは，発行者の信用リスクを中心として，AAA，AA，A，BBB，……，Cのように債券を評価することである。格付けは，投資家の投資判断に必要な情報を提供するとともに，債券市場の流動性を向上させる機能をもっている。

4 証券の流通市場

4.1 証券の流通市場とは

証券の流通市場とは，すでに発行された証券が売買取引される市場である。証券の流通市場は，発展段階的な形態からみると，個別直接取引，仲介取引，集団取引へと発展してきた。個別直接取引は，証券の買い手と売り手が直接売

買取引をおこなう形態である。仲介取引は，買い手と売り手が売買相手を探し出して売買交渉をすることにコストがかかることから，証券業者に手数料を支払って売買仲介してもらう取引形態である。また集団取引は，証券取引所において複数の買い手と売り手が集団的に取引をおこなう形態である。

　現在，証券の流通市場においては上記の3つの形態の取引が共存している。集団取引は取引所市場で，仲介取引は証券会社を通した店頭市場でおこなわれている。また個別直接取引は，機関投資家等が直接交渉することによって取引がおこなわれている。

4.2　証券取引所

　証券取引所は，大量の上場証券の公正な価格形成と円滑な流通を目的に，取引ルールを規律化するとともに組織的な市場施設を備えている。上場証券とは，取引所における取引が認められた証券である。上場証券は，投資家の保護等を目的とした上場制度において，厳格な上場審査基準をクリアした堅実な証券であり，上場会社は企業内容を開示する義務を持っている。

　証券取引所の組織は，会員組織と株式会社組織がある。会員組織とは，会員証券会社による協同組合的な組織であり，会員証券会社は取引所で売買取引をおこなう権利を持つとともに，取引所の運営経費を負担する義務を持つ。他方株式会社組織は，私的企業としての取引所が利益の追求に集中することから，取引所における売買手数料が高くなり易い，または過当投機になり易い等の懸念がもたれていた。しかし，1990年代から世界的に取引所市場間の競争が激化したことから，米欧の大手の証券取引所は経営効率化を目指して相次いで株式会社へと組織変更するようになった。

　日本における証券取引所も，大阪証券取引所が2001年4月に，東京証券取引所が2001年11月に，名古屋証券取引所が2002年4月に，会員組織から株式会社組織へと変更した。また，2004年12月に証券取引所に昇格したジャスダック（JASDAQ）は，元々日本店頭証券㈱から始まった会社で株式会社組織である。日本おける会員組織の取引所は，札幌証券取引所と福岡証券取引所がある。

大阪証券取引所は，2010年4月にジャスダック証券取引所を合併し，2013年1月には東京証券取引所を吸収合併して日本取引所グループを設立した。日本における2大取引所の統合によって，日本取引所グループは国内の株式取引のほぼ100％の取引量を占めることになった。その統合は，海外の取引所との競争において，巨額のシステム投資の負担を軽減すること等から競争力を強化するためであった。そして，2013年7月に現物証券の市場は東京証券取引所に統合され，2014年3月には先物取引，オプション取引は大阪証券取引所に統合された。

　証券取引所における売買（立会）取引は，土，日，法定休日を除いて，9時～11時30分（前場）と12時30分～15時（後場）におこなわれる。売買取引は，コンピュータを用いた売買システムによって処理され，売買成立から4日目に決済がおこなわれる普通取引によって，ほとんどの取引が決済されている。

　証券取引所における証券の価格は，価格優先の原則と時間優先の原則に従って決定される。価格優先の原則とは，売り注文においてはもっとも低い価格が優先され，買い注文においてはもっとも高い価格が優先されるという原則である。時間優先の原則とは，同一価格の注文においては時間的に早い注文が優先されるという原則である。注文においては，価格を指定する指値注文と，価格を指定しない成行注文があり，成行注文が優先的に処理される。株式の売買単位は，単元株とよばれる100株単位であり，証券会社に取引口座を開設して買い売りの注文をすることになっている。

4.3　店頭市場

　店頭市場とは，証券取引所を通さず，証券会社や金融機関等の店頭（カウンター）を通して取引する市場のことである。店頭市場は，取引所のような集合場所がない抽象的な市場であり，取引所市場の機能を補足する役割を果たしていた。例えば，取引所の制約の下に上場証券の店頭取引が認められ，また取引所上場を予定している企業が知名度を高めるための予備的市場として店頭市場を利用していた。

ところが，1998年に上場証券の取引における取引所集中義務が撤廃されたことから，上場証券の店頭取引が自由となり，また立会時間外に証券会社のPTS (Proprietary Trading System) を通した取引もおこなわれるようになった。非上場株式の取引においては，日本証券業協会が定めた自主規制ルールによって，取引所で上場廃止になる銘柄をフェニックス銘柄と指定し，既存株主が換金できる機会を提供している。しかし，それ以外の非上場株式は店頭有価証券とよばれ，投資家への投資勧誘ができない。

債券は，債券がもっている性格から，ほとんどの取引が店頭市場でおこなわれている。すなわち，債券は非常に多くの銘柄が発行されていて，そのすべての債券を標準化して取引所に上場することはできない。また，債券は機関投資家による大口取引がほとんどであって，画一的な取引所取引より相対取引が適切でもある。日本証券業協会は，債券の相対取引における情報を投資家に提供することによってその流通を円滑化する目的で，公社債店頭売買参考統計値発表制度を設けている。

5 ポートフォリオ理論と資本市場理論

5.1 ポートフォリオ理論とは

投資家は，将来のもっとも大きい収益を獲得することを目的として投資選択をおこなっているが，将来の収益を確実に予測することは不可能である。それでは，将来が不確実な世界において投資家はどのような投資選択をすべきか。その投資選択の原理を提示したのがポートフォリオ理論（Portfolio Theory）である。

マーコウィッツ（H. Markowitz [1952]）によって提示されたポートフォリオ理論は，収益とリスクを不確実な世界における投資選択の基準としている。ここで，証券の収益率は正規分布に従う確率変数であると仮定される。その仮定から，証券の将来の収益は期待収益率とされ，その期待収益率から離れる度合いを表す分散，ないしは標準偏差（分散の平方根）がリスクの尺度となると

のことである。この収益とリスクという2つの投資選択の基準に基づいて，ポートフォリオ理論は証券分析，ポートフォリオ分析，およびポートフォリオ選択という過程に沿って展開される。

5.2 証券分析

　証券分析の過程では，個別証券の将来の収益とそのリスクが確率的に予測される。証券の収益率は正規分布に従うという仮定から，期待収益率は，(1)式のように，将来起こりうる経済状態の確率とその経済状態における予想収益率との加重平均値として推定される。また分散は，(2)式のように，予想収益率と期待収益率の差を表す偏差を二乗した値に確率をかけ，それらを合計した値として求められる。

$$証券の期待収益率＝確率\times 予想収益率＋確率\times 予想収益率＋\cdots\cdots \quad (1)$$
$$分散＝確率\times 偏差^2＋確率\times 偏差^2＋\cdots\cdots \quad (2)$$
$$偏差＝期待収益率－予想収益率$$

　推定された収益とリスクを基準とした個別証券における投資選択は，収益率を基準とすると，もっとも高い収益率の証券が優先的に選択される。ところが，リスクを基準とすると，投資家のリスクに対する態度によって選択の優先順位が異なるものとなる。投資家のリスクに対する態度から，投資家は危険愛好者，危険中立者，危険回避者に分類される。危険愛好者はリスクを好んで投機的な投資をする投資家であり，危険中立者はリスクに無頓着な投資家であり，危険回避者はリスクを嫌う投資家である。合理的（危険回避的）な投資家であれば，同じ収益率ならもっともリスクが小さい証券を選択し，同じリスクならもっとも収益率の高い証券を選択するのであろう。この危険回避的な投資家の投資選択が，ポートフォリオ理論における投資選択の原理である。

5.3　ポートフォリオ分析

　ポートフォリオ分析の過程では，ポートフォリオの収益とそのリスクを推定

し，各々のポートフォリオの収益とそのリスクの推定値から有効ポートフォリオを求める。2つの証券から構成されるポートフォリオの場合，ポートフォリオの収益とそのリスクは，次式のようにポートフォリオの期待収益率とその収益率の分散として推定される。

ポートフォリオの期待収益率＝証券1の投資比率×証券1の期待収益率
　　＋証券2の投資比率×証券2の期待収益率　　　　　　　　　　　(3)
ポートフォリオの収益率の分散＝（証券1の投資比率）^{2}×証券1の分散
　　＋（証券2の投資比率）^{2}×証券2の分散
　　＋2×証券1の投資比率×証券2の投資比率×証券1と2との共分散　(4)
共分散＝相関係数×証券1の標準偏差×証券2の標準偏差　　　　　　(5)

ポートフォリオの期待収益率は，(3)式のように各証券の投資比率をウェイトとした構成証券の期待収益率の加重平均値である。他方，ポートフォリオの分散（リスク）は，(4)式のように各証券の分散と各証券間の共分散によって推定される。共分散は，(5)式のように相関係数との関係式として示され，相関係数は2つの変数における線形関係の強さを表す指標であり，－1以上から＋1以下の値をとる。

　もし，ポートフォリオを構成する証券間の相関係数の値が1より小さくて－1に近い値に近づいていくと，(5)式を(4)式の第3項に代入することによって，ポートフォリオの分散が小さくなっていくことがわかる。2つの証券から多証券へポートフォリオを構成する証券の数を増やしていけば，ポートフォリオの分散が小さくなっていく効果がより大きくなり，理論的にはポートフォリオの分散をゼロに近づけることができる。このように，ポートフォリオのリスクが小さくなっていく効果をポートフォリオのリスク低減化効果（分散化効果）という。要するに，証券間の相関係数の値が小さい証券へ分散投資することによって，ポートフォリオのリスクを最小化することができるのである。

　複数の証券へ分散投資するポートフォリオは，構成証券の投資比率を変化させることによって無数に構成することができる。その多くのポートフォリオに

おいて，投資家が選択すべきポートフォリオは，優越性の原則（dominance principle）に基づいて決定される。優越性の原則とは，一定のリスク水準においては最大の収益率をもつポートフォリオが，一定の収益率水準においては最小のリスクをもつポートフォリオが優越するということである。

その優越するポートフォリオは有効ポートフォリオとよばれ，有効ポートフォリオを求める方法は，幾何学的な方法としてマーコウィッツの臨界線法と，代数学的な方法としてラグランジュの目的関数の解法がある。そして，求められた有効ポートフォリオの集合が有効フロンティアとよばれる。

5.4 ポートフォリオの選択

ポートフォリオの選択の過程では，有効フロンティア上のポートフォリオから，投資家に最適なポートフォリオが選択される。この過程では，投資家は危険回避的で，投資家の選好関数が2次の効用関数であると仮定される。投資家の効用関数は，その曲線上において効用が無差別であるという意味から効用無差別曲線とよばれる。その効用無差別曲線が有効フロンティアと接する接点が，投資家の期待効用を最大化する有効ポートフォリオであり，それを最適ポートフォリオとよぶ。

縦軸に期待収益率を，横軸に標準偏差をとっている**図表9-1**は，危険資産と無危険資産を組み合わせた場合，最適ポートフォリオはどのように決定されるかを示している。ここで，危険資産とは株式のような証券を，無危険資産とは確定利子付きの貯蓄性預金等を意味する。危険資産A，B，C，Dによって構成されるポートフォリオは，曲線ABCDによって囲まれた領域であり，危険資産A，B，C，Dの投資比率を変化させることによって実行可能となるポートフォリオの集合である。この実行可能な領域において，曲線AEは危険資産のみの有効フロンティアである。

危険資産のみのところに無危険資産R_f（risk free）を導入すると，実行可能な集合は，R_fと曲線ABCDとの組み合わせとして直線L_1とL_2の間に無数に存在することになる。危険資産と無危険資産の組み合わせにおける有効フロンティ

■図表9-1　最適ポートフォリオ

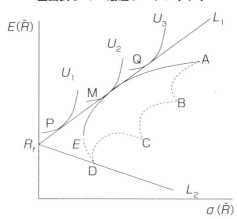

アはL_1の直線となり，最適ポートフォリオはL_1の直線と投資家の効用曲線との接点として決定される。投資家が自己資金のみを危険資産へ投資する場合の最適ポートフォリオは点Mとなり，自己資金を危険資産と無危険資産へ投資する場合の最適ポートフォリオは点Pとなり，自己資金に借入資金を追加して投資する場合の最適ポートフォリオは点Qとなる。

5.5　資本市場理論

ポートフォリオ理論では，危険回避的な投資家の期待効用を最大化するポートフォリオが，最適ポートフォリオとして選択されることを提示した。それでは，すべての投資家がポートフォリオ理論通りに投資選択をおこなうとすれば，全体の資本市場において危険資産の収益とリスクはどのような理論的構造をもつのであろうか。それを最初に定式化したものが，シャープ（W. F. Sharpe [1964]）とリントナー（J. Lintner [1965]）によるCAPM（Capital Asset Pricing Model, 資本資産価格決定モデル）である。

CAPMは，すべての投資家がポートフォリオ理論通りに投資選択をおこなうという仮定とともに，完全資本市場，同一の無リスク利子率での自由な借入れと貸付け等の仮定を取り入れて次式のように導出された。

■図表9-2　証券市場線

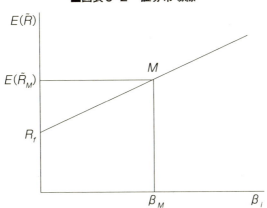

個別証券の期待収益率＝無リスク利子率
　　＋（市場ポートフォリオの期待収益率－無リスク利子率）×ベータ　　　(6)
ベータ＝個別証券と市場ポートフォリオとの共分散
　　　／市場ポートフォリオの分散

　(6)式は，個別証券の期待収益率とそのリスクとの間に線形関係が成立することを示しており，その線形関係は図表9-2のように表される。(6)式の右辺の第2項におけるベータは，最小自乗法の回帰分析における傾き係数である。このベータの値は，市場ポートフォリオのベータの値が1であることから，個別証券の相対的なリスクの尺度となる。すなわち，ベータが1より大きい証券は市場ポートフォリオよりその価格が大きく変動することを，ベータが1より小さい証券は市場ポートフォリオよりその価格が小さく変動することを意味するのである。

　このように，CAPMは危険資産の収益とリスクとの関係を単純明確化し，危険資産における適切なリスクの尺度を提示したモデルである。CAPMによって提示された理論は，ファイナンス分野の諸問題において分析の枠組みとして利用され，危険資産の価格形成に関連する資本市場理論において主軸としての役割を演じてきた。また，CAPMは統計的に検証可能なモデルであるので，

ハイリスク・ハイリターン関係の現実的な妥当性を求めて，多くの実証研究がおこなわれてきたモデルである。

6　先物取引とオプション取引

6.1　先物取引

　先物取引とは，売買当事者が，特定の商品を，現時点で約定した価格で，将来の一定時点で決済することを約束した取引である。それは，特定の商品価格が変動するリスクに左右されず，将来の一定時点における商品価格を現時点で確定する取引である。

　先物（futures）取引と似た取引として先渡（forward）取引がある。先渡取引は，売買当事者だけの相対取引であって，どちらかの契約不履行のリスクが高く，満期日には必ず現物の受渡しによって決済する取引である。それに比べて，先物取引は，取引条件を標準化して不特定多数の参加者が取引所で競争売買をおこない，決済日の前に反対売買することも可能である。また，先物取引は，買い手と売り手が証拠金を預託し，その証拠金が先物価格の変動とともに毎日値洗い（mark to market）されることから，その決済が保証されている。

　先物取引は，ハイリスク・ハイリターンを好む投資家なら，小額の証拠金で市場全体の変動に対する投機ができる取引である。もし，予想が当たると大儲けすることになるが，予想が外れたら大損を被ることになる。先物取引は，そのような投機的な取引も可能であるが，現物の価格変動リスクをヘッジし，裁定取引によって将来の価格を調整する重要な機能を果たしている。

　先物取引におけるリスクヘッジ取引は，売りヘッジと買いヘッジがある。売りヘッジとは，現物の証券ポートフォリオを保有している投資家が，現物証券の価格変動リスクをヘッジするために先物を売り建てることである。先物価格は現物の将来価格として現物価格と連動するので，現物証券の価格が下落すれば先物価格も下落することになる。それで，投資家は保有している現物証券の価格下落による評価損失を，先物を売った価格より安い価格で買戻すことによ

る利益でヘッジすることになる。他方，買いヘッジとは，将来証券の購入を予定している投資家が，先物を買い建てることである。現物証券の価格が上昇すれば先物価格も上昇するので，買った先物価格より高い価格で売り戻すことによる利益で，現物証券の価格上昇をヘッジすることになる。

　また，裁定取引とは，先物価格がその理論価格から乖離した場合，先物ポジションとその反対の現物ポジションを合わせて保有することによって，利益を得る取引である。例えば，先物価格がその理論価格より高い場合，割高な先物を売ると同時に現物を買い，満期日になると反対売買をおこない，そのポジションを解消する。この場合，満期日には先物価格と現物価格が一致するので，割高だった先物は価格が下落して利益が得られる。反対に，先物価格がその理論価格より安い場合，割安な先物を買うと同時に現物を空売りし，満期日にその反対売買をおこない，そのポジションを解消することによって，割安だった先物は価格が上昇して利益が得られる。

6.2　オプション取引

　オプション取引とは，特定の商品を，将来の一定時点（満期日）またはそれ以前に，あらかじめ定められた価格（権利行使価格）で，買う権利または売る権利を取引することである。ここで，買う権利はコールオプション（call option）とよばれ，売る権利はプットオプション（put option）とよばれる。

　オプションの取引においては，オプションの買い手は売り手にプレミアム（premium）というオプション価格を支払い，満期日またはそれ以前に，買う権利または売る権利を行使する。買い手の権利行使に対して売り手は応じる義務があり，買い手は権利を放棄することもできる。権利行使が満期日のみにできるオプションはヨーロピアン・タイプのオプションとよばれ，満期日以前にいつでも権利行使ができるオプションはアメリカン・タイプのオプションとよばれる。

　オプション取引が投資にどのように利用されるかは，基本的なオプション取引における利益と損失をみることによって理解することができる。**図表9-3**

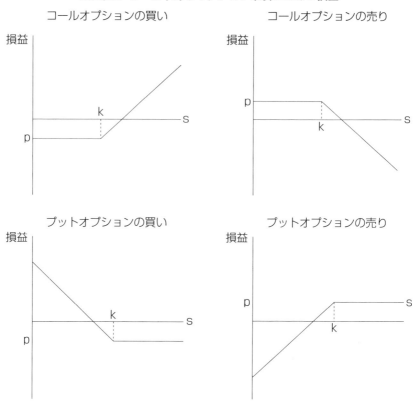

■図表9-3　基本的なオプション取引における損益

において，pはプレミアム，kは権利行使価格，sは株価である。

　コールオプションの買い手は，予想通りに株価が（s>k+p）に上昇すれば，買う権利を行使してkの価格で株式を買い，その株式をすでに支払ったプレミアムpを加えた（k+p）より高い価格で売ることによって利益を得ることができる。株価が（k+p）より大きく上昇すればするほど，コールオプションの買い手の利益は拡大していく。株価が（k<s<k+p）の範囲ではすでに支払ったプレミアムの損失の一部分を取り戻すために権利行使をし，予想に反して株価が権利行使価格より下落すると（s<k），すでに支払ったプレミアムを最大の

損失として，買い手は買う権利を放棄する。他方，コールオプションの売り手の損益をみると，売り手の損失は買い手の利益に，売り手の利益は買い手の損失となる。

　プットオプションの買い手は，予想通りに株価が（s<k−p）に下落すれば，(k−p) より低い価格で株式を買い，売る権利を行使してその株式をkの価格で売ることによって利益を得ることができる。株価が (k−p) より大きく下落すればするほど，プットオプションの買い手の利益は拡大していく。株価が (k−p<s<k) の範囲ではすでに支払ったプレミアムの損失の一部分を取り戻すために権利行使をし，予想に反して株価が権利行使価格より上昇すると (s>k)，すでに支払ったプレミアムを最大の損失として，買い手は売る権利を放棄する。他方，プットオプションの売り手の損益をみると，売り手の損失は買い手の利益に，売り手の利益は買い手の損失となる。

　以上のように，コールオプションの買い手は予想通りに株価が上昇すればするほど大きい利益を得ることができ，予想に反して株価が下落するならば，損失をプレミアムに限定して買う権利を放棄する。他方，プットオプションの買い手は予想通りに株価が下落すればするほど大きい利益を得ることができ，予想に反して株価が上昇するならば，損失をプレミアムに限定して売る権利を放棄する。すなわち，オプション取引は損失を限定する機能をもっている。また，オプション取引は，他のオプション，現物，先物等と組み合わせることによって，リスクヘッジ，先物取引，特定の価格変動を想定したポジション等，多様な投資ポジションを構築することが可能である。

〈参考文献〉
北島忠男［1993］『現代の証券市場』白桃書房
榊原茂樹［1986］『現代財務理論』千倉書房
榊原茂樹・城下賢吾・姜喜永・砂川伸幸編［2006］『パーソナルファイナンス入門──私たちの生活とお金』中央経済社
榊原茂樹・城下賢吾・姜喜永・福田司文・岡村秀夫［2013］『入門証券論』第3版，有斐閣

証券経済学会・証券経済研究所編［2017］『証券事典』金融財政事情研究会
羽路駒次・中村勝・岡田千尋編［2000］『商学概論』晃洋書房

第10章

商品政策論の展開

1 商品政策の概念

1.1 マーチャンダイジングの定義

　商品政策とは，商業者の仕入・販売活動を指す。

　小売業は，主として，メーカーに代わり消費者への販売代理を行うと同時に消費者が生産者あるいは卸売業者から直接的に商品を購買するのに代わり，あらかじめ商品を購買しておく購買代理機能を担い，多様な調達先から顧客の生活システムにふさわしい商品を取り揃えることが求められる。

　商品政策は，アメリカで展開されてきたマーチャンダイジング（Merchandising，以下MD）と同義で，三浦によれば「かつてアメリカにおいて1929年の世界大恐慌の不況期以降に，製造企業（メーカー）が遊休資本設備の稼働率上昇を目的として，消費者需要に適合する製品ライン（製品計画）を組織的に展開した際に用いられた概念」でもある。これに対し森下は，1930年代にMD概念が取り上げられ，ブランド付与やパッケージ化など，それまで生産過程の外部でおこなわれていた製品に関する活動が，生産過程にも影響と論じている。

　時代の変遷に伴う歴史的背景からMDの概念は見直されてきた。徳永は，元来小売業者により「消費者の欲求に商品の品質を調整する課業」として遂行されてきたMDが，第一次世界大戦の戦後恐慌以降，製造業者の領域へ移行する傾向がみられ，特に1929年の世界大恐慌以降，「生産過剰と需要の調整の問題」

や「消費者重視」という観点から，その重要性が意識化され研究が進められてきたと述べている。

一方，アメリカマーケティング協会（American Marketing Association，以下AMA）によるMDの定義も時を追って見直されている。1935年，AMAの前身であるNational Association of Marketing Teachersは，MDについて「生産され，または消費者需要にたいして販売に供される商品の調節である。それは販売と生産ないし再販売のための購入と調整を意味する。」と定義付けている。その後，AMAにより，1948年に「適切な商品やサービスを，適正な場所で適正な時期に，適正な数量を，適正な価格で顧客に提供することに関する諸計画である。」（5つの適切さによる定義）と改定され，1960年に「企業のマーケティング目標を達成するために特定の商品，サービスをもっとも役に立つ場所と時期と価格で，数量を扱うことに関して計画し，管理すること」とあらためられた。

AMAは2008年にその定義について「インストア・ディスプレイを展開するメーカーの販促活動，および，小売業における商品（アイテム）と商品ラインの明確化」とあらためて，MDが，小売業にも製造業にも適用される活動であること，小売業については，売場の商品（アイテム）と店舗のライン（品群）のように複数レベルの組織階層を対象とする活動であることを明示している。

小売業のMDの活動について，森下は，「販売と販売のための購入との間の調整，ストックすべき商品の選定，そのサイズ，形状などの外観，形状，包装などの外粧，仕入量，値頃などの決定」を内容とすることを示している。

わが国のMDに関する研究においても，MDとは，田島によれば「流通業がその目標を達成するために，マーケティング戦略に沿って，商品，サービス及びその組み合わせを，最終消費者のニーズにもっともよく適合し，かつ消費者価値を増大するような方法で提供するための，計画・実行・管理のこと」であり，その体系として，①商品構成，②商品調達，③販売方法，④価格政策，⑤インストアマーチャンダイジング，⑥インストアプロモーション，⑦顧客関係管理，⑧組織，⑨情報システムの9領域があげられている。

田村公一は一般的に，流通企業の活動における「MD」という用語は，「仕入れ」と「品揃え」を意味すると解釈されがちであるが，仕入れた商品を単純に再販売するのではなく，「製品」を回転率の高い「商品」へと仕立て上げていくための魅力的な商品構成，プレゼンテーション，価格設定，ストア・レイアウト，そして広告訴求やPB（private brand）商品開発などにいたる諸活動を含む複合的な体系として認識する必要があると述べている。

1.2 商品分類

　小売業者が消費者へ販売することを目的として商品を仕入れる上で，消費者がどのように商品を選択するかについての知識が必要となる。ここでは，消費者の購買習慣や商品特性による商品分類について述べる。

　商品分類については，コープランド（Copeland, M. T.）が消費者の購買慣習に基づき，消費財を「最寄品」，「買回品」，「専門品」の3種に分類したものがよく知られている。

　この分類法では，消費者の購買慣習は，①消費者の商品に対する事前知識量（対象とする商品についてどの程度の正確な知識があるか，なじみがあるか），②購買の際の比較購買努力の度合い（商品探索，商品比較，購買行動の程度（近くの小売店で済ませるか，遠くまで買物に出掛けるか）に大別して理解され，消費者の事前知識量が多く，近くの小売店で購買が済まされるように比較購買努力が少ないものが「最寄品」，事前知識量が少なく，遠くまで出掛けたりいくつもの小売店を探索したりして購買されるように比較購買努力が多く支払われる消費財が「買回品」と「専門品」とされる。さらに後者は，商品探索のために買い回って購入される「買回品」と，買回りなしに購入される「専門品」に分類される。すなわち，「最寄品」は消費者が容易に行くことができる店舗で購入される商品，「買回品」は消費者が価格，品質，スタイルなど自身で探索比較するために買い回って購入される商品，消費者にとって価格以外に何らかの魅力がありその販売店舗を訪れるために特別に努力され買回りなしに購入される商品が「専門品」と分類されている。

■図表10-1　バックリン説におけるマトリックス

	最寄店	買回店	専門店
最寄品	消費者は最も近くの店で最も容易に入手できるブランドの製品を購入しようとする。	消費者は購入製品のブランドには関心が薄いが，よりよい小売店のサービスや（または）低小売価格を獲得するために異なった店を買い回る。	消費者は特定の店で購入しようとするが，購入製品のブランドに関しては関心が薄い。
買回品	消費者は最も近くの店がもっている品揃えの中から購入のための選択を行う。	消費者は小売店がコントロールする要因と製品（ブランド）と関連する要因の両者について比較する。	消費者は，ある種の店で購入しようとするが，購入しようとする製品に関しては不明確であり，最もよい買物をするため，その店の各種品揃えの中から検討する。
専門品	消費者はその商品をストックしている最も近くの店で，自分が好意をもつブランドのものを購入する。	消費者は製品のブランドについて強い選考をもつが，このブランドのものについて，最善の小売サービスおよび（または）価格を確保するために多くの店を買い回る。	消費者は特定の店に対しても特定のブランドに対しても強い選考をもつ。

出所：市川繁［1980］『季刊　消費と流通』Vol.4 No.2 p.122。

　また，コープランドの概念を基に，バックリン（Bucklin, L. P.）は，「選好マップ」による消費財の分類法を導入した。「選好マップ」とは，購買前における消費者の商品に対する認識程度をいうものである。選好マップにおいて特定の銘柄の選好が強いかどうかにより最寄品（選好マップがあり特定銘柄選好はない商品），買回品（選好マップがない商品），専門品（選好マップも特定銘柄選好もある商品）を分類した。バックリン説におけるマトリックは，**図表10-1**で示されている。

　一方，ネルソン（Nelson, P.）は，消費財を「探索的特性をもつもの（探索財（search goods））」と「経験的特性をもつもの（経験財（experience goods))」に分類し，さらに後者の「経験財」を「耐久経験財」と「非耐久経験財」に区分している。

　すなわち，「探索財」は，消費者が購入の前に探索により商品を評価できるもので，例えば，購入を決める前に手に取ったり試着したりすることができる洋服は，「探索的特性」を有し，この場合，消費者が探索に資するための情報提供的なプロモーションが重要となる。

　「経験財」は，購入し消費した後で商品に対する評価が可能になるもので，例えば，開けてみなければ品質がわからない缶詰のような消費財が該当する。この点で，「経験財」では消費者の購入決定に影響を及しえる，口コミをはじめとする評判や信用など説得的なプロモーションが重要となる。また，このような「経験財」について，購買頻度が低く消費者が自身の経験を通じた学習の機会が少ない「耐久経験財」に対して，購買頻度が高いため消費者がどの商品が満足いく品質であるかを経験する機会が多いものが「非耐久消費財」として分類されている。

1.3　プライベート・ブランドの概念と役割

　ブランドとは，商標・銘柄を意味し，企業が扱う事業ブランドの中でも，製造業者が扱うブランド，小売業者や卸売業者が扱うブランドは，ナショナル・ブランド（National brand，以下NB）とプライベート・ブランド（Private brand，以下PB）に大別される。製造業者が主導的に開発・製造し全国的に小売業によって販売されるNBに対し，PBは小売業者や卸売業者などの流通組織が主たる責任と権限を持って開発，販売する商品である。PBの類型については，**図表10-2**で示されている。

■図表10-2　PBの類型について

分類	PBの名称 (消費者へのアピールの視点)	開発主体	製造主体	差別化	利益	交渉力
開発主体	プライベート・ブランド	流通業者	委託製造業者	○	○	○
	ストア・ブランド	小売業者		○	○	○
品質・価格	エコノミー型PB（価格訴求）	流通業者	委託製造業者	△	◎	△
	プレミアム型PB（価値訴求）	流通業者	委託製造業者	◎	△	◎
特徴	ジェネリック・ブランド（低価格・ベーシック（簡素さ））	小売業独立業者	委託製造業者	△	◎	○
	コントロール・ブランド（店舗利用者のニーズ対応）	製造業者（仕様）小売業者（変更）	NB供給者	△	○	×
	スイッチドレーベル（店舗プロモーション）	製造業者小売業者ラベル	NB供給者	△	○	×

注）○：基準となる効果がある。　◎：より強い効果がある。　△：より弱い効果がある。
出所：住谷宏編［2013］『流通論の基礎〈第2版〉』中央経済社，p.88

　一般的に，「PB」の開発においてはNBと価格や品質の点で対比され，低価格をアピールする価格訴求型の「エコノミー型PB」と，類似するNBが存在せず新たな価値をもつ価値訴求型の「プレミアム型PB」に分類される。

　特徴によってPBを分類すると，ジェネリック・ブランド，コントロールド・レーベル，スイッチドレーベルに分けられる。

　ジェネリック・ブランドは，特定のブランド名を付与せず，一般名詞の商品名を表示し，パッケージはシンプルで余分な包装を省略し，低価格で販売している商品ブランドである。

　コントロールド・レーベルは，製造業者の商品の仕様（スペック）の一部や容量などを小売業者が変更した商品である。

スイッチドレーベルは製造業者仕様のNB商品に小売企業のラベルを付けただけの商品である。

小売業者がNBの仕入・販売のみならず，PB開発をおこなうメリットとして，①NBの余剰生産能力を活用して，PBの大量生産が実現できれば，PBの生産コストを削減できる。②特定のNBへの仕入依存度（小売業者の仕入れ額に占める特定のメーカーの販売額の比率）を下げることが，小売業者の相対的パワーの増大をもたらす。すなわち，NB価格の優位性を保つことで，NBとPBの仕入れ価格の引き下げを可能にする。

2　小売業の商品管理

小売業は，消費者ニーズにかなった商品をどのように取り揃えるかという商品構成を決定し，価格政策，単品管理，カテゴリーマネジメント，仕入・在庫管理をおこなう。

2.1　商品構成

商品構成は，幅（width）と奥行き（depth）からなる。幅は，取り扱う商品系列（ライン）の数で，その商品系列（ライン）内で提供されるサイズ，色，形，価格ならびに品質などの組み合わせにより奥行きである商品品目（アイテム）が決まる。

一例として，衣料品の場合，商品系列（ライン）は，男性衣料品，女性衣料品，子供衣料品，ベビー衣料品などで，特に大きい商品系列（ライン）である女性衣料品はさらに，婦人洋品，婦人フォーマル，婦人カジュアル，婦人セーター，婦人下着，婦人服飾など多彩な系列に分かれる。

商品品目（アイテム）は，商品系列（ライン）を構成する個々の品目を指し，婦人セーターを例に挙げると，ブランド，素材，サイズ，カラー，価格などに分けられる。

2.2 価格政策

小売店では，マージン・ミックスを考慮しそれぞれの商品の販売価格を決定すると同時に，高価格・高サービス，あるいは低価格・低サービスかという販売活動の方針も決める必要がある。

Everyday Low Pricing（以下EDLP政策）は一定期間販売価格を変更せずに商品を販売する政策であり，一方，High and Low Pricing（以下ハイ＆ロー価格政策）は状況に応じて販売価格を変動させて商品を販売する政策である。

EDLP政策は，ハイ＆ロー価格政策と以下のように対照的に用いられる。

ウォルマートに代表されるEDLP政策は，一時的な値引きをせず日常的に低価格で商品を販売する方法で，品揃えされている全商品について低価格で提供する場合と，特定の商品カテゴリーのみを低価格で提供する場合がある。EDLP政策はEDLC（エブリデー・ロー・コスト）を前提とし，日常の小売業務にかかるコストを削減することにより，恒常的低価格を実現できる。一度設定された価格は変動せず，後述するハイ＆ロー価格政策のようなチラシによるプロモーションは原則としておこなわない。

一方，ハイ＆ロー価格政策は，通常価格で販売されている商品の価格を一時的に値引きする価格政策で，小売業がチラシなどに大幅な値引きを掲載する商品をロス・リーダー（loss leader：目玉商品）とよぶ。ロス・リーダーは，来店頻度の少ない顧客，あるいは見込み顧客に来店を促すと同時に，衝動買いに代表される非計画購買によりロス・リーダー以外の商品の購買を誘発し，客単価を引き上げることを目的として実施されている。

EDLP政策は，価格の変動がないため，店頭の需要を予測しやすく，過剰在庫や欠品を引き起こしにくいが，価格が変動するハイ＆ロー価格政策では，店頭の需要予測が難しく，売れ残りや欠品が発生しやすい。

2.3 小売業の単品管理

「単品管理」とは，商品の売れ行きを単品ごとに見極める管理法で，「1つ1

つの商品の動向を把握し，主体的意思をもって売り込み，顧客のニーズと店舗の品揃えを一致させること」と定義されるように，小売業の業務の中核といえる。

ここでは，小売業において，近年，売上・利益を伸ばし店舗数を拡大し成長を遂げてきたコンビニエンスストアの業態を一例として単品管理について述べる。

コンビニエンスストアは，売場面積が約30坪（100㎡）で，2500〜3000品目を取り扱う。

1回あたりの発注量が少量で，欠品（品切れ）のリスクが高くなりやすいため，発注の精度を上げるべく詳細な需要分析と単品管理の手法が必要とされ，品目（アイテム）数を単位とし，サイズやカラーの違いをも明確に識別するSKU（stock keeping unit）により在庫管理がおこなわれている。

具体的には，ストアコントローラーとよばれる店舗売上管理コンピュータと，バーコードスキャナが付いたPOS（Point of Sales；販売時点情報管理）対応レジスタ（POSターミナル）からなるPOSシステムが用いられている。あらかじめストアコントローラーにそれぞれの商品に付与されたバーコードに対応した価格を入力しておき，レジ精算時にPOSターミナルでそれぞれの商品に付与されたバーコードを読み取ると，価格計算，レシート発行と同時に販売データが記録される。

POSシステムは，コンビニエンスストアだけでなく，小売業において広く汎用され，商品バーコードをPOSターミナルで読み取ることで，正確な精算業務を効率的におこなえるだけでなく，従業員の教育訓練にかかる時間も短縮できる。

さらに，POSシステムの導入は，以前の仕入れ時点の情報に基づく単品管理を，販売時点の情報に基づく管理へと移行することを可能にした。すなわち，商品単品ごとに，どの店舗で，いつ，どれだけの数量が，いくらで販売されたかという販売データが集積され，これらの集計結果は在庫管理だけでなく，在庫や店頭のプロモーションにも活用されることから，小売業のマネジメントを

画期的に変革させるものとして認識されている。

得られた販売データに基づき，実際に小売業でおこなわれている発注業務には，本部推奨型発注と仮説検証型発注の2通りがある。

本部推奨型発注は，事業本部が推奨する発注量に基づき，店舗で発注する方法である。

仮説検証型発注は，過去の販売実績や他の商品カテゴリーの販売実績等を参考に，店舗の発注担当者が，将来の商品の需要動向について仮説を立て，それを基に発注量を決定する。発注後，販売データからその仮説が間違っていなかったかを確認し，次の発注に生かしていくというサイクルが繰り返される。

コンビニエンスストアでは主として後者の仮説検証型発注が採られ，この手法のメリットとして，①発注担当者が責任をもって発注をおこなう。②発注担当者が持つ有効な経験を組織的に発注に活かすことができる。③蓄積された情報をさまざまに組み合わせて仮説の立案に活かすことができる。④事業本部が把握し得ない細詳な地域情報を発注に組み入れることができることがあげられる。

2.4 カテゴリーマネジメント

小売チェーンにおいては，売上と利益の最大化を目指し，店舗の大型化とともに，商品をカテゴリー単位で管理し，小売店頭を起点とした消費者の購買行動に対応した商品政策が注目されている。

カテゴリーマネジメントは米国のECR（効率的な消費者対応，Efficient Consumer Response）の前に登場した概念で，流通業者やサプライヤー全体で消費者価値の提供に焦点をあて事業成果の向上を目的とするビジネスプロセスである。

1995年にECR委員会が発表したカテゴリーマネジメントレポートでは，カテゴリーについて，「消費者のニーズを充足する上で，消費者が類似や代替できる商品であると認識する商品のグループである，同時に他のグループと明確に区別できて，しかも管理可能なものである。」と定義している。

■図表10-3　カテゴリーマネジメントにおけるカテゴリーの役割

```
            ┌──────────────┐
            │シーズン・催事│
            │  カテゴリー  │
            └──────┬───────┘
                   ↓
┌──────────┐   ╭─────────╮   ┌──────────────┐
│コア・    │──→│収益と顧客│←──│コンビニエンス│
│カテゴリー│   │満足の最大化│   │  カテゴリー  │
└──────────┘   ╰─────────╯   └──────────────┘
                   ↑
            ┌──────┴───────┐
            │デスティネー  │
            │ション・      │
            │カテゴリー    │
            └──────────────┘
```

出所：麻田孝治［2004］『戦略的カテゴリーマネジメント』日本経済新聞社，p.137

■図表10-4　4つのカテゴリーの役割

カテゴリーの役割	目　的
デスティネーション・カテゴリー	・小売業のイメージを定義すること ・標的顧客にとって重要なカテゴリー ・売上高を伸ばすためのすべてのカテゴリーの牽引車
コア・カテゴリー	・売り上げや利益と，提供価値とのバランスを表現 ・日々生活に必要とする商品群であり，消費者にとって欠かすことのできないもの
コンビニエンス・カテゴリー	・品揃えさえしていれば消費者のついで買いによる購買点数と売上増加を促すもの ・品揃え幅が充実しており，ワンストップ・ショッピングのできる店舗であるというイメージを強化するもの ・収益確保に貢献するもの
シーズン・カテゴリー	・クリスマス，新学期，祭事の売り場作り ・通常，収益よりも集客を意図 ・売り場の新鮮さ，活気を演出

出所：麻田孝治［2004］『戦略的カテゴリーマネジメント』日本経済新聞社，p.137。

図表10-3，**図表10-4**に示すように，カテゴリーの役割の選択肢には，デスティネーション・カテゴリー，コア・カテゴリー，コンビニエンス・カテゴリー，シーズン・カテゴリーがある。カテゴリーマネジメントにおけるカテゴリーの役割については，図表10-3で示され，4つのカテゴリーの役割については，図表10-4で示されている。

　それぞれのカテゴリーについて麻田によれば以下のように特色づけがなされる。

　「地域一番カテゴリー」や「目的買いカテゴリー」等訳されるデスティネーション・カテゴリーは，地域商圏における標的顧客が，あるカテゴリーの商品の購入を考えた場合，買物をする売場を迷うことなく選択する店舗のカテゴリー展開である。

　他店の売場と比べ，売場の中核を構成しているカテゴリーを意味するコア・カテゴリーは，日常的に消費する必需品を購買する際，他の売場よりも優れた売場展開をしているカテゴリーである。来店客にとって，地域の競合店舗の中で群を抜くというよりも，特に不満はなく，満足しているカテゴリー展開となる。

　コンビニエンス・カテゴリーは，標的顧客に対して，一か所で一応の商品が揃うという便宜さを提供するカテゴリーである。

　シーズン・カテゴリーは，近隣の標的顧客に圧倒的な強さを発揮するカテゴリーの展開である。来店客の獲得を目的とし，さほど高い収益率や在庫投資効率を求めない。

　ECR委員会は，小売業とメーカーが協同（コラボレーション）し，よりよい結果を導き出そうとする共通の事業戦略として定義している。すなわち，カテゴリーマネジメントは小売業が主導するプロセスであるが，消費者の真の需要や，競争環境，商品ミックス等を理解するには，小売業のPOSデータだけでは不十分であり，メーカーの全面的な関与を必要としている。メーカーが持っている競合に関するシンジケートデータ，カテゴリーの知識やマーケティングに関する専門的技術を情報共有し，カテゴリー単位でMD・価格設定・棚割・

プロモーション・利益管理等おこなう上で有効に活用する共同プロセスを前提としている。

「生活習慣病対策カテゴリー」の売場で,「糖尿病が気になる方」というサブ・カテゴリーにおいて,必要な商品が体系的に区分陳列されていれば,納得した商品選択をおこない,問題解決により近い商品を時間をかけて選ぶことができる。その結果,売場スペースは,単なる「商品の置き場」ではなく,来店した顧客の生活習慣病に関する「問題解決の場」となる。

2.5 棚割・在庫管理

小売業者は消費者に対して再販売することを目的として,生産者や卸売業者から商品を仕入れ,これに基づき商品を販売し,結果として売上や利益を得ることから,これらは小売事業における主要な活動といえる。

チェーン小売業において仕入業務を担当する人を「バイヤー」とよぶ。通常,バイヤーは「店舗の棚の品揃え」,「棚割の設計」,「新製品導入」,「既存の商品の取り扱いの中止」,「定番商品に関するアイテムごとの数量,原価や品質等の選定」等を意思決定する役割を担う。また,事業にとって重要な商品開発を含めた調達活動の役割も担う。

バイヤーは,販売計画時,もしくは計画後,「品揃えの選定」に関する意思決定をおこない,以下の①～③に「棚割」の計画について示している。

① 棚割の決定

品揃えで選定した商品を陳列棚のどの位置にどのように配置するかを決定することを「棚割」という。ターゲットとなる顧客を対象の中心とし,求められる商品をどれだけ品揃えし,店頭という限られたスペースにどのように配置して,魅力的な売場を創り,商品の購入に結び付けることができるかが課題となる。

② 陳列の原則

棚割の計画では,陳列の原則―「見えやすい」「取りやすい」「戻しやすい」「選びやすい」が前提とされる。

■図表10-5　棚割の計画手順

手　順	計画内容
① 品揃え	店舗の商圏特性，競合，売場形態，季節性，POSデータ，ID-POSデータなどから推察される顧客の購買動向を考慮し，商品を選択する。
② グルーピング	顧客が商品を見やすく，また使用シーンをイメージできるように，品揃えした商品をいくつかの商品群に分類して陳列する。
③ ゾーニング	グルーピングした商品群をどの棚のどの位置にどれ程のスペースでどのように配置するかを決める。同一商品帯や関連する商品群が縦方向に陳列される「縦割陳列」と，それらが横方向に陳列される「横割陳列」がある。
④ フェイシング	陳列する商品の数を決める。フェイス（商品陳列の最前面）数が増えると顧客にとって商品が見やすくなる。

出所：筆者作成

　商品が顧客から見えやすく配置されるように，顧客の水平な視線の高さから10～30度下方の「自然視野」の高さに陳列し，商品を取り出しやすく，また戻しやすく配置するよう場所や並べ方に注意しなければならない。

③　棚割計画手順

　棚割は，品揃え，グルーピング，ゾーニング，フェイシングの手順により計画される。棚割の計画手順は，**図表10-5**に示されている。

　品揃えにおけるID-POSデータは，販売店が発行するカードに顧客の住所や電話番号，生年月日等の個人情報が登録され，顧客が精算時にカードを提示しポイント等の情報が記録される時点で，購買数量や価格，購買時間といったPOSデータと顧客属性データを同時に収集し，顧客別の購買データ分析に活用しようというものである。

　配置方法の基本として，「縦割陳列」の場合，顧客は視線を上下に移して商品を探し，「横割陳列」では視線を左右に移して商品を探すことになる。また，顧客にとってフェイス（商品陳列の最前面）数が増えれば，商品が見やすくなる。フェイス数は，販売実績や売上構成比を基本とし，重視すべき品目（アイ

■図表10-6　適正在庫の管理法

管理法	特　徴
ダラーコントロール	・仕入・在庫・販売の流れの中で，個々の商品の動きを金額（あるいは数値）によって管理する方法。 ・実際の商品在高や仕入商品の詳細内容の管理面には欠ける。 ・平均的に売り上げが上がる，流行性の少ない商品の管理法として使われる。
ユニットコントロール	・価格，色，柄，サイズなどの違いを含めた単品毎の動きを数量によって管理する方法。 ・売りたい主力商品，よく売れる商品，ファッション商品および季節商品の管理に適している。

出所：筆者作成

テム），売上，利益を考慮して決定される。商品の特性にもよるが，一般的に高価な商品より安価なもの，回転率が低い商品より高いもの，衝動買いが発生しにくい商品より衝動買いが発生しやすいものの方がフェイスを拡大する効果は高いといわれている。

　上記のように計画した棚割を実現するためには，必要な在庫を確保しなければならない。そこで，小売業が顧客への需要に備えて，もっとも効果的で経済的な在庫状態—「適正在庫」に管理することが重要となり，その管理手法として，「ダラーコントロール」（金額による在庫管理）と「ユニットコントロール」（販売数量による在庫管理）が用いられる。適正在庫の管理法は，**図表10-6**で示されている。

　ダラーコントロールは，実際の商品在高や仕入商品の詳細内容の管理面には欠け，補充すべき商品以外や既に過剰在庫になっている商品を仕入れてしまう危険がある。ユニットコントロールでは，単品ごとに販売・在庫数量を管理するので売れ筋商品，売れ行きの悪い商品などの詳しい商品情報を把握し，品切れを防ぐとともに重点商品を仕入れて販売することができる。さらに，適切な値下げのタイミングを見計らって販売することにより商品の「デッドストッ

ク」化を防ぐことも可能であるとしている。

3 小売業者がおこなう商品政策

　小売業が主体的に行っている商品政策のなかで，週ごとにきめ細かい商品動向を把握する52週マーチャンダイジング（52週MD），製販同盟の一環として小売業者が主体的に商品の開発を行うチームマーチャンダイジング（チームMD），百貨店が自ら売場をつくりあげる自主編集売場の事例を述べる。

3.1　52週マーチャンダイジング

　52週MDは，「毎週の重点商品を中心に，商品計画と販売計画，販促計画を連動させた組織的仕組みづくりのこと」と定義されるように，小売業において一年を通し週単位で商品情報を把握しMDを展開する政策である。

　重点商品とは，「いま一番売れている商品および去年の今ごろよく売れていた商品」，「テレビや雑誌などのマスコミで宣伝され，人気のある商品」，「旬の商品（新商品）および商品のライフサイクル上，今紹介をしなければならない商品」で，この３つの定義に当てはまるものの中から，売上高構成比や荒利益高構成比の高いものを選定している。

　52週MDの手順は，**図表10-7-1**および**図表10-7-2**に示される。すなわち，「年間52週の商品別売上高および売上高順位」を実需マトリックスとして示し，これより商品の寿命や売り逃している商品を見つけることができる。

　次に，週別に重点商品を決め，それらが売れる理由（なぜ売れたのか，どのような理由で売れたのか）を探り，重点テーマをあげ，その中から，売上高に影響を及す顧客が関心をもっているテーマを選定する。

　小売業のマーチャンダイジング（MD）において，来店する顧客の五感（視覚・聴覚・臭覚・味覚・触覚）を通して商品の持ち味を伝えるVMD（ビジュアル・マーチャンダイジング）が戦略的に用いられており，先の選定された顧客が関心を寄せるテーマに合わせて，VMDの展開時期が決められている。

第10章　商品政策論の展開　199

■図表10-7-1　年間52週MDの手順(1)

1．実需マトリックスづくり
（実需データに基づき，商品別に週ごとの販売実績をつかむ）

2．年間52週重点商品を決める
（週別に一番売れる商品，売りたい商品を決める）

実需マトリックスをつくる	商品別に売れる週をつかむ	週別重点商品の目安（候補）をつける	週別重点商品を決める
→基本フォーマットを使って，空欄に商品ごとの週別売り上げ数量または金額を記入 →商品別の週別データがない場合は「実需マトリックス」の全国平均値を参考にする。	→「実需マトリックス」を基に，商品別に売れている週の順位をつける	→商品ごとの，売れる週の上位20％（約10週）にマーカーで色を塗る →注目される新商品・話題商品の発売予定を確認する（メーカー情報の確認）	・店の経営方針の反映 　他店との差異化のポイントになる →候補商品の中から，1週1品または複数品目を選ぶ

実需マトリックス例

月及び週番号	3月				4月				5月				6月				7月			
項目	1	2	3	4	5	6	7	8	9	10	11	12	13	14	15	16	17	18	19	20	21	22
テレビ	0	44	39	51	58	67	48	38	33	60	30	27	71	90								
ビデオ																						

週別売り上げ数量または金額を記入

週別重点商品一覧表

月及び週番号	3月				4月				5月				6月				7月			
項目	1	2	3	4	5	6	7	8	9	10	11	12	13	14	15	16	17	18	19	20	21	22
テレビ	—	19	31	17	⑭	⑪	18	33	42	⑬	48	50	⑨	③								
ビデオ																						

①週別に売れる順位を記入
②上位10週にマーカーで色をつける。あるいは○印をつける。

出所；鈴木哲男［2004］『52週マーチャンダイジング』コープ出版，pp.68〜71。

　VMDは各目的によりVP（ビジュアル・プレゼンテーション），PP（ポイント・オブ・プレゼンテーション），IP（アイテム・プレゼンテーション）の3種のフォーメーションに分けられる。

　VPはステージ，平台，平ケース，特設コーナーなどに展示され，同一テーマごとに他部門と合同で陳列する。

■図表10-7-2　年間52週MDの手順(2)

3. 週別重点テーマを決める
販促のテーマ(VMD展開を決める)

重点商品が売れる背景をつかむ
→売れる理由として思いつくもの書き出す 　社会行事：クリスマス，お正月，ブライダル 　学校行事：運動会，入学式，発表会 　地域行事：祭り 　自店行事：創業祭，セールetc.

重点テーマを決める
→重点テーマが販促テーマになる。 　顧客のニーズを基に，顧客にとってわかりやすいテーマを選ぶ →テーマは複数でもよく，その場合はメインテーマとサブテーマにわける （例）3月1～2週 　メインテーマ：入学式 　サブテーマ：春のブライダル

4. 週別VMD計画を作成する

VMD展開時期を決める
→VMD展開開始時期は 　ピーク時の4～6週間前 顧客はこの頃から下見や比較検討をしているから（家庭用品，アウター衣料などの場合）

出所：鈴木哲男［2004］『52週マーチャンダイジング』コープ出版，pp.68～71。

PPは，重点商品をアピールすることを目的とし，食品や日用品ではエンドやミニテーブルなど，衣料品では一点掛け，ミニステージでおこなわれる。

IPは，定番商品のある場所で，商品を見やすく，選びやすく，取りやすく，戻しやすく陳列することが求められる。

52週にこだわる理由として，①買物頻度や来客数を上げる。②チラシ広告と連動し，買上点数を上げる。③すべての商品に売れる機会を作る。等がある。

3.2　チームマーチャンダイジング

チームMDは，生産・物流・販売が一体となり，取引データの収集・処理能力を武器にネットワーク型商品開発，商品供給を志向する取組みである。

イトーヨーカ堂において，1991年衣料部門の仕入れ体制の改革が始められた。紳士衣料，婦人衣料，子供衣料，肌着というように売場分類別の仕入れ体制を，商品分類（服種）別仕入れ体制へと変更したことをきっかけとして全社的に30商品30チームというチームMDが意識され始めた。

初期の成功例は，1992年に投入した「新合繊ポロシャツ」である。イトーヨーカ堂の主要顧客層である30代から40代の主婦が抱いていた「洗濯すると縮む」，「洗濯代がかかる」等の不満に対し，担当バイヤーは，倉敷紡績がスポーツ・ウェア用に開発した新合繊ポリエステルと綿の複合素材に着目し，吸水性や耐久性にすぐれた普段着の「洗濯に強い新合繊ポロシャツ」の開発に着手した。

新合繊ポロシャツの事例ではバイヤーがコーディネーターとなり，紡績（クラボウ）－染色（東海染工）－縫製（シキボウナシス）－小売が1つのテーブルを囲んで，製品企画から生産・販売計画まで共同的なコミュニケーションがはかられ，生産―流通段階間の関係が全面的に再編成された。

イトーヨーカ堂は，これまでもっぱら販売するだけだったが，積極的に生産にかかわり，販売動向に生産サイドが迅速に対応できる短納期の仕組みを構築した。すなわち，業種ごとに1社に業務を集中させ，参加した企業がコストをあきらかにすることで製造期間の短縮とコストダウンを図るとともに，これまでの仮需構造から実際に売れる数量に合わせる実需構造の仕組みへと変革した。

チームMDでは，顧客に近い立場にある小売業が，消費者情報を集め分析を行い，その情報を生産サイドに開示するとともに，メーカー側も素材や製造などに関する情報をオープンにし，互いに情報共有することが前提となる。

これにより，消費者情報に基づく顧客のニーズに合った商品開発と同時に，欠品による機会損失や発注し過ぎによる廃棄・値下げロスの削減を目指す。

当時の結果として，イトーヨーカ堂でチームMDにより企画された30商品のうち約1割が成功したが，それらが次年度も当初の販売計画を上回ることは難しいと言われた。

これについて，生産過程でのコストダウンや追加生産体制の構築を意識するあまり，商品企画において色・柄等の流行よりも素材が優先されること，生産過程でのコストダウンや期中での迅速な追加生産体制が図られても，そこで企画された商品が市場で支持されるかは別問題であることに起因すると考えられる。

また，チームMDによって達成された生産過程のコストダウンと期中発注により高まった商品消化率が，企画の成功率により相殺されてしまうことも今後の課題とされる。

3.3 百貨店の仕入と売場

　小売業の仕入形態は，①買取仕入，②委託仕入，③消化仕入の3つの形態に分けられる。3つの仕入形態について商品の所有権，販売価格の決定権，商品リスク，商品保管リスクによる分類が**図表10-8**で示されている。

　① **買取仕入**　納入業者（メーカーや卸売業者）から商品を買い取る方法で，主に一般小売業で採用される仕入方式である。

　商品のリスク，保管や値引きを含む販売，最終処分等においてすべて買い取った小売業者が責任を負わなければならない。反面，値入率は高く，商品利益率向上の点では，非常にメリットが大きい仕入れ方法である。

　買取仕入はさらに完全買取仕入と返品条件付き買取仕入の2つの方式に分けられる。

　買取仕入は，仕入れ段階で商品にキズやシミなどの欠陥や，注文した商品と違う商品が納入される等，納入業者側の責任となる瑕疵がない限り，小売業者は返品できない。

　返品条件付き買取仕入は，発注段階で納入業者との事前合意があり，正常な商習慣の範囲であれば，返品が許される仕入れ形態である。

　② **委託仕入**　搬入された商品のうち実際に販売された商品の分だけ仕入を

■**図表10-8　商品仕入形態別の権利およびリスク管理**

	買取仕入	委託仕入	消化仕入
商品所有権	小売業	納入業者	納入業者
販売価格決定権	小売業	納入業者	納入業者
商品リスク	小売業	納入業者	納入業者
商品保管リスク	小売業	小売業	納入業者

出所；中田信哉，橋本雅隆編［2006］『基本流通論』実教出版株式会社，p.59

起こし，仕入代金を支払う方法で，主にシーズン商品・新規商品，催商品などに対して適用される。検品後納品された時点で商品の所有権は小売業者にある。委託販売では販売委託された商品を小売業者が単に販売し口銭（commission: 手数料）を得るのみで搬入された商品の所有権は納入業者にある。

③ **消化仕入** 搬入された商品について，売れるつど仕入が起こされ，仕入代金を支払う仕入形態で，主に百貨店で採用される仕入方式である。商品の所有権は納入業者にあり，百貨店での展示期間中の資金負担や盗難などのリスクも納入業者が負っていることから，百貨店側が月2回支払いをおこなうなど納入業者にメリットを与えている。

百貨店は高度経済成長期を契機として，独自性，利益率向上，同業他社に対する競争戦略上の観点から，いち早くオリジナルの既製服の開発に着手し，各百貨店ともその販売強化策として売場面積を拡大した。

その結果，オリジナル既製服は業績増大とともに，多店舗化，大型店舗化の中核として百貨店の部門経営にメリットを与えたが，長引く不況を背景にファッション商品の流行の変化と，海外からのファストファッション導入により次第にMDに行き詰まるようになった。

そのような経営低迷の中で，本社集中仕入れ比率の向上，品揃え総合性との決別，人件費の削減などに代表される伝統的フォーマットの大胆な改革の必要性が認識され，PBや自主MDなど新たなフォーマットの開発が課題となっている。

大丸を中心に，店頭売場を中心とする新しい業務運営体制の確立に取り組んでいる。1999年からの第一次営業改革では，売場運営形態別オペレーションが導入され，2004年3月からの第二次営業改革ではMD業務の改革がなされ，2008年度の下期からの新体制のもとでは，売場運営形態を「ショップ運営」と「自主運営」の2つに峻別し，それぞれに異なる特性に基づいた運営がおこなわれている。

「ショップ運営」売場のコンセプトは，取引先がSCM（サプライ・チェーン・マネジメント）の全プロセスの計画と管理をおこない，消化仕入が前提で

大丸は在庫責任を負わず，自主運営に比べると低益率だが，低経費で高収益な運営形態である。現状の売上全体に占めるシェアは約80％で，運営は店舗が主体となったローカルオペレーションでおこなう。

「自主運営」売場は，大丸がSCMの計画と管理をおこない，買取・自主販売が前提で，高益率・高経費で高収益を目指す。現状の売上全体に占めるシェアは，PBと編集アイテム平場を中心に約20％で，販売サービスは店舗が担当するが，MDは本社が主体となったセントラルオペレーションでおこなう。また，自主運営では，SCM全体に大丸の意思を反映できるため，他店との差別化，人材育成，ショップが取り扱っていない欠落商品の補完や変化に柔軟に素早く対応できる機動的な売場展開などを目指す。

百貨店の売場運営には，「ショップ売場」と「自主編集売場」を組み合わせた売場の展開を考えなければならない。「ショップ売場」では，取引先に売場を貸し出し，売れた分のみを消化仕入の形で仕入れるか，もし売れ残れば当該ショップに無条件で返品できるという仕入形態であり，売場構成の大半を占めていた。消化仕入の利幅が小さいため，ショップ導入で利益率を上げるのは困難である。

「自主編集売場」は，百貨店が商品の買取をおこない，在庫リスクを自社で負担する代わりに，商品構成に対する意思決定を自社でおこない，粗利益率の向上を図るために設けられた売場である。ショップ売場を完全に排除してしまうと，リスク回避や集客などのメリットを享受できなくなることから，ショップ売場を残しつつ自主編集売場の拡張を目指す試みがなされた。

百貨店独自の品揃えによるライフスタイル提案型の売場として注目されたのは伊勢丹である。

自主編集という売場を強化させる先駆的取り組みとして2000年3月に新宿本店の地下2階に「BPQC」売場をオープンさせた。この売場は25歳〜34歳までの女性をメインターゲットに「良品廉価かつ高感度な」のライフスタイル提案をおこなう，伊勢丹独自のセレクトショップである。

日本百貨店協会と日本アパレル産業協会により設けられた「ファッションビ

ジネスアーキテクチュアコラボレーション取引」について，百貨店は「売れ残りが発生しても現行取引ではほぼ無条件に返品できる」のであるから，アパレル製造卸の立場では，たとえ小売からの需要予測や販売計画，発注を信頼して生産し納品したとしても，計画通りの販売がなされなければ残品は返品されることを百貨店チャネルのアパレル流通でSCMが実現しなかった一因としている。

〈参考文献〉
麻田孝治［2004］『戦略的カテゴリーマネジメント』日本経済新聞社
石原武政・石井洋蔵編［1996］『製販統合－変わる日本の商システム』日本経済新聞社
市川繁［1980］「消費者用品のカテゴリー化をめぐる諸学説」『季刊 消費と流通』第4巻 第2号
岡野純司［2011］第8章大丸百貨店—店舗運営改革 矢作敏行編『日本の優秀小売業の底力』日本経済新聞社
小川進［2000］『ディマンド・チェーン経営』日本経済新聞社
懸田豊・住谷宏編［2016］『現代の小売流通〈第2版〉』中央経済社
木下安司［2011］『コンビニエンスストアの知識〈第2版〉』日本経済新聞社
小宮路雅博編［2010］『流通総論』同文館出版
鈴木哲男［2004］『52週マーチャンダイジング』コープ出版
住谷宏編［2013］『流通論の基礎〈第2版〉』中央経済社
田島義博［2004］『マーチャンダイジングの知識〈第2版〉』日本経済新聞社
田村公一［2011］『流通チャネル・リンケージ論』中央経済社
田村正紀［2001］『流通原理』千倉書房
田村正紀［2008］『業態の盛衰—現代流通の激流—』千倉書房
徳永豊［1957］「マーチャンダイジングの歴史的考察とその問題点」『明大商学論叢』第40巻第10号
徳永豊・出牛正芳［1986］『商品の仕入と管理』同文館出版
中田信哉，橋本雅隆編［2006］『基本流通論』実教出版株式会社
中村博［2004］第8章 小売業の価格およびプロモーション政策 上田隆穂・守口剛編『価格・プロモーション戦略』有斐閣アルマ
並木雄二［2009］『コンビニエンスストアマーチャンダイジングHANDBOOK』商業界
新井田剛［2010］『百貨店のビジネスシステム変革』碩学舎

藤野直明［2004］第3章　百貨店のチャネルのアパレル流通におけるサプライチェーン・マネジメント　黒田充編『サプライチェーン・マネジメント―企業間連携の理論と実際―』朝倉書店
三浦信［1958］「マーケティング論の成立と展開」『商学論究』第23号
三浦信［1971］『マーケティングの構造』ミネルヴァ書房
森下二次也［1959］「Managerial Marketingの現代的性格について」『経営研究』第40号
森下二次也［1974］『現代の流通機構』世界思想社
矢作敏行［1996］『現代流通―理論とケースで学ぶ―』有斐閣アルマ

第11章

消費者行動

1 日常生活における消費と購買

　普段から私たちは必要不可欠な商品やサービスを購入し，それらを消費することで生活を成り立たせている。そして，より豊かな生活を享受するために嗜好品や贅沢品などを購入して欲望を満たしている。このように現代社会における消費は，生活や社会において欠かせない役割を果たしている。

　20世紀中頃までは，供給量不足のなかで生産された製品を購入し消費するという生産優位の社会が長く続いてきたが，徐々に供給量が需要量を上回るようになった。そして，生産した製品を販売する時代から売れる製品を生産する時代へと変化し，消費を前提とした生産がおこなわれるようになった。

　現在では，生活面において衣食住を取り扱うさまざまな業種・業態の店舗があり，消費者は選択するのに迷うほど多様な製品やサービスも享受できるようになっている。それらは，最寄品とよばれる，食べたり使用したりすればなくなってしまうような毎日の生活に欠かせない食品や日用雑貨もあれば，化粧品のように月に1, 2度程度購入すれば済むような買回品，あるいは自動車や家電製品のように何年にもわたり使用する専門品を購入し消費している。また，旅行やコンサートのように体験・経験をしたり，マッサージやクリーニングのように人に何かをしてもらう無形の製品もサービス製品として消費している。

　また近年では，情報技術革新によって新たな業種・業態も誕生しており，国内外で24時間，時間を問わずインターネットなど利用して世界中の製品が素早

く簡単に購入できるような時代になっている。

　このように，現代の消費者は，その形態，特性，内容の多種多様な製品をさまざまな購入場所や方法など状況に応じて選択することにより私たちの日々の生活は成り立っている。すなわち，現代の消費者は流通経路の末端に位置する受動的な存在ではなく，情報の発信者として能動的な立場に位置していることになり，企業にとって消費者を理解することはきわめて重要といえるだろう。

1.1　消費者と市場

　企業側から消費者を購買対象と見た場合，消費者は一般の購買者（B to C：Business to Consumer）と産業購買者（B to B：Business to Business）に分類することができる。前者は，個人の消費者として自ら商品やサービスを消費することを目的として製品の購買をおこなう消費者を指しており，その市場は消費者市場とよばれる。一方後者は，原材料・部品・サービスなどを企業の生産活動や業務のために使用する産業使用者，あるいは流通業者のように他の企業から購入した商品をさらに他の事業者に転売する再販売業者を指しており，産業市場，あるいは業務市場とよばれる。また，近年盛んになっているインターネットでの通信販売おける宅配事業者やオンラインモールのような（B to B to C：Business to Business to Consumer）とよばれる他企業の消費者向け事業を支援・促進するような事業を加える場合もある。

1.2　消費者市場

　消費者市場は，製品を購買するすべての一般消費者である個人や世帯から構成されており，その大きさは人口数や消費総額などによって具体的数値で表すことができる。企業は，消費者を性，年齢構成，生活様式，所得階層，教育水準，嗜好などの要因をもとに分析し，製品開発や経営戦略などに利用する。

　消費者市場を産業市場と比較した場合では，相対的に多くの購買者から構成されるにも関わらず個人が製品を使用する目的で購入されるため購入量や金額は少なく逆に購入頻度が高いといえる。そして，消費者は自らの欲求を満たす

ために多種多様な製品を購入し消費しており，ライフスタイルや自らの製品に対する価値判断に応じて製品を購入する傾向がある。

1.3 産業市場

　産業市場は，生産者や流通業者などによって形成されていることから膨大な数の企業が存在しており，設備，部品，原料，サービスなどさまざまなものが取引されている。購買の対象者は企業や政府機関などであり，消費そのものを目的とするのではなく，その業務である生産，再販売，サービスの提供のために製品を購買する場合が多いことが特徴である。例えば，従業員が利用する福利厚生のための施設などを購入した場合，従業員により使用されるが，このようなケースも広い意味において製品の製造や販売などに資する購買活動と考えられる。さらに産業市場で取引される製品には，材料や部品，あるいは生産工程で長期にわたって使用される機械や装置などの資本財，潤滑油などの補助財や機械装置，コンピュータシステムのメンテナンス，経営コンサルタントなどのサービスも含まれる。

　また，消費者市場と比較した場合，業務市場数は少数であることから売り手と買い手は密接な関係を築きやすい。そして，製品の特性は，専門的評価に裏付けられたものであり，取引成立まで多くの人たちがかかわり時間をかけて慎重に売買契約がおこなわれる。その際には価格面が重要な交渉課題となり，それぞれの責任を明確にするための見積書，請求書，購買契約書など多くの書類が必要となる。また容量，パッケージのデザイン，製品カラーなどの外観や包装にこだわるよりも品質，機能，耐久性などに重きが置かれる。

　このように，産業市場の特性は消費者市場とは大きく異なっており，不特定多数の一般消費者を対象としているわけではなく，ある程度特定された大口顧客と継続的取引がおこなわれることや，一般の消費者よりも購買金額が大きく定期的かつ継続な取引をおこなう場合が多い。

1.4 再販売市場

　一方，製品を購買し，加工をおこなわずに再販売をする流通業者などの再販売市場の特性は産業市場のそれと類似している。再販売市場の構成者は，利益を得て再販売または賃貸する目的で製品を購入するすべての個人および組織体から構成されている。この市場は，生産と消費を結ぶ役割を担っており，卸売業や小売業，あるいは運輸・倉庫業などの物的流通産業を含めることもある。この市場が成立する理由は，時間・空間・場所の節約，リスクの分散，所有効用を作り出すためである。再販売市場を担う流通業者は，コスト分担，リスク分散，あるいは情報伝達にも役立っている。メーカーにとって消費者が購買するまでの製品リスクは決して小さなものではないことから，再販売市場は重要な役割を果たしていると考えられる。

2　消費者行動の分類

　消費者行動は，心理学，社会学，社会心理学，文化人類学などで取り組んできた人間行動の成果を応用する形で研究がおこなわれてきている。消費者行動には，さまざまな側面が含まれており，消費者の製品情報の収集や製品比較・検討，あるいは製品購入から廃棄までも含んでいる。
　アメリカマーケティング協会（AMA）の定義によると，消費者行動とは「製品やサービス市場において消費者，あるいは意思決定者の行動」としており，「それは，そのような行動を理解し，説明することを試みる学際的なフィールドを説明する科学的な研究領域」とされている。一方，ブラックウェルは，消費者行動を「人々が製品やサービスを取得したり，消費したり，処分したりする際に従事する諸活動」としている。またザルトマンは，「消費者行動とは，製品・サービス，およびその他の資源の獲得，使用，それから生じる経験のために個人，集団，組織などによって示される行為，過程，および社会的関係をいう。」と広義に解釈している。このように，消費者の消費や購買は多種多様

であり，目的に応じた視点や枠組みによって分析する必要がある。代表的な消費者行動を分析する場合の枠組みとしては消費者行動の集計水準と消費者選択の階層性に着目した方法がある。

2.1 集計水準に着目した分析の視点

消費にかかわる現象を取り上げる場合，市場や社会全体の消費行動・動向を取り扱うのか，それとも個々の消費者，世帯，家計を対象として分析するのかという集計水準に着目した方法がある。

集計水準に着目した分析では，消費主体ごとの行動に焦点を当てる個別行動と，個別行動が合わさった結果としての社会過程・減少に焦点を当てる集合行動に分けることができる。さらに，個別行動は，個人行動，相互作用，集団行動に類型化することができる。

(1) **個人行動**

個々の消費者を対象とした分析対象としたものであり，個人の製品選択やブランド選択，あるいは店舗選択などの選択行動が取り上げられ，意思決定や情報処理のプロセスが分析される。

(2) **相互作用**

個々の個人の行動そのものを対象としたものではなく，個人間での相互プロセス自体に焦点を当てる方法である。経済的な価値と象徴的な意味を相互に交換する贈答用品などのように，2人以上の個人が，行動の主体として，あるいは客体として相互に依存し影響を与えながら展開される両者間の相互作用のプロセスを分析するようなものが相当する。

(3) **集団行動**

集団の構成員や1つの統合的なシステムとして集団を捉え，集団としての行動に焦点を当てた分析である。例として，家族による強要されるような製品に

おいて誰が製品の選択，購買，支払いをするのかという役割分担や夫婦間での製品の違いによる意思決定の差異などが分析対象となる。

(4) **集合行動**

個人や集団の個別行動ではなく，それらの個別行動を集積した結果としての社会過程や社会現象に焦点を当てた分析である。具体的には，新製品などの流行や普及など，個人の行動が伝播・拡大することにより社会現象を引き起こすような社会過程などが相当するだろう。

2.2 選択行動に着目した分析

消費者行動の分析として選択行動に着目し，消費者行動を大きく消費行動と購買行動に分類する方法もある。消費行動には，消費と貯蓄の配分や消費支出の費目別配分，そして使用行動には消費や使用方法の決定，あるいは保管・廃棄・リサイクルの決定が含まれる。一方，購買行動には，購買前行動，購買行動，購買後行動や買物行動が相当する。

(1) **消費行動**

私たちは，生活時間を労働と余暇というように配分し生活をしている。そして，労働で得た対価を基にして生活に必要なモノやサービスを手に入れたり，余暇のために支出したりしている。

このように，私たちは自らの消費生活において，所得水準を考慮したうえで可処分所得に対する貯蓄と消費の配分を決定している。消費行動とは，消費に配分された部分の費目別（食料・住居・水道・光熱・被服・履物・家具・家事用品・保険・医療・交通・通信・教育・教養・娯楽など）に配分を決定することである。

(2) **使用行動**

私たち消費者は，製品を購買するだけでなく，それを消費し使用したりする

が，使用後には廃棄する。すなわち，使用行動とは購入した商品をどのように消費・使用するのかという使用方法の決定，あるいはその後の保管・廃棄・リサイクル方法など処分方法なども含まれている。

(3) **購買行動**

　消費者行動において，購買行動は消費者が意識しているかどうかにかかわらず，常に選択と意思決定がおこなわれていることから，消費者が商品に対する欲求を商品やサービスの入手や調達に直接関係する行動を示している。そして，それらは購買前行動，購買行動，購買後行動という一連の意思決定プロセスから展開されている。

　購買前行動とは，商品やサービスの選択の際に購買前におこなわれる情報探索，獲得，評価といった情報処理活動や評価のための活動である。そして，購買行動とは，選択した製品・サービスをどの店舗で購入するのか，あるいはインターネットなどの通信販売で購入するのかというような購入場所や購入方法である。その際，諸費者が選ぶブランドや製品モデル，あるいは購入する製品数量や頻度の決定なども含まれる。

　購買後行動とは，購入された商品がどのように使用され，生活の中でどのような意味をもつのかということであり，その購入商品に対する満足度に関する評価を含む活動である。これは，消費者が再度製品を購入する際に同様の製品やブランドを選択するのかという購買機会に大きな影響を与えることとなる。

(4) **買物行動**

　買物行動とは購買行動の1つであり，消費者の買物場所の選択ないしその集積の選択にかかわる行動である。それは商品やブランドの購買行動に付随するものとして考えられることができよう。消費者と近い関係にある小売業・サービス業の立場から，場としてどのような店舗や商業集積（ショッピング・センター，商店街など）を選択するのかという店舗間の買物行動，施設の中でどのような商品やサービスが選択されるかいう店舗内買物行動，あるいはインター

ネットなどを利用した無店舗販売も買物行動の分析対象である。

買物行動としての店舗の選択は，購入するものが特定の商品か複数の商品であるのか，あるいは商品のほかにサービスを含めた多目的購買かという理由で集積の選択が異なる。そのため，小売業にとって消費者のストア・ロイヤルティを高めることが必要になる。そこで重要になる要素は，代替的店舗の属性の評価，代替的店舗の属性の知覚（ストア・イメージの形成），およびそれによる店舗に対する態度である。

消費者は，代替的店舗を評価する際に立地が便利である（所要時間，交通機関，駐車場など），品揃えが好ましい，価格が妥当である，販売促進やサービスが優れている（広告，店員の接客，配送，信用販売など），店舗が快適である（配列，装飾，陳列の魅力，顧客の階層，店内の混雑度，店舗内の温度設定）など店舗属性に対してさまざまな基準を用いて決定している。これらの基準における重要度は，どのような商品やサービスを購入しようとしているのかという内容によって異なる。

また，消費者は自分自身で店舗を見て判断したり，友人や知人からのクチコミや広告などから自己の知覚を通してストア・イメージを形成する。そして，この店舗属性についての評価とストア・イメージの相互作用により，その店舗に対する消費者の態度，つまり選択対象となる小売店舗の全体的評価を形成する。消費者が店舗属性に対する高い評価や好意的なストア・イメージを持つことができれば，その店舗を選択する確率が高くなるだろう。加えて，選択した小売店舗での購入商品や購買体験による店舗選択後の評価が高ければ，イメージ的にもプラスの経験として情報が蓄積されることから，次回の購買時にも繰り返しその店舗を選択される確率は高くなるだろう。

2.3 消費者行動の代表的な分析モデル

消費者行動における代表的な分析モデルとして，リリアンやコトラーは集計水準や選択の階層性から特定化する基準と，購買行動の意思決定の諸段階をモデル化するプロセスの2つの基準から6つのタイプに分類して説明している。

この6つの消費者行動モデルは，消費者行動全体を考察する「包括的意思決定過程モデル」，消費者のブランド知覚や選好がどのようにおこなわれるかを図式化して表現するマッピングモデルとよばれる「知覚・評価モデル」，多属性態度モデルや行動意図モデルを代表とするブランドなどの選択対象に対する態度がどのように形成されたかに焦点を当てている「態度形成モデル」，消費者が複数のブランドに直面した際に，どのような確率で特定の選択対象が選択されるかを数値化して記述・予測したりすることを目的とした「合理的選択モデル」，消費者の選択結果に着目して確率的によって予測しようとしたモデルである「確率過程モデル」，消費者行動を市場全体から捉えて，広告，価格，プロモーションというマーケティング変数に対する反応を計量経済的な手法から記述したモデルである「市場―反応モデル」などがある。

　包括的意思決定過程モデルとは，消費者の購買行動と意思決定プロセスを全体的に組み込み，両者の関係をミクロ・レベルで包括的に体系化することにより消費者行動全体を考察するモデルである。データを参考に実証をおこなう際には無理があることから図式を使用した概念モデルとして提示されている。このモデルの中で代表的なモデルとしては，**図表11-1**で示したようなハワード＝シェス・モデル（Howard and Sheth）がある。

　ハワード＝シェス・モデルでは，消費者は外部の刺激（stimulus：S）を受けて購買行動という反応（response：R）を起こすが，SとRに介在するブラック・ボックスとしての消費者（organism：O）の中身を解明する代表的なモデルである。刺激として外部環境よりインプットされる変数は，品質，価格，デザイン，サービスなど製品の特性を示す表示的刺激，広告などで表現される象徴的刺激，家族や準拠集団，社会階層などから受ける社会的刺激である。消費者は，これらの刺激を外生変数とし，知覚と学習という内生変数を媒介して製品に対する態度を形成する。好意的な態度であれば，購入意図となって購買行動につながる。購買した製品の満足・不満足の結果はフィードバックされ，ブランドに関する知識や理解が強化され修正されるというものである。このように，S-O-Rモデルは消費者を購買行動へと向かわせるための戦略ポイントを

つかむ重要な分析手法とされている。

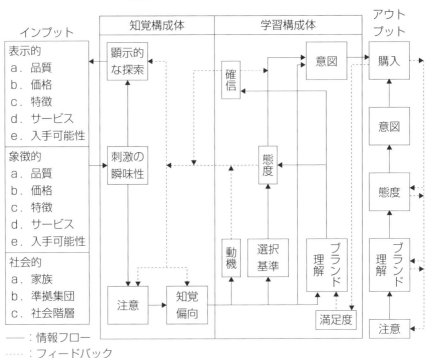

■図表11-1　ハワード＝シェス・モデル

（出所）Howard, J.A. and J.N.Sheth [1969] The Theory of Buyer behavior, John Wiley & Sons, Inc., p.30. 池尾恭一・青木幸弘・南千恵子・井上哲浩 [2010]『マーケティング』，有斐閣p.96。

3　消費者の購買行動における意思決定プロセス

　消費者の購買行動は，製品やサービスを購買する時点の行為だけを対象とするだけではなく，その前後のさまざまな活動をプロセスとして捉えるべきである。購買行動を段階的なプロセスとして考える場合には，単純に購買前活動，購買活動，購買後活動の３段階に分類することができるが，一般的には**図表11-2**で示したように問題認識→情報探索→代替案の評価→選択・購買→購買

■図表11-2　購買プロセスと購買に伴う消費者の心理的プロセス

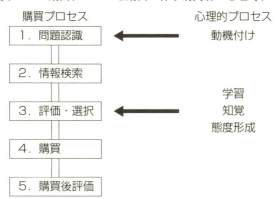

（出所）　平久保仲人［2005］『消費者行動論』ダイヤモンド社p.19。

後評価という5段階に分類して考えることが多い。もちろん，すべての消費者の購買行動が同じようにこのようなプロセスを経ているわけではない。それは製品の特性や置かれた状況，あるいは衝動買いなどによって異なるケースもあるだろう。

(1)　問題認識

　購買意思決定を問題解決として捉える場合，消費者が望ましいと考える状況と現実の状況との乖離があることに気づき，それを解決するべき問題として認識することから始まる。そして，この問題を解決するための手段としてニーズの喚起とよばれる製品やサービスの購買が検討され始める。その状況は，手持ち製品の不足や不満足，生活環境や家族特性の変化，家計状態の変化，企業の広告や販売促進などのマーケティング活動の影響により誘発される場合が多い。

(2)　情報探索

　問題認識がなされると，消費者は理想と現実との差から生じた不満や不自由を解消するための商品やサービスについて情報を収集する。情報探索は，消費者自身の経験により記憶に蓄積されている内部情報の探索や，友人・知人から

のクチコミ，広告や販売促進活動，あるいはセールス活動などから得られる外部情報の探索に分けられる。近年では，インターネットの進展によって消費者はマスメディアからの情報よりも比較サイト，ブログ，SNSなどのソーシャルメディアを有効に活用して情報を得るケースが多くなっている。

　消費者の情報探索の大半は，それまで蓄積された記憶を基に関連した情報を探り出す内部探索から始められ，内部探索で十分な情報が得られない場合に外部の情報源を探す外部探索がおこなわれる。その際，消費者が内部探索をおこなうのみで意思決定をおこなうのかどうかは，それまでの既存知識の量や質，あるいは情報探索能力によるところが大きい。

　内部探索に加えて外部情報探索をおこなう場合は，情報探索や取得するための時間や費用などのコストと，そこから得られる情報の価値を勘案して決定されるだろう。特に，高額で購入頻度の低い商品は多種類の情報源から大量の情報を収集するであろうし，食品や日用品のように低額で購入頻度の高い商品はほとんど情報収集をしないかもしれない。

　また，外部探索は，特定の製品・サービスを前提として，それに先立ちおこなう情報探索である購買前探索と日常的に継続しておこなわれる継続的探索にわける場合もある。

(3)　**代替案の評価**

　内部探索，外部探索によってさまざまな情報収集がなされると，自らの基準に照らして購入対象となる代替案としての製品やサービスブランドおよびその購入店舗の評価をする。一般的にこの評価基準は，商品やサービスのパフォーマンス（耐久性，効率性，経済性，信頼性など），適合性（スタイルやデザインなどとの合致），便宜性（時間や労働の短縮など），コスト（価格，修理費，据付けや配送サービスなど）がある。この基準は個々の消費者の評価基準やルールによって，あるいは購入する商品やサービスによって異なるだろう。また，購入店舗の選定における評価基準では，店舗の立地条件，価格，品揃え，ストア・イメージ，広告・プロモーション，サービス，従業員の応対などを挙

げることができよう。

(4) 選択・購買

　消費者は代替案の評価に基づいて決定した，もっとも評価が高い商品やサービスを購買する。この購買にあたっては，消費者の購買意思決定に関わる要因として，店舗レイアウトや店内の買物客の流れ，価格設定，店員の接客サービスや対応，支払方法・方式の利便性なども考慮されることがある。

　しかしながら，消費者は選択した商品・サービスを事前に意図したように購入するとは限らない。事前に購入を意図した通りに購入することを計画購買というが，小売店舗における（店頭における従業員の説明，POPなどのマーケティング活動）さまざまな状況要因によって，当初計画や予定になかった製品を購買することを非計画購買，あるいは衝動購買とよんでいる。

(5) 購買後評価

　購買における意思決定プロセスの最終段階は選択・購買が終わり，実際にその商品・サービスを消費・使用したうえでの評価である。購買した商品を使用して，その購買意思決定が正当なものであったかどうかの評価が始まる。そして，購買した商品・サービスの品質や性能について，実際に消費して得た結果が購入時の期待と一致するかまたはそれ以上であれば，消費者の満足度は高まり再購入に至るだろう。

　しかし満足できない場合には，購買後評価による情報が次の購買時に内部情報として蓄積されることになる。そのため，同一の商品・サービスや同一店舗での再購入の可能性は極めて少なくなるだろう。

　この購買後評価の段階における消費者は，自分の購買行為に対して認知的不協和（cognitive dissonance）という心理的不安状況に陥る場合がある。認知的不協和とは，2つ以上の選択肢から1つに絞り込まなければならなかったような状況下で起こりやすく，実際に選択しなかった代替案への思いが強く残るという状況である。

このような状況に陥ると，消費者は不安を少しでも減少させるために自らの購買に対する責任を放棄し，自分の購買行動を支持し正当化するための情報を求めようとする。消費者の認知的不協和への対応策としては，企業広告（メッセージ），説明書，アフターサービスなどがある。

もちろん，消費者の購買意思決定プロセスは，消費者自身の置かれた状況や購買する商品やサービスの特性によってさまざまであり，上記にあげたようなすべての段階を経て購買意思決定が経過しているとはいえない場合や消費者が費やす時間や努力はそれぞれ異なっている。

4 消費者の購買行動に影響を及す要因

消費者の購買行動は極めて多様化・複雑化しているが，消費者の購買行動に影響を与える要因として文化，社会的要因，家族，準拠集団などの外的要因と消費者個人の諸条件や個人差を生み出す心理的要因，人口統計的な属性，価値意識，知識，態度などの内的要因に分類できる。

4.1 外的要因

消費者の購買行動に影響を与える外的要因としては，文化，社会階層，準拠集団，家族などが相当する。文化とはある集団の構成員にみられる共通のものであり，特定の集団，組織などが他に対して特徴づけるものである。多くの場合，無形の存在である場合が多いが，目に見えない価値観や儀礼・挨拶，共通のシンボル（言葉やしぐさなど）など目に見える有形の要素で一般に慣習とよばれるものもある。そして，世代ごとに受け継がれていき，衣・食・住における消費者行動の根幹をなすものであるとされている。また，サブ・カルチャーと呼ばれる下位集団は，時代の先端を表現しており，ある特定層だけの価値観を有している場合も多く，マーケティング戦略を立案する際に1つの切り口として利用される場合が多い。

一方社会階層も外的要因の1つであり，収入，教育水準，職業などを基準に

分類されたものである。それぞれの階層のメンバーは，同じような価値観，興味，行動様式を共有している場合が多い。戦後の日本では，一億総中流階級を基本として，中流階級が多くを占めており階層がない社会と考えられてきたが，近年では経済的格差が広がっており社会階層の問題が意識されるようになっている。また準拠集団とは，同じ価値観，態度，行動を形成する集団であり，家族，友人，職場，サークル趣味や習いごとの仲間などが相当する。所属していない集団であっても，個人的に所属願望や憧れがあるような場合にも影響を受けるとされている。準拠集団が及す影響力は，さまざまであるものの影響を与えやすいグループの1つとして考えられよう。特に，そのグループにおける影響力を強くもたらすオピニオン・リーダーといわれる特別な知識，能力，技術，パーソナリティを有する人がいる場合には，彼らを中心としてマーケティングを展開するケースも見られる。家族についても同様であり，社会におけるもっとも基本的な単位であり，多くの場合は家計を維持するための単位とみなされている。家族形態やライフスタイル上の段階によって消費内容は大きく異なるが，夫婦，子供，親それぞれの購買行動は相互にもっとも大きな影響を及し合うと思われる。

4.2 内的要因

　外的要因に加えて内的要因も消費者の購買行動に影響を与える要因となる。内的要因とは，消費者の内面や心理的側面などによって生まれる個人差の部分が相当する。たとえば，男性・女性などの性別，若年層・高齢者層などの年齢などの違いや性別，年齢が同じであってもそれぞれの価値意識やライフスタイルの違いによっても大きな違いや多様性が生まれることとなる。

　また，生活資源や情報処理能力も内的要因としてあげることができる。消費者は，多様であり単身者か家族がいるのかなどの違いにより時間や所得なども異なる。また，多くの製品やサービスが存在する中で，商品・サービス内容，商品価格，入手場所，入手方法などの情報処理能力は個人によって大きく差が出るところであり，生活資源や能力の配分の仕方によっても購買要因に大きな

差が出るだろう。

　消費者の購買行動には，その背後にあるなぜ？　どうして？　という部分に関係する動機づけ，知覚，学習，態度というような心理的要因が働いている。動機づけとは，消費者がある目的を達成しようと行動を方向づけるものであり，すべての消費者行動の基本となっている。消費者は，ニーズがある一定の段階に達すると動機が生まれることから，動機とは不満足を解消することであり，その充足を求めるようになる。また，知覚とは消費者が自分たちの内的あるいは外的環境にある刺激から一定の意味をつかむプロセスであり，その結果として，商品，ブランド，店舗，価格，広告といった購買行動に直接影響を与える要因に対してのイメージをつくりあげる。

　一方，学習とは過去の経験の繰り返しからもたらされる行動の変化であり，経験こそが学習効果として後続の行動に影響を与えるものである。すなわち，学習は動因，刺激，きっかけ，反応，強化というような要因の相互作用によっておこなわれる。

　態度とは，消費者が製品や店舗などに対してそれまでの経験などから形成している好き，良いといった好意的，あるいは嫌い，悪いといった否定的といった認知的評価や感情などの全体的な評価のことを指している。態度とは，購買するかしないかという準備状態であり，行動を規定すると考えられている。態度には，一定のパターンが存在しており，1つの態度を変化させるためには他の多くの態度を変更しなければならないことから態度を変えさせることは困難であると考えられている。

〈参考文献〉
青木幸弘［2010］『消費者行動の知識』，日本経済新聞出版社
青木幸弘・新倉貴士・佐々木壮太郎・松下光司［2012］『消費者行動論』，有斐閣アルマ
有馬賢治［2006］『マーケティング・ブレンド 戦略手段管理の新視角』，白桃書房
有馬賢治・岡本純編『マーケティング・オン・ビジネス』［2016］，新世社
池尾恭一・青木幸弘・南千恵子・井上哲弘［2010］『マーケティング』，有斐閣

柏木重秋［1985］『消費者行動　新版』，白桃書房
加藤勇夫・寶多國弘・尾碕眞編［2006］『現代のマーケティング論』，ナカニシヤ出版
杉本徹雄編［1997］『消費者理解のための心理学』，福村出版
杉本徹雄編［2012］『新・消費者理解のための心理学』，福村出版
田中洋［2015］『消費者行動論』，中央経済社
平久保仲人［2005］『消費者行動論』ダイヤモンド社
フィリップ・コトラー，ケビン・レーン・ケラー，恩蔵直人監修，月谷真紀訳，［2014］『マーケティング・マネジメント（第12版）』，丸善出版
フィリップ・コトラー，ゲーリー・アームストロング，和田充夫監訳［2015］『マーケティング原理第9版』，ダイヤモンド社
フィリップ・コトラー，ゲーリー・アームストロング・恩蔵直人［2014］『コトラー，アームストロング，恩蔵のマーケティング原理』，丸善出版
宮澤永光・城田吉孝・江尻行男編［2009］『現代マーケティング』，ナカニシヤ出版
守口剛・竹村和久編［2012］『消費者行動論』，八千代出版株式会社
吉田正昭・村田昭治・井関利明共編［1969］『消費者行動の理論』，丸善出版株式会社
Blackwell, R.D., Miniard, P.W. and Engel, J.F. [2005], Consumer Behavior, 10thed., South-Western.
Gerald Zaltman & Melanie Wallendorf [1979], Consumer Behavior, Wiley 1979, p.6
Howard, J.A. and J.N.Sheth [1969] The Theory of Buyer behavior, John Wiley & Sons, Inc.
Stanton, W.J., Etzel, M.J., Walker, B. J. [1994] Fundamentals of Marketing, 10th. Ed., McGraw-hill, Inc., 1994, p.154
Lilien, G.L. and Kotler,P. [1983] Marketing Decision Making: A Model-Building Approach, Harper & Low.

索　引

欧文

3PL……………………………………… 133
52週MD………………………………… 198
7大商社………………………………… 42
CAPM…………………………………… 176
EDLP政策……………………………… 190
PB……………………………………… 187-189
PB商品………………………………… 68
POSシステム…………………………… 191
SSDDS（self-service discount department store）…………………………… 107

あ行

意思決定プロセス……………………… 216
伊勢湾台風……………………………… 103
市場型間接金融………………………… 144
市場の失敗……………………………… 99
奥行き…………………………………… 189
オプション取引………………………… 179

か行

回収物流………………………………… 120
外装……………………………………… 131
外的要因………………………………… 220
買物行動………………………………… 213
買物弱者………………………………… 114
価格形成機能…………………………… 30
仮説検証型発注………………………… 192
価値尺度手段…………………………… 139
価値貯蔵手段…………………………… 139
「小売アコーディオン」仮説………… 73
「小売の輪」仮説……………………… 70
カテゴリー…………………………… 192, 194

株式分割………………………………… 168
間接金融………………………………… 144
企業間取引……………………………… 35
危険負担機能…………………………… 20
疑似百貨店問題………………………… 108
規制金利………………………………… 156
機能論…………………………………… 11
逆選択…………………………………… 147
キャリア………………………………… 134
業種……………………………………… 60
業態……………………………………… 62
金融機能………………………………… 20
金利の自由化…………………………… 156
グリーン・ロジスティクス…………… 136
交換手段………………………………… 139
交換説…………………………………… 7
後配株…………………………………… 164
購買行動………………………………… 213
小売商業………………………………… 58
コールオプション……………………… 179
コールドチェーン・システム………… 129
個装……………………………………… 131
固有業務………………………………… 145
コンパクト・シティ化………………… 113
コンビニエンスストア………………… 79

さ行

裁定取引………………………………… 179
再販売購入活動………………………… 58
再販売購入説…………………………… 8
再販売市場……………………………… 210
先物取引………………………………… 178
サプライチェーン・マネジメント…… 124
産業市場………………………………… 209

事業投資……………………………… 38
自主編集売場…………………………… 204
品揃え形成……………………………… 20
社会的売買の集中……………………… 58
集荷・分荷機能………………………… 30
需給結合機能…………………………… 18
商業活動調整協議会（商調協）…… 108
商業近代化地域計画事業…………… 104
商業資本論……………………………… 12
商業の大規模化………………………… 14
商業排除論……………………………… 16
使用行動……………………………… 212
商社……………………………………… 35
商社の（8つの）機能…………… 53, 54
商店街商業組合……………………… 102
商店街振興組合法…………………… 103
商人商業説………………………………… 9
消費行動……………………………… 212
消費者行動モデル…………………… 215
消費者市場…………………………… 208
情報収集・伝達機能…………………… 21
情報受発信機能………………………… 30
情報の非対称性……………………… 147
静脈物流……………………………… 120
「真空地帯」仮説……………………… 71
信用乗数……………………………… 152
信用創造機能………………………… 149
信用創造理論………………………… 151
スーパーマーケット…………………… 77
生産物流……………………………… 120
製販統合………………………………… 67
専門商社………………………………… 45
総合商社………………………………… 40
ソーシャル・ロジスティクス……… 122

た行

代金決済機能…………………………… 30
棚割……………………………… 195, 196
ダラーコントロール………………… 197
チームMD………………………… 200-202
中小企業等協同組合法……………… 103
中小小売商業振興法（小振法）…… 105
調達物流……………………………… 120
直接金融……………………………… 144
直接販売………………………………… 4
デパートメントストア宣言…………… 76
動脈物流……………………………… 120
特定商業集積整備法（特集法）…… 110
ドミナント戦略………………………… 79
取引総数最小（単純）化の原理…… 21
トレーディング事業…………………… 38

な行

内装…………………………………… 131
内的要因……………………………… 221

は行

ハイ＆ロー価格政策………………… 190
配給組織体説…………………………… 10
幅……………………………………… 189
ハワード＝シェス・モデル………… 215
販売業務………………………………… 35
販売物流……………………………… 120
反百貨店運動………………………… 101
ビジネス・ロジスティクス………… 121
ビットコイン………………………… 157
百貨店…………………………………… 75
フィンテック………………………… 157
フォワーダー………………………… 134
不確実性プールの原理………………… 23
付随業務……………………………… 145
普通株………………………………… 164
プットオプション…………………… 179
物流機能……………………………… 126

フランチャイズチェーン	63
ブルウィップ効果	125
ブロック・チェーン	157
ポートフォリオ理論	172
ボランタリーチェーン	64
ボン・マルシェ	75
本源的証券	144

ま行

マーガレット・ホール	21
まちづくり3法	111
マテリアル・ハンドリング	130
マネー乗数	152
モーダルシフト	127

や行

有償増資	168
優先株	164
輸出入貿易	35
ユニットコントロール	197

ら行

リスク低減化効果（分散化効果）	174
利付債	165
流通系列化	4, 66

わ行

割引債	166

■執筆者一覧（執筆順）*

岡田千尋	名古屋学院大学商学部教授	〈第1章〉
清水　真	中部大学経営情報学部教授	〈第2章〉
髙木直人	名古屋学院大学商学部教授	〈第3章〉
岡田一範	高田短期大学キャリア育成学科講師	〈第4章〉
蒲生智哉	名古屋学院大学商学部准教授	〈第5章〉
岩出和也	名古屋学院大学商学部講師	〈第5章〉
濵　満久	名古屋学院大学商学部教授	〈第6章〉
杉浦礼子	名古屋学院大学商学部准教授	〈第7章〉
三井　哲	名古屋学院大学商学部教授	〈第8章〉
姜　喜永	名古屋学院大学商学部教授	〈第9章〉
小谷光正	名古屋学院大学商学部准教授	〈第10章〉
岡本　純	名古屋学院大学商学部教授	〈第11章〉

＊所属・肩書き等については第1版第1刷当時（2019年4月1日）のものです。

《編者紹介》
名古屋学院大学商学部

　名古屋学院大学商学部は，「敬神愛人」というキリスト教精神に基づいて1966年経済学部商学科として開設された。その後，1992年に商学部として開設され，2019年で27年目を数える。現在，商学部は商学科と経営情報学科の2学科にわかれており，募集定員は学部全体で295人となっている。商学部の多くは，経営学部などに改組されているが，中部地区では数少ない商学部を有する大学である。特に，「人間力」の養成を基礎としたカリキュラムから商学や経営学の基礎から専門までを体系的に学ぶことにより「人間力」，「実践的適応能力」の育成に力を入れている。

商業概論

2019年4月1日　第1版第1刷発行
2024年4月25日　第1版第3刷発行

編　者	名古屋学院大学商学部
発行者	山　本　　　継
発行所	㈱中央経済社
発売元	㈱中央経済グループ パブリッシング

〒101-0051　東京都千代田区神田神保町1-35
電話　03（3293）3371（編集代表）
　　　03（3293）3381（営業代表）
https://www.chuokeizai.co.jp
印刷／文唱堂印刷㈱
製本／㈲井上製本所

Ⓒ 2019
Printed in Japan

＊頁の「欠落」や「順序違い」などがありましたらお取り替えいたしますので発売元までご送付ください。（送料小社負担）
ISBN978-4-502-29891-2　C3034

JCOPY〈出版者著作権管理機構委託出版物〉本書を無断で複写複製（コピー）することは，著作権法上の例外を除き，禁じられています。本書をコピーされる場合は事前に出版者著作権管理機構（JCOPY）の許諾を受けてください。
JCOPY〈https://www.jcopy.or.jp　eメール：info@jcopy.or.jp〉

いま新しい時代を切り開く基礎力と応用力を兼ね備えた人材が求められています。

このシリーズは，各学問分野の基本的な知識や標準的な考え方を学ぶことにプラスして，一人ひとりが主体的に思考し，行動できるような「学び」をサポートしています。

ベーシック＋専用HP

教員向けサポートも充実！

中央経済社

長く勝ち続けるトレーダーをめざす人の実践書

岡安盛男の
FX
攻略バイブル

第**4**版

岡安盛男
MORIO OKAYASU

自由国民社

本書は投資に関する参考情報の提供を目的としたものであり、特定の金融商品等に対する投資勧誘を目的としたものではありません。本書の情報に関しては万全を期すよう注意を払いましたが、内容を保証するものではありません。本書の情報を利用した結果生じたいかなる損害、損失についても、出版社、著者、本書制作の関係者は一切の責任を負いません。投資判断はあくまでご自身の自己責任でお願い致します。

はじめに

　FX取引とは、お金でお金を売買する最もシンプルな取引です。金や外債などを挟まないため、その場で勝ち負けがはっきり出ることから相場の中でも最も厳しく、そして面白い取引だと私は思います。私も為替の世界に入り既に39年近く経ちました。取引をしていると日中においても天国と地獄が何度も繰り返されるような日々が続き、記憶に残っていることと言えば何故か苦しくて辛い経験ばかりです。それでも、未だに為替に関わっているのはそれだけ魅力があるからだと思います。

　私が最も為替相場に魅力を感じるのは「フェアー」な市場だということです。為替相場にはインサイダーなど殆どないと言っても過言ではありません。したがって、誰にも頼らずに自分ひとりの力で稼ぎ出すという究極の狩猟民族的な生き方がこの世界にはあります。

　短期間で何千万、何億円と稼いだ人の話も聞きますが、確かにFXはそれが可能な世界です。それはレバレッジという武器が使えるからです。このレバレッジによって少ない自己資金でも何十倍という取引が可能になります。例えば25倍のレバレッジでは200万円あれば、5千万円相当の取引ができます。その5千万円の1割を稼いだとすれば500万円です。それは自己資金の200万円の2.5倍を稼いだことになります。FXで取引額の1割を稼ぐというのは、状況によっては十分実現可能なレベルの話です。

　しかし、無から有を生ませようとするものだけに、簡単に儲けさせてくれるわけではなく、それなりの努力が必要です。努力というのは勉強もさることながら、慣れるまではある程度の授業料を支払うことになるでしょう。No pain no gain という言葉通り、何かを得ようとすればそれに伴う痛みもあります。しかしこの授業料は少なくて済むに越したことはありません。そのためには本気で、そして真剣に為替に取り組むことです。いい加減な気持ちで臨めば大怪我をすることにもなりかねません。

為替相場を長く続けていれば、何年かに一度はビックチャンスが訪れるものです。2008年に起きたリーマンショックなどはその典型です。その後もブレグジット、そしてアベノミクスによる円安など、大きく稼ぐチャンスは何度か巡ってきました。それこそ自己資金を何十倍も増やせる可能性もあります。ただ、毎日取引をする度に一発勝負の取引を繰り返せば、瞬く間に自己資金など消えてしまいます。問題はそのチャンスをいかに自分のものにできるかということです。

　それは、毎日コツコツと地道な取引を繰り返していればこそ、はじめてつかめるものです。大事なことは続けることです。二度と立ち上がれなくなるような取引だけは避けなければいけません。

　そのためには、自己資金をいかに上手に管理するかがポイントです。それは損切りや利食いの上手なやり方にもつながります。実際に取引をやっていると、最初に決めた損切りや利食いなどのレベルをついつい変えてしまい失敗することがあります。勝ち残るためには、自分の中にある意地や自惚れ、そして欲や恐怖などをいかにコントロールするかにかかっています。それは、もしかしたらテクニカルや知識を増やすことよりも難しい問題かもしれません。

　本書は長く勝ち続けるトレーダーになりたい方のために、2010年8月に出版した『岡安盛男のFX攻略バイブル』の改訂版にあたります。おかげさまで読者の皆様からの御好評を得て版を重ね、今回が第4版になります。

　既に初版から8年、第3版からも4年が経過し、この間に相場環境は大きく変化しました。

　今回の第4版もそうした変化を踏まえながら、直近の2018年12月までのデータや事例を豊富に交え、トレードスタイル別の実践攻略法や通貨ペア別の攻略法を詳細に解説しています。

　2010年代はこれまでに、いろいろな大きな出来事がありました。

　日本では2011年3月の東日本大震災によって、ドル円はその年末に史上

最安値となる75円台まで下落しましたが、翌2012年12月の第2次安倍内閣の発足で、アベノミクス相場が始まると上昇に転じました。そして2015年6月には125円後半まで上昇するなど、ダイナミックな相場展開が見られました。

　サブプライム問題を発端とした世界的な低金利政策も、米国FRBが量的緩和を終了。米国景気の拡大で2015年12月からFRBが利上げに踏み切るなど市場の流れにも大きな変化が見られ、ドル回帰の動きが強まりました。その後ドル円は100円付近まで押し戻されましたが、2016年11月の米大統領選挙でトランプ氏が当選したことで、再びドル円は上昇に転じます。

　しかし、そのトランプ大統領の発言や言動などから、相場はこれまでの常識が通じない動きが何度も見られました。

　米国は貿易赤字解消のために、輸入関税の大幅引き上げを宣言。特に中国に対して貿易赤字是正の揺さぶりをかけ、貿易摩擦から貿易戦争へと発展し始めるとそれまで堅調な地合いが続いていた株式市場が下落に転じるなど、激しい動きが見られます。

　一方、欧州ではポピュリズムが台頭しユーロへの危機感が増す中で、英国がEUからの離脱を決定。いわゆるブレグジット問題が高まり、ポンドが急落するなどこれまでにない大きな変化が見られます。

　2019年はブレグジット問題の結末や米中貿易摩擦、そして欧州ではフランスやドイツの政治的な混乱から新たな相場展開が始まると予想されます。

　このような大きな流れの変化は、トレーダーにとって大きく稼ぐ最大のチャンスになります。チャンスを逃してはなりません。

　本書を通して、少しでも皆様のお役に立つことができればと心から願っています。

2018年12月

岡安　盛男

CONTENTS

CHAPTER 1
外国為替とFXの基礎知識

1-01　外国為替の世界を知ろう　012
外国為替取引とはどんなものか……012／外国為替市場は最も巨大な市場……014／
24時間休みなく世界のどこかで取引されている……016

1-02　円高・円安と為替取引　017
通貨の高安は為替取引の利益の源泉……017／安く買って高く売れば利益が出る……017

1-03　外国為替レートの表示と見方　019
外国為替相場では2つのレートが表示される……019／
FXではBidで売ってAskで買う……020／通貨コードと通貨ペアの表記……021／
COLUMN　銀行の対顧客相場（5つのレート）……023

1-04　FXの特徴とメリット　024
外貨の売りからも始められる……024／差金決済だから少ない元手でできる……024／
高金利通貨の買いでスワップポイントがつく……025／
レバレッジの利用で資金効率が高い……027／その他にも有利な特徴がある……027

1-05　FXの持つリスク　028
為替変動リスクと金利変動リスク……028／FXの持つその他のリスク……029

1-06　為替相場を動かしているもの　032
外国為替相場を動かす主な変動要因……032／為替相場の予想は極めて難しい……036

CHAPTER 2
取引の基本と実践トレードテクニック

2-01　ポジションの作り方　038
取引のスタートは新規注文でポジションを建てる……038／
まずはデモ取引でシステムに慣れる……038／
実戦は小さいポジションから始める……039／
ロスカット（損切り）は必ず徹底する……040／
強制（自動）ロスカットは損失を限定……040

2-02　FXの注文方法を使いこなす　042
確実に売買したい時はストリーミング注文/成行注文……042／
レートを指定したい時は指値注文と逆指値注文……042／
リスク管理にも使える便利な注文方法……044

2-03	為替が動く時間帯を狙う	045

狙い目は欧米市場の取引時間帯（日本時間の夕方から深夜）……045

2-04	資金配分とポジション管理	047

ポジションの大きさと資金配分の決め方……047 ／
資金を小分けにして1日の損失許容額を決める……047

2-05	自分のトレードスタイルを決める	050

トレードスタイルは大きく分けて5つがある……050 ／
自分に合ったトレードスタイルを見つけよう……051

2-06	売りこそ大きく儲けやすい	052

売りをうまく使えば短期間で効率よく稼げる……052

2-07	チャンスの時はポジションを増やして大きくする	054

ピラミッディングで一気にポジションを増やす……054

2-08	期間を変えてチャートを見る	056

2-09	相場をリードしている通貨ペアを探す	058

どの通貨ペアが相場の主役なのかを見極める……058

2-10	知っておくべきその他のポイント	062

ポジションの両建ては意味がない……062 ／
外貨同士の通過ペアを活用すればチャンスが広がる……062 ／
クロス取引で注意すること……063

CHAPTER 3

テクニカル分析をしっかりマスター

3-01	知っておきたいテクニカル分析の基本	066

テクニカル分析は個人のFX取引に必須……066 ／
相場で最も重要なのはトレンドを見つけること……067

3-02	ローソク足で売買タイミングを読む	068

1本のローソク足だけで色々なことがわかる……068 ／
ローソク足の組み合わせで転換ポイントを探る……069

3-03	トレンドラインで相場のトレンドを読む	072

トレンドラインとチャネルラインを引く……072 ／
トレンドラインを利用した売買の基本……074 ／
過去の高値安値もチャートポイントになる……076 ／
本当のブレークか騙しかを見極める……076

3-04	トレンドのパターン分析	078

天井圏で見られるパターン……078 ／底打ちする時のパターン……080 ／
保ち合いのパターン……081 ／保ち合いパターンの共通点……083

3-05 移動平均線 ……084
移動平均線はトレンド系指標の基本……084 ／
ゴールデン・クロスとデット・クロス……085 ／グランビルの8つの法則……086

3-06 フィボナッチ・リトレースメント ……088
フィボナッチ数列とは？……088 ／
黄金比とフィボナッチ数列には深い関係がある……088 ／
黄金比を使ったフィボナッチ・リトレースメント……090 ／
黄金比を使った目標値計測の実際例……090 ／
フィボナッチ数で相場の転換日を予測する……092

3-07 エリオット波動理論 ……094
エリオット波動理論とは？……094 ／
相場の1サイクルは上昇5波と下降3波の計8波……094

3-08 ボリンジャー・バンド ……097
ボリンジャー・バンドの仕組み……097 ／ボリンジャー・バンドの基本的な使い方……097 ／
順張り指標としてボリンジャー・バンドを使う……099

3-09 RSI ……101
売られ過ぎ買われ過ぎを判断するRSI……101 ／ RSIの特徴と基本的な見方……102

3-10 MACD ……104
MACDとは？……104 ／ MACDの仕組みと特徴……104 ／ MACDの基本的な見方……105

3-11 一目均衡表 ……107
一目均衡表とは？……107 ／一目均衡表の基本的な見方……108 ／時間論など……111

3-12 平均足 ……113
平均足とは？……113 ／平均足の見方……114 ／平均足で売買タイミングを見る……115

Q&A もっと知りたいテクニカル分析のコツ ……116

CHAPTER 4
経済指標とファンダメンタルズを読むポイント

4-01 経済指標の読み方の基本 ……120
ファンダメンタルズ分析は経済指標から……120 ／
経済指標は状況によって注目度が変わる……121 ／
経済指標の数字をどう見るか……122 ／多くの経済指標は発表時に織り込み済み!?……123 ／
指標発表前と発表後に相場はどう動くか……124

4-02 主な経済指標とその特徴 ……126
各指標の重要度を把握しておく……126 ／雇用に関する経済指標……128 ／
物価に関する経済指標……130 ／貿易・国際収支に関する経済指標……131 ／
住宅に関する経済指標……132 ／生産に関する経済指標……133 ／
景気・個人消費に関する経済指標……134 ／米国以外の主な経済指標……136 ／
要人発言にも注意する……137

4-03	各国の金融政策の特徴を見る	138
	米国（FOMC）の金融政策……138／その他諸国の金融政策……139	
4-04	米国の利上げとトランプ政策の行方	141
	トランプ政権の衝撃……141／為替相場への影響……141／ 通商政策による円高ドル安……142	
4-05	日銀の緩和政策はどこまで続くか？	144
	日銀の緩和政策とその出口戦略……144／日銀緩和政策の副作用……147	
4-06	イベント発生時の動きと為替市場のアノマリー	148
	トレンドを転換させるほどのイベントは滅多にない……148／ 外為市場のアノマリーとは？……149	

CHAPTER 5

トレードスタイル別実践攻略法

5-01	スキャルピングの実践と稼ぐコツ	152
	超短期で売買するスキャルピング……152／スキャルピング向きの通貨ペア……154／ スキャルピングに向いた時間帯……155／スキャルピングの基本手順……156／ 実践スキャルピング事例……159	
5-02	デイトレードの実践と稼ぐコツ	164
	デイトレードとはどんな手法か……164／デイトレに向いた通貨ペアと時間帯……164／ チャートを順番に見て相場の流れを読む……166／ ボックス相場でのデイトレ攻略法……168／ トレンド相場でのデイトレ攻略法……173／実践デイトレード事例……180／ Step1　相場の流れを頭に入れる……180／ Step2　相場のイメージを描いて取引通貨を選択……180	
5-03	スイングトレードの実践と稼ぐコツ	186
	スイングトレードとはどんな手法か……186／ トレンドの始まりと終わりを見極めてうまく乗る……186／ スイングトレードの基本手順……188／ 実践スイングトレード事例……189	
5-04	ポジショントレードの実践と稼ぐコツ	195
	ポジショントレードとはどんな手法か……195／ ポジショントレードの基本手順……195／ 長期トレンドの見極めと入るタイミングがポイント……196／ 実践ポジショントレード事例……197	
Q&A	もっと知りたいスタイル別実践トレード	203

CHAPTER 6
通貨ペアの特徴と攻略法

6-01　ドル円の特徴と攻略法 ……………………………………… 206
ドル円は円高ドル安の下降トレンドが続いてきた……206／
2018年の米国FRB……208／トランプ大統領の動向と大統領自身の政治リスク……209
日本の経済指標にも注目……211／今後のドル円攻略法……212

6-02　ユーロドルの特徴と攻略法 …………………………………… 214
ユーロ誕生から今日までの歴史……214／ユーロドルの特徴と主な変動要因……216／
今後のユーロドル攻略法……218

6-03　ユーロ円の特徴と攻略法 ……………………………………… 221
ユーロ円の特徴と主な変動要因……221／今後のユーロ円攻略法……224

6-04　ポンドドル／ポンド円の特徴と攻略法 ……………………… 227
英ポンドの特徴と歴史……227／ポンドの主な変動要因……228／
今後のポンドドル攻略法……230／今後のポンド円攻略法……232

6-05　豪ドル円の特徴と攻略法 ……………………………………… 236
豪ドルは投資通貨とトレーディング通貨の両面を持つ……236／
豪ドルの特徴と主な変動要因……236／今後の豪ドル円攻略法……239／

6-06　ニュージーランドドル円の特徴と攻略法 …………………… 243
ニュージーランドドル（NZドル）の特徴と主な変動要因……243／
今後のNZドル円攻略法……245

6-07　カナダ円の特徴と攻略法 ……………………………………… 246
カナダドルの特徴と主な変動要因……246／今後のカナダ円攻略法……248

CHAPTER 7
FXで勝つ人の心構え

7-01　FXで勝つ人、負ける人はどこが違うか …………………… 250
まず生き残ることでチャンスをつかむ……250／FXで勝つための心構え……251

7-02　情報収集と相場を読むヒント ………………………………… 253
ニュースや情報の読み方……253／システムトレードという方法……255

CHAPTER 1

外国為替とFXの基礎知識

1-01	外国為替の世界を知ろう
1-02	円高・円安と為替取引
1-03	外国為替レートの表示と見方
1-04	FXの特徴とメリット
1-05	FXの持つリスク
1-06	為替相場を動かしているもの

1-01
外国為替の世界を知ろう

FXとはForeign Exchange略で文字通り外国為替という意味で外為とも呼ばれるが、最近ではFXと言えば外国為替証拠金取引のことを指すようになった。

→ 外国為替取引とはどんなものか

　私たちは海外旅行の前に、あらかじめ銀行で円を米ドルやユーロといった旅行先の通貨と交換します。外貨預金をする時は、円を預金したい外貨と交換して預け、解約してお金を使う時にはその外貨を円に交換して受け取ります。また、日本の輸出企業は、商品を海外に輸出して代金を外貨で受け取った後、その外貨をいずれ円に換えることになります。輸入企業は円を外貨に換えて、商品の代金を外貨で支払います（図1.1）。実際の輸出入での支払い、代金受け取りは円建て、外貨建てのどちらもありますが、どちらであっても為替取引が生じることになります。

　このように外国為替とは、2国間の異なる通貨と通貨を交換する取引のことです。そして、その**2つの通貨の交換比率が外国為替レート（外国為替相場）**なのです。外国為替レートは、様々な要因によって一瞬も休むことなく刻々と変動していきます。

●**外国為替市場は世界に連なるバーチャルな市場**

　それでは外国為替市場はどこにあるのでしょうか？　外国為替市場は通貨と通貨を交換する市場ですが、株取引などと違い取引所などのような特定の場所で取引を行っているわけではありません。外国為替市場とは**相対取引**といって銀行や機関投資家、個々の企業、個人などがインターネット通信を中心に、自由に値を決めながら24時間取引できるバーチャルな市場のことを指します。為替レートは、売りたい人と買いたい人が相対で決定します。オークションのように買いたい人が売りたい人よりも多ければその通貨は上昇し、その反対に売りたい人が多ければ下落します。

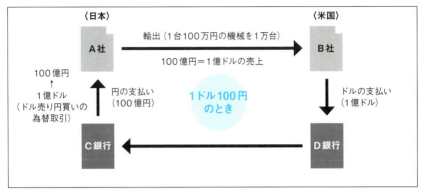

図1.1 ● 外国為替取引のイメージ

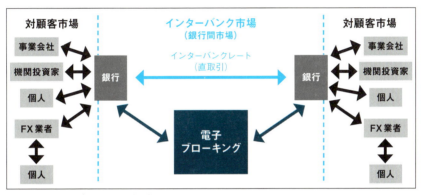

図1.2 ● インターバンク市場と対顧客市場

● **外国為替市場にはインターバンク市場と対顧客市場がある**

　外国為替市場は一般的に**インターバンク市場（銀行間市場）**と言って、銀行が中心となって為替のやり取りを行います。インターバンク市場には金融機関以外は原則参加することはできません。これに対し銀行と、事業会社、機関投資家、個人、あるいは事業会社同士、個人同士の間の取引が行われるのが対顧客市場です（図1.2）。

　FXで取引をする時はどうでしょうか？　FXは個人がFX業者を通して行いますが、主なFX業者は同時に銀行で顧客からの注文の**カバー取引**を行うことになりますから、個人もFX業者と銀行を通じてインターバンク市場とつながっているわけです。このように個人でも間接的に世界の為替

レートを動かしているといったインターナショナルな感覚が味わえるのも、FXの魅力の1つです。

→ 外国為替市場は最も巨大な市場

　世界中の外国為替市場の一日の平均取引額は約5兆3450億ドル（2013年4月BIS報告）とも言われ、株や債券やコモディティ市場に比べて最も巨大な市場です。BRICsを始めとする新興国の経済成長、グローバル化の加速やマネー経済の伸長もあって、外国為替の取引高は毎回調査する度に増加してきましたが、2013年は3年前と比べて35％近くも増加しています。これは米国を中心とする世界的な金融緩和の影響によるものと考えられますが、2016年は3年前と比べ5％減少しています（図1.3）。

　外国為替市場は世界各地にありますが、規模においてはロンドン市場が最も大きく、取引額全体の37.1％を占めます。次いでニューヨーク市場、シンガポール市場、香港市場、東京市場と続き、この5市場に世界の取引の約71％が集中しています。ただ、東京市場のシェアはあまり変わりません。

図1.3 ● 世界の為替取引高（各年4月の1営業日平均取引高）

カバー取引
FX会社がリスクヘッジのために顧客からの注文と反対の取引を行い、ポジションを解消すること。例えば顧客から10万ドルの買い注文を受けた時、FX会社は10万ドルの売りポジションを持つことになるので、ほぼ同時に銀行などに10万ドルの買い注文を出してポジションをスクエアーにする。

市場が大きいということはそれだけ流動性が高いため、投機的な動き等の市場への影響は殆どないと言えます。それはインサイダー取引が殆どないフェアな市場とも言え、これも為替取引の魅力の1つです。

●**通貨ペア別では米ドルがらみが圧倒的に多い**

　通貨ペア別の取引高のシェアで見ると、ユーロドルが23.1%、ドル円が17.8%、ポンドドルが9.3%、豪ドル米ドルが5.2%と上位を占め、米ドルがらみの取引が圧倒的に多くなっています（図1.4）。米ドルがらみ以外で最上位のユーロポンドでも2%しかありません。

●**外国為替取引の大部分は投機取引**

　外国為替取引は実需取引と投機取引（スペキュレーション）に分けられます。貿易などの経常取引、外国株式・債券等への投資やクロスボーダーM&A等の資本取引などの**実需取引**は為替取引全体の1割程度に過ぎず、大部分は銀行や事業会社、機関投資家、ヘッジファンドなどの投機マネーが為替差益を狙う**投機取引**と言われています。最近ではFXの普及により日本でも為替取引を始める個人投資家が急増しており、次第に為替レートに影響を与える存在となってきました。

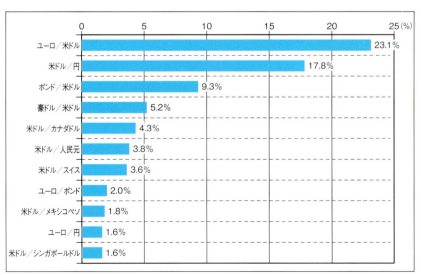

図1.4 ● 通貨ペア別の取引高シェア10位まで（2016年4月BIS報告）

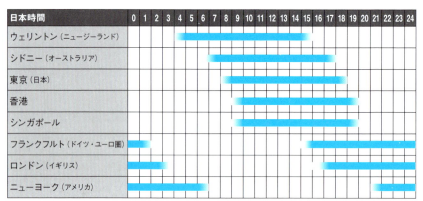

図1.5 ● 主な外国為替市場の1日の流れ（日本時間/冬時間）

24時間休みなく世界のどこかで取引されている

　外国為替市場の1日の始まりは日付変更線の関係で、南半球のニュージーランドのウエリントン市場（日本時間の5時頃〜15時頃）から始まります。その直後にシドニー市場が開き、続いてアジアの東京市場から香港、シンガポールといった順番に開き、さらに欧州のフランクフルト市場やロンドン市場（日本時間の17時頃〜翌2時頃）へ、そして最後のニューヨーク市場（日本時間の21時頃〜翌6時頃）が終るまで、24時間世界のどこかの市場で取引が行われています（図1.5）。

　なお、各市場と言っても取引所があるわけではないので、取引時間帯が厳密に決まっているわけではなく、為替取引の中心であるインターバンク取引が最も活発に行われている時間帯という意味になります。例えば東京市場であれば8時頃〜17時頃というように、各国のその地域の銀行の営業時間が中心ということになります。

日付変更線
地球の1回転が1日（24時間）であり、経度15度毎に1時間の時差が生じることになる。この時差を調整するために設けられた線のことで、ロンドンのグリニッジ標準時（経度0度）を起点とし、その真裏の経度180度付近の線が日付変更線とされている。日付変更線を西から東へ越えると日付を1日遅らせ、東から西へ越えると日付が1日進むことになる。

1-02 円高・円安と為替取引

通貨安と通貨高の意味は慣れるまで間違いやすいので、正確に理解すること。これがFXで利益を上げる第一歩。

→ 通貨の高安は為替取引の利益の源泉

　円高とは他国通貨に対して円の価値が上がること、円安とは逆に円の価値が下がることです。例えば1ドル=100円から90円になれば10円の円高で、ドルに対し円の価値が10％上昇したことになります。反対に1ドル100円から110円になれば、10円（10％）の円安です。円高が進むと日本の輸出企業の業績悪化懸念から株式市場が下落したりもしますが、反対にガソリンなど輸入品の価格は下がり、海外旅行にも行きやすくなります。自国通貨の上昇は国力を計る上で1つの尺度になりますから、長期的に見れば円高が日本経済にとって一概にマイナスだとは言えません。

　日本は輸出依存型の経済で長年にわたり巨額の貿易黒字国ですから、外貨で受け取った輸出代金を円に換える時に**外貨売り円買い**のニーズが生まれます。そのため歴史的に見ると円高になりやすい傾向があります。ただし最近では黒字額の減少から、その傾向も徐々に弱まり始めています。

● **ドル円相場では円高はドル安、円安はドル高と同じ**

　テレビなどでは円高になった、円安になったと普通に言われていますが、FXでは**通貨ペアの左側の通貨を主体**として考えますので、ドル円で円高になればそれはドル安と同じことで「ドル安（円高）」になったと言い、円安になれば「ドル高（円安）」になったと言います。外貨同士でも同じで、ユーロドルではユーロ高（ドル安）、ユーロ安（ドル高）と捉えます。

→ 安く買って高く売れば利益が出る

　円高・円安はクロス円の利益の源泉です。どんな相場でも安く買って高

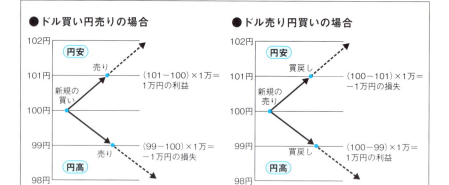

図1.6 ● 円高・円安と為替取引

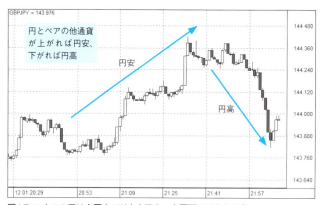

図1.7 ● クロス円は右肩上がりなら円安、右肩下がりなら円高

く売れば儲かります。例えばドル円が100円の時に1万ドルを買い、101円のドル高円安になった時に売れば1円の鞘を抜いたことになり、利益は(101円−100円)×1万＝1万円になります（図1.6）。1ドル100円の時に1万ドルを売り、99円のドル安円高になった時に買い戻せば、同様に1万円の利益になります。買った後に買値より円高になったり、売った後に売値より円安になれば損失が発生しますから、取引する際は**これからどちらの方向に向かうのかを見極め（予想）る**ことが重要になります。

　なお、ドル円やクロス円のチャートではチャートが右肩上がりなら円安、右肩下がりなら円高と視覚的に判断できます（図1.7）。

1-03 外国為替レートの表示と見方

外国為替の世界は独特の表現が多くはじめは戸惑うこともあるが、じきに慣れるのでそのまま覚えてしまう方が早い。

→ 外国為替相場では2つのレートが表示される

　世界の外国為替市場は特定の取引所というものがなく相対取引で行われます。英語で相対取引のことをオーバー・ザ・カウンター（OTC）と言い、売りたい人と買いたい人が常にいることで相場が成り立ちます。そのため、為替レートは必ず売りと買いの2本値が表示されます。

● **テレビなどの為替相場はインターバンクレート**

　よくテレビのニュースなどでは「1ドル100.61 – 63」などと表示され、「現在の円相場は1ドル100円61銭から63銭で取引されています」などと伝えられていますが、これはインターバンク市場における銀行間のスポット（直物）レートのことです。この場合は銀行側から見て100円61銭が（Bid）のレートで、ドルを買うことを表し、100円63銭が（Offer）のレートで、銀行側がドルを売ることを表しています（図1.8）。

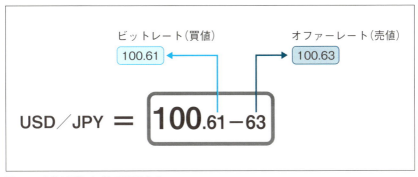

図1.8 ● 売値と買値が一対で表示される

● **為替相場の表示は自国通貨建てが一般的**

上記のように日本で為替を表示する際には、1ドル=100円50銭、1ユーロ132円55銭という表示方法が一般的です。このように外国通貨1単位と交換するのに必要な自国通貨はいくらかという表し方を**自国通貨建て**と言います。これに対し1円=0.0106ドルのように、自国通貨1通貨と交換するのに必要な他国通貨はいくらかで表す方法を**他国通貨建て**と言います。

例えばFXでは、外貨同士のペアでは1ユーロ=1.3401ドル、1ポンド=1.5904ドルといった表記が一般的ですが、これは米国から見ると自国通貨建て、ユーロや英国から見ると他国通貨建てとなります。

→ FXではBidで売ってAskで買う

例えばドル円の為替レートが**Bid**（売り）100.61、**Ask**（買い）100.63と表示されていれば、顧客が現在1ドルを100円61銭で売ることできると同時に、100円63銭で買うことができることを表しています（図1.9）。本来Bid（ビッド）とは買い、Ask（アスク）とは売りという意味ですがこれは業者側から見た言い方ですので、顧客が売りたい時はビッドレートで売り、買いたい時はアスクレートで買うことになります。

● **スプレッドは狭いほど顧客に有利**

BidとAskのレートの開き（幅）を**スプレッド**と言いますが、FXではこれが狭ければ狭いほど顧客にとってはコストが低くなり、利益を出す上で有利となります。例えば図1.9で顧客がドル円を100円63銭で買って、レートが変わらないとしてすぐに売った場合は100円61銭で売ることになり、その場合は2銭（1万ドルなら200円）の損失となります。

逆にFX業者にとってはこのスプレッドは手数料に相当し、広がるほど有利となります。スプレッドの幅がより狭い方が望ましいのは、ドル円だけではなく全ての通貨ペアの場合でも同じです。

スプレッド
売値と買値の差のこと。通常ドル円が最も狭く、流通量の少ないマイナーな通貨ペア程広くなる。スプレッドは常に一定ではなく、急激な為替変動があると広がる場合もある。スプレッドの水準は取引会社選びのポイントの1つ。

通貨	通貨コード
米ドル	USD
ユーロ	EUR
英ポンド	GBP
豪ドル	AUD
NZドル	NZD
カナダドル	CAD
スイスフラン	CHF
南アフリカランド	ZAR
シンガポールドル	SGD
香港ドル	HKD
韓国ウォン	KRW
スウェーデン・クローネ	SEK
デンマーク・クローナ	DKK
ノルウェー・クローネ	NOK
トルコリラ	TRY
ブラジル・レアル	BRL
中国・元	CNY

ドルストレート	クロス円
ドル／円 (USD/JPY)	—
ユーロ／ドル (EUR/USD)	ユーロ／円 (EUR/JPY)
ポンド／ドル (GBP/USD)	ポンド／円 (GBP/JPY)
豪ドル／ドル (AUD/USD)	豪ドル／円 (AUD/JPY)
NZドル／ドル (NZD/USD)	NZドル／円 (NZD/JPY)
ドル／カナダドル (CAD/USD)	カナダドル／円 (CAD/JPY)
ドル／スイスフラン (CHF/USD)	スイスフラン／円 (CHF/JPY)
ドル／ランド (ZAR/USD)	ランド／円 (ZAR/JPY)
ドル／シンガポールドル (USD/SGD)	シンガポールドル／円 (SPG/JPY)
ドル／香港ドル (USD/HKD)	香港ドル／円 (HKD/JPY)
ドル／ウォン (USD/KRW)	ウォン／円 (KRW/JPY)
ドル／ランド (USD/ZAR)	ランド／円 (ZAR/JPY)
ドル／トルコリラ (USD/TRY)	…
ドル／中国元 (USD/CNY)	
…	

表1.1 ● 主な通貨コードと通貨ペア

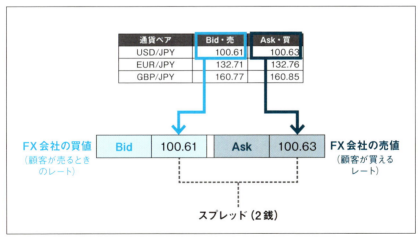

図1.9 ● FX業者のBidとAskの2Wayプライス表示

→ 通貨コードと通貨ペアの表記

　外国為替は2つの通貨の交換取引ですから、2つの通貨を組み合わせた通貨ペアが数多く存在します（表1.1）。例えば、ドル円の通貨ペアで「ド

ルを買う」とは、「ドルを買うと同時に円を売る」(**ドル買い円売り**)ということになります。反対に「ドルを売る」とは、「ドルを売ると同時に円を買う」(**ドル売り円買い**)ということです。

ここで注意しなければいけないのは通貨ペアの表記です。例えばドル円ではUSD/JPY ＝ 100.61 − 63というように、1ドルを買うのに（売るのに）円でいくら支払うか（もらうか）という、為替レートが表示されています（自国通貨建て）。これはドルが主体で、ドルを円で売り買いする形です。これが「円ドル」のレートということになれば、1円に対してドルがいくら必要になるかということになり、1ドル＝100円とすれば、円ドルのレートは1円＝0.01ドルという表示になります（他国通貨立て）。本来どちらで取引を行っても結果は同じことになりますが、FXでは通常ドルが左側にきて「ドル円（**USD/JPY**）」として表記されます。

これがドルとユーロのペアだと、「ユーロドル（EUR/USD）」とユーロが左側になり、ポンドとドルでは「ポンドドル（GBP/USD）」とポンドが左側です。ユーロとポンドでは「ユーロポンド（EUR/GBP）」となり、ユーロをポンドで売り買いする形です。どちらの通貨が左にきて主体になるかはあくまで外国為替市場の慣習であって、特に明確な決まりがあるわけではありません。

また、ドル円、ユーロドル、ポンドドル、ドルスイスなど米ドルと他の通貨とのペアを**ドルストレート**、ユーロ円、ポンド円、豪ドル円といったドル以外の通貨と円とのペアを**クロス円**と言います（表1.1）。

なお、本書では特に断りのない限り、「ドル」と表記した場合は「米ドル」のことを指しています。

クロス円
ユーロ円、ポンド円といったドル以外の通貨と円とのペアは、ドルを仲介して算出されるためそう呼ばれる。例えばユーロ円の為替レートは、ユーロドル×ドル円で算出する（63ページ）。

ONE POINT COLUMN

銀行の対顧客相場（5つのレート）

　一般の顧客が銀行で為替取引（外貨預金やトラベラーズチェックなどの売買、両替えなど）を行う時は、対顧客相場が適用されます。まず銀行はインターバンクレートを元に、独自に仲値（TTM）レートを朝10時頃決定します。この仲値を中心に銀行の対顧客電信売のレート（TTS）と対顧客電信買のレート（TTB）を公表します。この時のスプレッドは通常ドル円では2円になります。以下、現金の売買価格なども下図のように決まります。これら対顧客相場は1日1回決定されると、その日は原則変更はありませんが、もし当日のドル円が1円以上変動した時はサスペンドといって随時取引ごとに為替レートが提示されます。

●ドル円の場合

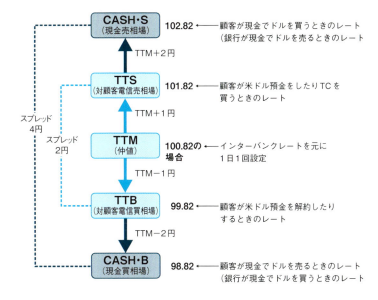

1-04
FXの特徴とメリット

FXの特徴には大きく分けて次のようなものがあげられる。株式や債券など証券投資にはない為替取引の特徴をしっかり押さえること。

→ 外貨の売りからも始められる

　FXでは外貨の買い（ロング）からだけではなく、外貨の売り（ショート）からも取引を始められます。例えばドル円でドルを売り、ドルが下がった（ドル安円高）所で買い戻せば、利益になります（図1.10）。外貨同士の通貨ペアでも同様で、下がる（安くなる）と思った方を売り、下がった所で買い戻せば利益が出ます。

→ 差金決済だから少ない元手でできる

　FXは**差金決済**という決済方式によって取引が行われます。売り買いによって発生する差額分のみを決済（売買ポジションの手仕舞い）するわけですから、自己資金の何倍もの取引を行おうが、決済する時にその差額分で発生する損失以上の証拠金が口座にあれば、大きな金額の取引も可能となるのがこのシステムです。（図1.11）。しかし、本来外貨を買うのに必要なお金が足りないのに、一体どうやって取引できるでしょうか？　それはFXの取引が同日に決済されるから可能なのです。

　例えば円で10万ドルを買うには、1ドル＝100円の時、外貨預金では実際に1000万円が必要になります。しかし、FXでは同日で売り買いを決済させるために、元本の10万ドルは、売りと買いを相殺（売り買いが同額で±ゼロになる）することができ、いちいち受け取って支払う必要がなくなります。もし当日、決済せずに次の日にポジションを持ち越すとしても、FX業者が当日のポジションと反対の売買を行い、次の営業日に再び同じポジションを建てる（スワップ取引）ことで、当日のポジションを決済します。

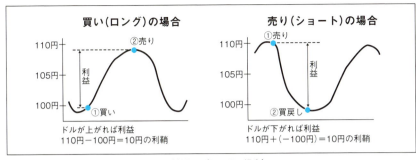

図1.10 ● ショートは売ったドルが下がれば利益に（ドル円の場合）

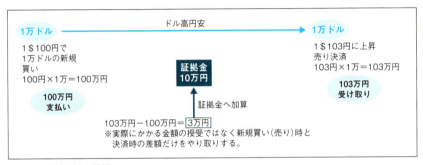

図1.11 ● 差金決済の仕組み

　現在の銀行間同士の取引もネット決済と言って、これと同じ決済方法を取っています。大きな金額を動かすということ自体がリスクになるため、このようなシステムが今では一般的となったようです。もし当日に決済しない場合にはポジション（38ページ）を同レートのままで次の日に繰り越します。これを**ロールオーバー**と言い、その時に発生する金利差を**スワップポイント**と呼びます。

高金利通貨の買いでスワップポイントがつく

　スワップポイントとは、2つの通貨同士の**金利差に基づき算出される額**のことで、外貨の売りか買いのどちらかのポジションを次の日に繰り越すロールオーバーをする際に発生します。金利の高い通貨を低い通貨で買うと、そのスワップポイントを受け取れますが、逆に高金利の通貨を低金利の通貨で売ると、逆に支払わなければなりません（図1.12）。

例えば米ドルの年利が2.5%で円の年利が0.5%、1ドル=110円の時、10万ドル買ったとします。金利差が1年間変動しないと仮定した場合、その買いポジションを1年間ロールオーバーすると、理論的には金利差2%分を受け取ることになります。即ち10万ドルの2%の金利分にあたる2000ドルを受け取り、10万ドルの円対価である1100万円の0.5%の金利分5万5000円を支払います。もし1年後もレートが110円で変わらないとすれば、ドル金利分の2000ドルを売れば22万円を受け取りますから、円金利の5万5000円を支払うと16万5000円の金利差が利益として手元に残る計算となります。

FXではポジションを保有する限り、土日や祝日も含め、毎日スワップポイントの受け取りまたは支払いが生じます。

このようにFXでは高金利の通貨を低金利の通貨で買えば、もし為替差損が出たとしても金利差分によって、長期間保有する際に余裕ができることになります。株で言えば配当が入るのと似ています（高金利通貨の取り扱い方は後半で詳しく説明します）。ただ現時点では、各国の利下げにより円との金利差が大幅に縮小し、スワップポイントの水準もかなり小さくなっているため、スワップポイント狙いの取引は難しい状況です。一方で

高金利通貨　　　　　　　　**低金利通貨**

ドル／金利2.5%の場合　　　円／金利0.5%の場合

ドル円ロング　→　スワップポイント（金利差2%）の受け取り

ドル円ショート　→　スワップポイント（金利差2%）の支払い

スワップポイントの水準の例 (A社／2018.11.2時点)

通貨ペア	買いSwap	売りSwap	通貨ペア	買いSwap	売りSwap
ドル／円	67円	−70円	カナダドル／円	43円	−46円
ユーロ／円	−12円	11円	スイス／円	−23円	20円
ポンド／円	37円	−40円	香港ドル／円	0円	−1円
豪ドル／円	35円	−36円	ランド／円	100円	−100円
NZドル／円	31円	−34円	ユーロ／ドル	84円	−87円

1万通貨単位（ランド／円のみ10万通貨単位）で1日の場合

図1.12 ● スワップポイントの仕組み

低金利の時代には今後利上げの可能性が高まることから、FX本来の為替差益を狙った取引と同時に長期投資の仕込みのチャンスも期待できます。

→ レバレッジの利用で資金効率が高い

レバレッジとは梃子のことです。FXは前述の差金決済の仕組みにより、証拠金の何倍もの取引が可能です。例えば1ドル＝100円の時、レバレッジが最大25倍のFX業者では証拠金を20万円入れた場合、20万円×25倍で5万ドル（日本円で500万円）相当までの取引ができることになります。その場合は5万ドルの買いで1円円安になれば5万円の利益が出ますが、1円円高になれば5万円の損失になります。レバレッジの扱いについては、29ページで再度説明します。

→ その他にも有利な特徴がある

●土日を除き24時間取引ができる

外国為替市場は24時間休みのない市場です。FXでも土日を除き、24時間取引が可能です。24時間取引と言いながらなぜFXでは土日の取引ができないのでしょうか。その理由は土日でも取引をしようと思えば可能ですが、参加者が殆どいないことで売り買いのスプレッドが極端に広がるため、FX業者も土日の取引を制限しているからです。ただし、日本の祝祭日は海外市場には関係がありませんので、**祝祭日**でも取引できます。

●通貨ペアが多い

FX業者によっては40ペア以上もある会社もありますが、実際の取引では最低10ペア程度、多くてもせいぜい20ペアもあれば十分でしょう。ただし、取引をしなくても様々な通貨の動きを参考にすることは大切です。

●手数料その他のコストが圧倒的に低い

顧客のコストとしては、取引手数料とスプレッドがあります。現在、殆どのFX業者では取引手数料が無料で、スプレッドもドル円で1〜2銭程度の業者が主流です。FXは外貨建て金融商品の中で圧倒的にコストが安く、デイトレなどで頻繁に売買することができるのです。

1-05
FXの持つリスク

私はギャンブルなんて大嫌いでやらない、という人でも実は1日の知らない間に何度も行動の選択と決断をしており、それはつまりリスクに晒されているとも言える。

→ 為替変動リスクと金利変動リスク

●為替変動リスク

為替レートは24時間常に動き続けており、思惑と反対に動けば損失となります。株でも債券でもそうですが、**ポジションを持った瞬間に為替変動リスクに晒される**ことになります。特にリーマンショック後は、ボラティリティが高まったことから、ドル円やユーロ円でも数時間で3～4円動いたりするのは珍しくなくなってきました。

例えばドル円で10万ドルのポジションがあれば、1円動けば10万円、100万ドルのポジションを持てば1円動いただけで、100万円の損益が発生します。ポジションの大きさによって利益も大きい分だけ、損失も大きくなることに注意しなければなりません。

●金利変動リスク

金利も為替レートと同様に常に24時間動いています。ただ、その変動幅は為替レートに比べると平時では比較にならないくらい小さなものです。しかし、**変化が始まれば一方向にトレンドが続く**のも金利市場の特徴です。変化する要因の殆どはその国の金融政策によって決まりますので、金利がどちらにどのくらい変動するのかの予想は為替相場よりも比較的わかりやすいものです。

この金利変動リスクはFXのスワップポイントに直接関わってきます。例えば、もしあなたが2007年7月にドル円を10万ドル買ったとすれば、当時のスワップポイントは1日に1600円も受け取れました。しかし、リーマンショック後は各国が**政策金利**を大幅に下げ、日本との金利差が大幅に

縮小。その後米国は利上げに入りましたが、例えば2018年11月の時点でも同じく10万ドルで1日のスワップポイントが600円程度にまで下がっています。特にリーマンショック直後は短期金利が大きく変動したために、金利差が逆転する場面（金利の支払い）も見られました。

なお、一般的に**利下げはその通貨が売られる要因**になります。今後も急激な金利の変動には注意する必要があります。

→ FXの持つその他のリスク

●レバレッジリスク

FXを始める多くの方々が、「FXは少ない資金で大きな取引ができてしまう危険な取引」と考えているようです。確かにFXは少ない資金でその何倍、何十倍の取引を行えますが、レバレッジ自体がリスクとは言えません。どんな巨額の取引でもできるわけではなく、取引会社によってレバレッジ倍率の上限が決まっています（ちなみに金融庁の規制により、レバレッジ倍率の上限が2011年8月以降は25倍となっています）。

例えば、レバレッジ25倍の場合で20万円の証拠金があれば、1ドル＝100円の時に、500万円即ち5万ドル相当の取引が可能になります。確かにそれは大きなメリットではありますが、前述したようにポジションが大きくなれば、それだけ市場リスクがそれに伴って大きくなるということも頭に入れておかなければいけません。

例えば、レバレッジ25倍の取引をするとします。10万円あれば、その25倍の2万5千ドル（250万円相当分）の取引ができます。しかし、もし2万5千ドルを買った後に思惑と反対に動き始めた時、4円反対に動くと、損失が2万5千ドル×4円＝10万円となり、すぐに証拠金がなくなって強制的にロスカット（40ページ）されてしまいます。ところが、10倍の取引では10円反対に動かない限り、ロスカットされることはないのです（1万ドル×10円＝10万円）。

実際には各社でロスカットに至る**証拠金維持率**が決まっており、その証拠金維持率を下回ると強制ロスカットとなります。例えば証拠金が10万

証拠金	レバレッジ	為替ポジション	必要最低証拠金/強制ロスカットになる証拠金額	強制ロスカットまでの値幅
10万円	10倍	1万ドル（100万円相当額）	4万円/2万円	8円
10万円	20倍	2万ドル（200万円相当額）	8万円/4万円	3円
10万円	25倍	2.5万ドル（250万円相当額）	10万円/5万円	2円

※1ドル＝100円、証拠金10万円、最低証拠金率＝建玉の4％、証拠金維持率50％の場合

表1.2 ● レバレッジ倍率の違いによる強制ロスカットまでの値幅

円で証拠金維持率が50％の場合、レバレッジ倍率の違いによる強制ロスカットが発動されるまでの値動きの幅は表1.2のようになります。したがって、レバレッジが大きくなればそれだけポジションも大きくできますが、その分少しの値動きでロスカットレベルに近づくということです。しかし結局のところ、レバレッジがどんなに変わったとしても、取引金額の大小（ポジションの大小）の違いはありますが、どちらも10万円の証拠金で取引するのですから最大の損失額は一緒で、原則として手持ちの証拠金以上の損失はないということです。ただ、急激な相場の変動によっては、証拠金を上回る損失が生ずることもあります。FX業者の強制ロスカットのシステムの有無は、必ずチェックして下さい。

レバレッジが大きいということは、車に例えると排気量の大きな車と小さな車の違いのようなものかも知れません。別に最大限使う必要はないのです。レバレッジはいざという時のためにあるという考え方でいると、うまく使うことができます。

● **信用リスク（取引会社リスク）**

これはFX業者が破綻した結果、**証拠金が返還されないなどのリスク**です。取引会社を選ぶ際の大切なチェックポイントは、その会社の信用力はもちろんですが、どんなに大きな会社でも破綻するリスクがないわけではありません。自分の預けたお金とFX業者の資金を分別保管しているので安全だ、と思っていてもそれだけでは不十分です。著者としては、**証拠金の100％信託保全**をしている業者を選ぶことを推奨します。

●**流動性リスク**

　流動性とは、売り買いをする時の取引量のことです。通貨によってこの取引量は異なり、流動性の高いメジャーなユーロドルやドル円と比較して、カナダ円やNZドル円などになると取引量は少なくなり、南アランドや香港ドルなどのマイナーな通貨ほどさらに少なくなります（15ページ参照）。

　流動性が低いと、売り買いのスプレッドが広くなったり、いざというときにレートが出なかったりするために、**決済したい時や新たにポジションを持ちたい時でもできなくなる**ことがあります。そういったリスクを流動性リスクと言います。

　為替取引の出来高はトータルで1日約5兆ドルと言われるほど流動性が高いために、レートが出ないということは滅多にないですが、戦争、紛争、天災、2008年の世界金融危機、2011年の東日本大震災、2015年のスイスショック、2016年のブレグジット、2018年の米中貿易戦争など、何が起こるかわからないのがこの世界です。ポジションを持つ時にはこのようなことも頭に入れておくべきです。

●**システムリスク**

　ネット取引では**システム障害**が起こることがあり、いざという時に取引できなくなることもあります。これは取引会社側のシステム障害もありますが、ご自分のパソコンや通信回線の故障なども考えておくべきです。

　そのリスクを回避するためには、携帯電話での取引も可能にしておくこと、複数の会社とできれば回線の違うパソコンで取引することなども、大切な手段の1つと言えるでしょう。

●**カントリーリスク・イベントリスク**

　経済悪化や紛争、戦争、政情不安、政変など、**その通貨国の持つ国情からくる信用リスク**をカントリーリスクと言います。また、イベントリスクというのは、地震、ハリケーン、干ばつなどの大規模な自然災害、最近では新型インフルエンザの流行など、**予測できない事態（イベント）の発生により為替が大きく変動するリスク**のことです。これらのことがもし起こった時の対処法についても、あらかじめ計画しておくべきです。

1-06 為替相場を動かしているもの

為替相場は様々な要因の影響を受ける。それらを長期、中期、短期で分けて頭に入れておき、自分なりのイメージを持つことが大事。

⇢ 外国為替相場を動かす主な変動要因

為替レートは交換する**2つの通貨の需要と供給**で決まると言って良いでしょう。為替レートは時間の差こそあれ最終的にはそれらの需給によって収まるべき場所に向かおうとします。その需給に影響する要因は、同時に為替レートにも影響することになります。為替相場を動かす主な要因をあげて、短期、中期、長期に分類してみましたが、その期間は状況によって変わることもあります。第4章で詳しく説明しますが、ここでは参考として覚えていただければと思います

長期的な要因

時には数年の長期に渡って相場に影響を与えるものです。これらの動きは長期トレンドを作る要因にもなり、この動きを知ることは長期投資を行う際にも重要なポイントになります。

●**金利差**

世界の投資家にとって最も高い関心事の1つが金利です。特に日本のような低金利の長く続く国から見れば、高金利の通貨は魅力的です。2008年夏までは円を売って豪ドルなどの高金利通貨を買う**円キャリー取引**が流行し、為替相場に大きな影響を与えました。金利差は為替相場の最も大きな変動要因と言えますが、市場が不安定な時には金利よりも安全な通貨に資金は流れます。**金利相場**が始まるのは市場の安定化が条件となります。通常、金利の指標となるのは各国の中央銀行が発表する**政策金利**です。

●**国際収支**

国際収支は経常収支と資本収支に大別されます。例えば、円と米ドルの

為替相場の変動が需給で決まるとするのなら、日本と米国の間の国際収支で決まると言えます。経常収支には輸出入の差額である貿易収支や、旅行や保険などの貿易外収支に分けられます。また、資本収支には証券投資や直接投資が入りますが、1年未満の短期資本収支と1年以上の長期資本収支のような貸借の動きが、相場の大きな変動要因になると考えられます。

中期的な要因

数か月、時には1年以上にわたり相場に影響を与えるものです。これらの動きをできるだけ早く見極めることができれば、中期的なトレンドに乗ることができます。

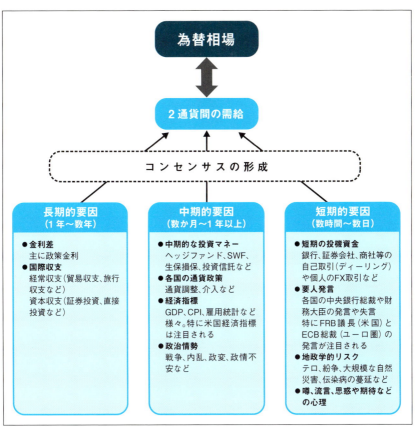

図1.13 ● 為替相場を動かす主な変動要因

●**中期的な投機マネー**

ヘッジファンドや政府が出資する投資ファンド（SWF）などは、大規模な投機資金を運用し、時として市場を大きく動かすことがあります。1997〜98年の**アジア通貨危機**は、ヘッジファンドがタイバーツといったアジア通貨に対し巨額の売りを仕掛けたことで暴落が起きたと言われています。また、生損保などの機関投資家は、為替の動向次第では外債投資のリスクを減らすために買っていた外貨のヘッジ売りを掛けたり、あるいは掛けていたヘッジを外したり、ディーリングを行うことも相場に影響を与えます。

●**各国の通貨政策**

1971年の**ニクソンショック**のような固定相場制から変動相場制への移行や、1985年の**プラザ合意**のような大幅な通貨調整を行うような時には、各国が協調して為替を誘導、あるいは介入を行います。これは相場に大きな影響を与えます。

●**経済指標**

経済指標は各国のファンダメンタルズを示す最も重要なもので、特に米国の経済指標は注目されます。重要な指標は金融機関のシンクタンクやロイターなどの情報ベンダーが、事前に調査による予想値を公表します。市場はその予想を元に前もってポジションを持つために、織り込み済みとなることが多く、実際に指標が発表された時点では寧ろ反対の反応を示すことも見られますので、注意する必要があります。

●**政治情勢**

戦争や内乱、政治不安などに陥った国は経済的な混乱も予想され、資本が国外に流出することになればその通貨は売られます。かつては中東で紛争などが起こると「有事のドル買い」と言われたこともありましたが、最近では9.11テロやイラク戦争などのように米国自身が当事者となることが多く見られるせいか、反対にドル売りに反応することもあります。

デフォルト（Default）
債務不履行。債券の元本の償還や利払いが行われなくなること。2008年秋の金融危機以降、アイスランド大手銀行発行のサムライ債、エクアドル国債などで利払いが行われずデフォルトに陥った。

短期的な要因

　これらの要因はあくまで短期的で、瞬間的に大きく上下することがありますが、落ち着いてくると元のレベルにまで戻ることが多く見られます。そのため、後追いをするとケガをすることが多いのが特徴と言えます。

●**短期の投機資金**

　銀行や証券会社、その他の金融機関などは自己資金で短期の為替の売買、いわゆるディーリングを行います。また、商社やメーカーの中で、思惑で自己売買を行う会社もあります。最近では個人のFX取引が拡大しており、これらの取引も市場を動かす要因と見られるようになりました。

●**要人発言**

　その国の金融政策担当者や政治家などの当局者が自国の通貨を誘導することを目的として、あえて発言したり、言ってはいけないことを失言した時などは一時的に相場が大きく振れることがあります。短期的に**口先介入**として行うものや、プラザ合意のように通貨政策の一環として各国が協調して誘導しようとする時もあります。あまり何度も繰り返すと、市場の反応は鈍くなります。

●**地政学的リスク**

　ニューヨークで9.11テロが起きた時には、ドルが大きく売られる場面がありました。このようにテロや戦争が起こるとその当事国だけではなく、近隣諸国からも資金が流出するため、一時的にそれらの通貨は売られやすくなります。反対に、流出した資金はテロや戦争などと関わりが少ない安全な通貨へと向かうため、安全な通貨は高くなると考えられます。

●**噂、流言、思惑や期待などの心理**

　どこかの国が**デフォルト**に陥る危険性があるとか、あるいは格下げの噂や流言などでその通貨が大きく上下することがあります。また、例えばある海外企業が米国の企業を買収するという報道などがあると、これから大量のドル買いが発生するといった思惑が働き、事前にドルを買う動きが起きたりします。このように事実が発表される前に思惑だけで売買が行われると、市場は一時的に大きく反応することがあります。このような噂や思

惑などで動く場合の多くは投機的な動きが中心となるため、**短期間に元のレベルに戻ることが多く**見られます。

→ 為替相場の予想は極めて難しい

　以上が為替相場の主な変動要因ですが、もちろんこれだけではなくその他にも相場を動かす要因はいろいろと考えられます。

　ただし、ここで大切なのは、**これらの要因がどのくらいの期間為替相場に影響を及ぼすかを頭に入れておくこと**です。変動要因をあえて長期、中期、短期という期間に分けて見ることで、資金の時間的な移動がイメージとして捉えられると思います。このようなイメージを持つことは、FXでのポジションの持ち方にも参考になると思います。例えば短期的な要因で市場が大きく動いたにもかかわらず中期的な動きとして捉えてしまうと、ポジションの手仕舞いが遅れたりして損失の拡大につながることもあります。逆に中期的な動きの要因に対し短期的なものとして判断してしまうと、トレンドと反対のポジションを持つことにもなりかねません。また損切りや利食いなど、決済タイミングをその時にすべきかどうか、あるいはここで新たなポジションを作るべきかといった判断にも影響します。

　変動要因を3つの期間に分けましたが、その時の状況次第では短期的な要因だと思われたものが中期的なものに変わることもあります。また、長期的は要因と考えられたことが中期になることもあります。ご自分でその都度その他の色々な情報を見極めて判断することが必要になります。

　その時の市場参加者の心理次第で、なんでも無いと思われる材料でも相場が動くこともあります。また、購買力平価といった相対的関係などでも相場に影響を与えることもあります。他の市場に比べ、外国為替相場を読むのが難しいと言われる背景には、このように多くの変動要因があるからかもしれません。それは株などのように国内要因だけではなく、他の国の政治や経済などからも影響を受けるためです。いずれにしても、相場は**市場参加者のコンセンサス**がなければ動きません。

CHAPTER 2

取引の基本と実践トレードテクニック

2-01		ポジションの作り方
2-02		FXの注文方法を使いこなす
2-03		為替が動く時間帯を狙う
2-04		資金配分とポジション管理
2-05		自分のトレードスタイルを決める
2-06		売りこそ大きく儲けやすい
2-07		チャンスの時はポジションを大きくする
2-08		期間を変えてチャートを見る
2-09		相場をリードしている通貨ペアを探す
2-10		知っておくべきその他のポイント

2-01 ポジションの作り方

FXの取引はポジションを作ることから始まり、決済して終わる。取引に入ることをエントリー、決済して終了することをエグジットとも言う。

⊖ 取引のスタートは新規注文でポジションを建てる

　FXでの取引は、まず新規に売りか買いの注文を出すことから始まります。FXは差金決済の取引ですから、「買い→売り」、「売り→買戻し」の反対売買をいずれ行って損益を決済します。この決済するまでの間の持ち高を**ポジション**と言い、ポジションを作ることを**ポジションメーク**と言います。

　例えば、ドル円で買いポジションを持つ状態を**ドルロング**（ドルの買い持ち）と言い、反対に売りポジションを持つ状態を**ドルショート**（ドルの売り持ち）と言います。

　ポジションメークには、大きく2つのスタイルがあります。1つは外貨預金のように金利収入を目的とした長期保有としてのポジションメークで、もう1つは為替差益を狙うトレーディングを目的としたものです。金利差狙いのポジションメークの原則は、高金利の通貨を低金利の通貨で買い長期間保有すること（高金利通貨のロング）です。トレーディングではスワップポイントではなく鞘取りを目的として、主に短期でポジションを持ちます。

⊖ まずはデモ取引でシステムに慣れる

　まず最初にデモ取引を体験して、その業者のシステムに慣れることから始めます。ただ、実際の取引とデモ取引とでは心理的に大きく異なり、デモ取引では緊張感がどうしても足りなくなるようです。したがって、自分の取引スタイルを確立するのは実際の取引で作り上げることになります。

　まずは考えるよりも行動です。一通りデモ取引に慣れたら、縄跳びの入

るタイミングと同じでまず入ってみましょう。ロングでもショートでもどちらでもよいからポジションメークし、市場に参加することが大切です。そこから市場の動きが見え始めてきます。

【デモ取引で次の点などをざっと一通り確認する】
・為替レートの表示と見方
・取引額の桁の入れ方
・取引の最小単位と通貨ペアの種類
・注文の成立、不成立のときの表示の違い
・ポジションや注文などの履歴や現在の状態の確認方法
・口座残高や過去の損益、スワップポイントの履歴の確認方法
・指値、逆指値、OCOなど注文方法の種類と入れ方
・その他、証拠金維持率、強制ロスカット、アラートメールの水準など

→ 実戦は小さいポジションから始める

　初めの取引は上限を1万通貨単位までに止め、まず相場感覚を養うことに主眼をおきます。そしてどんな取引スタイルが自分に合うのかを見つけていきます。これは第5章で説明しますが、例えばスキャルピングが良いのか、それともスイングのように少し長めの期間でやるのかということです。最初は波乗りのような短期取引から始めて為替相場の癖をつかみつつ、**デイトレからスイングへと移りながら自分のスタイル見つけていく**ことをお勧めします。それまではある程度の授業料を払うことになるかも知れませんので、始めは最小単位で取引を始めることです。

　例えばドル円を1万ドル買ったとして、もしドルが1円下落したとしても損失は1万円で済みます。インターバンク市場では最低単位である100万ドルを一本と呼びますが、プロのディーラーも駆け出しの卵の時にはこの一本だけで売り買いを繰り返しながら相場感覚を養うのです。

　ただし、慣れてきたら持ち高は自分に合ったサイズに変えていきます。サイズが小さ過ぎても大き過ぎても取引に無理が生じることになります。小さい金額で長く取引をしていると、損失の感覚が鈍くなる傾向があります。損失に対する感覚が鈍いまま大きな金額で取引を行えば、その癖で大雑把な損切りのやり方が身に付いてしまい、ズルズルと損失を拡大させてしまうこともあります。

反対に自分の資金の限界を大きく超えるような金額で取引に臨めば、一回で手持ち資金を失うこともあります。デイトレーダーの最もやってはいけないことは、立ち直れないまでの損失を被ることです。ましてや命を賭けた一発勝負などは、絶対にやるべきではありません。

そこで忘れてはいけないのがリスク管理とロスカットです。

ロスカット（損切り）は必ず徹底する

ポジションを持った途端、為替レートが思惑と反対に動いて為替損が出ることは良くあることです。その時は迷わず損切りします。少し待っていればまた戻ってくるだろう、これだけ下がったのだからそろそろ戻るだろうという思い込みは禁物です。

含み損が出ているポジションを決済して損失を確定させるのは、心理的に避けたい意識が働きがちです。そのためどうしても損切りが遅れがちになり、ずるずると損切りを引き延ばしてあっと言う間に損失を拡大させてしまうのが最も多い負けパターンの1つなのです。

これを避けるためには、ポジションメークの時にあらかじめ**チャートポイントなどから損切りと利食いのレベルを決めておき**、後述する注文方法を使ってロスカット注文を出しておきます。そして一度決めた損切りのルールは厳格に守ることです。ロスカットがつきそうだからといって、あらかじめ決めた損切りのレートを遠くへ変更したりしてはいけません。小さく負けていれば後からいくらでも取り返せるのです。

とにかく、FXではポジションを建てた時点で為替変動リスクに晒されることになります。相場は何が起こるかわかりません。特にパソコンから離れる時には必ずロスカット注文は忘れないで下さい。

強制（自動）ロスカットは損失を限定

殆どのFX業者では**強制ロスカット方式**を採用しています。これは損失が膨らんで証拠金がある一定の基準を下回ると、**持っているすべてのポジションが反対売買されて強制的（自動的）に決済される**機能です。この機

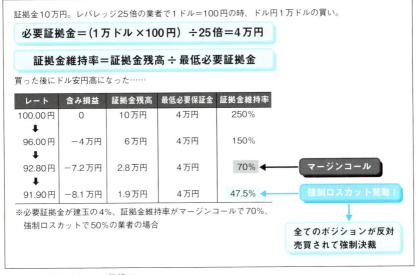

図2.1 ● 強制ロスカットの仕組み

能は預けた証拠金以上の損失が出ることを防ぐことを目的としており、追加証拠金を迫られるリスクはかなり軽減されます。

　FX業者によって強制ロスカットとなる基準は異なりますが、**証拠金維持率**（必要証拠金に対する証拠金残高の割合）が100％や50％を下回ると発動される業者が多いようです。また、強制ロスカットの前に、証拠金維持率が一定ラインを下回ると**マージンコール**（追加証拠金の求め）が送られてくる業者もあります。もし、ポジションを持ち続けたいと思うのであれば、その時点で証拠金を追加するか、ポジションを幾つか決済して持ち高を縮小することで証拠金維持率を上げると、強制ロスカットを遠ざけることができます。万一、ロスカットの逆指値注文を入れ忘れたりした時など、このシステムがあれば損失は証拠金の範囲内に限定されます。

　ただ、私は強制ロスカットは最後の砦であって、原則的にロスカットレベルは自分で決めるものだと考えます。FXで大切なことは、取引を始める時点であらかじめロスカットレベルを決めておき、損失が膨らんで強制ロスカットにかかる前に、自分で確実にロスカットするということです。

2-02 FXの注文方法を使いこなす

FXには株のネット取引と比べて多彩な注文方法がある。これらを上手に使いこなせば思わぬ損失を被ることもなくなり、チャンスをものにできる。

⇒ 確実に売買したい時はストリーミング注文／成行注文

ストリーミング注文と成行注文は、どちらも価格を指定せずにその時点に提示された市場レートですぐに売買したい時に使う注文方法です。ストリーミング注文は画面に提示された時点の売買レート（BidとAsk）で約定させますが（市場動向によっては実行できない場合もあります）、成行注文は提示されている売買レートは参考レートになるため、瞬間的に為替レートが大きく動いた時など、約定レートが提示レートと若干ずれる場合もあります。いわゆる**スリッページ**です。この2つの注文方法はFX業者によって呼び方などが異なる場合があります。

⇒ レートを指定したい時は指値注文と逆指値注文

あらかじめ約定レートを指定して出す注文には、利食い注文（プロフィット・テイク）と損切り注文（ロスカット）の2つが代表的です。利食いの注文を「**指値注文（リミット注文）**」と言い、損切りの注文を「**逆指値注文（ストップ注文）**」と言います。指値注文は、自分にとって現在の為替レートより上がれば売り、下がれば買いというように、有利な価格を指定します。例えば現在ドル円が97円50銭の時に、96円50銭で買いたい、あるいは97円50銭で売りたい、という時に出します。

逆指値注文は指値とは反対に、下がったら売り、上がったら買い、というように一見すれば不利な方向にレートを指定する注文方法です。例えばドル円で96円の時に、97円50銭まで上がったら買いたい、あるいは96円50銭まで下がったら売りたいという場合に出します（図2.2）。

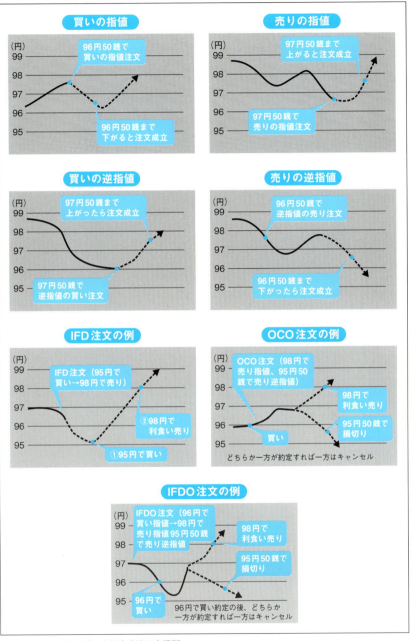

図2.2 ● FXで使える様々な注文方法の実行例

本来、逆指値注文は自分の思惑と反対に為替が動いた時など、一定の価格でロスカットをして損失を限定するための注文方法ですが、ポジションメークの時にも使います。例えばチャートポイントを抜けたところで逆指値注文を置いておけば、新規のポジションを建てることもできます。

⇒リスク管理にも使える便利な注文方法

●IFD（イフ・ダン）注文

イフダンとは、新規注文と決済注文の2つをセットで出して、「もし1つ目の注文が成立したら2つ目の注文を執行しなさい」という注文方法です。例えばドル円が96円50銭の時に、新規で95円の買い指値、98円で利食いの売り指値というように出します。思惑と反対に動いた時のために、決済注文を逆指値注文で出して、損切りに備えることもできます（図2.2）。

●OCO（オー・シー・オー）注文

OCOとはOne cancel the otherの略で、一方の注文が約定すれば自動的にもう一方の注文がキャンセルされるという注文方法です。これは既にポジションを持っている時に、決済注文に指値注文と逆指値注文を同時に出すことで、利食いと損切りの両方に備えることができます。例えば96円で買ったドル円の買いポジションがある場合、98円で利食いの売り指値、95円50銭で損切りの売り逆指値というように出します。どちらかが先に約定すれば、もう一方はキャンセルされます。OCO注文は決済だけでなく、新規に買い売りどちらかのポジションを建てる時にも利用できます。

●IFDO（アイ・エフ・ディー・オー）注文

これはIFD注文とOCO注文を複合させた注文方法で、**IFO注文**とも言います。IFD注文では新規の注文が約定したら、決済注文は指値か逆指値のどちらか一方しか出せませんが、IFDO注文はその両方を同時に出すことができます。例えばドル円が97円の時、96円で新規の買い指値、98円で利食いの売り指値、95円50銭で損切りの売り逆指値というように出します。新規注文が約定した後決済注文のどちらか一方が約定すれば、残りの注文が自動的にキャンセルされるという実に便利な注文方法です。

2-03
為替が動く時間帯を狙う

FXは釣りに似たようなところがある。どんな釣りの名人でも、水たまりや魚の居ない時間帯に糸を垂らしていても魚は釣れない。

→ 狙い目は欧米市場の取引時間帯（日本時間の夕方から深夜）

FXは24時間いつでもできますが、1日の時間帯によって取引が活発な時と殆ど動かない時があります。必ずそうなるというわけではありませんが、外為市場でも為替レートがよく動く時間帯が24時間の中にはいくつか見られます。それを知っていれば短時間のうちに効率的な取引ができます。

● **日本時間5時〜7時** ［冬時間を基準。以下同じ］

ニューヨーク市場が閑散となり、日付が変わる7時（夏時間では6時）前にポジションクローズの動きが見られます。市場の流動性が低く、特にニュージーランドの指標発表などを狙って仕掛けが入りやすい時間帯です。

● **日本時間8時〜10時**

東京市場が動き出す時間帯です。特にゴトウビ（5と10の付く日）と言われる日には、10時の仲値を決めるためにドル買いのニーズが高まり、早朝からドル円が上昇することが多く見られます。

● **日本時間15時**

為替オプションの満期日（権利行使日）には締切時間があり、それを**カットオフタイム**と呼びます。東京では15時が多く使われるため、この時間帯ではポジションの調整などから、ある特定の通貨が一方向に動くことがしばしば見られます。

● **日本時間16時**

欧州勢やロンドン勢が動き出す時間帯で、特に東京のポジションの偏りを狙う動きなどから激しい動きがよく見られます。

● **日本時間19時～24時**

19時台（夏時間では18時台）は英国や欧州の重要指標の発表が、22時30分（夏時間では21時30分）は米国重要経済指標が発表されることが多く、市場はその前にポジションの手仕舞いや仕込みの動きも見られます。指標発表と同時に大きく動くことが多く、**24時間の中で最も動きやすい時間帯**です。24時はニューヨーク市場のオプションカットオフタイムとなることから、特に24時も注目されます。さらに、25時はロンドンの仲値を決めるフィキシング・タイムのため、この時間の前後から動き始める所も見受けられます。

市場	冬時間	夏時間
ウェリントン	5時頃～15時頃	4時頃～14時頃
シドニー	7時頃～17時頃	6時頃～16時頃
東京	8時頃～17時頃	－
香港	9時頃～18時頃	－
シンガポール	9時頃～18時頃	－
フランクフルト	16時頃～翌1時頃	15時頃～翌0時頃
ロンドン	17時頃～翌2時頃	16時頃～翌1時頃
ニューヨーク	21時頃～翌6時頃	20時頃～翌5時頃

表2.1 ● **主要各国の取引時間帯の目安（日本時間）**

以上が主な為替市場の動きやすい時間帯ですが、その他にも重要なイベントが行われる時などあらかじめ大きく動くと思われる時間帯があります。例えばサミットの開催や各国中央銀行の政策金利発表などです。さらに各国中央銀行総裁や財務相などの議会証言や講演などが予定される時間帯を狙って取引を行えば、限られた時間でも取引の効率を高められます。

なお、FXに経済指標をどう活用するかについては、第4章で詳しく説明します。

● **為替（通貨）オプション**
オプションとは、予め予約した日に予約した価格で売り買いできる権利のことで、売買される。買う権利をコール、売る権利をプットと言う。為替オプションは輸出入企業等のリスクヘッジなどにもよく使われ、頻繁に取引されている。オプションの満期日にはオプションの権利が行使されるため大口の取引が生じ、為替が動くことも多い。

2-04 資金配分とポジション管理

手持ちの資金額と取引を続けたい期間が決まれば、1日の損失許容額（損切りリミット）、ポジションのサイズが決まってくる。

→ ポジションの大きさと資金配分の決め方

　取引を始めるにはまず資金が必要です。ポジションの大きさを決める前に絶対忘れてはいけないことは、無理をして立ち直れなくなるような負け方をしてはいけない、ということです。そのためには最初に自己資金の額を決めることから始めます。

　FXの目的は生活費を稼ぎたい、お小遣いを増やしたい、資金を増やして何かを始めたいなど人それぞれでしょうが、いずれの人にとっても共通する大事なことは一か八かの勝負は避けるということです。細々とでも良いから生き残ってチャンスを活かすことが重要です。ここではどの位の資金を持って、どの位のポジションで取引をしたら良いのかを考えます。

　まず、仮に無くなったとしても、自分の生活に大きく影響を及ぼさない程度の資金を用意します。この時借金をして取引を始めようなどというのは、既にそこで負けていると言っても良いかもしれません。FXなどの相場に参加するには、時間や資金等の制限をできるだけ避けるべきです。それは自分で想定した損切りや利食いのレベルが、自分の意思とは違うレベルで切らざるを得なくなるためです。時間の制約も同様で時間切れでポジションを切らないといけないとなると、せっかく作ったポジションを活かすことができなくなってしまうからです。できるだけ余裕を持った資金で取引を始めて下さい。

→ 資金を小分けにして1日の損失許容額を決める

　例えば30万円の手持ち資金があるとします。まずそれを3か月に分ける

図2.3 ● 資金配分の方法

と1月10万円になります。それをさらに4週に分けるとすれば1週間で2万5千円になります。さらにそれを5日間の取引に分けると、1日の資金は5千円ということになります。言い換えれば**1日の損切りリミットを5千円に設定した**ということです。この1日5千円という損失許容額を超えないように取引を行っていけば、**少なくとも3か月は取引を継続することができる**ということになります（手数料等は省略します）。

　ここでFXの特徴の1つであるレバレッジを効かせます。例えばレバレッジ25倍で取引を始めるとします。30万円を証拠金として口座に預けて

おけば、始めは750万円相当までの取引が可能です。ドル円が1ドル100円であれば7万5千ドル相当の取引ができることになります。

さて、もしレバレッジを最大25倍に効かせ7万5千ドルのポジションを持つとすれば、7銭程の値幅でその日の損切りリミットを超えてしまい、ポジションを持った瞬間に損切りがついてしまいます。少なくとも50銭は思惑と反対に動いても平気なポジション、つまり1万ドル程度であれば、ある程度余裕を持って取引ができます。

これはあくまで一例としてあげただけです。もし、1日の取引額を大きくしたいという場合には、資金運用の期間を短くします。例えば3か月を1か月の運用期間で資金配分をやり直します。そうなれば1日の損切りリミットが5千円から1万5千円になるため、50銭の値幅はそのままにするとポジションは3万ドルで取引を行えます。ポジションの大きさではなく損切りの幅を広くしたいというのであれば、1万ドルのポジションはそのままで、1日の損切りリミットまでの変動幅を3倍の1円50銭に広げて取引をするといったやり方もあります。取引の金額や期間、損切りのレベルなどは人それぞれご自分に合ったものを選べば良いのです。いずれにしても、自分の決めた損失許容額を上回る時は必ず損切りを行うことが原則です。ただし、例外というのは常にあります。

● **思惑通りに動いてチャンスと見たらたたみかける**

もし相場が突然動き出して、これはチャンスと思った時は別です。**チャンスと感じた時はいつもより大きなポジションで果敢に攻める**ことも必要です。自分の思い通りに大きく動く時は、リミットを設けずに臨機応変に対応することも必要です。ただし、その時に気をつけなければいけないのはやはり損失額です。必ず1回の最大損失額はあらかじめ決めておくことです。人それぞれの決め方があるでしょうが、1週間分の利益を1つの目安とする考え方もあります。なぜなら、1週間分の利益であれば何とか1日で取り戻すことも可能な範囲だからです。それ以上損失額が膨らむと取引金額を増やしたりロスカットを遠くしたりと、いつもの自分のスタイルを変えてしまい、さらに悪い状況に陥ることになるからです。

2-05 自分のトレードスタイルを決める

FXの取引スタイルには、主にポジションを持つ期間の長さから大きく分けて次の5つのスタイルがある。

→ トレードスタイルは大きく分けて5つがある

●スキャルピングは超短期取引

1回の取引をわずか数秒から数十秒間で決済し、これを繰り返して小さい利鞘を積み重ねるスタイルです。狙う値幅が10ポイント程度と小さい分、ポジションは大きめに取ります。1回の取引時間が短いためポジションを持つストレスも少なく、普段忙しく時間が取れない人にも向いています。

ただし、取引の間は自分の目で常時プライスを見ながら、利食いか損切りかを瞬時に判断して確実に行うことが必要です。テクニカルなどの分析手法よりもリズミカルな反射神経が必要になります。

●デイトレードは最もポピュラーな手法

1回の取引をその日のうちに終了させ、基本的に翌日に持ち越さないスタイルです。利食いの値幅は、例えばドル円なら数十銭から1円以上と大きく取ります。基本的には常時プライスを見ながら行いますが、OCO注文などを出しておけば、あとは見ていなくても済みます。売買はテクニカル分析を中心にファンダメンタルズも考えながら行い、チャンスと見ればポジションを決済せずに翌日に持ち越すこともあります。

●スイングトレードは比較的やりやすい

中期トレンドを狙ってポジションを持つもので、1回の取引が数日から数週間にわたるスタイルです。取引時間が長くなるため、その間の値動きが大きくなる分リスクが高くなりますので、デイトレと比べてポジションは小さめに、利食いと損切りの値幅は大きく取ります。常時プライスを見ていなくてもできるので、会社勤めの方にも向いています。

トレードスタイル	取引時間	ポジションの大きさ	利食いの値幅	目的
スキャルピング	数秒～数十秒	大きめ	小さめ（10ポイント未満）	為替差益
デイトレード	数時間～1日	大きめ	数十～100ポイント以上	為替差益
スイングトレード	数日～数週間	デイトレより小さめ	デイトレより大きめ	為替差益
ポジショントレード	数週間～数か月	スイングより小さめ	スイングより大きめ	為替差益
スワップトレード	1年以上～数年	小さめ	大きめ	スワップ益

表2.2 ● トレードスタイルの種類と特徴

● **ポジショントレードはスイングの延長**

スイングトレードをさらに延長したスタイルで、大きな長期トレンドに沿って、順張りでポジションを数週間から数か月キープします。利食いと損切りの幅はスイングより広く取る分、ポジションはスイングよりも小さくなります。高金利通貨のロングの場合は、スワップポイントも収益として期待できます。

● **スワップトレードはスワップポイントの受け取りが主目的**

スワップポイントの獲得を目的に、低金利通貨を売り高金利通貨を買って、長期間にわたりロングポジションを取るスタイルです。2008年の夏まではいわゆる円キャリートレードが流行しましたが、リーマンショック前後に高金利通貨は急落し金利差も一気に縮まったため、現在高金利通貨と言えるのは南アフリカのランドや豪ドルなど一部の通貨になっています。

自分に合ったトレードスタイルを見つけよう

取引スタイルにはそれぞれメリットとデメリットがあり、自分の性格や生活のリズムに合った取引スタイルを見つけることが大切です。ポジションを持っていると夜も気になって眠れないという人は、スキャルピングやデイトレでその日のうちに決済するのも一手です。1回の取引にじっくり時間をかけ利幅を大きく狙いたいという人は、スイングやポジショントレードが向いています。なお、このスタイル別の攻略法については、第5章で詳しく解説しています。

2-06 売りこそ大きく儲けやすい

FXではロングでもショートでも抵抗なくこなせるようになることが必要。年に数回程度はよくある急落時こそ売りで大きく儲けるチャンス。

→ 売りをうまく使えば短期間で効率よく稼げる

　FXを始めたばかりの人からは、売りから入るのは苦手という声が多く聞かれます。しかし、ショートから入ることに抵抗をなくすことがまず取引の第一歩です。FXではお金とお金の差金決済であるため、本来売りからも買いからも全く違和感なく同じ感覚で入れるはずです。

　例えば、私のディーラー時代は主にドル円の取引が中心でしたが、そのうち9割以上はドル売り持ちのポジション、つまりドルショートから入っていました。それはドル円が長期にわたり下降トレンドが続いていたというせいもありますが、それだけではなく、**ドル円は上昇する時に比べて下落時には一気に下がる**ことが多かったからです。そのため短期間で決着がつきやすく、短期ディーラーとして扱いやすかったということもあります。

　デイトレーダーのように短期間で勝負をつける者にとっては、ショートで入るのは効率が良く、またそれは気持ちの良いものなのです。

● **売りの方が短期間で儲けやすい**

　これまで長期間にわたり、ドルの金利は円よりも高い水準で推移していました。ある意味でドルは円に対しては高金利通貨であり、当然金利差を狙うのであれば買いから入りやすかったと言えます。しかし、サブプライム問題が起きてからはドルと円の金利差は殆どなくなりました。ドル円に限らず**高金利の通貨であれば、タイミングを計って売りから入る方が短期間で稼ぎやすい**ということです。デイトレで稼ぎたいならば、売りも買いも両方使いこなせるようにすることが儲けるためには必要です。

　高金利通貨はじりじり買われて一気に売られるという特徴がありますが

図2.4 ● 高金利通貨は一気に急落しやすい(ランド円/時間足/2018.10.18〜25)　　チャート提供:FOREX.com

(図2.4)、その反対に**円はじりじり売られて急激に買いが強まる**という傾向があります。これは円が低金利通貨ということだけではなくローリスクということから、避難通貨としての面も備えているためと考えられます。それは対ドルだけではなく他の通貨に対しても同様であり、その点ではスイスフランも円と同じような通貨と言えます。

　長期下降トレンドの通貨ペアで常にショートのポジションをキープするということは、スワップコストがそれだけ多くかかることになります。したがって市場参加者は、一般的に金利の高い通貨は買い持ちでキープしたいと思いやすく、だからこそ下落する時は早いと言えます。これは例えば映画館が火事になり、皆が逃げようとして一気に出口に殺到しようとするのと同じような現象です。

　スワップコストはキャピタルゲインに比べれば些細な金額です。小さなコストを気にして大きな利益を逃しては儲けられません。ショートをうまく使いこなせれば、利益を大きく増やすことができるはずです。

　現行では主要通貨の中で相対的に米ドルが最も高金利通貨ということになりますが、その他マイナー通貨ではまさに高金利通貨の傾向が見られるものもあります。例えば図2.4は南アランド円の時間足チャートですが、所々に高金利通貨の特徴を見ることができます。

2-07 チャンスの時はポジションを増やして大きくする

コツコツやっていれば必ずチャンスは訪れる。その時は一気にポジションを増やしてたたみかけることで、短時間で大きな利益を狙うことができる。

⇒ ピラミッディングで一気にポジションを増やす

「ピラミッディング」という呼び方ではよくわからないという方もいると思います。これは難平（ナンピン）と反対の取引で、**自分の思惑通りに相場が動き始めた時にポジションを拡大する**取引手法です。

自分のいつものスタイルを変えてしまうと、大抵の場合さらに損失を被るという経験をしたことが誰しもあると思います。ただし、私はチャンスの時だけは例外と考えています。相場は常に大きく動くわけではなく、寧ろ普段の相場は地味なもので、コツコツと小さな儲けを積み上げる作業を続けていくものです。そうしていればどこかで必ずチャンスが訪れます。

そのチャンスが来たと見たら、その時はポジションを増やしてこれまでの取引金額を一時的に大きくすることも必要です。その一瞬で数週間分、数か月分の利益をつかむことができるチャンスです。レバレッジを最大限に活用するのは、このような時なのです。

● ピラミッディングの事例

これはデイトレなど短期取引で、一時的に為替レートが一方向に大きく動きだした時に行う方法です。ここでは2018年7月18日の動きを例に取ります。例えば、通常10万ポンドで取引をしていて、チャンスと見れば最高50万ポンドの取引を行うことができるとします。

> ［図2.5の例］ロンドン市場が始まったところで英国6月CPIが発表されたものの、予想を下回ったことでポンド売りが強まった。実は数日前にBOE総裁が利上げに前向きな姿勢を示したことでポンドが買われていた。しかしCPIが予想を下回ったことで一気に利上げ期待が後退し、ポンドの投げが入ったところだった。

図2.5 ● ピラミッディングの例（ポンド円/5分足/2018.7.18） チャート提供：FOREX.com

　発表直後147円80銭付近で下げ止まったので10万ポンドを売り（①）、この下の147円50銭は前日の安値レベルを下回ったので更に20万ポンドを147円40銭で売り増し（②）。その後147円10銭まで下落した後反発に転じたため、147円20銭で20万ポンドを買い戻し（③）。買い戻すまでの時間は2分足らず。しかし147円40銭付近で上げ止まりから再び下落し、直近の安値147円10銭を下回ったので、147円05銭で再度20万ポンドを売り（④）。しかし、余り勢いはなく146円80銭付近で下げ止まり戻り始めたので、30万ポンド全てを146円90銭で買い戻してこの日の取引を終了した（⑤）。

　このようにピラミッディングは勢いに乗った時に一気にたたみかけます。かなり投げが出たと見た時には一旦全てを買い戻して様子を見ます。中長期取引の途中でピラミッディングを行った人は、根っこのポジション（最低の10万ポンド）を残して再び下落するのを待つのも良いでしょう。

【ピラミッディングのチャンスとやり方】
・自分の思った方向に相場が動き始めた時
・動きの速度が加速すると思われた時
・その動きを裏付ける材料が出た時
・利食いを入れるポイントが寧ろピラミッディングのタイミング
・長居は禁物。ポジションが大きくなるので短期間で勝負を終える
・一旦終わってもまだ動きが続く可能性があると思えば、根っこのポジション（最低単位のポジション）を決済せずに残す

2-08 期間を変えてチャートを見る

1つのチャートだけを見ていても相場の流れをつかむことはできない。いま現在の長、中、短のトレンドがどう動いているかを多面的に捉えることが必要。

相場の流れをつかむには長期、中期、短期のチャートで動きを比較しながら見ていくようにします。レベルと言うのはそれぞれの期間により異なるもので、日足で見ると高いレベルにあると思っても、時間足で見ると低いと感じることもあります。そして5分足では再び高いと感じるなど、期間が変われば自分の感覚も変わってしまいます。この**感覚の違いに惑わされないように注意**しなければなりません。短い足で見た時に、長い足のトレンドではどの位置にいるのかを同時につかむようにします。

● **値動きの大きさを見る時は値幅の単位にも注意する**

例えば右の3つのユーロ円のチャートは、日足、時間足、5分足です。最高値と最安値の差（値幅）を見ると、日足（約9円）→時間足（約1.4円）→5分足（約0.5円）となっています。ポイントに直すと、900→140→50で、期間が短い足ほど小さくなっています。期間を変えながら現在のレベルを確認すると同時に、値幅のスケールとローソク足の長さを見ることで値動きの大きさを正確につかむことが必要です。

また、取引スタイルによって主に使うチャートの期間は変わりますが、必ずスタイルに合わせて長期から短期までの動きを頭に入れてイメージを描いてから取引を始めます。イメージが沸くまで繰り返し見直します。

トレードスタイル	チャートを見る順番の見方／チェックする例
スキャルピング	瞬間的な動きのため5分足あたりから見ていく
デイトレード	5分足⇒日足⇒時間足⇒5分足
スイングトレード	5分足⇒日足⇒時間足⇒5分足
長期投資	月足⇒週足⇒日足

表2.3 ● 期間を変えてチャートを見る順序の例

図2.6 ● ユーロ円／日足（2018.2.22〜6.29）　　　チャート提供：FOREX.com

図2.7 ● ユーロ円／時間足（2018.7.12/8:00〜7.18/5:00）　　　チャート提供：FOREX.com

図2.8 ● ユーロ円／5分足（2018.7.17/19:20〜7.18/5:05）　　　チャート提供：FOREX.com

2-09 相場をリードしている通貨ペアを探す

外国為替は通貨を通貨で売買する取引であり、通貨ペアには幾通りもの相関性がある。取引対象の通貨ペアだけを見るだけでは、儲けることはできない。

→ どの通貨ペアが相場の主役なのかを見極める

相場には常にその時々において主役がいるものです。相場の値動きを予想するにあたって最も大切なことは、どの通貨がその時の相場をリードしているかを知ることです。

例えばユーロ円の取引を始める時には、ユーロ円だけを見ていては相場を見誤ることがあります。その時のポンド円の相場を動かす主役がユーロなのか円なのか、あるいはドルなのかを見極めることが大切です。それによりレンジはともかくとして、取引の開始や終了する時期の予想が立てやすくなります（図2.9）。

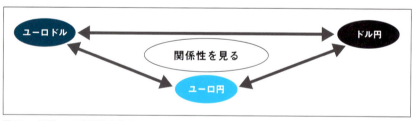

図2.9 ● 通貨ペアの関連性を見る

例えば図2.10と2.11は、2017年12月から2018年7月までのドル円とユーロドルの日足チャートです。このチャートを比較すると、ある期間は上下全く別な動きの時と同じ方向に向かっている時、そして同時に横ばいの時があることがわかります。

2017年12月から2月前半にかけてドル円が下落している一方、ユーロドルは上昇しています。これは2018年が始まってすぐにトランプ大統領

図2.10 ● 2018年上半期のドル円の動き（日足/2017.12.19～2018.6.8） チャート提供：FOREX.com

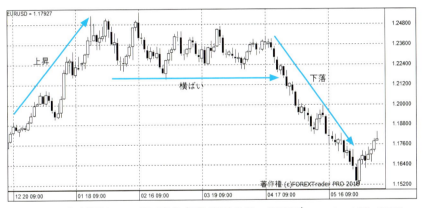

図2.11 ● 2018年上半期のユーロドルの動き（日足/2017.12.19～2018.6.7） チャート提供：FOREX.com

図2.12 ● 2018年上半期のユーロ円の動き（日足/2017.12.19～2018.6.7） チャート提供：FOREX.com

059

のロシア疑惑が報じられたことで、ドルが全面安となったためでした。ドル円は下落する一方でユーロドルは上昇が始まりました。この時のユーロ円（図2.12）は**ほぼ横ばい状態**となっています。これは**ドル売りが相場をリードしている状態**です。一月後の2月初旬に入るとイタリア選挙への不信感やドイツの連立政権の混乱などを背景にユーロドルの上昇に歯止めがかかり、横ばいに入りました。一方ドル円の下落はそのまま継続したことでユーロ円は下落に転じました。ユーロドルを売るよりもユーロ円やドル円を売った方がより効率が良いという判断です。結果的に円が全面高となり、**この時の相場をリードしたのは円**ということになります。

この動きは3月後半まで続き、その後はユーロ円のポジション調整の買い戻しが入りました。4月後半からは年内利上げ速度が加速するとの観測からドルが再び全面高となり、ドル円は上昇しユーロドルは下落。しかし、この時はECBの利上げ時期が後退するとの見方があり、ユーロドルの下落速度がドル円の上昇を上回ったことでユーロ円は下落。**この時の相場をリードしたのはユーロ**であり、ドルは準主役ということになります。

このようにユーロ円などのクロス円を取引する時は、ユーロ円だけではなくドル円やユーロドルの動きも同時に見ていくことが必要です。相場をリードするのはどの通貨なのかを見極めることで、どの通貨ペアが最も効率よく儲けることができるかを見つけることができます。

→ 通貨ペアを動かしている直接の要因を確かめる

図2.13の上の図は通貨ペアを通して互いに影響し合う、通貨同士の関係性のイメージを表したものです。1つの通貨は幾つもの手を持ち、他の通貨とつながっているのです。通貨同士の力関係は、よく綱引きに例えられますが、綱引きというよりは互いに1本の棒の端を持って、押し合い引き合いをしているイメージです。

また図2.13の下の図はユーロ円の例ですが、ユーロ円が上がったり下がったりしている時は、その要因は何なのかを分解して考えて、主導する通貨を見つけるようにします。

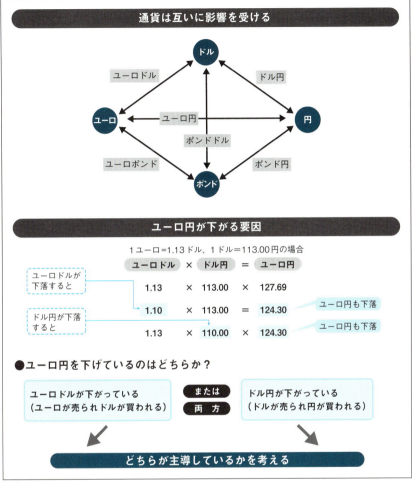

図2.13 ● 複数の通貨ペアの動きに注目する

　これらについては、第5章と第6章で、詳しく解説していきます。

2-10 知っておくべき その他のポイント

為替の世界にはあまり知られていない事柄の中にも大事なポイントが色々とある。それらも押さえておくこと。

→ ポジションの両建ては意味がない

両建てとは、**同じ通貨ペアで売りと買いの両方のポジションを同時に持つ**ことです。為替取引では元々両建てという概念はありませんでしたが、FXでは両建てができる業者が多く見られます。外為取引では売りと買いが相殺されて損益が発生することになります。それをあえてポジションとして残すには2つ理由が考えられます。1つは損切り、あるいは利食いをその時点で出したくないということです。

例えば110円でドル円1万ドルの買いポジションを持ち、105円まで落ちた時にヘッジとして1万ドルの売りポジションを持つというのが両建てです。本来はそこで損切りをすれば5万円の損失が確定することになりますが、それをせずに両建てをしてポジションをスクエアーにすれば、それ以降下落した分の含み損は105円で売った含み益と相殺され、実質それ以上の含み損は発生しないことになります。つまりヘッジ後は上昇しても下落しても5万円以上の損失が発生しないというわけです。

しかしこれは手数料やスプレッドのコストが余分にかかってしまうため、不利な取引になります。また、スワップポイントも受け取り分よりも支払い分の方が上回ることになり、長期間保有するほど不利になります。このため両建てはあまりお勧めできません。

→ 外貨同士の通貨ペアを活用すればチャンスが広がる

日本人にとって、取引通貨ペアはどうしても円を対価に外貨を取引することが多いようです。ドル円はもちろんユーロ円、豪ドル円など全てクロ

ス円だけで取引している人が多く見られます。それは外貨の売買損益が円で換算しないと不安だというのも、理由の1つのようです。

ただ、ポンドドルやユーロドルといった外貨同士のペアを乗りこなすことは、デイトレーダーにとっては儲けのチャンスを増やす上で欠かせません。相場においては円主導で動く時はむしろ少なく、殆どドル主体で動くと言って良いでしょう。その次に多いのがユーロで、ユーロポンドやユーロスイスが相場をリードする時もあります。また、豪ドル／NZドルや豪ドル／スイスといった外貨のクロスでトレンドができた時などはそれに沿ってポジションを取りに行くなど、クロス円以外で儲けるチャンスは市場に多くあります。それを見逃さないためにも日頃から円だけではなく外貨のクロス取引にも目を向けるようにしておくことです。

外貨同士のクロス取引にはまずチャートをじっくり眺め、そして自分の得意なテクニカル分析を行います。外貨同士の方が中途半端な相場観がない分むしろ素直に見ることができて、利益を上げやすいと言う人もいます。

→ クロス取引で注意すること

インターバンク市場での取引では、基軸通貨の米ドルを主体に各国通貨と取引が行われます。それは貿易や金融取引などの多くがドル決済で取引されるためです。しかし、当然米国を除いた国々でも直接取引が行われることから、米ドルを介さない取引も市場では頻繁に行われています。それらの通貨ペアを**クロスレート**と言います。クロス通貨には掛け算通貨と割り算通貨というものがあります。

●掛け算通貨

掛け算通貨とは、豪ドルドルやポンドドルなど米ドルの名前が相手国の通貨の名前の後に来る通貨ペアを指します。例えば豪ドル円のレートを出すには、豪ドルドルレートとドル円レートを掛け合わせて計算します。豪ドルドルが0.9ドル、ドル円が100円とすれば、豪ドル円のレートは0.9×100＝90円となります。豪ドル円を買おうとすれば、豪ドルドルとドル円の両方を買うということになります。

● **割り算通貨**

　割り算通貨とは、ドル円やドルスイスなど米ドルの名前が相手国の通貨の名前の前に来る通貨ペアを言います。例えばスイス円のレートを出すには、ドル円レートをドルスイスのレートで割ることで計算します。ドルスイスのレートが1.01スイスフラン、ドル円のレートが110円とすれば、スイス円のレートは110 ÷ 1.01 ＝ 108.91円となります。スイス円を買おうとすれば、ドル円を買ってドルスイスを売るということになります。

　これらの仕組みをしっかり理解しておけば、前節で述べたようにどの通貨が相場を主導しているか、通貨の相関を見極めるのに役立ちます。

　なお、これら掛け算通貨か、あるいは割り算通貨になるかは市場の慣習により、決まった定義というものはありません。

● **プライスの表示がわかりにくい時**

　例えばユーロポンドが0.9005／08というプライスに対して単位が見慣れないという人は、90.05／08というように置き換えてみると捉えやすくなります。さらに売買のスプレッドが適当なものかなども、ドル円などと比較できるようになります。

● **外貨のクロス取引では利益は外貨で受け取る**

　ユーロドルで1ユーロ1.4000ドルの時に1万ユーロを買って1.4100ドルで売るとすれば100ポイントの利益が出ます。この時の利益はドルで受け取ることになります。

> 1万ユーロ／ドル×（1.4100－1.4000）＝ 100ドル

　この時の利益は100ドルですが、1ドル100円の時に円に換算すると100ドル×100円＝1万円となります。もしこの時ドル円が90円になれば、利益は100ドル×90円＝9000円になってしまいます。外貨同士のクロス取引で注意しなければならないことは損益が円ではなく外貨となるため、その額は新たに為替ポジションを持つことになります。取引金額に比較すれば小さなポジションですが、為替リスクに晒されることになるため、できるだけ決裁したその場で自国通貨の**円に替えておいた方が安全**です。

CHAPTER 3

テクニカル分析をしっかりマスター

3-01	知っておきたいテクニカル分析の基本
3-02	ローソク足で売買タイミングを読む
3-03	トレンドラインで相場のトレンドを読む
3-04	トレンドのパターン分析
3-05	移動平均線
3-06	フィボナッチ・リトレースメント
3-07	エリオット波動理論
3-08	ボリンジャー・バンド
3-09	RSI
3-10	MACD
3-11	一目均衡表
3-12	平均足
Q&A	もっと知りたいテクニカル分析のコツ

3-01 知っておきたい テクニカル分析の基本

相場の分析手法には大きく分けてファンダメンタルズ分析とテクニカル分析がある。両者をバランス良く利用することが必要。

FXで利益を上げるためにはテクニカル分析は大きな武器となります。最近では色々なチャートを手軽に見られますが、チャートだけを見ているとついレベル感だけが先行し、下落時には低いところで買いたい、上昇時には高いところで売りたい、とばかり思ってしまいます。

しかし、テクニカル分析をすることで、そんなはやる気持ちや熱くなった頭を冷やしながら、相場を客観的に見ることができます。

テクニカル分析は個人のFX取引に必須

テクニカル分析とは過去の価格動向から現状を分析し、今後の相場の動きを予測して売買のタイミングを計るためのものです。テクニカル分析には大きく分けて「トレンド系」と「オシレーター系」があります（表3.1）。トレンド系指標というのは**これから相場が上昇するか下落するかといった方向性**、即ちトレンドを計測するためのものです。オシレーター系指標の「オシレート」というのは元々振動するという意味で、振子のように**売られ過ぎや買われ過ぎの振幅から相場の強弱**を計測するためのものです。

分類	種類
チャート分析	ローソク足チャート、ラインチャート、バーチャート、ティックなど
トレンド系指標	トレンドライン、移動平均線、グランビルの法則、、平均足、エンベロープ、ボリンジャーバンド、一目均衡表、エリオット波動理論、パラボリック、ポイント＆フィギュアなど
オシレータ系指標	モメンタム、移動平均線乖離率、RSI、RCI、サイコロジカルライン、ストキャスティクス、MACD、DMI、ピボットなど
フォーメーション分析	パターン分析、エリオット波動理論など
その他	フィボナッチ・リトレースメントなど

表3.1 ● おもなテクニカル分析指標

その中には価格変動の周期性から解析する「タイム・サイクル」や相場参加者の人間心理に基づいて分析しようとする「サイコロジカルライン」といった特徴的なものもありますが、本書では複雑なチャートの説明は省き、これだけは知っておきたいというものだけをピックアップしました。

→ 相場で最も重要なのはトレンドを見つけること

相場というものはいつまでも一方向に動くことはありません。大中小の波が上下動を繰り返しながら進み、引き潮や上げ潮に変化する潮目などもあります。

相場はトレンドを見つけることが最も重要だということを、何度かお話しました。テクニカル分析は、チャート上からチャートポイント、トレンド、そして天井や大底の転換点を見つけだすことが主な目的です。それにより自分の相場観を確認し、信頼性を高めるものです。

売られ過ぎ買われ過ぎというのは、短期から長期まである程度相場を見ていると自然に流れの中で感じるものだと思います。ここではトレンド系を中心に解説し、オシレーター系はあくまでその補完のためのツールという考えから本書では詳しくは載せていませんので、お知りになりたい方はテクニカル分析の専門書をお読みいただければと思います。

● **基本を正しく理解し経験を積む**

どんなテクニカル分析でも万能というものはありません。それぞれの基本や長所・短所を正しく知った上で経験を積むことで、初めて信頼できるようになります。ある程度色々なチャートを見ていくことで、自分の信頼できるものが幾つか見つかるはずです。しかし、あまり多くの種類のチャートばかり見ると、余計に迷ってしまうことにもなります。あまり複雑な手法より単純なものの方が信頼性が高いと私は思います。

自分が良いと思うチャートを見つけたら、なるべく多くの通貨ペアで時間足、週足など期間を分けて見ることです。ただ、1つのチャートだけを見ていくと偏った見方になることがあるので、できるだけ複数のチャートを組み合わせて見ていくことをお勧めします。

3-02 ローソク足で売買タイミングを読む

ローソク足は江戸時代に米相場の先行きを読む手法として考えられたとされる日本固有のテクニカル分析手法で、現在も世界中で使われている。

1本のローソク足だけで色々なことがわかる

　ローソク足とは、始値、高値、安値、終値の4本値で一定期間の値動きを表す棒（ローソク足）を描き、それを左から右に並べて相場の推移が一目でわかるようにしたものです。始値と終値で実体を表し、上下のヒゲで高値と安値を表します。始値より終値が高ければ**陽線**（白抜きの四角）、始値より終値が安ければ**陰線**（黒い四角）となります。ローソク足には、5分足、1時間足、日足、週足、月足など様々な期間が使われています。

●実体とヒゲの長さを見る

　図3.1はローソク足の基本形です。実体の長さが相場の強さを表します。陽線の実体が長ければそれだけ上昇力が強く、陰線の実体が長ければ下落の勢いが強いことになります。もしそれが連続して出ると、トレンドにつながります。大事なポイントは上下どちらにヒゲが長く伸びているか、です。

　このヒゲの長さは出現する場所によって、相場の心理状態を想像することができます。上ヒゲ（下ヒゲ）が長いということは、上昇したものの（下落したものの）反対に押し戻されたことを表し、長期の下降トレンドで下ヒゲが長く伸びると下げの終盤を暗示します。反対に長期の上昇トレンドで上ヒゲが伸びると、上昇の終盤を暗示します。また、**寄引同時線**は売り買いの勢力が拮抗していることを表します。

●転換点を暗示する形

　ローソク足がどのような形で、どの位置に出現するかによって相場の方向性を暗示してくれます。

　例えば、上下のヒゲが無い大陰線（**陰の丸坊主**）は下落の勢いが最も強

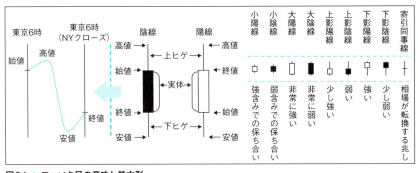

図3.1 ● ローソク足の意味と基本形

く、天井圏で現れた場合は売り転換を暗示する代表格です。また、図3.2のaは天井や大底を打つ時によく見られる形です。bもやはり転換のサインとなることが多いですが、aよりはやや弱いようです。

ローソク足の組み合わせで転換ポイントを探る

ローソク足は2本、3本の組み合わせを見ることで、さらに相場の転換点を探る手掛かりになります。ここでは代表的なものをご紹介します。

図3.2のcの**出会い線**は、前日の陽線（陰線）の終値と当日の陰線（陽線）の終値がほぼ同値になる型です。これまでの動きが変化する可能性が高まったと見られますが、反転するにはまだ力不足だと言えます。

eの**かぶせ線**は、当日（陰線）が前日の陽線の終値よりも高く始まり、陽線の中心値以下で引けた形です。それまでの上昇圧力に対して売りの勢いが上回ったことを表します。長期上昇トレンドの後半に現れたら売りに転じるタイミングと見ます。dの**切り込み線**は反対に、当日（陽線）が前日の陰線の終値よりも安く始まり、陰線の中心値以上で引けた形です。長期下降トレンドの後半に現れると、上昇に転じるタイミングと見ます。

fの**つつみ線**は、前日の陽線（陰線）とは反対に、その前日の値幅をすっぽりと包み込む程の大陰線（大陽線）が出る形です。高値圏で大陰線のつつみ線が出ると、それまでの買い勢力を一気に押し戻す売りが出たことを現すもので、天井のサインと見ます。反対に安値圏で大陽線のつつみ線

が現れると、大底のサインと見ます。

gの**はらみ線**は、前日の大陽線（大陰線）の値幅の範囲に収まる形で、小陰線（小陽線）が現れる形です。この形が現れると相場に新たな展開が予想されます。さらにトレンドをフォローするか、あるいは転換すると見て、次の動きについていくようにします。

hは、前日の勢いが余ってギャップとか窓と呼ばれる状態で、ポツンと星が出たような形です。この星は為替相場の場合は土日を挟んだ時以外は滅多に見られませんが、それに近いかたちは多く見られます。iは窓の典型で、上昇の勢いが非常に強い時か、あるいは流動性が低い時などに見られます。通常、窓が出た時には、その窓の半分あるいは全てを埋めようと

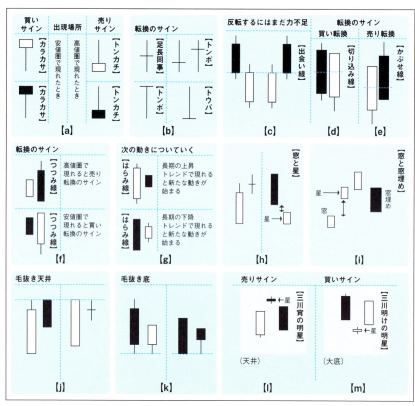

図3.2 ● 上昇／下落の転換を暗示する主なローソク足の組み合わせ

する動きが多く見られます。

毛抜き天井と**毛抜き底**は、短期的に見て天井か底かを判断するものです。jは前日の陽線の高値と当日の高値がほぼ同レベルの時の組み合わせですが、当日の上昇の勢いが前日の高値を超えられなかったと見なされます。kはjと反対に、前日の陰線の安値と当日の安値がほぼ同レベルの時の組み合わせです。これは当日の下落の勢いが前日の安値を超えられずに戻されたと見なされます。これら毛抜きと言われる連なった2日間の動きは、週足などでもよく現れます。

● 3本の組み合わせで見る

lの**三川宵の明星**は、大陽線の後に上放れて、小さな陰線や陽線、あるいは寄引同時線が現れた後に陰線が出た形です。長期上昇トレンドの後にこの形が現れると、天井を打って下落に転換するサインと見ます。

mの**三川明けの明星**は、大陰線の後下放れて、小さな陽線や陰線、あるいは寄引同時線が現れた後に陽線が出た形です。長期下降トレンドの後にこの形が現れると、大底を打って上昇に転換するサインと見ます。

図3.3は、実際のチャートに現れたローソク足の形の例です。必ずそうなるというわけではありませんが、転換を暗示する形の出ているあたりで上昇／下落が転換しているケースが多いことがわかります。

図3.3 ● チャートに現れた転換を暗示する形（ドル円/日足）　　　チャート提供：FOREX.com

3-03
トレンドラインで相場のトレンドを読む

現在のトレンドがどこにあるのかをまず把握することが最も重要。
トレンドがわかったら、基本はその流れに逆らわないこと。

→ トレンドラインとチャネルラインを引く

　相場とは一本調子ではなく、海の波のようにジグザグの波動を繰り返しながら進んでいきます。そして、引き潮や上げ潮のように変化する潮目などもあります。相場ではそのような連なった動きが1つの傾向（トレンド）を形成していきます。トレンドとは、幾つかの波動（山と谷）が連続して一定の値幅・リズムを保っている状態のことを指します。それは、高値と安値に注目してトレンドラインを引いてみるとわかります。トレンドラインが右肩上がりなら**上昇トレンド**、右肩下がりなら**下降トレンド**、横ばいの状態なら**保ち合いトレンド**となります（図3.4）。

　上昇トレンドは、前の安値を次の安値が下回らず、前の高値を次の高値が更新して切り上がっていく状態です。この時安値（ボトム）同士を結んだ線が上昇トレンドラインで、**下値支持線（サポートライン）**と呼びます。上昇トレンドでは、実勢レートが下落してきてもサポートライン付近で下支えされて反発し、押し目をつけながら上昇を続けると見ていきます。

　反対に下降トレンドは、前の高値を次の高値が上回らず、前の安値を次の安値が更新して切り下がっていく状態です。このとき高値（トップ）同士を結んだ線が下降トレンドラインで、**上値抵抗線（レジスタンスライン）**と呼びます。下降トレンドでは実勢レートが上昇してきてもレジスタンスライン付近で押さえられて反落し、戻り高値をつけながら下落を続けると考えられます。

　保ち合いトレンドでは、安値同士を結んだ線が保ち合いトレンドライン（サポートライン）となります（図3.5）。

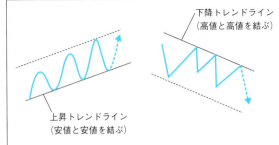
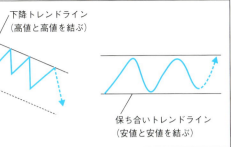

図3.4 ● 3つのトレンドとトレンドライン

図3.5 ● レジスタンスラインとサポートライン（ドル円／日足）　　チャート提供：FOREX.com

● **アウトラインを引く**

　次にそれぞれのトレンドラインに沿って反対側に平行に線を引きます。この線をアウトラインと呼び、上昇トレンドラインの上側に引いたアウトラインはレジスタンスラインになります。また、下降トレンドラインの下側に引いたアウトラインはサポートラインになります。そして、この2本のラインで挟まれたゾーンを**チャネル**と言います。このチャネルは当面の下値／上値の目処として強く意識されます。チャネル幅で上下に跳ね返されながら長く続くほど、強いトレンドということになります（図3.6）。

図3.6 ● チャネルラインとチャネル幅（ドル円／日足）　　　　　チャート提供：FOREX.com

　この時の線の引き方ですが、一番外側の高値安値に合わせて引くとチャネルの幅は広くなり、内側に合わせて引くと狭くなります。後述しますがチャネルを狭くするとそれだけ利食いや損切りのタイミングが早くなり、広くすると遅れることがあります。私はできるだけ内側で線を引くようにすることをお勧めしますが、それは色々と試しながらご自分に合ったやり方を見つけて下さい。

⇒ トレンドラインを利用した売買の基本

　相場には「Trend is friend」という言葉があります。それ位にまでトレンドを見極めて、その方向に沿ってポジションを持つことが勝利への早道と言えます。一般的に上昇トレンドでは買いからスタートし、下降トレンドでは売りからスタートして、**トレンドに乗っていくことが基本**です（図3.7）。また、相場がチャネルを形成している時は、上昇トレンドでも下降トレンドでも、そのチャネル内で売買を繰り返しながらトレンドに乗ることができれば、じっとポジションを抱えているよりも収益チャンスを増やすことができます。その場合、上昇トレンドでは下落してサポートライン

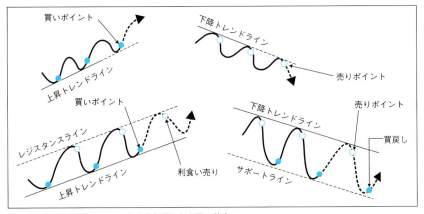

図3.7 ● トレンドラインとチャネルを利用した売買の基本

図3.8 ● チャネルをブレークしてトレンドが転換（ドル円/日足）　チャート提供：FOREX.com

で跳ね返されたところで買い、上昇してレジスタンス付近で折り返すところで利食いの売りをします。反対に下降トレンドでは、上昇してレジスタンス付近で跳ね返されたところで売り、下落してサポートライン付近で折り返したところで買い戻すのが基本です（図3.7）。

　ただしトレンドはいつまでも続くわけではなく、必ず変化する時が来ま

す。実勢レートが上昇トレンドラインを下に突き抜けていく時、あるいは下降トレンドラインを上に突き抜けていく時などは、**チャネルが破られたことで**トレンド**が**転換した**と見なします（図3.8）。それまで持っていたポジションと反対の方向にブレークしたら、確実に損切りをしておくポイントです。また、新規にポジションを作る時は、**ブレークした方向に順張りで攻める**のがセオリーです。

→ 過去の高値安値もチャートポイントになる

トレンドラインだけではなく、過去の主要な高値と安値も重要な節目として意識され、レジスタンスラインやサポートラインの起点になります。

過去の高安というのは、殆どのトレーダーがそれを節目として意識するもので、ゆえにそのポイント近辺では利食いや損切りが出やすくなります。

また、過去にその近辺で売買した人は、それから一度も利益あるいは損失が出ていないということになります。したがって、そこまで戻された時には、そのようなポジションの巻き戻しが出やすくなります。心理的なものだけではありません。

→ 本当のブレークか騙しかを見極める

もちろん相場は騙しが多く、ブレークしたと思ってもほどなくチャネル内に戻ることがよくあります。そこで本当にブレークしたかどうかをチェックすることが大切です。例えば次のような場合は、本当にブレークした確率がより高いと言えるでしょう。

> 1. ブレークする直前にトレンドを変えるような材料が出たり、また出来高を伴いながらブレークした時。
> 2. トレンドラインで跳ね返された回数が多い時や、比較的トレンド形成時間が長く経過した後にブレークした時。
> 3. 今見ているチャートよりもさらに足の長い長期間チャートでもブレークした時。例えば、時間足でブレーク→日足／週足でもブレーク。

● **ブレークした時の特徴**

ブレークした時の特徴としては、次のようなものがあります。

上昇トレンド時にサポートラインを抜けると、そのサポートが当面のレジスタンスラインに変わり、反対に下降トレンド時にレジスタンスラインを抜けると、そのレジスタンスがサポートラインに変わる特徴が見られます。

また、一旦抜けたと思っても一度元のトレンドに引き戻されることがよくあります。それは**プルバック**と言われるもので、一時的なブレークと勘

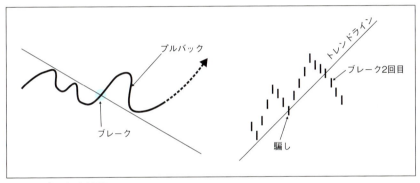

図3.9 ● プルバックと騙し

違いしてしまう動きです。しかし、その戻りの動きはブレークしたトレンドラインで跳ね返されると、レジスタンスがサポート（サポートがレジスタンス）に変わったと見て、ブレークが本物と見ることができます（図3.9）。

日中において一時的にブレークしても、終値ベースでトレンドに戻っている時は、一時的なブレークと見られます。逆に、終値ベースでトレンドをブレークしている時はブレークと見なすこともあります。しかし、1日だけのブレーク時には騙しとなることが多いようです。できれば2日間か3日間様子を見ながら転換を確認した方がよさそうです（図3.9）。

3-04 トレンドのパターン分析

相場がトレンドを形成していく過程で幾つかのパターンが現れる。
このパターンを頭に入れておくと相場の節目を判断するのに役立つ。

　トレンドパターンは、トレンドのスタートを見つけるポイントにもなります。具体的には、①上昇トレンドが天井をつけて下落に転換する時、②下降トレンドが大底を打って上昇に転換する時、③トレンドが保ち合いに入っている時に、よく見られるパターンを順番にご紹介します。

⇒ 天井圏で見られるパターン

　上昇トレンドが続いている時に、最終局面で現れるパターンです。パターンの続く期間は比較的短く、下落が始まると急激に動くのが特徴です。

●ヘッド＆ショルダー

　相場が上下を繰り返しながら、ヘッドを含む3つの山と2つの谷を形成するパターンです（図3.10）。3つ目の高値（E）で、1つ目のAとほぼ同じレベルまで上昇しますが、Cのヘッドまでは届かずに折り返します。この時点で市場はそろそろ上値が重くなってきたと感じ始め、取引も閑散となってきます。

　下げのBとDを結んだ線を**ネックライン**と呼びます。3つ目の山のEからの下落がこのネックラインを抜けた時点でヘッド＆ショルダーが完成します。F地点を抜けた時点で下降トレンドへの転換となり、そのまま下落していきますが、下落の勢いが弱いときは一旦ネックラインまで引き戻されることがあります。これが**リターンムーブ**と呼ばれるものです。ネックラインを抜けてからの下値の目途としては、ネックラインからヘッドまでの高さの幅が目安になります。

●トリプル・トップ

　この形はヘッド＆ショルダーの変形で、3つの山の頂点がほぼ同じ高さ

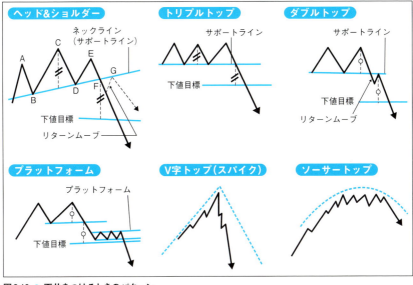

図3.10 ● 天井をつけるときのパターン

になります。このパターンもヘッド&ショルダーと同様、サポートライン（H&Sではネックライン）である下値を下抜けした時点でトリプルトップが完成されます。下値目標はこのパターンでは真ん中の山の高さではなく、3つ目の山の頂点からネックラインまでの幅が目安となります。

● ダブルトップ

上昇相場で天井をつける時に、比較的多く見られるのがこのダブルトップです。これはトリプルトップの時と同様に2つの山がほぼ同じ高さを形成した後、谷であるサポートラインをブレークした時点で下降トレンドへ転換したと見なします。この時**プラットフォーム**と呼ばれる短期的な保ち合いが形成されることがあります。

パターン	特徴
V字トップ（スパイク）	Vの文字を逆さにした形。短期間で急上昇を続けピークに達した後、一気に急落するためこの形となる。何らかの好材料などが出て買いが一方的に続き、実勢レートが移動平均線から上に大きく乖離した時によく出る。ダブルトップに次いで相場の転換時によく見られるが、前触れなくいきなり下落するため注意が必要。急な上昇が続いたらボリンジャー・バンドなど他のチャートを併せて見る。

パターン	特徴
ソーサートップ	丁度お皿（ソーサー）を逆さにしたような湾曲した形で天井を形成する。V字トップのようにいきなり下落するような動きと違い、なだらかに天井をつけながら下降基調が始まる。天井をつけて下落が始まる直前に、プラットフォームと呼ばれる小さなもみ合い状態がしばしば形成されるのも特徴の1つ。このプラットフォームから下放れして下値のサポートラインを割ると、本格的な下落の始まりと見なされる。

表3.2 ● 天井をつける時のその他のパターンの特徴

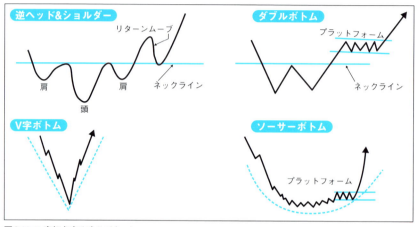

図3.11 ● 底打ちする時のパターン

◯ 底打ちする時のパターン

　底打ちのパターンは天井パターンと逆になります（図3.11）。特徴は、天井パターンと比較してパターン形成の期間（時間）が長く続き、静かな値動きとなることが多く見られます。その他、基本的に底打ちパターンの形や見方は天井パターンと全く逆になりますので、ここでは省略します。

パターン	特徴
逆ヘッド＆ショルダー	ヘッドを含む3つの底と2つの戻り高値をつけるパターン。2つの高値を結んだ線がネックラインとなり、3つめの底をつけた後の上昇がネックラインを上抜ければ逆ヘッド＆ショルダーが完成。その時点で大底を打ち上昇トレンドへ転換したと見なされるが、上昇の勢いが弱いときには一旦ネックライン付近に押し戻されることがある（図3.11）。
ダブルボトム	底打ちパターンの中で割と多く見られる。2つの底がほぼ同じ高さを形成した後、その間の山であるサポートラインをブレークした時点で大底を打ち上昇トレンドへ転換したと見なされる。このときプラットフォームが形成されることもある。

表3.3 ● 底打ちする時のパターンの特徴

→ 保ち合いのパターン

　トレンドの途中では小さめのギザギザした波動がよく見られます。これはそれまでのトレンドの一時的な小休止を表し、売りと買いの勢力が交錯して「保ち合い」となっている状態でトレンドの中段でよく起こります。**この保ち合いが終われば再び元のトレンドに戻る**のが一般的ですが、必ずそうなるというわけではなく、トレンドの転換となる場合もあります。時間的には天井や底打ちのパターンに比べ、比較的短期で終了します。

　保ち合いパターンの基本は三角形（トライアングル）になることから、**三角保ち合い**とも言われます。このパターンの共通点は徐々に値動きが小

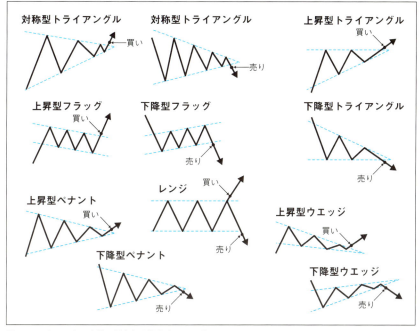

図3.12 ● トレンドの中段で見られる保ち合いのパターン

●プラットフォーム
相場が転換する前の保ち合い状態を示すもの。踊り場。特にダブルトップやソーサートップの形成後に出ることが多く、この保ち合いが終わったらどちらか放れた方向についていく。

さくなり、三角形の頂点に向かうほど値幅が狭くなります。トライアングルには大きく分けて対称型、上昇型、下降型の3種類があります。

パターン	特 徴
対称型トライアングル	コイル型とも呼ばれ、横に倒れたねじ巻状のような三角形。下降する上辺と上昇する下辺に挟まれた二等辺三角形が収斂するにつれて取引が少なくなり、収斂が終了すると再び活況となって元のトレンドに戻る。
上昇型トライアングル	上辺が水平に伸びており、上昇する下辺とその水平線に挟まれた直角三角形。通常上昇トレンドの途中に現れて強気を示す。下降トレンドに現れた場合も強気を示し、この持ち合いにより下降トレンドの末期になることがある。どちらにしても強気を示し、ブレーク後は再び上昇トレンドに戻る。
下降型トライアングル	底辺が水平に伸びており、下降する上辺とその水平線に挟まれた直角三角形。弱気を示し、通常下降トレンドの途中か終わりに多く現れる。上昇トレンドで現れた場合も弱気を示し、この持ち合いにより上昇トレンドの末期になることがある。ブレーク後に再び下降トレンドに戻る。
フラッグ型	旗竿のような急激な上昇や下落の後に出現することからフラッグ型と呼ばれる。トレンドの一時休止として生じることが多く、トレンドの転換になることはあまり見られない。上昇トレンドの場合にその流れと反対の下向きに現れた場合は（上昇型フラッグ）、一旦利食い売りが出ていると見てとれ、押し目買いのチャンス。このフラッグが終了し、直近の高値を超えてくるようであれば、再び上昇トレンドに戻ったと見てとれる。 反対に下降トレンドで上向きのフラッグ（下降型フラッグ）が現れる時は、一旦利食いの買いが出ていると見てとれ、戻り売りのチャンス。その戻りの上昇が終了し、下落が始まって直近の安値を割り込んだ時は、再び下降トレンドに戻ったと見ることができる。 フラッグは下降や上昇のトレンドの勢いを一時止めることで、再びその流れを継続するという「合図の旗」と考えればわかりやすい。
ペナント型	旗（ペナント）の形に似た二等辺三角形で、フラッグ型と同様に棒上げや棒下げと言われるような急激な上昇、下落が生じた直後に出現する形。トレンドの勢いを一時的に止めるような動きで比較的時間が短く、トレンドの転換になることはあまりない。フラッグとの共通点が多く、ペナントの終了時には再び元のトレンドが継続されると見られる。フラッグ型以上にトレンドが継続する信頼度は高いと言われる。
くさび（ウエッジ）型	ゴルフクラブのウエッジに似ている「くさび形」。フラッグ型やペナント型などを組み合わせた形で、トレンドに対し逆らった傾きとして現れる。上向きのくさび型（上昇型ウエッジ）は強気を示し、下向きのくさび型（下降型ウエッジ）は弱気を示す。反転するという見方もあるが、原則は持ち合い後再び元のトレンドに戻ると見る。

表3.4 ● 保ち合いのパターンの特徴

→ 保ち合いパターンの共通点

値動きが収斂するにつれて取引は閑散になるものの、保ち合いの終結後にブレークする時には流動性が急に高まることが多く見られます。ブレーク後にどこまでトレンドが伸びるかは、三角形の一番値幅の大きな底辺の長さが1つの目安になります。

また、これらの保ち合いパターンは、日足チャートでも時間足チャートでも同じように見ることができます。

● **保ち合いから放れた方に順張りでポジションを作る**

図3.13はチャートに現れた保ち合いのパターンの例です。保ち合いから放れた方向に順張りでポジションを作ることで、利益を生み出す可能性が高まります。その放れる前を狙ってトレンドに乗ることができれば、より収益に結びつけられます。しかし、単純にパターンの形だけに注目すると失敗が多くなります。それが**天井圏で出ているのか底値圏で出ているのか、パターンの出るまでのトレンドの動きはどうであったか**、も併せて判断することが必要です。また、他の色々な保ち合いパターンやテクニカル分析とも比較し、経験を重ねていくことが重要です。

図3.13 ● チャートに現れたパターンの例（ドルスイス／日足）　　　チャート提供：FOREX.com

3-05 移動平均線

他の指標にも応用される最も基本的でポピュラーなテクニカル指標。
単純移動平均、加重移動平均、指数平滑移動平均など幾つかの種類がある。

→ 移動平均線はトレンド系指標の基本

　トレンド系の代表とも言えるのがこの移動平均線です。移動平均（英語でMoving・Averageと言い、その頭文字をとって移動平均線をMAと呼びます）を使った指数分析には、移動平均線、MA乖離、ボリンジャー・バンド、一目均衡表などがありますが、それらの計算はMAを基本とするものです。MAには幾つかありますが、ここでは最も一般的な単純移動平均をご紹介します。

●移動平均線の原理と作り方

　単純移動平均線とは、当日を含めた過去の一定期間の終値の平均値をグラフ化したものです。例えばある日の5日移動平均は、［（当日を含む過去5日間の終値の合計）÷5日間］で求められます。次の日付に変われば一番古いレートと当日のレートを入れ替えて計算し直します。そしてチャート上に新たに計算した数値をプロットし、その点と前回の点を線で結びます。このようにして毎日つけていくことで、連続した移動平均線ができあがります。その他の期間の移動平均線も同様にして求められます。

●使用するデータ

　計算期間は目安として**5日、21日、25日、89日、200日**などが使われますが、特にルールがあるわけではなく、過去に色々と試した結果この数字に落ち着いたようです。データは一般的に日足、週足などの終値を使用しますが、時間足や分足などでも原理や見方は同じです。短期線と長期線は一般に5日と25日、25日と75日、89日と200日などが使われていますが、特に固定されているわけではなくその他にも色々な組み合わせが考えられます。

図3.14 ● 実勢レート、短期線、長期線の位置関係（ユーロ円／日足）　　チャート提供：FOREX.com

● **MAの特徴と基本的な見方**

　実勢レートを平均化することで、ギザギザした波動が滑らかになってトレンドが捉えやすくなります。ただし、**実勢レートに遅行するため騙しが発生する**原因になります。基本的な見方は、実勢レートがMAの上にありMAが上向きで上昇していれば上昇相場、実勢レートがMAの下にありMAが下向きで下降していれば下降相場と見ます。その他実勢レートと移動平均線との乖離の度合いや位置関係、短期線と長期線の組み合わせなどにより、トレンド継続か転換点かのサインを探ります（図3.14）。

→ゴールデン・クロスとデット・クロス

　これは短期のMAと長期のMAのクロスから売買のタイミングを判断するものです。長期線が横ばいか上昇トレンドの時に、短期線が長期線を下から上に抜く状態が**ゴールデン・クロス（GC）**です。短期線が長期線を上抜くということは、直近になって上昇スピードが増してきたことを意味し、上昇トレンドへの基調転換の確認になります。

　反対に、長期線が横ばいか下降トレンドの時に、短期線が長期線を上から下に抜く状態が**デット・クロス（DC）**で、下降トレンドへの基調転換の確認になります。ただし、このGCとDGは騙しも多く発生します。例

えば、上昇トレンド（下降トレンド）が長く続いた後のGC（DC）では、出現した時点で実勢レートが既に下落（上昇）に転じつつある場合も出てきます。そこで、移動平均線の向きにも注意しつつ、ローソク足の形や組み合わせなどからも併せて判断します。

●**移動平均線はサポートやレジスタンスにもなる**

実勢レートが下落基調の時、その下にあるMAに近づいていく時はMAがサポートになりやすく、逆にMAを下抜けすれば下降トレンドへの基調転換となることが多く見られます。

反対に実勢レートが上昇基調の時、その上にあるMAに近づいていく時はMAがレジスタンスになりやすく、逆にMAを上抜けすれば上昇トレンドへ基調転換となることが多いです。また、大きく下落（上昇）して極端にMAから離れた時には乖離度の修正が起こり、自立反発（自立反落）しやすいと見られます。

→ グランビルの8つの法則

移動平均線は米国のチャーティストであるジョセフ・グランビルが売買のタイミングを判断するためにチャートに応用したもので、最もポピュラーな分析手法とされています。その基本となるのが実勢レートとMAの位置関係から判断する8つの法則です。買いサイン、売りサインともに4つのパターンがあります（図3.15）。

ただし、これも単純に法則に従えば必ず成功するというわけではなく、

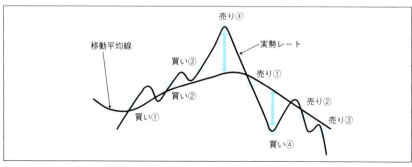

図3.15 ● グランビルの8つの法則

> **グランビルの法則（買いサイン）**
> ①MAが下落局面から横ばいに推移した後、その下に位置した実勢レートがMAを上抜けして上昇に転じた時は買いサイン
> ②上昇しているMAを、その上に位置した実勢レートが一瞬下に割り込んでから、すぐに押し返されて反発した時は買いサイン
> ③上昇しているMAに対し、その上に位置した実勢レートがMAに近づいた後、MAにクロスせずに手前で反発した時は買いサイン
> ④下降中のMAの下に位置する実勢レートが、MAと大きく乖離した時は買いサイン（短期的に自立反発する可能性が高い）
>
> **グランビルの法則（売りサイン）**
> ①MAが上昇局面から横ばいに推移した後、その上に位置した実勢レートがMAを下抜けして下落に転じた場合は売りサイン
> ②下降しているMAを、その下に位置した実勢レートが一瞬上抜いてから、すぐに押し戻されて反落した時は売りサイン
> ③下降しているMAに対し、その下に位置した実勢レートがMAに近づいた後、MAにクロスせずに手前で反落した時は売りサイン
> ④上昇中のMAの上に位置する実勢レートが、MAと大きく乖離した時は売りサイン（短期的に自立反落する可能性が高い）

騙しがあります。GCやDCと同じように、総合的に判断することが必要です（図3.16）。

●**移動平均線での売買の基本は順張りで**

なお、移動平均線を使ってポジションを持つ時の基本は、トレンドに沿った順張りとなります。

図3.16 ● グランビルの法則による判断（ユーロスイス／日足） チャート提供：FOREX.com

3-06 フィボナッチ・リトレースメント

フィボナッチ数列や黄金比を使って相場の転換点を予測するテクニカル分析。
他の指標とは趣を異にするが、不思議と当たることも少なくない。

→ フィボナッチ数列とは？

　フィボナッチ数列とは、13世紀のイタリアの数学者**レオナルド・フィボナッチ**にちなんで名付けられた、不思議な特徴を持つと言われる数列のことです。

【フィボナッチ数列】
0、1、1、2、3、5、8、13、21、34、55、89、144、233、377、610、987、1597、2584、4181、6765…

　このフィボナッチ数列は自然界でもよく見られます。有名なものでは松ぼっくりです。裏側から見た松ぼっくりは、左巻きと右巻きの渦が見られ、それぞれの渦の本数はフィボナッチ数列にある数と同じになります。他にもこの法則が当てはまるものは多く、ひまわりの種の並び方や木の伸び方、そして宇宙で見られる星雲の渦にもこの法則が成り立ちます。

→ 黄金比とフィボナッチ数列には深い関係がある

　フィボナッチ数列のそれぞれの数は一見何の関係もなさそうに見えますが、これらは深い関係にあります。例えばフィボナッチ数列の隣同士の比率を見るとよくわかります。これら1：1.618や0.618：0.382といった比率は**黄金比**または**黄金分割**とも言われ、古くから最も美しいバランスの取れた比率とされてきました（図3.17）。例えばパルテノン神殿やピラミッドの縦横比（5：8）やミロのビーナスの身長と臍の高さの比率（1：0.618）など、黄金比が用いられていることはよく知られています。

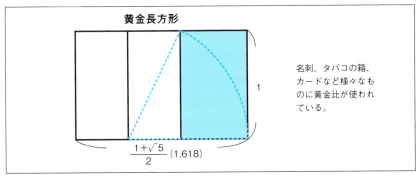

図3.17 ● 黄金比の例

　実際その比率をフィボナッチ数列から計算してみましょう。この数列には様々な特徴がありますが、主な特徴は次のようなものです。

① どの数字もその前の2つの数字の合計になります。例えば3は1 + 2、5は2 + 3、8は3+5、13……という具合に続きます。
② どの数も1つ上の数字に対して0.618倍の割合になり、1つ下の数字に対しては1.618倍の割合になります。例えば55 ÷ 89は0.617977…となります。この数字が右に行くほど（大きい数字になるほど）0.618に近づきます。反対に89 ÷ 55は1.61818…となります。
③ 2つ上の数字に対して0.382倍、2つ下の数字に対して2.618倍になります。
④ 3つ上の数字に対して0.236倍、3つ下の数字に対して4.236倍になります。

```
0、1、1、2、3、5、8、13、21、34、55、89、144、233、377、610…
```
右へいくほど（大きい数字になるほど）0.618に近づく

　2 ÷ 3 = 0.66666…　　　34 ÷ 55 = 0.61818　　　233 ÷ 377 = 0.61803…

① 0+1=1、1+1=2、1+2=3、2+3=5、3+5=8、5+8=13……
② 233 ÷ 377 = 0.6180371…　≒ 0.618　　　377 ÷ 233 = 1.6180257… ≒ 1.618
③ 89 ÷ 233 = 0.3819742…　≒ 0.382　　　233 ÷ 89 = 2.6179775… ≒ 2.618
④ 89 ÷ 377 = 0.2360742…　≒ 0.236　　　377 ÷ 89 = 4.2359550… ≒ 4.236

他にも色々ありますが、これだけ知っていれば十分です。実践のチャートで使われる黄金比は、**0.618、0.382、0.5、0.236、1.618、2.618**…、そのバリエーションとして、**0.145、2.236、4.236**…などが良く使われます。

黄金比を使ったフィボナッチ・リトレースメント

たとえ強いトレンド相場でも相場は一本調子ではなく、上下に大きく振れることもあり、その戻しもよく見られます。半値押し（戻し）、3分の1押し（戻し）といった相場の格言はよく知られています。また、次節の**エリオット波動理論**はフィボナッチ数列や黄金比と深い関係があります。

フィボナッチ・リトレースメントは、このエリオット波動理論を元に、フィボナッチ数列や黄金比を利用して相場の先行きを予測するものです。

具体的には、天井（高値）から底（安値）、底から天井までの値幅を100％として、そこから次にくる戻りや押し目のレベルを予測し、**目標値**として考えます。

黄金比を使った目標値計測の実際例

図3.18は2018年上半期のドル円の日足チャートですが、このチャート

図3.18 ● 高値と安値を起点に次の高値レベルをフィボナッチで予測（ドル円/日足/2018.1.23〜7.13）

チャート提供：FOREX.com

を使って次の戻り高値を計測してみます。

　2017年後半から113円台でのもみ合いが続いていたドル円は、2018年に入り日銀のテーパリング（緩和政策から正常化へ）の思惑などから113円40銭から下落が始まり3月下旬には104円60銭で下げ止まりました。その後米国経済の強さを背景にドル買いの動きが強まり、ドル円は上昇に転じました。この時の高値から安値までの下落幅は8円70銭となり、この高値と安値からフィボナッチを使ってどこまで戻るのか目標値を計算します。

---

①23.6%　　104.6円＋（8.7円×23.6%）≒106.7円（目標値）
②38.2%　　104.6円＋（8.7円×38.2%）≒108円（目標値）
③50%　　　104.6円＋（8.7円×50%）≒109円（目標値）
④61.8%　　104.6円＋（8.7円×61.8%）≒110円（目標値）
⑤76.4%　　104.6円＋（8.7円×76.4%）≒111.3円（目標値）

　図3.18を見ると、61.8%戻しの110円付近で上値が抑えられ小幅押し戻されましたが、時間調整が終わると再び上昇に転じました。そして76.4%戻しの111円30銭付近で再び天井をつけて押し戻されています。**過去の高値や安値付近とフィボナッチの線が重なる**ようなら戻りの精度は更に増します。

図3.19 ● 2018年前半のユーロの下落と戻り（ユーロ円／日足／2017.11.8〜2018.4.30）　チャート提供：FOREX.com

図3.20 ● 次の高値レベルを予測（ユーロ円／時間足／2017.11.8〜2018.4.30）　　チャート提供：FOREX.com

　図3.19はユーロ円の日足チャートで下落後の戻りレベルを予測するものです。年初から欧州政治リスクの高まりから、ユーロ円は137円50銭を高値に129円まで下落しました。その後リスクが後退したことで上昇が始まり、133円前半で上昇が一服。この戻りレベルは過去に何度か天井や底値をつけたレベルでもあり、強いレジスタンスとして意識されます。

　図3.20はユーロ円時間足チャートですが、129円50銭から急速に下落が始まり125円付近で下げ止まりました。戻り高値を38.2％戻しの126円80銭か50％戻しの127円台前半を予想しました。結果的に38.2％戻しの126円80銭で上げ止まり、再び下落に転じました。このレベルは下落途中の戻り高値と同レベルでもあり、強いレジスタンスとなっています。

→ フィボナッチ数で相場の転換日を予測する

　フィボナッチ数はその他にも色々なところで使われます。例えば移動平均線の計算日数などのパラメーターを90日移動平均線の代わりにフィボナッチ数の89日を使うこともあります。しかし、それ以上にこの数字の特徴を生かしたものが**相場サイクルの日柄計算**です。

　天井を打ってから何日目に大底をつけるのか、あるいは大底を打った後、何日目に次の天井に到達するのかなど、相場の重要な転換日を予測する手

図3.21 ● 転換点を探る日柄予測の例（ユーロ円／日足／2017.12〜2018.5）　チャート提供：FOREX.com

段としてもフィボナッチ数は使用されます。

　図3.21はユーロ円の日足チャートです。2018年2月2日に天井をつけてから21日後に一旦安値をつけ小幅反発。その13日後に最安値をつけています。高値から34日間で安値まで下落しました。そして次に高値をつけるまで21日間かかりました。結局最初の高値からこの高値まで（21＋13＋21）55日かかったことになります。この21日、13日、34日、55日という数字はフィボナッチ数にあたります（注：日数は始まりと終わりが重なるところもあり、若干の誤差はあります）。このようにサイクルとしてのフィボナッチを使うことで、次の相場の転換点を探ることができます。

　例えば55日後のXデーに大統領選挙があるとします。そのような時にこのフィボナッチ数で日柄を予測し、さらにフィボナッチ比率から為替レートを予測します。実際、予測した日柄と為替レートがXデーと重なるような時は、その日が転換点になる可能性が高いと考えることができます。

　常に正確にフィボナッチ数に当てはまるというわけではなく、それに近い数字でも同じような現象が見られることがありますので、その辺は臨機応変に考えて良いと思います。このようにフィボナッチ数や黄金比を利用することで、自分の予測の信頼性を確認する1つの目安にもなります。

3-07 エリオット波動理論

米国のチャーチスト、ラルフ・ネルソン・エリオットが約75年間のNYダウの株価波動を分析して発見した相場サイクルの波動理論。

→ エリオット波動理論とは？

　エリオットは、相場のトレンドの上下の動きには一定のリズムがあることを提唱しました。これをエリオット波動理論と言います。彼は一見なんでもなく見える相場の動きにも、宇宙や自然の法則のような普遍的な法則と同じ動きがあることを見出しました。このエリオット波動の理論的背景にはフィボナッチ数が大きく関係しています。エリオット波動理論には以下の3つの特徴があります。ここでは波動パターンを中心にご紹介します。

1. 波動パターン
2. 比率
3. 時間

　エリオットによれば、この中でも特に波動パターンが重要だと言われています。この波動パターン分析は主に長期の予測に使用されますが、日足や時間足など短期的な予測にも役立ちます。それは波動自体はどのような規模の波動でも、基本的には同じ動きが現れるためです。

→ 相場の1サイクルは上昇5波と下降3波の計8波

　1つの山の相場サイクルは、基本的に大きな上昇波動（上昇トレンド）と下降波動（下降トレンド）からできています。上昇波動は大きく分けて、上昇する3つの小波動と下降する2つの小波動の組み合わせによって構成されます。例えば一気に山に上るのではなく、途中まで上ると少し押し戻され、また上り始めると押し戻され3回目にやっと頂上に到着するというイメージです（図3.22）。

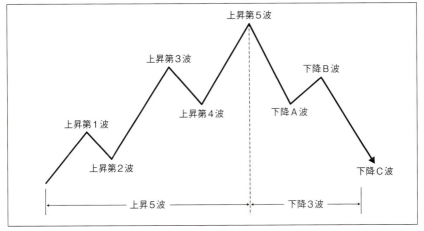

図3.22 ● エリオット波動の構成

　下降トレンドは大きく分けると、下降する2つの小波動と上昇する1つの小波動の組み合わせで構成されます。下る時は登る時よりも少し時間は短く、一度目に降りたところで少し戻り二度目に一気にかけ降りるといったイメージです（図3.22）。

　このように1つの山のサイクルは上昇5波と下降3波の8つの波動の組み合わせで基本的に構成されていると考えます。その時大切なポイントは、いまが上昇トレンドなのか、あるいは下降トレンドなのかを見極めることです。

●押す力とそれを修正しようとする力

　大きなトレンドが始まると途中の上昇トレンド（上昇波）では押し上げる小さな上昇波とそれを戻そうとする修正波に分かれます。下降トレンド（波）では押し下げる小さな下降波とそれを押し戻そうとする修正波に分かれます。波動は長短の時間に拘わらず、どんな時にでも現れます。違いは波動を形成する時間だけで基本的な見方は同じになります。

　上昇波動は、3波の上昇と2波の修正で上昇トレンドを構成します。その時の戻しの大きさや時間はフィボナッチ比率とも関係します。即ち上昇あるいは下落の後の押しや戻しを予測する目安となります。

下降波動ではA波、B波、C波でカウントされ、2つの下降波動と1つの修正波動で構成されます。各波動の特徴は表3.5のようになります。押しや戻しの幅の程度は他にも色々ありますので、その時々の動きを見ながら判断して下さい。

　以上が、エリオット波動の基本的な考え方と見方になります。

波動の種類	特　徴
上昇第1波	下降から上昇へ変わる最初の動きで、まず底固めとして3波や5波と比較して反発は小さく短い。この段階ではまだトレンドが始まるかの判断が難しいため、まだ打診買いの段階と考えられる。もしこの第1波が長くなる時は、上昇トレンドが始まらない場合もあり注意を要する。
上昇第2波	第1波の上昇を修正する動きで、第1波の上昇を押し戻す。下落幅は第1波の0.382倍あるいは0.618倍が目安。その時完全に押し戻された場合は典型的な転換を示すダブルボトムとなる可能性が高い。
上昇第3波	第2波で底が確認されれば市場心理として買い安心感が広がり、本格的な上昇に入り上昇幅は長く強いものになる。上昇幅は第1波の1.618倍あるいは2.618倍が目安。
上昇第4波	第2波と同様第3波の上昇を修正しようとする動き。この第4波は第2波の動きと逆相関のような動きが見られる。第2波が騙しのような複雑な動きをした時には、その後の第4波は素直に押し戻す時が多く見られる。最後の上昇波が始まる前の手仕舞いや押し目買いなどが入り乱れ、複雑な動きを見せるのが特徴。下落幅は第1波の0.382倍あるいは0.618倍、または対等の動きになると見られる。 ※特にこの第4波には保ち合いパターンのトライアングルが形成される場合が多く見られ、これは第3波が大きく上昇したとき程よく見られる。 ※第4波の安値が第1波の天井を下回らないことが、上昇波動が構成される原則。
上昇第5波	高値不安が増してくるため、第5波は徐々に上昇スピードや出来高が減少し、上昇幅は第1波と対等あるいは1.618倍と見られる。ただ、第3波が小さい場合はむしろ大きく伸びることがある。
下降A波	天井をつけた最初の下降波で利食い売りが目立つものの、下落途中には押し目買いも見られる。この下降A波が5波で下落する時は上昇波の終わりのサインと見る。上昇第4波の底はこの下落時でのサポートになりやすい。
下降B波	下降A波だけではまだ上昇トレンドが終了しないと見て、押し目買いを入れる動きが見られる。もし上昇第5波の天井を超えた場合は新たな上昇相場が始まった可能性がある（稀にランニング調整といって騙しの動きの場合もある）。この時の戻しは単純な3つの波で構成されるのが原則。
下降C波	下降B波が上昇第5波の高値に届かなかった場合には疑心暗鬼から高値恐怖感が広がる。この時下降C波はA波の底を抜けると下落が加速して急落する場合が多く、フィボナッチ比率で計算されるレベルを目指すこともある。

表3.5 ● 上昇5波／下降3波の特徴

3-08 ボリンジャー・バンド

米国の有名なジョン・ボリンジャーが考案した統計確率から売買のタイミングを計るトレンド系指標。レンジ相場での逆張り指標としても向いている。

　ボリンジャー・バンドは、移動平均線の上下に標準偏差から求めた乖離幅を帯のように表した売られ過ぎや買われ過ぎを示すテクニカル指標です。移動平均線の上に架かるレジスタンスライン、下に架かるサポートラインのバンドに挟まれて、正常な状態であればそのバンド内で相場が動くと考えるものです。レンジ相場の上限や下限では逆張りが基本になりますが、そのレンジ幅が一目でわかるのがボリンジャー・バンドの特徴でもあります。

→ ボリンジャーバンドの仕組み

●標準偏差と正規分布

　標準偏差（σ）とは、データの分布のばらつき具合を表すものとして最もよく使われる尺度です。平均値では個々のデータがどのように分布しているのかわかりませんが、標準偏差をとればデータのばらつき具合を数値で表すことができます。この値が大きいほどデータのばらつきが大きいことになります。また、個々のデータの値の分布をグラフに表したとき、平均値を中心に左右対称に釣鐘型に分布しているものを**正規分布**と言い、自然界ではよく見られます（図3.23）。この正規分布を前提とすれば、標準偏差と平均値の間に特別な関係が成り立ちます。即ち、平均値±1σの範囲ではデータの約68％が含まれ、平均値±2σの範囲ではデータの約95％が含まれるということです（図3.23）。

→ ボリンジャー・バンドの基本的な使い方

　ボリンジャー・バンドはこの考え方を利用したもので、通常中心の移動平均線の上下に±1σあるいは±2σの計3本のバンドをプロットして表

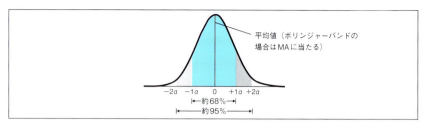

図3.23 ● 標準偏差と正規分布

図3.24 ● ボリンジャーバンドの基本的な見方　　　　　　　　チャート提供：FOREX.com

示します。FXでは主に、±2σのバンドを中心に見ていきます。

　簡単に言えば、統計的に見て±1σのバンド内に実勢レートが収まる確率は約68％、±2σのバンド内に収まる確率は95％になる（例外は5％に過ぎない）ということです。したがって、この法則を利用して基本的には＋2σ付近では売り、－2σ付近では買いのポイントとして使います。

　このバンドの中心にある移動平均線（MA）の計算期間は通常20日、あるいは25日を使います。もちろん、時間足や5分足でも使用できます。

● **バンドの幅の広がりにも注目する**

　バンドの幅はボラティリティー（変動率）が高くなるほど広がり、逆にボラティリティーが低いほど狭くなります。値動きが穏やかで低いボラティリティーが長く続くと、レンジ相場と見なされます。

● **ボリンジャーバンドは基本的に逆張りに使う**

前述したように、移動平均線を挟んでバンドの内側に実勢レートが収まると考えられますので、**上か下のバンドに実勢レートが到達すれば逆張りのポジション**を持つタイミングとなります。積極的にポジションを持って取引をするのなら±1σのバンドで、慎重に取引をしたいのなら±2σのバンドを中心に取引を行うようにします。バンドから反転した後の戻しや押しの目安はセンターラインで、抜ければ反対側のバンドを目指します。

● **他のテクニカル分析も併用する**

ボリンジャー・バンドは他のテクニカル分析と併せて使うと、より確信を強めることができます。

例えば、もみ合いによりバンド幅が狭まる中でダブルボトムの1回目と2回目の底がバンドで跳ね返された場合、上昇に転じる可能性が高まることになります（図3.25）。反対に、天井を見極めるダブルトップやヘッド・アンド・ショルダー等のケースでも同様です。このようにパターン分析等と併用して売買の判断を行うことで、一層確率が高まります。パターン分析以外ではMACD（104ページ）のような方向性を示す指標との併用も効果的です。

⇒ 順張り指標としてボリンジャー・バンドを使う

ボリンジャー・バンドの基本は逆張りですが、バンドの上限あるいは下限をブレークアウトする時は、それだけ何か異常なことが起きたか、強い力が働き始めたという見方ができます。値動きの幅が小さくなると、バンドの幅も縮小してきます。その場合、バンドの外へ突き抜けて大きく値が動く傾向があります。この時抜けた方向へ強いトレンドが発生することになりますが、少なくとも3日間は放れた状態が続かないと騙しの場合もあり、検証が必要です。例えば上限の+2σを一旦はみ出した後に戻され、+1σのバンドがサポートになった場合（図3.25、図3.26）などです。それを確認した後が順張りのポジションを作るタイミングと見ることができます。

図3.25 ● ポンド円／時間足とB・B±1σ・2σ

図3.26 ● ポンド円／時間足とB・B±1σ

　ブレークアウトした場合、チャート上ではその後実勢レートがバンドに沿って動くことがよく見られます。それは**バンドウォーク**と呼ばれ、中心の移動平均線がそのトレンドの方向に向き始める時に起こることが多く、トレンド継続と判断されます。

　このように、一般的にボリンジャー・バンドは逆張り指標として使われますが、バンドの外へ突き抜けた時は相場の転換と捉えて順張り指標とすることができます。しかし、騙し対策としてMACDやパターン分析だけではなく、移動平均やゴールデン・クロスなど他のテクニカル指標も併用して確認しながら判断することも重要です。

3-09 RSI

売り買いの強弱から相場の過熱感やいきすぎを判断するポピュラーな指標。レンジ相場での逆張り指標として向いている。

→ 売られ過ぎ買われ過ぎを判断するRSI

RSI（Relative Strength Index）は代表的なオシレーター系チャートの1つで、一般によく使われています。

RSIは「相対力指数」とも言います。簡単に言えば、ある一定期間の実勢レートの変動幅に対する上昇幅の割合から、相場の過熱感を見るものです。外国為替相場に限らずどんな相場でも、売られ過ぎや買われ過ぎる、いわゆるオーバーシュートすることがよくあります。相場では買われ過ぎた時は天井になり、売られ過ぎた時は底になることが多いものです。この**RSIは天井や底からのトレンド転換時期を確認する**のに適しており、そのためオーバーシュートの反動を利用した**逆張り**に用います。

● RSIの計算式

まず、終値が前日の終値に比べて上昇しているのか、下落しているのかで区別し、それぞれ過去N日間の上昇幅の合計をA、同じく過去N日間の下落幅の合計をBとします。

$$RSI (\%) = (A \div (A + B)) \times 100$$

例えば過去14日間の上昇幅の合計（A）が150銭、下落幅の合計（B）が100銭とすると14日RSIは、（150÷（150＋100））×100＝60％となります。この式からもわかるように、RSIはその期間内での値上がり幅の割合を示すものです。

この計算日数であるN日（週足ならN週／時間足ならN時間）は、一般的に**14**が使われることが多いですが、その他には9も使われます。

⤵ RSIの特徴と基本的な見方

　仮に計算期間の間一度も値下りせずに連続して上昇すれば、RSIは100％になります。反対に期間中連続して下落するか、値動きがなく実勢レートが全く動かなければ、RSIもゼロになります。

　基本的な見方は**RSIが70～80％超えれば買われ過ぎと見て売りのサイン、30～20％を下回れば売られ過ぎと見て買いのサイン**とみなします。特に急角度で80％あるいは20％をつける時は、転換のポイントとなることが多く見られます。また、RSIのチャートは、計算期間が短くなればなるほど上下の振幅が大きくギザギザした線になります。反対に期間を長くとるほど日々の値動きが平準化されるため、なめらかな線になりますが、どちらにも一長一短があります。

● RSIを使った売買の判断

　図3.27はポンド円の日足と14日（濃い線）／9日（薄い線）の2本のRSIを重ねたものです。Aの期間でドル円が底をつける少し前に9日線が30％を下回った後に、**上向きに転換**しています。14日線は30％手前で反転した後に、**9日線が14日線を下から上に抜く**と同時にドル円は上昇に転

図3.27 ● 2本のRSIを使った見方（ポンド円／日足／2017.4.7～10.5）　　チャート提供：FOREX.com

じています。14日と9日のRSIが上向きになっており底を打ったサインで、ドル円の買いを入れるタイミングと判断します。

Bの期間ではRSIの14日線と9日線が売りのレベルの70〜80％を上回る90％超まで上昇しています。この時点では上昇がまだ続く可能性がありましたが、その少し後に9日線が14日線を上から下に抜けたことで売りのサインと判断することができます。

Cでは14日線と9日線が30％の手前で**もみ合い**が続いていますが、これは**トレンドが依然として継続**していることを示すものです。したがって30％に近づいたから買い戻すのではなく、売りのポジションはそのままキープした方が良いということになります。

Dでは既に14日線と9日線が60％を超えていますが、9日線が14日線を上回るなどまだ上昇トレンド継続を示しています。しかし、その後に9日線が14日線を下抜いたことで売りと判断します。この時のドル円の実勢レートは未だ高値圏でのもみ合いが続いていますが、その後下落に転じました。

Eでは実勢レートが底をつける少し前に、25％を下回った14日線と9日線が上向きに転じているのがわかります。これは売られ過ぎや買われ過ぎた時に、実勢レートが転換する少し前によく現れる**逆行現象（ダイバージェンス）**と呼ばれるものです。

FはRSIの代表的な動きです。14日線と9日線のRSIが70％を上回り、もみ合いが続いた後に9日線が14日線を下抜けしたところで実勢レートが下落に転じています。

このようにRSIは70％から80％で買われ過ぎ、30％から20％で売られ過ぎという判断だけではなく、9日と14日の線を同時に比較して見ると、より確度の高い判断が可能になります。

ただ、RSIは騙しも多いため、移動平均線やボリンジャーバンドといったトレンド系のテクニカル分析などを同時に見ていくようにします。ローソク足やパターン分析なども併せて、より騙しを回避して転換点を正確に予測するようにしましょう。

3-10 MACD

オシレーター系指標の中でもよく使われているものの1つ。視覚的な判断がしやすく信頼性が高い上、トレンドの先行指標としてもよく使われている。

→ MACDとは？

MACD「Moving Average Convergence/Divergence」はマック・ディーなどと呼ばれているオシレーター系指標ですが、名前にもあるように移動平均というトレンド系の要素も含むことから信頼性の高いテクニカル指標と言えます。

● MACDの計算方法

MACDでは一般的な単純移動平均（SMA）を使用せずに、指数平滑移動平均（EMA）というものを使います。EMAはSMAのように、一定期間の価格の単純な平均値をとるのではなく、前日の価格変動に対してより比重をおいて平均値を算出するため、"直近の値動き"により注目するものです。

指数平滑移動平均の計算方法は次のようになりますが、初日だけは前日の指数平滑平均の値がないので、単純移動平均を使います。

当日の指数平滑平均（E）＝ 前日の指数平滑平均 ＋ α ×（当日終値 － 前日の指数平滑平均）

$α$：平滑化定数　$α = 2 ÷ (X+1)$　XはSMAの平均期間

→ MACDの仕組みと特徴

一般的にオシレーター系は逆張り指標として用いますが、MACDは移動平均線という性質から先行指標として判断するため、順張り指標として用います。MACDは、長期と短期の2本の指数平滑移動平均線を求めて、

短期線の値から長期線の値を引いてその差（乖離率）をグラフで表したものです。要するにこの2本の線の乖離を求めているわけですから、この2つの線がクロスする時にはMACDの値はゼロということになります。

さらに補助線として**シグナル**というものを組み合わせます。シグナルとはMACDの移動平均をとったものです。

計算期間の組み合わせの目安としては日足なら**12日**と**26日**が一般的で、シグナルの期間は**9日**を使用します。長短の平均線やシグナルの期間などは短過ぎると売買のタイミングが頻繁に出て騙しが多くなり、反対に長過ぎると実勢レートから遅れ過ぎてタイミングを逸してしまうということになります。

→ MACDの基本的な見方

売買の判断は、**MACDとシグナルの絡みやそれぞれの向き**を見ながら行います。MACDは直近の実勢レートの動きに早く反応し、シグナルの方はMACDを移動平均している分、やや遅れて反応します。そのため、短期移動移動平均線と長期移動平均線のような関係になります。

見方は次のようになります。

買いサイン
- MACDがシグナルを下から上に抜いた時
- MACDがシグナルを上に抜き、さらに両方の線がゼロのラインの上に抜けてプラスに転じた時は強い買いのサイン
- 実勢レートが下落しているにも拘わらず、MACDとシグナルの両方が上昇している時

売りサイン
- MACDがシグナルを上から下に抜いた時
- MACDがシグナルを上から下に抜き、さらに両方の線がゼロラインの下に抜けてマイナスに転じた時は強い売りのサイン
- 実勢レートが上昇しているにも拘わらず、MACDとシグナルの両方が下落している時

● MACDを使った売買の判断例

図3.28はポンド円の日足とMACDのチャートです。MACDとシグナルのクロスは実勢レートの転換ポイントよりもやや遅れて出ているのがわかります。このチャートではMACDの天井や底と転換ポイントがほぼ一致しており、MACDの方がやや先行性のあることがわかります。

また、長くトレンドが続いた後に、MACDとシグナルがクロスした場合は大底や大天井になることが多く、その信頼度は高くなります。

MACDは先行指標であり、トレンドができる前にそのサインを示唆します。そのため、長い間実勢レートがトレンドを継続しているにも拘わらずMACDが反対の動きを見せる時は、トレンドの転換を示すことが多く見られます。これはオシレータ系指標に見られる**逆行現象**と言われるものです。

図3.28 ● MACDとシグナルのクロスで判断する（ドル円／日足／2017.3.2〜2018.7.28）

チャート提供：FOREX.com

3-11 一目均衡表

一目均衡表は故一目山人が長い歳月をかけて研究し発案した独自の相場予測手法。海外でも「ICHIMOKU」あるいは「CLOUD」と呼ばれ多くの人が利用する。

→ 一目均衡表とは？

　一目均衡表は価格変動（値幅）よりも時間の変化に重点を置くもので、相場を立体的に捉えたところに特徴があります。一目均衡表はローソク足を使いながら次の5つの線で構成されます（図3.29）。

1. 基準線…………当日を含む過去26日間の高値と安値の平均値
2. 転換線…………当日を含む過去9日間の高値と安値の平均値
3. 先行スパン1…基準線と転換線の平均値をとり、当日を含めて26日先行させたもの
4. 先行スパン2…当日を含む過去52日間の高値と安値の平均値をとり、当日を含めて26日先行させたもの
5. 遅行スパン……当日の終値を当日も含めて26日遅行させたもの

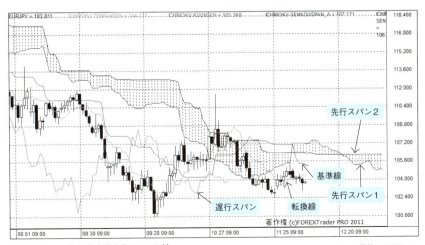

図3.29 ● 一目均衡表を構成する5つの線　　　　チャート提供：FOREX.com

基本は移動平均線がベースになりますが、その期間の高値と安値を使うところや一目山人特有の基本数値を用いるところに特徴があります。

→ 一目均衡表の基本的な見方

●基準線と転換線の関係でトレンドを見極める

「均衡表」の名の通り、このチャートの大きな特徴は相場の「均衡」を見ることにあります。相場の売り買いの均衡が崩れるポイントに注目します。崩れるというのは相場の強気と弱気の力のバランスが逆転する時ということです。例えば基準線が26日間の高値・安値の平均値であるのに対し、転換線は9日間と約3分の1の期間で高値・安値の平均値をとっています。これは、直近の値動きとその3倍の期間での値動きの比較をしているということです。短期の値動きが長期の値動きに対して反対の動きをし始めたという時、即ち基準線と転換線が交差した時（**好転／逆転**）こそ均衡が崩れる時と捉えます。

また、トレンドを見極める際には実勢レートの位置と基準線、転換線の位置の関係で判断します（図3.30）。

●基準線と転換線の基本的な見方

・上昇トレンド…上から実勢レート⇒転換線⇒基準線

　基準線を転換線が下から上に抜けた時点（好転）で実勢レートがその上にある時は上昇トレンドの始まるサイン。

・下降トレンド…上から実勢レート⇒転換線⇒基準線

　基準線を転換線が上から下に抜けた時点（逆転）で実勢レートがその下にある時は下降トレンドの始まるサイン。

　相場がもみ合い状態の場合には基準線と転換線は頻繁に交差し、上下が入れ替わることになります。これはゴールデンクロスやデッドクロスと似た考え方です。実勢レートが基準線の上にある時は**強気相場**、下にある時は**弱気相場**と単純に見ることもできます。

●先行スパン（雲）の基本的な見方

　一目均衡表の最も大きな特徴がこの先行スパンです。先行スパン1と先

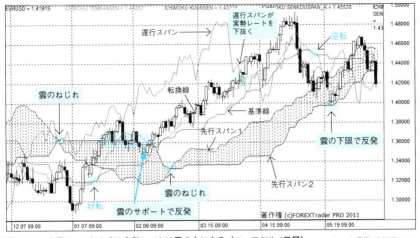

図3.30 ● 上昇トレンドの時は実勢レートは雲の上にある（ユーロドル/日足）　チャート提供：FOREX.com

図3.31 ● 下降トレンドの時は実勢レートは雲の下にある（ユーロ円/日足）　チャート提供：FOREX.com

行スパン2に挟まれた帯状のスペースを「**雲**」や「**帯**」と呼びます。先行スパン1は基準線と転換線の平均ですから、単純に考えれば長期と短期の値動きの差を比較して、それをならしたものということになります。

次に、雲と実勢レートの位置関係で見ると、雲は**支持帯（サポート）**あるいは**抵抗帯（レジスタンス）**になったりします。

1. 雲の上に実勢レートがある場合は雲が下値のサポートになり、反対に雲の方が上に位置する時には、雲が上値のレジスタンスとなる。
2. 雲の厚みが厚くなるほどサポートやレジスタンスは強くなり、反対に厚みが薄い時には弱いと判断する。
3. 雲の上限を上に抜けると買い、雲の下限を下に抜けると売りのサインになる。
4. 雲の中で推移する時には方向が定まらず不安定な動きになりやすい。
5. 雲の方向はトレンドを示す。
6. 先行スパン1・2が交差する時、いわゆる雲のねじれが生じた時にはトレンドの転換を示す。

したがって、上昇トレンド時には実勢レートの下にある**雲に支えられて反発**しやすく、買いのタイミングになります（図3.30）。下降トレンド時には上にある**雲にぶつかって反落**することが多く見られ、売りのタイミングです（図3.31）。注意すべきなのは、**トレンドの変わり目には雲を突き破るような動き**になるということです。このような場合、一気に突き抜けることが多いようですが騙しも多く見られますので、これだけの動きだけではなく、他のチャートなども併用して見ることも肝心です。

また、雲のねじれが生じた時は、その付近の実勢レートに波乱が生じることが多く見られることにも注意してください。

●遅行スパンの基本的な見方

遅行スパンは、当日の終値を26日前に記すことで、現在の実勢レートと比較をするという単純なものです。もし、遅行スパンが実勢レートを下から上に抜いた時には上昇サインと考えます。反対に、遅行スパンが実勢レートを上から下に抜いた時には下降サインということになります。つまり、当時のレートが現在のレートよりも下に位置しそのレジスタンスを上に抜ければ買いのサイン、反対に上に位置しそのサポートを下に抜ければ売りサインとみなすものです。

以上が一目均衡表の基本的な見方ですが、一目山人は最初にも触れましたように、「相場は値幅ではなく時間である」と述べており、日柄分析の相場理論も形成されています。

→ 時間論など

 投資家の心理は時間の経過とともに変化していくという概念から「相場は時間が主体であり、レートはそれに付随した動きである」という考え方をとり、目標値や変化日を求めようというものです。そこには**時間論**、**波動論**、そして**値幅観測論**の3つの基本があります。

●時間論

 前述の通り、一目均衡表では基準線の日数が26日、転換線が9日という数値が使われています。一目均衡表は時間を主体として考えられるもので、一目山人は先験的に存在する基本数値というものを見つけ出し、変化日の測定に用いています。それらの中で特に重要な数値を**単純基本数値**と呼び、更にそれらを組み合わせてできた数値を**複合基本数値**と呼びます。

```
単純基本数値    9、17、26
複合基本数値    33、42、65、76、129、172、226 など
```

 基本数値以外にも対等数値というものがあります。天井や大底がいつ終わるのか、あるいはどこで起こるのかを知ろうとするものです。その目標地点を見つける手段が対等数値です。現時点から見て過去の上昇や下降の波動日数が次の波動の日数とほぼ同じになる場合が多いという経験から、次の変化日を予想することができるというものです。変化日というのは天井や大底を打ち、反対の流れに転換する日のことですが、これが天井から天井の時もありますし、大底から大底の時もあります。それぞれの状況により異なりますが、その時々で自分が当てはまると思ったローソク足の日数を数えていくことが大切です。また、日数も全く同じ日数ではなく数日ずれたとしても余り問題はないようです。

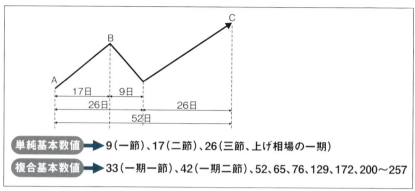

図3.32 ● 基本数値の見方

　図3.32は、基本数値をどのように見ていくのかを例で示したものです。AからBまでの上昇の一波動が17日間、BからCへの中間の押し目の日数が9日間、そして最終の大幅な上昇波は26日間後に目標値に到達するというように見ていきます（日数は当日を含むもので、土日を除いた営業日単位で数えます）。

　また、AからBまでの17日間とBからCまでの9日間を足した26日間は、次の天井の目標値が同じ日数の26日後に到達すると予想するものです。これが対等数値の考え方です。

　その他にも、相場の値動きの波動の形には決まったパターンがあり、それを表す波動論、いつ目標値に到達するのか、あるいはいつ下落するのかを探る値幅観測論があります。

　これらの理論は一朝一夕に理解できるものではなく、非常に奥が深いものです。もし本気で理解しようとすれば、『一目均衡表』など原著を読み込むことをお勧めします。ただ、今回説明した基本的なものを頭に入れながら、色々な通貨や期間を変えながら何度かチャートを眺めていくだけでも相場が次第に見えてくるものと思います。一目均衡表の雲だけで十分と言う人もいますが、本来は計算値や基本数値、対等数値の日柄など総合的に判断して、初めて相場の転換点が明確になるということです。

3-12 平均足

トレンドの継続と転換が視覚的にわかりやすく、エントリーやエグジットのタイミングが取りやすいとして、最近人気が高くなっているチャートの1つ。

→ 平均足とは？

　平均足はローソク足と見かけは殆ど変わりませんが、始値と終値の出し方に違いがあります。

　ローソク足はその日の終値・始値・高値・安値が一目でわかり、それが単独に連なるものです。ローソク足は、相場によっては陽線と陰線が頻繁に入れ替わってトレンドの方向性がつかみにくかったり、上昇トレンド（下降トレンド）の途中でも陰線（陽線）が出るので、騙しに遭うことも多くなります。

　一方の平均足は、始値を1本前の始値と終値を足して2で割って計算するので、前日の終値との乖離が小さくなります。終値も当日の始値・高値・安値・終値を平均して計算するので、結果的に1本前のローソクと次のローソクとの連続性が強まることになります（図3.33）。

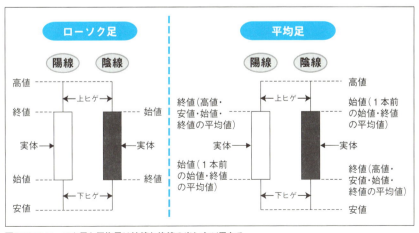

図3.33 ● ローソク足と平均足は始値と終値の出し方が異なる

そのため、トレンドの途中の細かいブレが平準化されて、ローソク足に比べて陽線や陰線が連続して出やすくなります。その結果、トレンドの継続と転換が視覚的にわかりやすく、騙しを減らすことができます。

→ 平均足の見方

平均足もローソク足と同様、陽線は上昇、陰線は下落を表します。基本的な見方としては、陽線が続けば上昇トレンドの継続、陰線が続けば下降トレンドの継続、陽線から陰線に変われば下降トレンドへの転換、陰線から陽線に変われば上昇トレンドへの転換、ときわめてシンプルなものです。

なお、平均足では当日の始値が前日の始値と終値の平均値ですから、必ず前日の実体のレンジ内で始まるため、窓が空くことはありません。

図3.34は豪ドル円の日足のローソク足と平均足を上下に並べてみたものです。上のローソク足の方を見ると上昇トレンドの中で陰線が出たり、下降トレンドの中で陽線が出たりしていますが、下の平均足の方ではそれら

図3.34 ● ローソク足と平均足の比較（豪ドル円／日足）　　　　チャート提供：ヒロセ通商

が平準化されて陽線や陰線が連続する部分が多くなっており、トレンドの継続と転換がかなりはっきりとわかりやすくなっています。

● **実体とヒゲの長さでトレンドの強弱を見る**

ローソク足の実体とヒゲの長さはトレンドの強さを表し、**長いほどトレンドの勢いが強い**ことを示します。上昇トレンドに入った時には、上ヒゲは伸びると同時に下ヒゲが短くなります。上ヒゲが更に長くなり下ヒゲが短くなるほど、上昇の勢いが強いことを表します。

反対に下降トレンドに入った時には、下ヒゲが伸びてきて上ヒゲが短くなるほど、下降の勢いが強いことを表します。

また、ヒゲが実体部分の上下に出ている時は、もみ合いが続いていることを表します。

→ 平均足で売買タイミングを見る

下降トレンドの後に陽線が2～3日連続して現れ、上ヒゲが伸びてきた時には上昇トレンドの始まるサインで、エントリーのタイミングとなります。その実体部分が同時に長くなり上ヒゲも前日より長くなった時には、更に上昇の信頼性が高まります。

また、上昇トレンドの後に実体部分が短くなると同時に下ヒゲが伸び始め、陰線が出た時には上昇トレンドから下降トレンドへの転換が始まるサインで、エグジットのタイミングとなります。

同様に、上昇トレンドの後に陰線が2～3日連続して現れ、下ヒゲが伸びてきた時には下降トレンドが始まるサインで、売りエントリーのタイミングとなります。実体部分が同時に長くなり下ヒゲも前日より長くなった時には、更に下降の信頼性が高まります。こちらも、実体部分が短くなり、同時に上ヒゲが伸び始め陽線が出た時には、下降トレンドから上昇トレンドへの転換が始まるサインで、エグジットのタイミングとなります。

このように、平均足では連続性の特徴に加え、実体の長さやヒゲの長さを見ることで、相場の転換点をいち早く見極めることがポイントになります。

もっと知りたい テクニカル分析のコツ

Q トレンド系指標とオシレータ系指標の違いは何ですか？

A トレンド系指標は主に上昇、下降といった大きなトレンドの方向性を見るのに適しています。オシレータ系指標は実勢レートの短期の振幅から売られ過ぎや買われ過ぎを判断するもので、主に短期売買の判断に適しています。

Q できるだけ多くの種類のテクニカル分析を使えるようになった方が良いのですか？

A トレンドラインや移動平均線、ボリンジャーバンドといった基本的な手法の他は、自分が信頼のおけると思うものを幾つか見つけてそれを習熟する方が良いでしょう。多くのチャートを中途半端に身につけても、かえって迷うことになります。

Q チャートのパターン分析は、日足や週足だけでなく、時間足や5分足など短い足でも同じように使えるのですか？

A 基本的には同じです。ただ足が短くなるほど典型的な形が出にくくなり出現する時間も短いですからわかりにくくなり、騙しも多くなります。1分足では実質使えないと思います。

Q 幾つかのチャートでチェックして見た時、それぞれ反対のサインを発していた場合はどう考えれば良いですか？

A どんなチャートも万能ではなく短所長所があり、また騙しもあります。基本的には複数のチャートで同じサインを発していればより信頼性が高まりますが、あまり多くの数にこだわっていると売買のチャンスを逃してしまいます。2つか3つ程度のチャートを組み合わせた信頼できるパターンを探すことです。

Q フィボナッチの起点となる安値と高値を見つけるポイントは何ですか？

A 天井や底をつけた時の状況をチェックすることが大切です。相場の転換点となる時はそれなりの状況の変化を表すニュースなどがあります。売られ過ぎや買われ過ぎで折り返した時などは一時的な転換と見られ、ポイントとしては弱いと考えます。また、幾つかのポイントを自分で色々と試しながら、過去の高値や安値にそのフィボナッチ比率が重なるレベルがあれば、その起点は信用度が高くなると考えます。

Q ティックはどういう時に使うのですか？

A ティックはレートの変化する度にチャートが動くため、秒単位で値動きをチェックすることができます。1分足ではわからない細かな動きを見ることができるため、スキャルピング取引などではティックチャートに切り替えて見ておけば、利食いや損切りの目安にもなります。

Q ラインチャートやバーチャートはどういう時に使うのですか。また使った方が良いですか？

A ラインチャートとはティックチャートのように、その期間（1分、5分、1時間等）毎にレートの変化のみを表すもので終値を基本とします。例えば日足のラインチャートはニューヨーク時間の終値をプロットしたもので、その日の値動きは無視して前日比で上がったか下がったかを知りたい時に使います。バーチャートは高値と安値を結んだ棒足の右側に終値の横棒を引いたもので、海外ではこれが一般的に使われています。その期間の上下の幅と、次の期間に移る時に高く終わったのか安く終わったかを一瞬に見極めようとする時などに使います。日本ではローソク足のように棒足の左側に始値の横棒を引いたものがよく見られます。

Q 示されたサインが本当なのか騙しなのかを見分けるにはどうすれば良いですか？

A 基本的にはチャートのパラメータ（計算期間）を変更して考えていきます。例えば長期と短期の移動平均線を比較してみると、長期の方が動きはなめらかになり騙しは少なくなりますが、実勢レートの動きに遅れてタイミングを逃しやすくなります。反対に短期の方は、実勢レートの動きに素早く反応しますが、その分チャートの振幅が激しくなり騙しが多くなります。やはり騙しを防ぐには複数のチャートを組み合わせて試しながら対応し、さらにファンダメンタルズなども頭に入れておくと良いでしょう。

Q 複数のテクニカル分析を使うことを勧めていますが、基本的にどのような考え方で選べば良いのでしょうか？

A まず大きな流れに乗って取引をしたければトレンド系を中心に見ていきます。そのトレンドに変化があるのかを見たければパターンやローソク足の形などでチェックします。売られ過ぎや買われ過ぎなどを見て逆張りで入りたい時などは、オシレーター系指標を使います。時間で取引をしたい時にはサイクルなどで計算し、値幅のターゲットを見つけて取引をするにはフィボナッチなどを使うようにします。自分のスタイルに合わせて選びましょう。

Q 実践で役立ちそうな珍しいテクニカル手法など他にあれば、教えて下さい。

A 最近注目されるチャートでは、平均足（コマ足）があります。平均足はローソク足の始値や終値などに修正を加えたもので、トレンドの継続と転換がローソク足よりも視覚的にわかりやすいことに特徴があります。陽線が続けば上昇トレンド、陰線が続けば下降トレンドと見なすことができ、前日の実体線よりも短くなればトレンドの変化を示します。

またヒゲの長さによってもトレンドの勢いの強さや変化をつかむことができます。通常のローソク足と比較しながら見たり、オシレーター系と組み合わることで、より信頼性が高まります。

CHAPTER 4

経済指標とファンダメンタルズを読むポイント

4-01　経済指標の読み方の基本
4-02　主な経済指標とその特徴
4-03　各国の金融政策の特徴を見る
4-04　米国の利上げとトランプ政策の行方
4-05　日銀の緩和政策はどこまで続くか？
4-06　イベント発生時の動きと為替市場のアノマリー

4-01 経済指標の読み方の基本

ファンダメンタルズ分析とは、様々な経済指標や経済的要因を分析することによって、為替の方向性を予測しようとするものである。

ファンダメンタルズとは、一般に「経済の基礎的な要因」という意味になりますが、それらの多くはGDPや貿易収支、失業率といった様々な経済指標で表すことができます。

→ ファンダメンタルズ分析は経済指標から

為替相場に影響する外部要因として、最も注目されるものの1つが経済指標です。その中でも**米国の経済指標**の影響が最も大きく、米国指標だけ見ていれば殆ど市場の動向をつかむことができるほどです。しかし、為替市場において他の市場参加者より一歩でも前を歩こうとするのであれば、他の国の経済や金融政策の動向も併せて見る必要があります。特に、最近では**中国の経済指標**に市場の注目が集まり始めています。

市場における重要な指標というのはその時代により変化し、また新たなものが現れます。知らないものがあればその場で調べて理解すれば良いことです。浅くても良いから広く知ることがトレーダーにとって必要であり、それがまたトレードの魅力でもあります。

主な経済指標は、多くの金融機関や経済シンクタンクなどから前もって予想値が発表されます（中国を除く）。しかし、その市場予想が全体に広がる時点では、プロの市場参加者の間では既にポジションの仕込みが終わっているなど、実は指標発表前に戦いは始まっているのです。ここでは、経済指標をデイトレを中心にどう活用していくかについてご紹介します。

● **指標発表スケジュールと予想値を前もって把握しておく**

各国の重要と思われる経済指標は、その発表の約1週間前には大体予想

日付	日本時間	国	指標	結果	予想	前回
11月1日	21:30	US	新規失業保険申請件数（前週分）	21.4万件	21.3万件	21.6万件
11月1日	23:00	US	ISM製造業景気指数	57.7%	59.0%	59.8%
11月2日	21:30	US	10月・非農業部門雇用者数（前月比）	25.0万人	19.0万人	11.8万人
11月2日	21:30	US	10月・失業率	3.7%	3.7%	3.7%

表4.1 ● 米国経済指標の予想値と結果の例（2018年11月14日）

が出揃います。FX業者などが発表する数値の殆どは、ブルームバーグやロイターなどの情報ベンダーなどから発表されたものです（表4.1）。これら情報ベンダーの予想数値は、各大手金融機関のエコノミストが発表する数値の幾つかを集めた中心値になります。予想数値は**発表直前まで変更されることが多いため、小まめにチェックする**必要があります。

各国の主要な指標の殆どは発表の日程と時間が決まっています。重要な指標ほど市場は注目し、その発表前後では値動きが激しくなることがあります。為替相場では値動きが殆どなければ利益になりませんので、**値動きの活発な時間帯を狙う**ことが基本になります。稀に発表時刻がフライングして、予定より早く発表されることがありますので気をつけましょう。

経済指標は状況によって注目度が変わる

経済指標はその時々の市場の状況で注目度が変わります。例えば1980年代前半では、レーガン政権下の米国は高インフレを抑えるために金利が2桁台に上昇するなど、市場は**インフレ関連の数字**に注目しました。高金利政策によりドルが上昇すると、貿易赤字が拡大し経常赤字と財政赤字が拡大する、いわゆる**双子の赤字**が為替市場の注目材料となっていきます。

特に対日赤字が拡大し**日本の貿易黒字額**にも世界が注目し始め、その後の1985年のプラザ合意につながります。そして急速な円高が始まり、行き過ぎたドル安・円高の歯止めをかけるためにルーブル合意が行われます。しかしドル円の下落は止まらず、日銀のドル買い介入も頻繁に行われたことで、市場の関心は**日本の外貨準備高**にも注がれました。

95年にドル円は最安値をつけた後大きく反転し始めると、米国経常赤字は急速に減少し、そのことから貿易収支など経常収支への市場の関心は

離れ始めます。その後は米国のITバブルが始まりNY株式が上昇。1999年にユーロが誕生すると、**ユーロ圏の経済指標**にも市場の注目度が高まりました。

米国のITバブルは2001年に入ると崩壊し、その後は米国の住宅市場で再びバブルが引き起こされ、**米国の金利動向**に注目が集まりました。そして、サブプライム問題が発生し、世界的な金融経済の不況に陥り、それによりデフレが強まるとインフレ指標などへの注目度は低くなりました。

一方で、米国の雇用や住宅、そしてGDPなどの改善が見られるようになり、住宅関連及びそれまで注目度の低かった指標に対しても、市場は反応するようになりました。しかし、ここにきてリーマンショックから完全に立ち直り、米国は緩和から**利上げ政策**に転じています。雇用も**完全雇用**を回復したことで雇用統計への注目度は低下し、物価動向などへ市場へ移り始めています。

このように、時代の移り変わりによって、経済指標に対する市場の注目度も変化していきます。

➔ 経済指標の数字をどう見るか

経済指標の発表は市場参加者にとって相場を左右する重要なイベントですが、政府など当局にとっても今後の政策決定のために重要なものです。したがって、発表された数字が市場参加者のポジションに与える影響もさることながら、今後の政策にどう影響するのかなど、先々を考えて反応することも重要です。

経済指標の見方にはポイントが幾つかあります。それは**数字を前月比（前期比）で見るのか、前年比で見るのか**ということです。これは市場の状況にもよります。例えば、市場がリーマンショックの前のレベルにまで戻るのかどうかに注目している場合は、前年比が注目される時があります。前年比で見る必要がある指標は、基本的に前月比と前年比の数値が必ず同時に発表されます。

● **比較か方向性かのどちらかを見る**

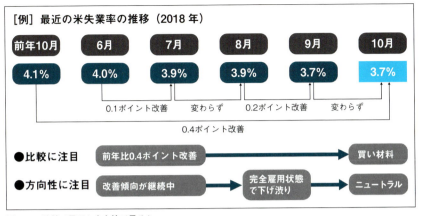

図4.1 ● 比較で見るか方向性で見るか

これは市場は「**比較**」か「**方向性**」かのどちらに注目しているかということです（図4.1）。例えば前年比で悪化した数字が発表されると、市場は売り材料と捉えます。しかし景気底入れの期待が大きい時などは、市場は方向性に重点を置くことがあります。例えば前年比ではなく前月比で見て過去数か月の悪化の度合いが小さくなってきたという場合、方向性を重視している時には底入れが近いと捉えて買いのアクションを起こします。

マニュアル通りに動くのではなく、**市場のセンチメントを見極めながら臨機応変に対処していく**ことが重要です。

景気回復傾向が強まる市場では、方向性よりも前回の数字に比較して改善しているかどうかを重要視する傾向が見られます。反対に景気の見通しが不透明の時には、方向性を重視することが多く見られるようです。

多くの経済指標は発表時に織り込み済み!?

さて、経済指標はいつ、どこでどう反応するのでしょうか？ 前述したように指標の予想値は一斉に同時間に発表されるわけではありません。その数字は少しずつ市場に浸透していき、**いつの間にかその数値が当然のように広がって織り込んでいる**ことがよく見られます（図4.2）。

例えば殆どの金融機関のエコノミストが、次回のFOMCで利上げに前

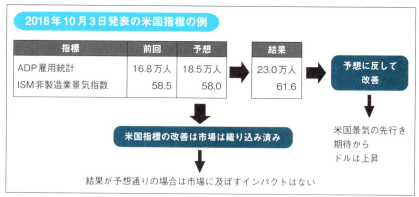

図4.2 ● 予想値通りの結果だと市場は織り込み済み

向きな姿勢が強まると予想したとします。しかし、市場では最近のFOMCメンバーの発言や好調な米経済指標をベースに既に利上げペースを上げると予想されている場合が多く見られます。したがって発表されたとしても、市場では織り込み済みという状況が多く見られます。その予想が広がった時点では、早くも全般的にドルの買いが進んでいることが多く、その結果底堅い動きが見られるはずです。このように、**予想が広がった時点では既に織り込まれていると考えるのが基本**です。しかし、これが常に当てはまるとは言えません。市場は何％織り込み済みかといったような実際に「数字」で表すことができないため（一部の情報ベンダーでは複数のアナリストの意見を数値化しているところもあります）、感覚でつかむことが大切です。重要なことは、**市場が実体以上に織り込み済みなのか、あるいはまだ十分に織り込まれていないのか、**ということです。それを読み取ることがデイトレの勝負の分かれ目になります。

指標発表前と発表後に相場はどう動くか

米国の主な経済指標は、22時30分と24時（夏時間では21時30分と23時）に発表されます。特に重要な指標は金曜日に発表されるため、週末ということもあってポジション調整の動きが活発になります。そういう時は織り込み済みかどうかを確かめることができます。

重要な指標であるほど、発表日の前日あたりから調整の動きが見られます。一般的に買われ過ぎている時は売り戻し、売られ過ぎている時は買い戻しの動きが活発に見られるようになります。そして、発表当日の東京市場から欧州市場に移る時間帯などは、**ポジションの振り落とし**を狙った投機的な動きも加わり、売り買いが交錯する場面もあります。ただ、指標の発表される1〜2時間前あたりから流動性が低くなり、値動きは極端に小さくなります。この時市場の短期的ポジションはかなり**ニュートラルに近くなっている**と見てよいでしょう。

　ただ、一部の市場参加者では、あえて指標の発表を前に短期ポジションを仕込むようなギャンブル的な動きをするようなところや、発表と同時に力ずくで自分の有利な方向に誘導しようとする動きも見られます。これは、**市場が最初に動いた方向についていきやすい**という習性を利用しようとするものですが、**このような投機的な動きはすぐに戻されることが多く、後から追いかけていくとやられる**ことがあるので注意が必要です。ただ、スキャルピングでは寧ろこの動きを利用するやり方もあります。指標発表前の静かな状態の時に、実勢レートの上下に逆指値注文を入れておきます。例えばドル円が110円00銭の時に110円20銭に逆指値の買い注文を入れると同時に、109円80銭に逆指値の売り注文を入れておきます。重要指標の発表の時は一方向にポジションが偏りやすいものです。もし予想に反した数字が発表されれば、どちらかに1円以上跳ねるのを期待した仕掛けです。しかし、これには問題があります。

　それは値動きが急なため、スリッページが起こりやすいことです。そのような場合は寧ろ損失が出る可能性も生じますので、あまりお勧めできません。短期決戦の博打的な方法と言えます。相場というものは時間が経てば行くべき方向へと最後は向かうもので、投機的なものは少し遠回りさせるだけと考えます。また、時には発表された指標が予想を上回る好数字であった場合でも、既に織り込まれ過ぎた場合は、それ以上買われずに逆に売られる場合もあります。その反対の場合も然りです。**発表後にじっくりと方向性を確かめた上で取引を行う**ことをお勧めします。

4-02 主な経済指標とその特徴

重要な経済指標は発表日時が大体決まっている。週初めにその週の主な指標や要人発言、金融政策決定会議などのスケジュールを確認しておくこと。

前述のように、市場が注目する指標は状況によって移り変わることもあります。**米国経済指標**を中心に、重要度の高いものを解説します。

→ 各指標の重要度を把握しておく

経済指標を分野別に「雇用」、「物価」、「貿易・国際収支」、「住宅」、「生産」、「景気・個人消費」の6つに分け、重要度を次の4つで表します。

A：相場に最も影響を及ぼす経済指標の1つ
B：市場が注目する指標の1つで、しばしば相場に影響を及ぼす
C：通常はそれほど影響しないが、予想と大きく異なると影響を及ぼす
D：注目度はそれほど高くはなく、あまり影響を及ぼさない

分野	名称	発表機関	データ	発表時間（日本時間／冬時間）	重要度
雇用	非農業部門雇用者数（雇用統計）	労働省	月次	毎月第1金曜日／22時30分	A
	失業率（雇用統計）	労働省	月次	毎月第1金曜日／22時30分	A
	新規失業保険申請件数	労働省	週次	毎週木曜日／22時30分	C
	ADP雇用統計	ADP社	月次	雇用統計の2営業日前／22時15分	C
	チャレンジャー人員削減数	チャレンジャー社	月次	翌月初旬	C
物価	生産者物価指数（PPI）	労働省	月次	毎月15日前後／22時30分	B
	消費者物価指数（CPI）	労働省	月次	毎月15日前後／22時30分	B
	個人消費支出／（PCE）デフレーター	FRB	月次	毎月下旬／22時30分	B
貿易・国際収支	貿易収支	商務省	月次	毎月10日前後	C
住宅	住宅着工件数／建築許可件数	商務省	月次	毎月第3週／22時30分	B
	新築住宅販売件数	商務省	月次	毎月下旬／24時	B

分類	指標名	発表元	頻度	発表時期	重要度
住宅	中古住宅販売件数	全米不動産協会	月次	毎月下旬／24時	B
	S&Pケースシラー住宅価格	S&P社	月次	毎月最終火曜日	B
生産	鉱工業生産指数	FRB	月次	毎月15日前後／23時15分	C
	耐久財受注	商務省	月次	毎月25日前後／22時30分	B
	ISM製造業景気指数	全米供給管理協会	月次	毎月第1営業日／24時	B
	ISM非製造業景気指数	全米供給管理協会	月次	毎月第3営業日／24時	B
	フィラデルフィア連銀製造業景況指数	S&P社	月次	毎月第3木曜日／24時	D
景気・個人消費	GDP（国内総生産）	商務省	4半期	毎月25日前後／22時30分	A
	小売売上高	商務省	月次	毎月第2週／22時30分	B
	個人所得・個人支出	商務省	月次	毎月下旬／22時30分	C
	消費者信頼感指数	コンファレンスボード	月次	毎月最終火曜日／24時	C
	ミシガン大学消費者信頼感指数（速報値）	ミシガン大学	月次	毎月第2金曜日／24時	C
	ミシガン大学消費者信頼感指数（確報値）	ミシガン大学	月次	毎月最終金曜日／24時	C

表4.2 ● 主な米国の経済指標と発表時期の目安

注意点

●発表時期や発表頻度に違いがあり、事後に改定されるものもある

　米国の経済指標は、調査から発表までの期間が日本よりも短期間です。例えばGDP統計などを見ると、米国では四半期終了の翌月には速報値が発表されますが日本では翌々月になります。米国指標は早い段階で発表されるために信頼性は低くなります。しかし、早めに発表することにより市場の衝撃を緩和する効果もあります。改定値は大幅に修正されることも珍しくありませんが、**市場は既に終わった改定値に対しては殆ど反応せず新しい指標だけに注目する**傾向があります。お国柄というのか、日本では正確な数値が固まるまで時間をかけるため日本の統計値は殆ど改定されず、もし改定されたとしても小幅なものに留まります。そのためか、日本の経済指標の発表はあまり注目されません。

●定義の違いに注意する

　国によって数値の定義が異なることがあり、単に国際比較をすると間違った判断につながるので注意が必要です。例えば失業率は、日米では失業

者の定義が異なります。また米国のレイオフ、日本の終身雇用など労働慣行、人口構成・生産年齢人口の割合にも違いが見られるため、単純に比較できません。したがって、各国の数字のどちらが高いか低いかなどの比較で見ることは危険です。見るのであれば方向性や、前回の数字との比較で改善したか、悪化したかといった観点で判断することになります。

→ 雇用に関する経済指標

●米国雇用統計 ［月次／重要度：A］
発表日時（日本時間）：毎月第1金曜日22時30分 ［夏時間21時30分］

米国経済指標の中で現在市場が最も注目する指標がこの雇用統計です。米国雇用統計では製造業就業者数、小売業就業者数など10数項目が発表されますが、市場が特に注目するのは失業率と非農業部門雇用者数です。

［非農業部門雇用者数］

農業部門を除いた就業者数を言います。主に経営者や自営業者を含まない製造業で働く雇用者数の増減を示します。雇用者とは給料が支払われている者を指します。雇用情勢は個人所得や個人消費に大きく影響を及ぼすため、**金融・経済政策を左右するほどの重要指標**と位置づけられています。

市場の事前予想と結果が大きく乖離することがあり、為替市場では波乱材料として、発表の前後に為替が大きく動くことが多く見られます。就業者が増加すれば景気が底堅いと判断され、それによりインフレ懸念が高まると、FOMCの利上げ観測からドルにも影響を及ぼす重要な指標と言えます。

［失業率］

非農業部門雇用者数が給料をベースに集計されているのに対し、失業率は現在求職中かどうかで調査したもので、家計調査によって出されたものです。計算方法は失業者を労働力人口で割り、パーセントで表示します。したがって、失業率は景気の動向がそのまま反映されやすく、特に金融政策に重要な影響を与えます。ただ、**失業率は景気の動きに遅行する**ため、もし失業率と非農業部門雇用者数の数値が相反する予想結果となった場合には、市場は非農業部門雇用者数の方を重要視する傾向があります。

図4.3 ● 雇用統計発表時のドル円/30分足（2018.8.2/7:00～8.6/18:00）　チャート提供：FOREX.com

図4.4 ● 雇用統計発表時のドル円/5分足（2018.11.2/18:40～11.3/4:25）　チャート提供：FOREX.com

　図4.3は2018年8月3日、米国7月雇用統計が発表される前後の30分足の動きです。非農業部門雇用者数が15.7万人と予想の19.0万人を下回る悪化となりました。これを受けドル円は111円60銭から111円10銭まで50銭の下落となりました。しかし、平均時給の上昇率や失業率も予想通り緩やかな労働市場の回復を示すものとなり、下げ止まりました。

　図4.4は同年11月2日に10月雇用統計の発表される前後の5分足チャートですが、雇用者数が25万人と予想の19万人を大きく上回り、平均時給も9年半ぶりの高い伸びとなりました。しかし、発表直後ドル円は20銭程度しか上昇していません。既にマーケットがこの結果を織り込んでいたためでした。

●**新規失業保険申請件数「週次／重要度：C」**
発表日時（日本時間）：毎週木曜日22時30分［夏時間21時30分］

　新規失業保険申請件数は、全米で1週間に失業者が新規に失業保険給付を申請した件数です。毎週発表されるため速報性は高いものの、祭日や悪天候などの際は申請者が減少するといった影響を受けるため、数値のブレが大きいというデメリットがあります。そのためマーケットが注目するのは数字ではなく前週比の増減になりますが、翌週には必ず改定されるため信頼度はやや劣ります。雇用統計の発表が特に注目されている時などは先行指数として注目されます。その他の雇用関連指標には、**ADP雇用統計**、**チャレンジャー人員削減数**などがあります。

→ 物価に関する経済指標

　物価は金利動向に直接関わるもので、**金融政策の転換時期には特に注目**されます。物価が上昇しインフレが進行すれば、これを抑制するために金利の引き上げ圧力となります。物価安定を目標とする中央銀行は物価動向に特に注目しており、重要指標の1つとなります。

●**生産者物価指数（PPI）「月次／重要度：B」**
発表日時（日本時間）：毎月15日前後／22時30分［夏時間21時30分］

　生産者物価指数とは、米国内製造業者の約1万品目を調査し、売り手側の販売価格の変動を指数化したもので、最終財・中間材・原材料に分類されています。中でも変動の大きい食品やエネルギーを除いた最終財のコア指数と呼ばれるものは、物価の動向を知る上で特に注目されます。

●**消費者物価指数（CPI）「月次／重要度：B」**
発表日時（日本時間）：毎月15日前後／22時30分［夏時間21時30分］

　消費者物価指数は、生産者物価指数と並んでインフレ動向を見る上で重要な指標の1つです。生産者物価指数が売り手側の価格であるのに対し、消費者物価指数は買い手側の価格を表すもので、消費者が商品やサービスを購入する価格を指数化したものです。中でも、変動の大きい食品やエネルギーを除いたコア指数のトレンドが注目されます。このコア指数が予想

と大きく異なる場合には、金融政策にも影響を及ぼす可能性があることから、これを材料に仕掛けることがあります。

➡ 貿易・国際収支に関する経済指標

国際収支とは、外国と一定期間に取り交わした経済に関わる全ての取引をまとめたもので、**経常収支**と**貿易収支**に分かれます。外為市場における需給はこの国際収支で決まるという理論もあり、お金の流れを見る上で重要な指標となります。1980年代から90年代にかけては、日本と米国の貿易収支の格差が市場の注目を集めました。日本の膨大な貿易黒字が円高傾向を招いた要因の1つであることは間違いないでしょう。

一時注目度が下がったものの、最近では中国との貿易摩擦が激しくなってきたことから、再び注目度が高まり始めています。

● 貿易収支「月次／重要度：C」

発表日時（日本時間）：毎月10日前後／22時30分［夏時間21時30分］

経常収支とは、貿易収支／貿易外収支／移転収支の合計です。貿易収支とは簡単に言えば輸出額と輸入額の差で、輸出が輸入を上回れば貿易黒字となり、逆に下回ると貿易赤字となります。国別でも発表され、一般に通貨高になれば輸入が増えて輸出が減り、通貨安になれば輸出が増えて輸入

図4.5 ● 米国の経常収支と財貿易赤字の推移　　　出所：外務省資料（2018年10月）

が減ります。米国の貿易赤字は2014年から再び増加傾向にありますが（図4.5）、近年は対日赤字が減少してきています。また、カナダなど他の主要相手国に対する赤字も減少傾向にあるものの、**対中赤字は大幅に拡大**しており、2018年からの米中貿易戦争の火種となっています（図4.6）。米国の利上げによるドル高が元を押し下げたことで、米政府が今後中国に対して、**元高圧力**をかける可能性もあり注意する必要があります。

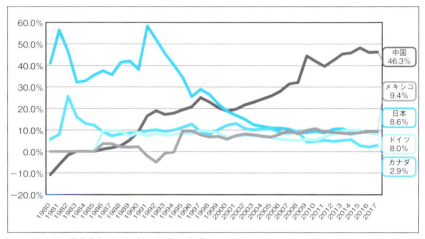

図4.6 ● 米国の貿易赤字の推移（主要貿易相手国）　　　出所：外務省資料（2018年10月）

→ 住宅に関する経済指標

　2008年、住宅バブルの崩壊により、低所得者向けサブプライムローン破綻の問題が深刻化し世界的な金融危機を引き起こしました。**住宅市場の動向は米国のみならず世界の景気にも大きな影響を及ぼす**ため、市場の注目度は高いと言えます。

●**住宅着工件数／建築許可件数「月次／重要度：B」**
　発表日時（日本時間）：毎月第３週／ 22時30分［夏時間21時30分］
　住宅着工件数は、その月の新築の一戸建てと集合住宅の着工件数（季節調整済み）が地域別に発表されます。
　家が一軒建つことによって、それに伴い家具や家電製品、寝具や生活用品に至るまで消費が高まることから、景気に大きく影響するため、先行指

数として注目されます。また、金利が低下すれば住宅着工が増加して景気を押し上げる効果があるため、金融政策とも密接に関わってきます。

住宅着工と同時に発表されるのが**建設許可件数**です。これは住宅建築の前に地方自治体などに許可申請が行われた際の、許可件数の統計です。着工件数の先行指標にもなるため注目されます。

● 新築住宅販売件数「月次／重要度：B」

発表日時（日本時間）：毎月下旬／ 24時 ［夏時間23時］

景気変動に対して先行性が高いと言われる指標の1つです。月内に販売された新築住宅件数で、契約者が署名したものが集計のベースになります。

● 中古住宅販売件数「月次／重要度：B」

発表日時（日本時間）：毎月下旬／ 24時 ［夏時間23時］

全米不動産業協会（NRA）が発表。所有権移転が完了した中古住宅の販売件数で、新築住宅販売件数に比べて圧倒的に多いのが特徴です。

● S&Pケースシラー住宅価格「月次／重要度：B」

発表日時（日本時間）：毎月最終火曜日

米国大手格付け会社のスタンダード＆プアーズが公表する全米20主要都市の住宅価格動向を示す指数です。住宅価格は個人消費に大きな影響を及ぼすため、景気指標としても最近特に注目度が上がってきています。

→ 生産に関する経済指標

生産部門において製造業と雇用の関係は強く、例えば米国の自動車業界はこれまで自動車不況の際に大規模なリストラが行われ、その度に多くの雇用が喪失しました。また、ドルレートの水準は製造業の雇用と製品の生産量に強い影響を与えることから、注目されます。

● 鉱工業生産指数「月次／重要度：C」

発表日時（日本時間）：毎月15日前後／ 23時15分 ［夏時間22時15分］

鉱工業生産指数は景気総合指数の一致指数に採用され、景気との関係が深く、鉱工業部門の生産動向を指数化したものです。GDPに占める製造業の割合は15％未満と日本などに比べると低いのは、サービス業の比率

が伸びていることを示すものと言われます。特に自動車業界の低迷などが目立つものの、月次で速報性があり景気実態を把握する上でも注目されます。発表では過去3か月分が改定され、同時に**設備稼働率**も発表されます。

●耐久財受注「月次／重要度：B」

発表日時（日本時間）：毎月25日前後／22時30分［夏時間22時15分］

耐久財受注は出荷、在庫、新規受注、受注残高から構成されます。中でも耐久財新規受注で、振れの大きな非国防財受注や輸送機器を除いたものが注目されます。製造業受注が翌々月に発表されるのに対し耐久財受注は毎月下旬に前月分の速報値が発表されるため、設備投資や生産などの先行指標とされる重要指標の1つです。月々の統計はブレが多く、過去2〜4か月分が改定されます。ブレが多いということはそれだけ為替の値動きが大きくなりやすく、デイトレにとってもチャンスは増えそうです。

●ISM製造業景気指数／非製造業景気指数「月次／重要度：B」

発表日時（日本時間）：［製造業］毎月第1営業日　［非製造業］毎月第3営業日／24時［夏時間23時］

ISM製造業景気指数は、ISM（全米供給管理協会）が発表する指標です。製造業企業から回答を得たアンケート調査を元に作成され、これが50％を下回ると景気後退、上回ると景気拡大を表すとされています。企業のセンチメントを反映した景気転換の先行指標として注目され、主要指標では真っ先に発表されます（翌月第1営業日）。

ISM非製造業景気指数は、同様に非製造業企業を対象とするものでこちらも50％を上回ると景気拡大、下回ると景気後退と判断されます。

●フィラデルフィア連銀製造業景況指数「月次／重要度：D」

発表日時（日本時間）：毎月第3木曜日／24時［夏時間23時］

フィラデルフィア連銀の管轄地域で製造業企業に向けてアンケート調査を行い、景況感を表します。全州が対象のISM製造業景気指数に対して、こちらは3州だけを対象に行われるだけに、やや信頼度は低くなりますが、ISMや雇用統計の前に発表されるため先行指標とされます。これに類似する調査として、**ニューヨーク連銀製造業景況指数**があります。

→ 景気・個人消費に関する経済指標

● GDP（四半期／重要度：A）

発表日時（日本時間）：毎月25日前後／22時30分［夏時間21時30分］

米国経済全般の景気動向を見るには**実質GDP成長率**が最も適しており、雇用統計と並び市場が最も注目する指標の1つです。実質GDPの伸び率がプラスであれば経済が良好、マイナスであれば悪化と判断されるため、発表前後で為替相場が大きく動くことがよくあります。この結果は為替だけではなく株価や金融政策にまで大きく影響を与えます。発表時には個人消費、設備投資、住宅投資、政府支出なども同時に発表されます。

この中で最も比率の高い項目はGDPの約7割を占める個人消費支出で、PCEデフレーターと共に市場の注目度が高いとされます。GDPは四半期毎で、四半期終了の翌月末に**速報値**、翌々月末に**改定値**、翌々々月末に**確定値**が発表されます（表4.4）。**市場が最も注目するのは速報値**で、その他は速報値と大きな隔たりが無い限りそれほど大きなインパクトはなくなります。

年次	第1四半期		第2四半期		第3四半期		第4四半期	
	速報値	確定値	速報値	確定値	速報値	確定値	速報値	確定値
2016	1.2	1.4	2.9	3.5	1.9	2.1	0.7	1.4
2017	2.6	3.1	3.0	3.2	2.6	2.9	2.6	2.0
2018	2.3	2.0	4.1	4.2	3.5	—	—	—

(%)

表4.3 ● 米国の四半期GDP（速報値と確定値）の推移

	第1四半期 （1～3月）	第2四半期 （4～6月）	第3四半期 （7～9月）	第4四半期 （10～12月）
速報値	4月（翌月）	7月	10月	1月
改定値	5月（翌々月）	8月	11月	2月
確定値	6月（翌々々月）	9月	12月	3月

表4.4 ● 米国の四半期GDPの発表スケジュール

● **実質GDP**

GDP（国内総生産）は、国内で1年間に生産された付加価値の合計のこと。名目GDPは物価変動の影響を考慮せず、価格と生産量から付加価値を算出し、合計したもの。実質GDPは名目GDPから物価変動の影響を除いたもの。

●小売売上高（月次／重要度：B）
発表日時（日本時間）：毎月第2週／ 22時30分［夏時間21時30分］

　百貨店やスーパーなどの小売業の売り上げのサンプルを調査し、米国商務省が推計したもので、個人消費を見る上で重要な指標として注目されます。これは耐久財と非耐久財に分けて発表されますが、自動車販売の比率が大きいためその数字を除いたものも注目されます。例えば、米国が景気対策として自動車の買い替え支援を行った場合など、一時的に売上高が膨らむことがあり、景気回復の実態がわかりにくくなることもあります。

●個人所得・個人支出（月次／重要度：C）
　発表日時（日本時間）：毎月下旬／ 22時30分［夏時間21時30分］

　社会保険料を控除した実際の手取り額で、個人の消費に最も影響を与えるもの。個人所得の項目には**貯蓄率**も含まれ、サブプライムローン問題が発生して以降、市場の注目度は高まったと言える。また、**個人消費支出（PCEデフレーター）**もフェッドがインフレ政策の判断材料とするため、市場の注目度は個人所得より反応することもある。

●消費者信頼感指数「月次／重要度：C］
　発表日時（日本時間）：毎月最終火曜日／ 24時［夏時間23時］

　消費者からアンケート調査を元に消費マインドを指数化したもの。個人消費との相関が高く、信頼性が高いことから消費の動向を把握するには重要な指標。

●ミシガン大学消費者信頼感指数（月次／重要度：速報値C、確報値C）
　発表日時（日本時間）：[速報値] 毎月第2金曜日　[確報値] 毎月最終金曜日／ 24時［夏時間23時］

　ミシガン大学が実施するアンケート調査で、速報値は300人、確報値は500人を対象に行って算出。1年先、5年先のインフレ期待も調査項目にあり、直接消費者のインフレへの意識を知ることができる。この指数は消費者信頼感指数に先行して発表され、また予想値とのブレが大きいことからデイトレーダーにとっては注目度が高そうと言える。

表4.5 ● その他の景気・個人に関する経済指標

→ 米国以外の主な経済指標

　米国以外の経済指標にも注意を払う必要があります。特にユーロ圏や英国、そして日本や中国など主な指標も知っておきましょう。オセアニア諸国などそれ以外の国でも、その国の金融政策の発表など、週の初めにチェックしておくことが重要です。

●ユーロ圏の経済指標

ユーロの経済指標は主にECBと欧州委員会により発表されます。これらはユーロ導入諸国からの数値を合成して算出したものです。また、ユーロ圏で最大の経済規模を誇るドイツの経済指標は、最もユーロに影響を与えますので合わせて見る必要があります。その中でもドイツ企業の景況感を調査したIFO景況感指数は、景気の先行きを見る上で最も注目されます。

ただ、重要度から見ると殆どが「C」のレベルと見て良いかもしれません。

国名	名称	発表機関	データ	重要度
ユーロ圏	GDP	欧州委員会統計局	4半期	C
	消費者物価指数（HICP）	欧州委員会統計局	月次	C
	生産者物価指数（PPI）	欧州委員会統計局	月次	C
	鉱工業生産指数	欧州委員会統計局	月次	C
ドイツ	GDP	連邦統計局	4半期	C
	IFO景況感指数	IFO研究所	月次	B
	ZEW景況感指数	欧州経済センター	月次	C
英国	GDP	国民統計局	4半期	C
	ネーションワイド住宅価格	ネーションワイド	月次	C
	ライトムーブ住宅価格	ライトムーブ社	月次	C

表4.6 ● 欧州の主な経済指標

→ 要人発言にも注意する

経済指標や金融政策の発表は事前にいつ行われるかが決まっていることから、前もってポジションを仕込みやすくデイトレーダーにとってはチャンスの時と言えます。これらのイベントと同様に為替の変動要因として注目されるのが、要人発言です。あらかじめ予定されている、金融政策発表後の中央銀行総裁の記者会見や講演、議会証言などでの発言がこれにあたります。その中でも、パウエルFRB議長、ドラギECB総裁、ムニューシン米財務長官などは特に注目されます。

時に予想外のサプライズ発言などで市場が大きく乱高下をするということもあるので、前もってスケジュールチェックは必ず行うようにします。特にトランプ大統領のツイッターを通した、発言にも要注意です。

最近では、中国の要人発言や欧州債務国における党首の発言、ブレグジット問題を巡りメイ首相や交渉担当官、EU委員メンバーなどの発言などにも注目が集まります。

4-03 各国の金融政策の特徴を見る

金利の動向は為替の動きに大きな影響を与える。現在は殆どの主要国が低金利であるが、いつまでも低金利のままというわけではなく、その転換時期が注目されている。

→ 米国（FOMC）の金融政策

　米連邦準備制度理事会は通称フェッドと呼ばれるもので、金融政策の基本方針決定の中心的役割を果たす組織です。この理事会の監督下には全米12の地区ごとにFRB（連邦準備銀行）が置かれています。

　FOMC（連邦公開市場委員会） は米連邦準備制度理事会の理事7名や地区FRB銀行総裁5名で構成された委員会で、ここが金融政策を決定します。約6週間毎に年8回開催される他、必要に応じて随時開催されます。政策金利である**フェデラルファンド（FF）レートの誘導目標や為替市場の介入**などはFOMCで決定され、その**声明文は即日発表**されます。

　FOMC開催の2週間前に**ベージュブック**（地区連銀経済報告）が公開され、前回のFOMC開催後の米国経済情勢が述べられます。また、開催から**3週後にはFOMC議事録が公開**されます。市場はこの内容から米国景気動向の見方や米国金利の先行きを予測しようとします。

●利上げへの転換と継続

　FRBはリーマンショック後の2008年12月にFF金利を0％に引き下げました。その間に行った量的緩和を終了し、7年後の2015年12月にFRBはゼロ金利政策を解除するなど、9年半ぶりに利上げを決定。景気回復により危機対応を終えゼロ金利政策を解除し、政策正常化へ一歩踏み出しました。そして2018年6月には7回目の利上げを実施し、1.75％から2.0％に引き上げました。そして年内にあと2回の利上げ見通しを示しましたが、長期金利の上昇は抑えられ短期金利との差が縮小。過度な金融引き締めの結果フラットニング、あるいは逆イールドカーブが起きるのではといった観

測もあります。12月には2.5%へ利上げしました。12月のFOMCでは2019年には2回、2020年には1回の利上げの見通しを示しているだけに、今後の政策転換が為替市場にとって大きな影響を与える可能性があります。

→ その他諸国の金融政策

●ユーロ圏（ECB）の金融政策

ユーロ導入諸国は統一した金融政策をとっており、それはECB（欧州中央銀行）が担います。**ECB理事会**は毎月第1・第3木曜日の2回開催され、金融政策に関する決定を行います。メンバーは総裁を含むECB役員会6名・ユーロ導入各国の中央銀行総裁16名の22名で構成されており、政策目標として物価の安定を掲げています。欧州では移民・難民問題などが深刻化し、EU全体にポピュリズムが広がり始めています。イタリアではポピュリズム政党と連立政権を樹立するなど、この傾向が他のEU諸国にも広がる傾向があります。EUの結束やドイツ政局などがユーロの動きに大きな影響を与えます。

●BOE（イングランド銀行）の金融政策

政策決定は**金融政策委員会**（MPC）が行います。毎月上旬の水曜〜木曜の2日間開催され、2週間後に議事録が公開されます。BOEはインフレ・

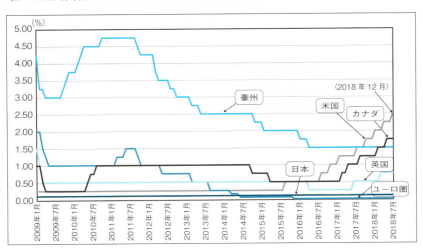

図4.7 ● 主要国の政策金利の推移（2018年12月現在）

国名	金融政策決定機関	名称	金利
米国	FOMC（公開市場委員会）	Federal Funds Rate	0.00～2.50%
ユーロ圏	ECB（欧州中央銀行）理事会	Main Refinancing Operations Minimum Bid Rate	0.00%
英国	BOE（イングランド銀行）金融政策委員会	Current Official Bank Rate	0.75%
日本	日本銀行／金融政策決定会合	Uncollateralized O/N Call Rate	0.10%
オーストラリア	RBA（オーストラリア準備銀行）	Cash Rate Target	1.50%
ニュージーランド	RBNZ（ニュージーランド準備銀行）	Official Cash Rate	1.75%
カナダ	BOC（カナダ銀行）	Target For The Overnight Rate	1.75%
スイス	SNB（スイス国立中央銀行）	3month LIBOR Target Rate	▲1.25%
南アフリカ共和国	SARB（南アフリカ準備銀行）	Repo Rate	6.75%

表4.7 ● 主要国の金融政策決定機関と政策金利（2018年12月現在）

ターゲティングを採用しており、現在はCPIの前年比2.0%（プラスマイナス1%の許容範囲）の水準をターゲットに政策を行います。

●**日本銀行の金融政策**

日銀の**金融政策決定会合**は毎月1回20日前後（4月と10月は2回）に行われます。決定内容は会合終了と同時に発表され、総裁記者会見も会合が終わると毎回行われます。議事要旨は約1か月後に公表され、議論内容や公式見解を知ることができます。2012年末に発足した第2次安倍政権下では、2%物価目標を掲げ無制限の量的緩和を実施。その結果ドル円は半年で20円余り上昇しましたが、その後も日銀が目標とする2%の物価上昇には届かず、大量の国債購入を継続。マネタリーベース及び長期国債やETFの保有額を拡大するなど、質量ともに異次元の金融政策を行いましたが、2018年に入っても物価目標に到達せず、長引く低金利は財政の規律を緩め金融機関の収益を圧迫するなど、歪みが生じてきました。**異次元金融緩和**は円安につながるものですが、政策が終了する時には一気に円高に振れる可能性が高まります。

FRBは既に引き締め政策に入り、ECBも2019年の秋口には利上げに踏み切ると予想されます。日銀もいずれは緩和政策を終了する時がくると予想され、いつ**出口戦略**を打ち出すかに注目が集まります。

4-04 米国の利上げとトランプ政策の行方

米国は景気の力強さが続く中でトランプ大統領が誕生。トランプ政策により更なる景気拡大期待が高まる中で、FRBも難しい舵取りが続く。

→ トランプ政権の衝撃

　米国は雇用も含め景気回復が進んだことで、2015年12月に9年半ぶりの利上げを実施。世界の主要国に先駆けて、緩和政策から引き締め政策に転換しました。そして2016年11月にはトランプ大統領がまさかの当選。市場の最初の反応は失望によるドル売りでした。しかし、下落は一時的でドルはその後一気に買いが強まるなど、彼の政策に期待が高まりました。

　トランプ大統領が打ち出した政策は為替市場にも大きな影響を与えることになるとは、この時誰が知っていたでしょうか。選挙中からアメリカ・ファーストを掲げて当選したトランプ大統領は、就任後TPP（環太平洋パートナーシップ協定）から離脱、NAFTAの再交渉、入国管理政策やエネルギー政策の見直しなど、これまでオバマ前大統領が進めていた多くの分野について政策転換を次々に進めていきました。大統領はツイッターやSNSを利用し昼夜を問わず市場に影響を与える重要な発言を流すなど、予測不能の行動で市場を混乱に陥れることが何度も見られました。

　このようにトランプ大統領は公約を守る政治家として市場や多くの国に対し大きな影響を与えており、今後もこの行動パターンは変わることはなさそうです。これらの公約の中で経済、通商、そして外交が特に為替相場に影響を及ぼすものとして、今後も注目する必要があります。

→ 為替相場への影響

　ドル円において最も影響を及ぼすと思われれるのは、**経済と通商政策**になります。財政においては大型減税や大規模インフラ投資により今後の

FRBの金融政策に影響を与えます。

　好調な米経済が続く中で更なる景気刺激策を打ち出すことは、景気が過熱する恐れがあります。既に雇用統計が示すように完全雇用の状態となり人手不足が始まり、賃金も緩やかに上昇。物価も目標の2%を超えて株式市場の上昇も続く状況で物価の上昇を抑えるべく、FRBは利上げを加速。そうなれば長期金利が更に上昇し、ドルを押し上げる要因となります（ドル高）。一方で金利上昇により米国株式市場の下落を引き起こすというリスクも同時に高まり、そうなればリスクオフにより円を押し上げます。結果としてドル高と円高の動きが同時に進行するなど、ドル円にとって綱引き状態が予想されます。

　一方、大規模投資や減税は財政赤字が更に拡大することになります。

　米議会予算局は2018年4月の時点で、2020年会計年度までに財政赤字が1兆ドルを超える見通しを明らかにしました。更に、今後11年間で財政赤字を約1兆9000億ドル増加させる見通しが示されました。それに対してトランプ大統領は、経済政策は減税や歳出拡大による景気浮揚で税収も増えるので、財政はそれほど心配する必要はないと主張しています。予算教書では2020年度にかけて財政赤字の拡大が容認されていますが、それ以降に財政赤字問題が拡大する恐れがあり、将来的にドルが暴落するとともに金融不安からリスクオフの円高が進む可能性もあります。

→ 通商政策による円高ドル安

　保護主義に突き進むトランプ大統領は通商政策に関する基本目標として、「すべての国民にとって自由でより公正な形で貿易を拡大すること」であることを謳い、**米国経済の成長促進、雇用創出促進、貿易相手国との相互主義の発展、米国製造業基盤と経済利益等を守る能力の強化、農産物とサービスの輸出拡大**という5つの目標を掲げました。

　最初はTPP離脱以外は目立った政策執行は見られませんでしたが、2018年に入り中間選挙を控えて通商に関する対策を次々と打ち出し、鉄鋼やアルミに対する輸入制限を発動しました。大統領は安全保障上の脅威

を理由として、EUや日本などの同盟国まで対象に含めました。

　米国の貿易赤字の最も大きな国は中国で、その次にはメキシコや日本、そしてドイツなどがほぼ同レベルの規模で並んでいます（図4.8）。トランプ大統領はとりわけ赤字額が大きい中国との貿易に対しほぼすべての輸入製品に報復関税を検討するなど、貿易摩擦が激化しました。一方で、日本に対して今後自動車関税だけではなく為替レートに関しても圧力をかけてくると見られます。ただ、ムニューシン財務長官はトランプ大統領のドル高けん制発言後すぐに「米国にとって強いドルは長期的に利益となる」と発言するなど、常にトランプ発言の火消しに回ることでドル下落に歯止めが掛かります。

　これらは2018年11月の米国中間選挙をにらんだトランプ大統領の国内に向けたパフォーマンスと捉えることもできます。一方で、トランプ大統領のロシア疑惑はドル円にとっては下押し圧力となります。トランプ政策自体は景気を押し上げ、**金利上昇によるドル高**に向かいやすくなるものです。一方でドル安誘導やFOMCに対する利上げにブレーキを掛ける発言など、ドル円の上値は抑えられます。トランプ政権下では予想外の政治圧力がいきなり強まるため、読みにくい相場展開が続くことになります。

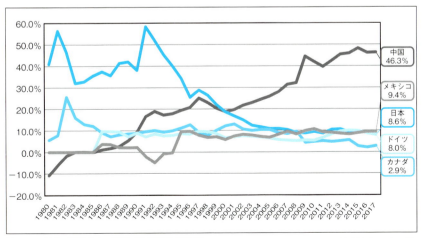

図4.8 ● 米国の貿易赤字の推移（主要貿易相手国）　　　　出所：外務省資料（2018年10月）

4-05 日銀の緩和政策はどこまで続くか?

主要国が緩和政策を転換してくる中で、出遅れる日本。大規模緩和政策の弊害が指摘される中で日本銀行の出口戦略はどうなるか。

→ 日銀の緩和政策とその出口戦略

　日銀はバブル崩壊後に日本経済の右肩上がり成長の時代が終焉を迎え、その上ITバブルの崩壊などから緩和政策を長期に渡り継続しました。その後景気は回復に向かい、2006年3月には量的緩和政策を脱却しました。

　しかし、2008年9月のリーマンショックにより世界の金融市場は危機的な状況に陥りました。米国やユーロ圏、そして英国も政策金利を1%以下まで迅速に引き下げ、「非伝統的金融政策」を採用していきました。しかし、既に0.5%と政策金利が低水準にあった日本銀行は、政策金利を0.3%に引き下げると同時に超過準備に0.1%の金利とすることを期限付きで導入しました。つまり日銀の資金供給により、金利が過度に低下することを回避しました。FRBが12月に政策金利を1%から0%（借方0.25%、貸方0.0%）に引き下げると、日銀は政策金利を0.1%に引き下げました（図4.9）。

図4.9 ● リーマンショック後は各国政策金利が引き下げられた

図4.10 ● 日銀の金融政策とドル円の推移（月足/2018年11月まで）　チャート提供：FOREX.com

　しかし、他の主要各国の政策金利引き下げに対して日銀は通貨の信用を損なうとして、利下げを抑えました。これにより各国通貨安競争に後れを取ったことでドル円は80円付近まで下落。2011年3月11日に起きた東日本大震災により更に下落幅を拡大し、その年の10月には史上最安値となる75円60銭まで下落しました（図4.10）。

　しかし、2012年12月に第2次安倍内閣が発足し新たな政策として「**アベノミクス**」を打ち出したことで、ドル円の上昇が始まりました。アベノミクスとは**大胆な金融政策**、**機動的な税制政策**、そして**民間投資を喚起する成長戦略**の3つの矢のことです。

　特に金融政策においては2%のインフレ目標、無制限の量的緩和、そして円高の是正とそのための円流動性を打ち出したことで、ドル円は1年後の2013年12月に105円台まで回復しました。安値から30円上昇したことになります。

　その後もみ合いが続いた2014年10月末に日銀黒田総裁が「量的・質的金融緩和」の追加拡大策を決定。また、同時に米国が量的緩和を終了したことから、ドル円は翌年の6月に125円後半まで上昇しました。

　しかし、円安が進み過ぎたと見たのか、2015年6月に黒田総裁が「ここ

から更に円安はありそうにない」と発言したことで、ドル円の上昇は抑えられました。この発言で125円が日銀が容認する限界水準「黒田ライン」あるいは「黒田シーリング」ではないかとの憶測が広がり、当面の天井として意識されました。

　その後ドル円は下落に転じ2016年1月に120円を割り込むと、黒田総裁は1月末にマイナス金利の導入を決定。**マイナス金利付き量的質的金融緩和**の実施を行いました。これによりドル円は120円台を回復しましたが、その後もドル円の売りは収まらずに本格的な下落が始まりました。

　その後100円を割り込み、日銀が7月にETFの買い入れ額を年3.3兆円から年6兆円に拡大するとドル円は反発。しかし、売り圧力は依然として根強く、100円を再び割り込み始めました。

　結果的にアベノミクスで100円を回復したレベルまで下落するなど、2年で往って来いの状態となりました。

　日銀は8月に入ると更に「**長短金利操作付き量的質的金融緩和**」を発表。国債のイールドカーブをコントロールするというものでした。イールドカーブとは、国債利回りの短期と長期の金利差のことです。

　しかし、ドル円の戻しは限定的となり100円を底にもみ合いが続きましたが、ドル円はその後大きな転換を迎えます。

　その年の11月にトランプ氏が大統領に当選すると一転。ドル円は最初101円付近に下落した後、ひと月余りで118円台に上昇。トランプ政策への期待が高まったことでドル買いが一気に進みました。

2013年	4月	消費者物価の前年比「2%上昇」を2年程度で達成するため、マネタリーベースを年60～70兆増やし、長期国債、ETF、日本REITを買い入れるなど異次元金融緩和を導入
2014年	4月	消費税が8%に増税される
	10月末	マネタリーベース及び長期国債買い入れをそれぞれ年80兆円に拡大など
2016年	2月	金融機関に対し−0.1%のマイナス金利導入
	7月	ETFの買入れペースを年3.3兆円から6兆円に拡大
	9月	長短金利操作（イールドカーブ・コントロール）を導入

表4.8 ● 過去5年間の主な金融・財政政策

その後急に上昇した反動からの巻き戻しが入り、108円付近まで押し戻された後105円から115円のレンジ内での一進一退の攻防が、現在の2018年後半まで続いています。

→ 日銀緩和政策の副作用

日銀の長短金利差による異例の低金利が長期化する中で、地域金融機関の経営の圧迫、年金生保の運用利回り低迷など様々な副作用への懸念が高まっています。

国債の利回りが下がると銀行の貸出金利も低下し、銀行の収益を圧迫するなど貸し渋りに繋がりかねません。

また、日銀が国債を大量購入することで市場に流通する国債が減り、国債の取引が成立しない日が相次いでいます。金融危機時に市場が制御不能になり金利が急騰するといったリスクが懸念されるなど、**色々な副作用により日銀は緩和政策からの脱出を余儀なくされる**といったものです。

FRBやECBそしてBOEなど、主要国の中央銀行は既に緩和政策から転換していることから、日銀もいずれ追随するとの思惑が一時的に円買いを促します。

しかし、日銀は物価目標2％への引き上げを公約に掲げていることから、目標達成までは緩和政策を継続するとの姿勢を崩していません。もし、**緩和政策を終了する姿勢を少しでも見せれば円高に向かうことは必至**です。長期金利目標の上限は徐々に引き上げられたとしても、日銀は2020年までは緩和政策を継続するとの見方が大勢です。したがって、欧米の金融政策の違いから見ると、円は下落傾向がそれまで続くことになります。

4-06 イベント発生時の動きと為替市場のアノマリー

殆どのイベントは反応してもサプライズ程度で終わり、トレンドを転換させるほどの力はない。大きなトレンド転換のある時は逆に何らかのサインがある。

▶ トレンドを転換させるほどのイベントは滅多にない

　経済指標の発表結果が予想から大きく外れた時、市場の反応と値動きの幅がどの程度になるかは気になるところです。しかし、指標の予想がどんなに外れようが、それによりトレンドが大きく転換することは滅多にありません。確かに予想が外れた時は大きく動きやすく、デイトレにはチャンスですが、それは殆どがサプライズによって起こるものです。

　投機筋の中には常にそのような時を狙って仕掛けてくる者もおり、大量の損切りが引き起こされ、さらに大きな動きになることもあります。しかしそれらも時間が経てば発表前のレベル付近へ戻ることが多く、寧ろ大きく反応した後はじっくりと引き付けて逆張りで攻めるのもテクニックの1つです。また、記者会見など予定された要人発言の殆どはある程度予想されたものですが、投機筋はこれを材料に仕掛けてくることも多く見られます。しかし、いずれもトレンドを変えるほどの力は殆ど無いと考えて良いでしょう。これらの動きは通貨や流動性によっても異なりますが、ドル円で見ると大きく動いたとしても平均すれば精々1円も動けば良いところかも知れません。ただ、金利に関するものは大きく反応することがあります。

　例えば利上げが続くとの予想が実は利下げに転じたなどの時は、発表直後に値がつかないというようなことも起こります。また、介入に関する発言なども注意が必要です。

　過去には流れを変えるほどの影響を与えたイベントも何度かありました。例えば1985年のプラザ合意やルーブル合意などがその例です。そのような大きな転換がある時は一気に始まるわけではなく、前もって何らかのサ

インが見られます。トレンドの転換時にはその前にある程度の準備時間があるもので、それらを見分けるには政治的な動きなども見ていくことも重要です。要人発言などは初めからトップが発言することはあまりなく、その取り巻きの人々などから始まり、市場の反応を見ながら徐々に地位の高い要人が発言するというパターンが多く見られます。その動きを察知することもデイトレーダーにとって重要なスキルです。

→ 外為市場のアノマリーとは？

　アノマリーとは、理論では説明できない規則的な動きを繰り返す現象のことを言います。どちらかと言えば経験則と訳した方がわかりやすいかもしれません。季節的な要因や期末などの変わり目などでは、幾つか特徴的な動きが見られます。例えば12月は、それまでのトレンドに対する反動が出やすいと言われます。欧米企業の決算期ということもありますが、ヘッジファンドの決算期（中間決算は5月）が11月ということも関係が大きいかもしれません。

　決算期の1か月前あたりから、彼らは利益確定の売りなどポジションの手仕舞いに動き出します。また、ヘッジファンドのトレーダー達は彼らの目標額を達成してしまえば早めに取引をストップします。もし、それ以上取引をして損失を出すと折角のボーナスが出なくなることがあるためです。さらに12月はクリスマスを控え、市場参加者が減って取引が閑散としやすいというのも特徴です。逆に1月には休み明けから再びポジションを作り始めるために、取引が活発になるというのも納得がいきます。

　決算期と言えば日本の機関投資家の決算期が3月（中間決算は9月）のため、クロス円の買いが細ったり売りが出やすくなることもあります。反対に4月から5月にかけて再び外債投資が始まる可能性が高まることや、ゴールデンウイークの海外旅行者の増加から外貨買い円売りの動きが活発になるとも言われます。

　その他に統計的に見ても、同じ動きが繰り返されるようなものが見られることはあるようです。探すといろいろと何かがあるのかも知れません。

CHAPTER 5

トレードスタイル別
実践攻略法

5-01	スキャルピングの実践と稼ぐコツ
5-02	デイトレードの実践と稼ぐコツ
5-03	スイングトレードの実践と稼ぐコツ
5-04	ポジショントレードの実践と稼ぐコツ
Q&A	もっと知りたいスタイル別実践トレード

5-01 スキャルピングの実践と稼ぐコツ

わずか数秒～数十秒の間に売買を完結させるのが基本だが、状況によっては数分から数時間の間ポジションを持つこともある。

→ 超短期で売買するスキャルピング

　スキャルピングは取引スタイルの中で最も短時間、もしくは小さな鞘を狙って売買を繰り返す取引スタイルです。このスタイルの特徴は、とにかく細かく取引を行うためファンダメンタルズとかテクニカル分析を駆使するというよりも、フットワークや反射神経に重点を置きます。その意味では独特なリズム感や勘が必要かもしれません。

　瞬間的に上下どちらに動くのかを瞬時に見て、もし間違ったと思えばすばやく損切りを行い、逆に相場が思った方向に向かった時には比較的長くポジションをキープするなどの判断を瞬時に行います。この時の損切りや利食いの幅の目安は後から詳しく説明しますが、例えば損切りが5ポイント位とすれば、利食いの幅は10から20ポイントといったように、**利食いの幅は損切りの幅よりも倍以上多く取る**ようにすることが基本です。

　スキャルピングは短時間に集中的に行います。取引通貨ペアはできるだけ上下の値幅が大きなものを選び、時間帯も重要指標の発表時など値動きが大きくなりそうな時を狙うことが効果的です。

　レンジ相場でも値幅の大きな通貨ペアであれば細かく売買（ジョビング）を繰り返すことで手堅く稼ぎながら、レンジを抜け出した時に大きく取りにいきます。スキャルピングではかなり瞬発力を要し短期決戦になりますが、いずれにしても損切りは早く利食いは大きくというのは基本です。

● スキャルピングのメリットとデメリット

　スキャルピングの一番のメリットは、超短期で売買するために為替リスクに晒される時間が短く、予期せぬ大きな為替変動によって損失を被るリ

スクが小さいことです。時間の取れない人でも効率よく行え、精神的にも消耗度は少なくて済みます。デメリットとしては、短時間の勝負のため利食いのポイントが近いということや、売買の回数が多くなるためコストがかかり、1回の利益幅が少ないということです。

● **レンジを抜けるタイミングはチャンス**

スキャルピングでも、レンジ相場から抜けた時は抜けた方向に大きく放れるため重要指標などが発表される時と同様、大きく値幅を狙えるチャンスです。ただ、抜けたと思ってもレンジ内に戻る騙しも多く、その判断が難しいところです。それを判断するには過去のレンジ相場のパターンをチェックすることです。通貨毎に時間や値幅のパターンには何らかの癖や一定のリズムを伴うことがあり、5分足でも時間足、日足などでもそれぞれに見られます。レンジの抜けるタイミングを狙うには、レンジの上限下限のバンドをできるだけ外側の天井／底を結び合わせて幅を広くするようにラインを引きます。レンジ相場でのジョビングでは内側に幅を狭めてラインを引くようにします。（図5.1）。

● **三角保ち合いの放れる時を狙う**

チャートを見るともみ合いながら上下の値幅が徐々に小さく収束していく動きがよく見られます。それを**三角保ち合い**と言い、収束した直後にどちらかに大きく放れる時を狙います。スキャルピングで放れる瞬間を狙うには5分足や1分足などから保ち合いが収束してきた時を狙って逆張り志向で待ち構えます。三角保ち合いはトレンドの途中でよく見られ、確率的

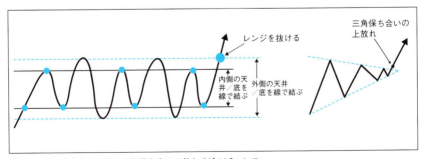

図5.1 ● レンジを抜ける時や三角保ち合いの放れる時がチャンス

にはトレンドに沿った方向に放れる特徴があります。

●**損切りを確実に行ってコツコツと利鞘を稼ぐ**

レンジ相場でもトレンド相場でも突然大きく動きだす時があります。スキャルピングの面白さはこの点にあるとも言えますが、基本は損失をいかに速やかに抑えるか、にあります。スキャルピングはパソコンの前に張り付き、レートを見ながら成行注文（ストリーミング注文）を繰り返すことになりますが、場合によってはスリッページなどで提示されたレートで約定できないなど、損切りのタイミングが遅れてしまうリスクもあります。

そのような時でも慌てずに損切りをします。決して**いつか戻るだろうという期待はしない**ことです。反対に、自分に有利な方向に跳ねた時には大きな利益を得ることもあります。どちらにしても確率が五分五分であれば、いかに損切りを早く行うかが勝敗の分かれ道になります。

スキャルピングは1回の取引で損失が大きくなれば、それまで積み上げた利益が一気に吹き飛び、資金のロスだけではなく精神的にも大きな打撃を受けます。コツコツと利益を確実に積み上げることがポイントです。

→スキャルピング向きの通貨ペア

●**コストが低く値動きが活発な通貨ペアを選ぶ**

スキャルピングでは、スプレッドや手数料のようなコストをできるだけ抑える必要があります。値動きが激しい通貨は一般的に流動性が低く、スプレッドが広がりやすい傾向があります。スプレッドが広いとコストを気にしてロスカットのタイミングが遅れることもあるので、できる限り値動きが大きく、かつ比較的スプレッドが狭い通貨でなければなりません。

私が対ドルや対円でお勧めする通貨としては、ポンド、ユーロです。

【スキャルピング向きの通貨ペア】

　ポンドドル、ポンドユーロ、ドル円、ユーロ円、ポンド円

中でもポンド円は流動性が高く、スプレッドは比較的狭いため理想的です。ポンド円の1日の値幅は広く、しかも上下に良く動きます。1日の間に数時間程度で200ポイント以上動くことも珍しくありません（図5.2）。

また、ユーロは比較的新しい通貨ですが世界で最も流通しており流動性が高く、値動きから見るとポンドには劣りますが、安定度は高いと言えます。豪ドル円もこの数年で流動性が高まり、投資通貨としてだけではなくスキャルピングにも適した通貨ペアとして注目され始めています。

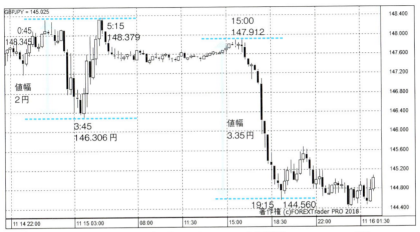

図5.2 ● 1日で見てもポンド円は値動きが激しい（2018.11.15の15分足）　　チャート提供：FOREX.com

　さて、ここで忘れてはいけないのがドル円です。ドル円は情報量が多く流動性も高いことから値動きが安定しています。ポンドなどに比べるとかなり穏やかですが、時間帯などを選んで行えばスキャルピングでも十分取引可能です。いきなりポンド円から始めるよりも、まずドル円で慣れるというのも良いかもしれません。

　今紹介したものは全て対円での取引ですが、**それは円の情報量が多いこと、クロス円では円との比較のため外貨同士のペアに比べて、その外貨が安くなった高くなったという感覚が捉えやすいからというのが理由です。**

→ スキャルピングに向いた時間帯

　取引時間帯も重要な要素です。東京市場では円の流動性が高いため値が大きく飛ぶということも少なく、比較的安心して取引ができます。その反面、全般的に値動きは少なくドル円では1日に1円動くか動かないかなど

落ち着いた動きが多く見られます。スキャルピングは動かなければ勝負になりません。通貨やマーケット状況にもよりますが、例えば東京市場から欧州市場に移る時間帯（日本時間の16時前後）、またニューヨーク市場が始まる頃の日本時間21時前後から24時頃までは比較的動きやすい時間帯です。

　冬時間であれば米国の重要な経済指標が発表される22時30分（夏時間21時30分）前後を狙うこともあります。どちらか一方に動きやすいためギャンブル性が高くなりますが、それだけ反射神経が必要になります。

　後はニューヨークの終わりからウェリントン市場にかけて、NZドルなどが指標で動くことがあります。また、東京の午前10時に銀行の仲値を決めるために、その前後も比較的値動きが活発になる時間です。

スキャルピングの基本手順

　スキャルピングの基本は5分足や1分足チャートを見て、売られ過ぎや買われ過ぎを探ります。取引を始めたら基本的にチャートを見ている時間はありません。一担取引を中断した時に再びチャートを見るようにします。

●スキャルピングは逆張りで攻める

　スキャルピングでは逆張りで攻めるのが主流です。後から追いかけるのではなく、予め天井（買われ過ぎ）や底（売られ過ぎ）に着く前に先回りをしてポジションを仕込みます。そして、売られ過ぎ買われ過ぎの反発する動きを待ちます。思惑と反対に動いて天井や底を抜けたところでは、損切りを行います。一度ポジションを作れば、直接為替レートの表示を見ながら、感覚的には波乗りのようにトレードを繰り返します。

　スキャルピングの成功するポイントは、ポジションを持つ入り口の段階にあります。取引に入る前には5分足チャートなどでその日の流れやトレンドを確認した後に、1分足を見ていきます。そうすることで直近の「レベル感」を持つようにします。レベル感というのは今の状態が高いか安いか、買われ過ぎか売られ過ぎかといった客観的なイメージを持つということです。スキャルピングのような反射神経でやるような取引においても、

常に相場観を持つことは大切です。

●相場の入り方

　相場の入り方として、例えば実勢レートが、現在1分足チャート上のレンジの底値圏にあることで買いサイドが有利と考えます。ところが5分足チャートで下降過程にある時には、さらに下落する可能性が高く買いから入ると騙される確率が高くなります。反対に5分足が上昇過程にある時には1分足から見た底値圏は比較的固くなる傾向があり（図5.3）、買いから入る方が安心感があります。また、利食いの幅（上昇幅）も天井圏で売る下落幅よりも長くなりやすく、利益率が高まります（図5.4）。反対に5分足が下降トレンドの時は天井圏のレジスタンスは固く、売りポジションの時間を長めに持つようにします。

●利食いと損切りのレベルを決めておく

　取引に入る時点で、あらかじめ損切りと利食いのレベル（あるいは値幅）を想定しておきます。利食いレベルの決め方としては、それまでの日中の上下の振幅から想定します。その足のレンジ幅はチャートの時間の取り方により異なりますが、それぞれのチャートでの値幅を頭に入れておくことが最終的に相場観につながります。例えば、5分程度ポジションを持ち続けるスタイルの人なら5分足チャートを、1分間程度で売買を繰り返すの

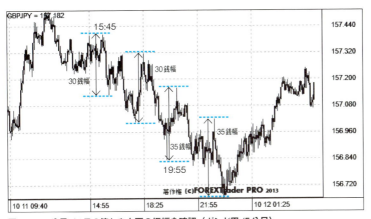

図5.3 ● 5分足で1日の流れや上下の振幅を確認（ポンド円/5分足）

チャート提供：FOREX.com

図5.4 ● 下降トレンドでは基本的に売りから（ポンド円/1分足）　　チャート提供：FOREX.com

であれば1分足チャートを参考に値幅のイメージを持って取引を行います。利食いのレベルはできるだけレンジの内側で早めに売買を繰り返すようにします。一旦相場に入れば、そこからは波乗りのようにリズミカルに行います。トレンドのできている時にはトレンドに沿った方向から入った方が有利です。下降トレンドの時は売りから入るとリズムに乗りやすくなります。

● **ポジションは比較的大き目にする**

　10ポイントといった小さな利鞘を細かく取っていくため、ポジションのサイズはある程度大きめの方が効率的です。ただし無理をする必要はないので、取り敢えず慣れるまでは1万通貨単位で始めることです。

● **休むも相場、取引は臨機応変に**

　取引を続けていくとどこかでそのリズムが狂いだすことがあります。その時は一旦取引を中断して、再度チャートを長いものから短いものへと一通り見直してみましょう。もし、そこでイメージが湧かなければ湧くまで待つことです。無理に取引を続ける必要は全くありません。

　それでは次のページから、実際の事例（2018年9月）を見てみましょう。

実践スキャルピング事例

Aさん（男性・58歳会社顧問）

FX歴／取引通貨ペア	1年半／主にポンド円とドル円、ポンドドル
レバレッジ	25倍
ポジション	最大50万ポンド（ドル円なら50万ドル）
1日の損失リミット	最大2万円までで必ずその日は取引を止める
主な取引時間帯	14時〜18時、20時〜翌2時

　Aさんは会社を早期退職して現在は友人の会社の顧問をしながら、日中は自由な時間を使えるため気が向いた時にFX取引をしています。

　取引をする前には、これまでの動き（12時間程度）を5分足チャートでチェックします。最初にドル円の5分足を見てからユーロドルやポンドドル、そしてユーロ円からポンド円の5分足を見て流れをつかむようにします。そして、特に動きがあった時間帯はFX会社のフラッシュニュースの記録をチェックし、何が起きたのかをチャートを見ながらチェックします。

　そして時間足や日足のチャートもそれぞれの通貨ペア毎に見て、全体の流れをつかむようにします（図5.5）。

　いよいよ取引のスタートですが、その前にこれからの米国経済指標の発表や金融政策決定会合などのイベントがあるかをチェックし、その時間帯を狙ってスキャルピングを中心とした短期取引を行います。

　この日は欧州時間にはECBやBOEの政策会合の予定があり、ポンドはEUからの離脱交渉が難航していましたが、ここ数日で合意に近づいているとの報道が増えたことでポンドのショートカバーが入り、146円付近まで上昇しました（図5.6）。これは数週間前に下落する前のレベルであり、ショートカバーも大分一巡したと見られます。

　ポジションが軽くなったためか、昨日の欧米市場あたりから短期筋と思われる投機的な動きが目立ち始めています。

　本日開かれるBOE政策会合では政策金利を据え置くと予想されていますが、声明で世界的な貿易摩擦への懸念から今後利上げに慎重な姿勢が示

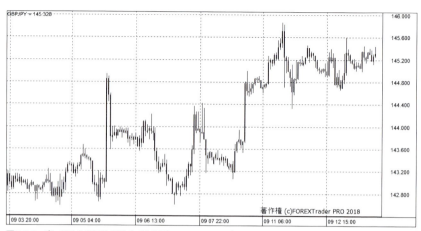

図5.5 ● ポンド円の1週間の動き（時間足/2018.9.6〜13）　　　チャート提供：FOREX.com

もみ合い相場
ポジションの偏りが少ない

図5.6 ● ポンド円の5分足（2018.9.13）　　　チャート提供：FOREX.com

されるのではといった見方もあります。そうなればポンドは再び下落に転じる可能性がありますが、方向性は未だに見られないことから短期的な動きに終わると予想しています。

　そのためAさんは、政策会合発表前の投機的な動きがある時を狙って取引をしようと思いました。

図5.7 ● 1分足での売買ポイントの結果（ポンド円/1分足/2018.9.13）

チャート提供：FOREX.com

売買の経過とポジションの推移

《2018年9月13日》　Aさんは東京時間の14時に取引をスタート。本日20時に開かれるBOE会合発表時間までに動きがあれば、スキャルピングをいつでもできるようにタイミングを窺っていました。

　取引を開始する前にAさんは5分足チャートでドル円、ポンド円、そしてポンドドルの動きをチェック。5分足を見ると前日の欧米市場では、一気に上昇した後に押し戻される動きが何度か見られました。これはBOE会合前の最後のポンドのショートカバーが入った可能性があります。東京市場でも早朝からポンド円は145円10銭からの買いが入り145円46銭まで上昇しましたが、NYの高値145円55銭には届きませんでした。その後は145円前半でもみ合いが続いていました。

● **14時50分**

　東京市場の終わる少し前からポンドが急落。ニュースはまだ伝わってきませんが、145円40銭付近で纏まったポンド売りが入ったことは確実。そこでAさんも流れに乗り遅れないように、145円34銭で20万ポンドの売りを出しました（①）。その直後に145円20銭まで下落したところでもみ合いが始まりました。この日Aさんは20万ポンド単位で取引をすること

にしました。ひとまず①145円20銭で全額買い戻しましたが、なかなか戻さないので買い戻しのレートと同じ②145円20銭で再度売り直しました。

すると、その数分後に145円14銭まで下落したものの再び下げ止まったので、③145円17銭で買い戻しました。この動きは投機的な売りと見たAさんは最終的に下落前のレベルに戻ると見ていましたので、買いポジションに転じるチャンスを狙っていました。底値と見たAさんは⑤145円23銭で買いを仕込んだところ、145円33銭まで上昇。しかしポンド円は再び下落が始まりコストを割り込んだので、⑥145円20銭でカットしました。結局ポンドは前回の安値まで下げ切らずに戻ってきたため、再度⑦145円22銭で買いを入れ、145円34銭まで上昇。前回の高値とほぼ同レベルで下げ始めたため、⑧145円32銭で利益を確定して終わりました（図5.7）。

この間70分程度でしたが、BOEの政策会合が始まるまで様子を見ることにしました。もし、政策会合後に動きがあれば再び取引を再開するつもりです。

● **この日の取引結果**

時刻	注文／ポジション	約定レート	利食い／損切り	利ざや
14:51	①新規売り／20万ポンド	145.34円	−	−
14:59	②買い戻し／20万ポンド	145.20円	利食い	14銭
15:05	③新規売り／20万ポンド	145.20円	−	−
15:10	④買い戻し／20万ポンド	145.17円	利食い	3銭
15:19	⑤新規買い／20万ポンド	145.23円	−	−
15:41	⑥売り決済／20万ポンド	145.20円	損切り	▲3銭
15:47	⑦新規買い／20万ポンド	145.22円	−	−
16:00	⑧売り決済／20万ポンド	145.32円	利食い	10銭

● **損益（コストを省略）**

(14 ＋ 3 − 3 ＋ 10)銭×20万（ポンド）＝ 48,000円

岡安のアドバイス

　BOE政策会合というイベントを控え市場全体のポジションが軽くなっているため、短期の投機的な動きが入りやすくなります。特にポンドは投機の対象になりやすく、そこに狙いをつけたAさんは流石です。東京から欧州市場にかけて欧州勢が仕掛けてくることが多く見られます。急に下落し始めたところですぐに売りを出し、下げ止まったところで一旦買い戻しを入れたのは正解です。そこで上値が重いと判断して再度売りを出したものの、すぐに買い戻した判断も良かったと思います。次に買いに回ったのは良いのですが、少し欲が出たのか利食い売りのタイミングを逃してしまったのは残念。また、損切りも自分の買ったコストを下回る前にポジションを閉じることをお勧めします。
　その後買い戻しを入れましたが行って来いを狙っただけに、利食いはもう少し引き付けたかったですね。

ポイント

- 損切りの幅は利食いの幅よりも小さく半分以下に（間違ったと思ったら迷わず損切る）。
- ポンド円の投機的な動きでは「往って来い」になることが多く、初動よりもその戻りを狙うとリスクは比較的低くなる。
- イベント前には投機筋が短期の売買を仕掛けることが多く、チャンスが増える。
- 直近の安値や高値を新たに抜ける時はポジションメイクのタイミングになると同時に、ポジションがあれば利食いや損切りのタイミングにもなる。
- レンジの幅を想定して利食いと損切りのタイミングを計る。

5-02 デイトレードの実践と稼ぐコツ

その日のうちに売買を完結させるのが基本だが、チャンスと見ればそのまま数日から1週間程度ポジションを持つこともある。

ここではデイトレードを説明しますが、スイングトレードも基本的な考え方が同じということで、デイトレの延長として折にふれ一緒に説明していきます。

→ デイトレードとはどんな手法か

デイトレードとは、**その日のうちにポジションを決済して次の日には繰り越さない取引**を言います。スイングトレードは数日間、あるいは1週間程度のポジションをキャリーする取引のことです。

スキャルピングでは数ポイントから数十ポイントの値幅を狙った取引ですが、デイトレはそれよりも広い値幅を狙うため、当然ポジションを持つ時間も長くなります。目安としては通貨によっても異なりますが、**ドル円の取引では少なくとも数十銭から1円以上**を狙います。時間的には数時間単位で利食いと損切りを行います。スキャルピングは瞬間的な反応が要求されますが、デイトレはファンダメンタルズ分析やテクニカル分析を行うことで、相場の流れをつかむようにします。

まずはスキャルピングと同様に、取引をする前に必ずチャートを見ることから始めます。デイトレで取引に入る時のタイミングは、スキャルピングよりもじっくりと時間をかけてから入ります。また、ボックス相場とトレンド相場では、入り方がやや異なります。

→ デイトレに向いた通貨ペアと時間帯

デイトレに適した通貨ペアの条件は、スプレッドが狭くて流動性が高いもので、基本的にスキャルピングの場合の条件（154ページ）とあまり変

わりません。ただ、スキャルピングよりも適用条件の範囲は広がります。むしろ適さない通貨を知っておく方が良いでしょう。それは**スプレッドが広く、流動性が極端に低い通貨ペア**です。小さな材料などで頻繁に値が跳んだり、極端にスプレッドが広がってしまう通貨ペア、例えば南アフリカランド円などは避けた方が良いでしょう。

　日本人に最も身近な通貨ペアとしてはやはり**ドル円**で、初心者から上級者まで広く取引されています。ドル円は流動性や情報量が多く、値動きも穏やかなことからデイトレに適しています。その他、主要通貨と呼ばれるポンド、ユーロ、豪ドル、カナダドル、NZドルなどは対ドル、対円でデイトレの通貨ペアとして条件を備えたものです。

【ドル円以外のデイトレ向きの通貨ペア】
ポンド円、ユーロ円、豪ドル円、ポンドドル、ユーロドル、豪ドルドルなど

　通貨にはそれぞれ癖というものがあります。情報量や流通量、金利差やコモディティの価格などに影響される度合など様々です。自分の相性に合った通貨ペアというものは取引を重ねて行くうちにわかるものです。相性とは個人の性格だけではなく生活のリズムも関係してきます。サラリーマンのように自分の時間が限られている人は、ポンド円などのような短時間で動きやすい通貨ペアが効率よく取引できます。また、一日中取引が可能でデイトレを生業とするような人であれば、特定の通貨ではなくその日によって通貨の種類を変えていきます。ある程度経験を積めば、その日はどの通貨ペアを取引すれば勝てそうか、動きが見えてくることがあります。デイトレではどの通貨ペアが好きとか嫌いかではなく、どの通貨ペアがその日一番パフォーマンスが良いかを選んで取引できるようであれば、プロのレベルと言えます。通貨ペアの種類は流動性の高い主要通貨を中心に4～5種類に絞って目を通すようにします。

　また、デイトレに向いた時間帯は、これもよく動く時間帯ということで、基本的にスキャルピングの場合と変わりません。ただ、日本時間の夕方から深夜にかけての欧州や米国の指標発表時間には、特に注意しておく必要があります。

→チャートを順番に見て相場の流れを読む

　取引をする時は必ずその日の値動きをチェックするために、まず5分足などの短いチャートを見て前日からの流れをつかみます。その後はさらに数十日から数か月の長い期間の流れをつかむために日足（時には週足も）のチャートを見た後再び時間足、5分足と短い期間へシフトしながら見ていきます。チャートは主にローソク足を使います。それぞれの期間のチャート見ることで、相場の流れをつかんでいきます。特に**デイトレでは5分足を良く見る**ようにします。これを繰り返すことでイメージが湧いてくるはずです。

●チャートの見方の例7段階

　例えば、デイトレ通貨としてポンド円を取引する場合は、下記のような流れで、チェックするチャートを順番に見ていきます。

---

1. ドル円の5分足でその日の動きをチェックし、時間足や日足で流れをつかむ
2. ポンド円の5分足、時間足、日足を見ながらドル円の値動きと比較
3. ポンドドルの5分足、時間足、日足を見ながら、ポンド円とドル円の値動きと比較
4. ユーロ円の5分足、時間足、日足を見ながら、ポンド円の値動きと比較
5. ユーロドルの5分足、時間足、日足もチェックし、ポンドドルの値動きと比較
6. 再びポンド円の5分足と時間足に戻り、その日のサポートとレジスタンスを決めていく
7. 取引を始める時は、5分足を見ながらタイミングを見て入る

　1のドル円の動きを見ることで、その日のニュースなどで市場がどのような動きをしたかをチェックします。

　2ではドル円の動きと他の通貨を比較することで、円の単独の材料で動いたのか他の通貨の材料で動いたのかをチェックします。

　3のポンドドルをチェックすることで、この日のポンド円の動きがポンドドルの動きに合わせたものか、ドル円の動きに合わせたものかを知るこ

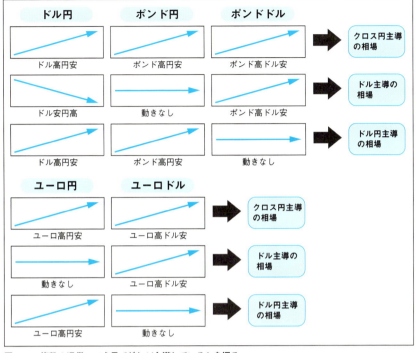

図5.8 ● 複数の通貨ペアを見てどれが主導しているかを探る

とができます。例えばポンド円の上昇時にドル円とポンドドルが上昇している場合はポンド円の買いが出た可能性が高いと考えられます。もしポンドドルが殆ど動かずにドル円が上昇している場合は、ドル円の買いが出た結果ポンド円が上昇した可能性が高いと予想されます（図5.8）。

　また4の**ユーロ円の動きをまず見ることで、ポンド円とユーロ円の連動性をチェックします。ポンド円とユーロ円の動きが別々な動きをしている時は、ユーロポンドの動きか、あるいはどちらかの通貨に単独の材料が出て動いたと見ることができます。**

　5のユーロドルの動きとポンドドルの動きを比較してみて、同じような動きをしている時はドルが主導で動いたことになります。これらの動きを知ることで、**何が現在のポンドの動きを主導しているのかを予想する**ことができます。

取引の途中でリズムがわからなくなった時や、相場の流れが見えなくなった時には再びこれらのチャートを見ることで、リズムや流れをつかむようにします。このような細かいチェックが相場の値動きを読む重要なポイントになります。相場に溶け込み友達になることが大切です。

ボックス相場でのデイトレ攻略法

相場は上昇トレンド相場と下降トレンド相場、ボックス相場（保ち合い）の3つに分かれます。デイトレではそれぞれの相場でポジションの持ち方や入り方、そして出方が異なります。

●ボックス相場の見分け方

相場の流れを決定付ける材料が乏しい時などは箱に押し込められて、保ち合いに入る時期があります。それをボックス相場、レンジ相場、あるいは保ち合い相場などと呼びます。ボックスというだけに**一定の値幅の中で上下を何度も往来する**ため、デイトレにとっては細かく着実に稼ぐチャンスです。問題はそのボックスの値幅と時間の長さをいち早くいかに読み取るかということです。ボックス相場は、**トレンドが中段において一時休止するときや、あるいはトレンドが終わって反転するまでの時期**によく見られますが、一時休止のようなときは時間的に短く、いずれ元のトレンドに戻ります。トレンドが終わり反転するまでの時期は比較的長く続くことが多く見られます。高値圏や底値圏でよく見られるボックス相場のパターンには、色々なものがあります。このパターン分析は、詳しくはテクニカル分析の章でご紹介します。

ボックス相場は、日足でも時間足でも時間の長短に限らず同様に見られます（図5.9、5.10）。基本的に自分のポジションを持つ時間の長さに合わせてチャートを選ぶようにします。その日のうちにポジションをクローズするデイトレでは、時間足などの長めのチャートからボックスの値幅を見つけ出して取引を行いますが、数日間ポジションをキャリーするスイングトレードではそれよりも長めの日足のチャートを見ながら、値幅の広いボックス相場を狙いにいくこともあります。

図5.9 ● 下降トレンドの途上でできたボックス相場（豪ドルドル/日足/2018.2.7〜8.15）
チャート提供：FOREX.com

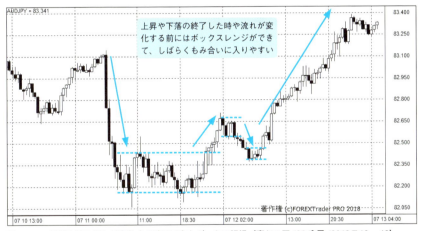

図5.10 ● 急落の後や流れが変化する時にできたボックス相場（豪ドル円/30分足/2018.7.10〜13）
チャート提供：FOREX.com

●入り方と出方

　ボックス相場ではボックスの上限と下限に挟まれてもみ合いの状態となるため、上限であるレジスタンスライン（上値抵抗線）ではその少し手前で売りを入れ、下限であるサポートライン（下値支持線）の少し手前では買いを入れます。この時の新規ポジションを入れるタイミングと決済のタイミングには、幾つかのやり方があります。

1　逆張りでポジションを仕込む

　イフダン注文（44ページ）を利用します（図5.11）。上限の手前にIFD注文による逆指値の売り注文を出し、その上限を抜けた所に損切りの買い注文を出しておきます。売り注文が成立した後に思惑通り下落して下限に近づいてきたら、下限の少し手前で買い戻して利食いを行います。利食いは指値注文ではなくできるだけ成り行きで買うようにします。指値の手前で折り返してしまうとみすみすチャンスを逃すことになりかねません。利食いは目の前でそのタイミングを計りながら行います。

　買いから入る方法も同様に、下限の手前で逆指値の買い注文を出しておき、下限を抜けた所で損切りの売り注文を出しておきます。上限に近づいてきたら、上限の少し手前で売って利食いを行います。

2　反転を確認してから順張りで仕込む

　上限の少し手前で買うのではなく、上限で跳ね返されて下落を確認してから順張りの売りで入る方法です（図5.11）。この方が手前で逆張りで入るよりリスクは少なく安全とは言えますが、ずっと相場を見ていなければなりません。時間の制約がある場合には売るタイミングを逸す場合もあります。買戻しは1と同様に下限の手前で行います。ボックスの下限で買いから入る場合も同様に、下限で反転して上昇するのを確認してから順張りで入ります。いずれにしてもポジションを持つ時はじっくり引きつけてから入ると同時に、損切り注文も一緒に出すことをお勧めします。

3　ドテンで売りと買いを交互に繰り返す

　慣れてきたら、売りから買い、買いから売りへと絶え間なくポジションを逆転する「**ドテン（途転）**」と言われる方法を取り、上昇・下落の両方で効率よく利鞘を取っていきます（図5.11）。ドテンは非常に勇気の要る方法です。この場合のドテンはボックスが固い時に限るべきでしょう。

4　ブレークしたら順張りでついていく

　ボックス相場の上限・下限のどちらかを抜けた時には、その方向に順張りのポジションを作ります（図5.11）。上限を突き抜けることを**ブレークアップ**、下限が崩れて突き抜けることを**ブレークダウン**と言います。問題

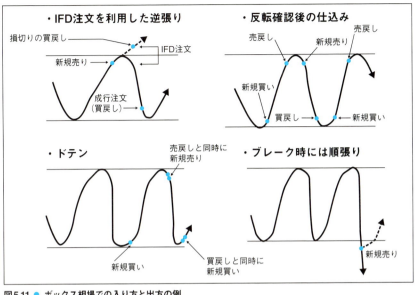

図5.11 ● ボックス相場での入り方と出方の例

はそのポイントを本当に抜けたのかどうか、です。これも詳しくは第3章で説明しますが、ボックスを抜けた時には2通りの可能性が考えられます。1つは新たなトレンドが始まる時で、この時は大きく利益を膨らませるチャンスです。ここからはトレンド相場の攻略でご説明します。

　もう1つは突発的なニュースや投機的なまとまった玉（ポジション）が出た時などです。このようなケースでは一時的に値が大きく動くいた後、再びボックスの中に戻ってくることが多く見られます。いわゆる騙しです。その戻しの動きを狙ってポジションを持つこともデイトレではよくやる手法です。一般的に、**上限のすぐ上や下限のすぐ下には損切り注文が置いてあることが多く**、その損切りをわざわざつけにいく動きを見分けるのはなかなか難しいかもしれません。デイトレは、この騙しにいかに対処するかで大きく結果が変わってきます。騙しのブレークなのか、あるいは本当に新たなトレンドが現れた動きなのか、この2つはデイトレの経験を積んでくればある程度見分けがつくようになります。

　例えば重要な指標発表を控え、その発表前に噂で動くような時や、取引

が閑散な時にいきなり大きく動く時などは騙しの可能性が高く、往って来いになることが多く見られます。あるいは全くそのような気配がないにも拘らず動き出す時などは実需を伴うことが多いようです。普段から色々な状況で取引をするうちに、ある程度感じ取ることができるようになります。

問題はここでドテンをやるかどうかです。ドテンを繰り返し成功すれば喜びは大きいものになりますが、反対に繰り返し失敗した時の精神的なショックは何倍も大きくなります。そのためこのようなケースではドテンはせずに、ポジションを一旦クローズして一度冷静に考えてから、順張りのポジションを持つようにしています。

> **岡安のアドバイス**
>
> デイトレで大切なことは損切りの幅です。ブレークが騙しかどうかわからないため損切りのタイミングを遅くしてしまうと、もしそれが本当のブレークである場合、損失が拡大します。闇雲に損切りを引き伸ばしては、デイトレーダーとして生き残ることは難しい。迷ったら躊躇せずに損切りをすることが長生きのコツです。手数料などが気になり損切りが遅れることもあり、取引コストが低い（手数料が無料でスプレッドの狭いプライス）ことも重要な条件の1つです。

よくデイトレで数千万円、数億円を短期間で稼いだという話を聞きますが、そんなチャンスは毎日訪れるわけではありません。毎日大きな勝負をすれば、同時に大きなリスクも抱えることになるはずです。

実際のデイトレは毎日コツコツと地道な取引を続けることです。しかし、チャンスは1年に一度や二度、どこかで訪れることがあるものです。例えばリーマンショックなど何か大きな事件が起きれば、一気に5円、10円と短時間で簡単に動くことがあります。通貨によってはそれ以上の値幅で動きます。そのような時にポジションを大きく増やすことで、数か月分や数年分の利益を数日で稼ぐことも可能です。毎日コツコツと続けることがチャンスにめぐり合うコツなのです。

もう1つ大きく稼ぐチャンスはトレンドに乗った時です。2000年から始まった円安の流れに乗った人は、リーマンショックまで高金利通貨を買い持ちにしていればそれだけで金利差と為替益を稼げました。逆に8年間の上昇幅分がリーマンショック後の半年間で吹き飛びました。毎日デイトレをやっていればその下落をチャンスとみて稼ぐことも可能です。ただ運が良かったというのではなく、チャンスは自分でつかむものです。

トレンド相場でのデイトレ攻略法

　デイトレーダーにとってトレンド相場は楽に稼ぎやすい相場です。トレンドが継続されれば、その方向にポジションを持つことで比較的安定した利益が得られるからです。ここではトレンドの始まりと終わりの見分け方、そしてその攻略法について説明します。

　トレンド相場は長期間続くトレンド（日足、週足チャート）と、数時間から数日で現れてすぐに消えてしまうような短期トレンド（時間足チャート）に分けられます。デイトレでは主に、短期のトレンドを利用してポジションを組み立てます。

●トレンド相場の始まりと終わりを見極める

　日足や週足チャートなどを見ていると、長期トレンドが始まる時と終わる時というのは何らかのサインがあるものです。それを予め知るにはファンダメンタルズ分析が欠かせません。テクニカル分析はそれを確信するために必要なものだと私は考えています。トレンドは長いものでは数か月数年と続くこともあり、市場はその時その時で相場を動かす要因が異なります。ある時期は貿易収支の偏りから黒字国の通貨が買われ、ある時期は金利差から高金利通貨が低金利通貨に対して買われるということもありました。それらの市場を動かす要因を予め察知するには日頃から色々な情報を知ることが必要です。しかし、実際にはなかなか個人でそれらを判断することは難しいもので、アナリストなどの意見も参考にするのも良いでしょう。しかし、最も強い味方となるのはテクニカル分析です。もし、トレンドが始まりそうな時や、既にトレンドが始まったと確認されたら、トレン

ドに沿ったポジションを持つようにします。トレンドの始まりを予測するのは難しくても、始まったどうかを知るのはそれほど難しくはありません。天井で売って大底を買うのは難しく、リスクも伴います。「頭と尻尾はくれてやれ」という格言があります。相場は腹八分が長生きのコツです。

●**トレンド相場での売買の基本**

　トレンド相場とは、長期トレンドでも短期トレンドでも、基本的には同じ動き方をする傾向が見られます。長期トレンドの途中に中期的なトレンドができて、その中期トレンドの途中に短期的なトレンドが現れます。それは**エリオット波動論**（94ページ）で詳しく説明します。

　長期トレンドの形成にはファンダメンタルズなどが大きく関わってきます。中期から短期にかけては投機的な動きや、一過性のポジションの偏りなどによって影響されることが多く見られます。買われ過ぎや売られ過ぎの反動なども、トレンド相場と言っても短期相場では頻繁に起こります。そのような一過性の動きは、時間が経てば元のトレンドに戻ることが多く見られます。しかし、一時的にせよトレンドから外れた時には元に戻らない可能性も十分考えられます。迷った時は一旦ポジションを切って様子を見ます。もし、元のトレンドに戻ってきたら再びポジションを作り直せばよいことです。「もしかしたらまた戻るかもしれない」などといった裏付けのない期待は、デイトレでは禁物です。

　基本的に上昇トレンドの時は買いから入り、下降トレンドの時は売りから順張りで入ります。ポジションもそのトレンドに沿って最後の取引までキープしていきます。しかし、長期トレンドに対して短期トレンドが反対の動きをしている時は長期トレンドに逆らうポジションを持つ（例えば上昇トレンドではロングポジションに対してショートの逆張りポジション）、あるいは短期が長期と同じトレンドになる時を狙ってポジションを持つ（順張りポジション）ようにします。逆張りポジションの場合は比較的順張りポジションの時よりも早めに利食いや損切りを行うようにします。

　デイトレでもスイングでも、まず5分足チャートで前日からの動きを見た後で、日足、時間足、5分足の順番で見ていきます（図5.12～5.14）。

図5.12 ● ドル円日足チャート（2018.3.29〜9.18） チャート提供：FOREX.com

図5.13 ● ドル円時間足チャート（2018.9.11〜18） チャート提供：FOREX.com

図5.14 ● ドル円5分足チャート（2018.9.18） チャート提供：FOREX.com

175

これは大きな流れと小さな流れをつかむためのもので、それにより相場観が生まれてきます。

デイトレもスイングも利食いの幅は**5分足チャートで見たチャネルの幅**を中心に決めます。しかし、もし実勢レートがターゲットの利食いレベルを超えていくようであれば、時間足で見た値幅や他のチャートポイントまで利食いのレベルを延長します（図5.15、5.16）。スイングではさらに日足のチャネルのサポートやレジスタンスを頭に描きながら、数日ポジションをキープすることもありますが、デイトレでは数十銭単位で売買を繰り返し、その日のうちにポジションを決済するようにします。

上昇トレンドのデイトレ攻略法

安値を結んだ上昇トレンドラインに平行にアウトライン（レジスタンスライン）を引き、その2本のラインで挟まれたチャネルを作ります。アウトラインはできるだけ内側に引くようにし（74ページ）、ボックスの時と同様にこのチャネルの幅の中で売買を繰り返します（図5.15）。ただ、上昇トレンドの場合は原則的にサポートラインで跳ね返されたところから買いで入り、レジスタンス付近で折り返すところで利食いを入れます。状況によっては売りからも入ります。例えば、ちょうど相場はレジスタンスラインで跳ね返されて下落に転じるような時です。デイトレでは売り買い両方のポジションを持ちながら取引を行うことで、時間を効率よく使うことができます。

買いのタイミングとしては、下記の状態になった時に買いから入ることが最適なタイミングです。実戦では1分足チャートは使わず、その場の実勢プライスを見ながら買いのタイミングを計ります。

【最も適した買いのタイミング】

日足チャート⇒上昇トレンド

時間足チャート⇒下降トレンド

5分足チャート⇒底

1分足チャート⇒底

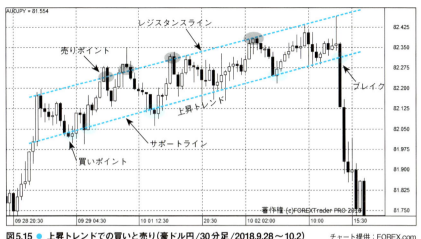

図5.15 ● 上昇トレンドでの買いと売り(豪ドル円/30分足/2018.9.28〜10.2) チャート提供：FOREX.com

　ただ、長期トレンドに逆らって入る時はできるだけポジションは早めに閉じることを心掛けます。それは、上昇トレンドの時には下げ幅は上昇幅に比べて小さく、リスクの兼ね合いから見ると買いで攻めて行く方が有利になるためです。長期トレンドに逆らわないポジションをいつも持つようにしていますが、その時は通常のポジションよりも少し多めに持つようにしています。そして、天井では全ての利食いを行わずに少しロングポジションを残し、サポートラインに近づいたら再びポジションを増やすといった常にロングポジションをキープするやり方をします。ロングとショートを繰り返していると相場観を見失ってしまうため、そういう手法になりました。

　サポートラインを下回れば一旦ポジションは決済し、そのまま勢いに乗って抜けていくようであれば売りポジションを持ちます。

　レジスタンスラインをもし上に抜けて上昇する場合は、そのまま買いのポジションをキープするか買い増します。損切りは迷わず決めたレベルで行いますが、利食いポイントは臨機応変に対応します。

　相場には色々な投機や実需の玉など、突発的なイレギュラーな動きが見られます。チャネルはあくまで予想であり、できるだけ損失が拡大しない

177

ようにすることが肝心です。あせって取引を続けるのではなく、最初に戻って日足や時間足、そして5分足などを再チェックして仕切り直します。

下降トレンドのデイトレ攻略法

図5.16のように、高値を結んだ下降トレンドラインに平行にアウトライン（サポートライン）を引き、チャネルを作ります。この時もアウトラインを少し内側にすることで利食いのタイミングを逸しないようにします。

図5.16 ● 下降トレンドでの売りと買い（豪ドル円／時間足／2018.4.24～5.1）　　チャート提供：FOREX.com

下降トレンドの時は売りから入り、ポジションも売り持ちをキープするのが基本です。売りのタイミングはレジスタンスライン付近で下降に転じるポイントを狙って売りから入るようにします。下記の状態になった時が最適なタイミングです。実戦では1分足チャートは使わず、その場の実勢プライスを見ながら買いのタイミングを計ります。

【最も適した売りのタイミング】
　日足チャート⇒下降トレンド
　時間足チャート⇒上昇トレンド
　5分足チャート⇒天井
　1分足チャート⇒天井

しかし、限られた時間で少しでも取引をしたいのであれば、サポートラインで跳ね返されて上昇する場面で買いから入ります。しかし、上昇トレンドの時にも説明しましたが、長期トレンドに対して逆張りのポジションとなるため利食いはできるだけ早めに入れるようにします。そして、レジスタンスラインで売りポジションに転じたら、状況によってはポジションを少し増やすことも考えます。

利食いのターゲットは5分足や時間足のサポートラインか、あるいは他のテクニカルチャートポイントを導き出しておき、臨機応変に対処します。

長期トレンドと短期トレンドを組み合わせた入り方をまとめると、次のようになります。

1　長期上昇トレンド時に短期上昇トレンドが現れた時
　　⇒絶好の買い場
2　長期上昇トレンド時に短期下降トレンドが現れた時
　　⇒買いを待つ。短期の売りで攻める
3　長期下降トレンド時に短期上昇トレンドが現れた時
　　⇒売りを待つ。短期の買いで攻める
4　長期下降トレンド時に短期下降トレンドが現れた時
　　⇒絶好の売り場

短期でも長期でも基本的なトレンド相場の動きは変わりませんが、その組み合わせによって、より強い確信を持って売り買いのタイミングを計ることができます。

【取引前と後のルーティン・ワーク】
・前日のニュースとドル円の5分足チャートで流れをつかみながらイメージを描いていく（自分でコメントを書くように）
・その日発表される重要指標や発言などの予定をチェックする
・テクニカル分析でサポートとレジスタンスのレベルを予めチェック（取引通貨の振幅の幅もチェック）
・取引から離れる時は必ず損切り注文を出しておく
・取引が終了したらその日の結果と反省を記録する

実践デイトレード事例

Mさん（男性・28歳のデイトレーダー）
FX歴／取引通貨ペア　　8年／主にドル円、ユーロ円、豪ドル円など
レバレッジ　　　　　　50倍（法人契約）
ポジション　　　　　　最大50万通貨（自分で決めたルール）
1日の損失リミット　　 1週間で最大50万円、1日で最大15万円
主な取引時間帯　　　　15時〜19時、20時〜翌1時

→ Step1 相場の流れを頭に入れる

　朝6時に目を覚ましたら、すぐに前日のNY市場の動きをチェックします。一応前日の夕方からNYの前場までの動きは頭に入っているものの、再度前日のニュースや材料、出来事を頭の中で整理しておきます。

　例えばドル円を取引するには、ドル円だけではなくユーロドル、ユーロ円、そしてポンドドルとポンド円の5分足チャートを全て比較しながら見ていきます。そして、更に時間足と日足の比較をすることで、どの通貨が主役なのかをつかんでいくようにします。

→ Step2 相場のイメージを描いて取引通貨を選択

《2018年9月18日火曜日》　日本が連休明けの早朝、米国は中国に対して2000億ドル相当の輸入品目に対し第3弾追加関税を賦課すると発表しました。トランプ大統領は前日からこの追加関税の可能性を示していたことから、既にドル円は下落。この報道でドル円は111円67銭まで約30銭程度の下落に止まりました。しかし内容を見ると、当初は25％の課税が予定されていたものが年内に10％の課税をし来年から25％に引き上げるとしたものでした。これは中国に対して対話の余地を残すものとして市場は受け止めました。この結果日経平均株価や上海総合指数は軒並み上昇して始まると、ドル円も上昇。ひとまず悪材料が出尽くした観もあり、ドル円かクロス円での買いから入ることに決めました。

実はこの日は南北朝鮮首脳会談が行われ非核化に向けた協議が行われることから、地政学的リスクが後退し円安が進みやすい地合いが見込まれます。

　そこで、**中国に最も影響されやすい豪ドル**に注目しました。地政学的リスクの後退で円が売られやすいことから、豪ドル円の上昇幅が大きくなると見込んで、豪ドル円で買いを入れていくことを決めました。

　そこで、ドル円、豪ドルドル、豪ドル円の3つの通貨ペアで、まずは時間足を比較しました（図5.18〜図5.20）。

　ドル円は上昇トレンドに近づいており、そろそろ下げ止まりから反発する可能性が高いとみることができます。豪ドルドルは前日の安値に近づいており、このレベルを下回らないようなら再度前回の高値0.7230付近を試す展開を予想しました。

● **豪ドル円の日足チャートをチェック**

　8月30日にトランプ大統領が中国に対し2000億ドル相当の対中貿易関税を近く発表するとの報道を受けたもので、81.70円付近から下落が始まりました。そして9月7日には78.70円付近を底に反発に転じています（図5.17）。81円ミドルまで上昇しもみ合いが続く中で、本日早朝に2000億ドルの追加関税を賦課すると発表したところです。

図5.17 ● フィボナッチで上値目標を決める（豪ドル円／日足／2018.4.24〜9.17）　チャート提供：FOREX.com

図5.18 ● ドル円は反発が近そうだ（ドル円／時間足／2018.9.10〜18）　　チャート提供：FOREX.com

図5.19 ● 豪ドルドルの時間足（2018.9.10〜18）　　チャート提供：FOREX.com

図5.20 ● 豪ドル円の時間足（2018.9.10〜18）　　チャート提供：FOREX.com

そろそろ買いを入れていくつもりですが、いつものように**上値目標と損切りレベル**を最初に決めておきます。

戻した時の上値目標は日足チャートで見たフィボナッチ50%戻しの81.30円か、下落前のレベル81.70円付近をターゲットとしてイメージしました（図5.17）。損切りレベルは朝につけた安値79.78円の少し下となる79.70円を下回ったらやめることにします（図5.20）。

売買の経過とポジションの推移

①〔2018年9月18日9：05〕 10万豪ドルを80.03円で新規買い

米国が中国に追加関税を賦課したにもかかわらず下げ幅が小さく、80円に再び戻してきたので豪ドル円の売り値80.03円で10万豪ドル買いました。この時間帯はドル円の仲値買いも入った模様で、豪ドル円を更に押し上げています。

②〔12：20〕 ①の10万豪ドルを80.50円で利食い売り

殆ど戻しなく豪ドル円は上昇し、12時前に88.66円まで上昇し下げ始めました。前日のNY市場でつけた高値80.55円が意識されてか80.50円付近でもみ合いが始まったので、一旦80.50円で利食い売りを出すことにしました。

③〔14：00〕 10万豪ドルを80.60円で新規買い

後場に入っても保ち合いが続き、その保ち合いの形を見ると5分足では上昇三角型ペナント（下値が少しずつ切り上げて上値が平行線）に似ていました。これは保ち合いが収束すると上昇するというパターン。結局下げきらずに上昇が始まったので、再び買いを入れることにしました。現在の売り値80.60円で10万豪ドルの買いを入れました。

④〔15：10〕 10万豪ドルを80.80円で買い増し

案の定上昇し始め、その勢いがあるのでMさんは戻しがあれば買い増ししようと思いました。しかし、殆ど戻しがないまま上昇が続くので、80.80円で10万豪ドルの買い増しをしました。

⑤〔16：00〕 ③の10万豪ドルを80.70円で利食い売り

その後81.03円まで上昇し1時間ほどもみ合いが続いたところで欧州勢

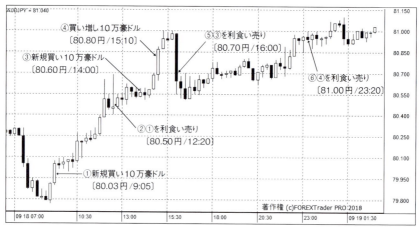

図5.21 ● 売買ポイントの結果（豪ドル円/15分足/2018.9.18〜19）　　チャート提供：FOREX.com

が売りからスタート。いきなり80.70円付近に下落しました。20万豪ドルの買いのコストが80.70円なので一旦20万豪ドルのうち③の10万豪ドルを売ることにしました。10万豪ドルを80.70円で売りが成立。

⑥〔23：15〕　④の10万豪ドルを81.00円で利食い売り

80.55円まで下落した後、もみ合いがしばらく続いた後に再び上昇に転じました。緩やかな上昇が続きNY市場で再び81円台に乗せてきたものの、ここから再びもみ合いに入りました。目標の81.30円までは届かず、時間も遅くなってきたのでそろそろ81円ちょうどで手仕舞いすることにしました（図5.21）。

●この日の取引結果

時刻	注文／ポジション	約定レート	利食い／損切り	利ざや
9：05	①新規買い／10万豪ドル	80.03円	—	—
12：20	②売り決済／①の10万豪ドル	80.50円	利食い	47銭
14：00	③新規買い／10万豪ドル	80.60円	—	—
15：10	④買い増し／10万豪ドル	80.80円	—	—
16：00	⑤売り決済／③の10万豪ドル	80.70円	利食い	10銭
23：15	⑥売り決済／④の10万豪ドル	81.00円	利食い	20銭

●損益（コストを省略）

（47 + 10 + 20）銭×10万（豪ドル）= 77,000円

岡安のアドバイス

デイトレは基本的にその日のポジションを閉じますが、損切注文を入れておくのであればそのままキープするようにします。せっかく利食いのターゲットを決めているのなら、そのレベルで利食い売りを狙うようにします。Mさんは上値目標をフィボナッチ50％戻しの81円30銭、下落前のレベル81円70銭附近をターゲットとしてイメージしました。

確実に利食いを狙いたいのなら、81円30銭で売りを出し損切りを79円70銭において、寝る前にOCO注文を出すのも良いでしょう。あるいは損切りを自分の買いコストの80円80銭にしておくか、トレール注文にしておけば損失はなくなります。

ポイント

[デイトレの基本チェック・ポイント]
- その日でポジションをクローズするのが基本。
- 売られ過ぎ・買われ過ぎの反発時がポジションの入り口と出口。
- トレンドが出来ていると思えばトレンド方向に根っこのポジションを持つようにする。
- 無理をしない。
- じっくり入りすばやく抜ける。
- 資金配分を守る。自分の力量を超えたポジションは持たない。
- 自分のスタイルを決めたら簡単には変えない。利食いレベルは状況に応じて変えるが損切りレベルは変えない（自分のルールを必ず守る）。
- 一発勝負を避け、細かく利益を積み重ねる（チャンスはいつか必ず来る）。
- 損切りが続く時は一旦休む。意地は捨て頭を冷やして常に冷静に。

[デイトレのためのチャート・チェックポイント]
1. 5分足、時間足、日足チャートをチェックし、それぞれで相場の流れをつかむ。
2. テクニカル分析でサポートとレジスタンスを予め見つけておく。
3. その日の重要な指標の発表や要人発言のスケジュールなどを前もって調べておく。
4. 現在の相場が強気相場であるか、弱気相場であるかをチェック（移動平均などのトレンド系チャートを使う）。
5. 短期的な買われ過ぎ・売られ過ぎなどの、ポジションの偏りをチャート上で判断する（RSIなどのオシレーター系チャートを使う）。

5-03 スイングトレードの実践と稼ぐコツ

数日から数週間にわたる中期トレンドを見つけてうまく乗り、ポジションをキープしながら利鞘を伸ばすのがスイングの基本。

→ スイングトレードとはどんな手法か

　スイングトレードは、中・長期トレンドが見られる時に最も適した手法です。トレンドが終わるまでその方向に沿ったポジションをキープするため、次節で説明するポジショントレードに近い取引スタイルですが、スイングは**長期トレンドの中の数日から数週間に見られる中期トレンド**を中心にポジションを傾けるものです。長期トレンドと言ってもその途上では必ずアップダウンを繰り返して進んでいくため、その山や谷の傾きの中でポジションを持つことで利益効率を高めることができます。最も私がお勧めしたい取引スタイルがこのスイングです。

　スイングトレードに向いた通貨ペアと時間帯は、デイトレと特に違いはありません。中期のトレンドを見つけるので、1日の時間帯はスキャルピングやデイトレほど気にしなくても良いでしょう。

→ トレンドの始まりと終わりを見極めてうまく乗る

　最初に5分足で前日からの動きを確認し、その後は、週足、日足といった期間の長いものから眺めてトレンドをつかんでいきます（図5.22）。もちろんテクニカル面だけではなく、ファンダメンタルズも含めて分析を行います。

　長期的なトレンドが見えてきたら、今度は時間足でトレンドラインを引いてみます（図5.23）。

図5.22 ● 日足で長期のトレンドを見る（豪ドル円／日足／2017.12.21〜2018.6.4）　チャート提供：FOREX.com

図5.23 ● 時間足で中期のトレンドを見る（豪ドル円／時間足／2018.5.26〜6.4）　チャート提供：FOREX.com

> **岡安のアドバイス**
>
> 　なぜトレンドが形成されたか、その理由を自分なりに解釈することです。それを知ることで、このトレンドがどういう時に終わるのか予想することも可能になります。例えば、ある国の株価や地価、物価などの上昇が急激なことから、インフレを抑えるために中央銀行が金融引き締め（金利引き上げ）政策に転じると予想したとします。金利が上昇すれば、金利差によるキャピタルゲインを狙った買いがその通貨を押し上げ、その引き締めが終了するまでその通貨は上昇トレンドが継続される可能性が高くなります。したがって物価上昇が収まる傾向が見られ、金融政策が転換される時に、上昇トレンドが終了するだろうと予想できます。
> 　トレンドの始まりと終わりをできるだけ早く見つけることがポイントです。

→ スイングトレードの基本手順

● トレンドの方向に沿って最小ポジションを常にキープする

例えばドル円が数か月の間長期の下降トレンドが継続している時に、時間足で見たチャネルの下降トレンドライン付近、あるいはその途中でもショートポジションを持ちます。そしてサポートラインに下落しながら近づいたところでは一部利食いを出しながらポジションを縮小させます。反対にレジスタンスライン付近ではドル売りを拡大させます（図5.24）。

このようにスイングでは常にドル売りのポジションをキープしながら、後はポジションの額を変化させることで利益を拡大するようにします。その際自分の**最小のポジション額を根っこのポジション**と呼びます。トレンドに沿ったドル売りの根っこのポジションをキープすることが、スイングトレードの基本と考えます。もちろん途中で何か突発的な事件が起き、トレンドが変わる可能性もあります。そのような時は根っこも含めて損切りの注文を出すことは忘れてはいけません。相場ではどんな時でも二度と立ち上がれないような損を出さないことです。損切りのレベルは時間足のレ

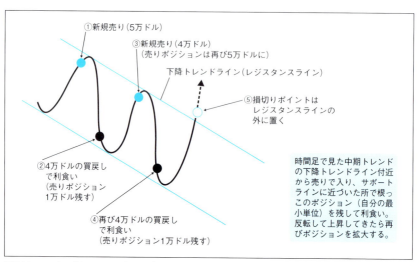

図5.24 ● スイングトレードの手順例（ドル円で下降トレンドの場合）

ジスタンスラインの外に置くようにしますが、時には日足のレジスタンスまで延長するかはその時の状況で判断します。

●デイトレと比べて利食いと損切りの幅は広く、ポジションは少なめに

スイングトレードは、デイトレよりも利食いと損切りレベルを広く取ります。そのためずっとパソコンの前に座っていなくても取引可能なスタイルです。ただ、離れる時は必ず損切り注文だけは出しておきます。ポジションの大きさは、デイトレのように何かが起こった時にすぐに対応できないため、デイトレよりも少な目に持つようにします。

寝ている間は損切り注文も含め、他の複合注文を出しておきます。オーバーナイトポジションを持つと気になって眠れないという方は、無理をせずに気にならない程度のポジションを持つことです。

私の基本的な取引スタイルは、日中デイトレに徹し、トレンドが見え始めたらスイングと併せて行うというスタイルでした。

実践スイングトレード事例

Sさん（50歳・会社役員）
FX歴／取引通貨ペア　　8年／主にドル円、ユーロドル、豪ドル円など
レバレッジ　　　　　　25倍程度
ポジション　　　　　　最大30万通貨（自分で決めたルール）
1か月の損失リミット　　30万円
主な取引時間帯　　　　ほぼ24時間チェック可能（携帯も使いチェック）

Sさんは中堅商社の課長職から、50歳で子会社の役員に出向となり、当面忙しそうです。これまではデイトレを中心に一日1、2回の取引をしてきましたが、これからは時間的なことを考えてスイングトレードを中心に取引スタイルを変え、少し長めのポジションを持つことにしました。

Sさんは朝5時過ぎ起床し、日経新聞を読みテレビの経済専門チャンネルを見て、それから5分足チャート（ドル円を中心にユーロドルやポンド

ドル、そしてユーロ円やポンド円といったクロス円全般）で前日の海外の動きをチェック。それぞれの通貨ペアの時間足と日足から中期長期のトレンドを見て、今現在のレベルが高いのか安いのかを比べていきます。今の相場のテーマが何かを調べてから一番儲けやすい通貨ペアは何かを見つけ、その通貨ペアのテクニカル分析を行います。

《2018年9月11日早朝》 米国トランプ大統領は9月に入り、カナダとNAFTA交渉を9月末を期限に再開することを発表。8月末に合意に至らず83円後半まで下落していたところでしたが、この報道を受けカナダ円は下げ止まりました。

Sさんはカナダ円は最終的に上昇すると考え、通貨ペアはカナダ円に決め、少し長めのポジションを持つことにしました。先週末にカナダとのNAFTA交渉再開報道を受け、カナダ側は米国側の主張をはねつけるなど強硬姿勢を崩しませんでした。また、先週末に発表されたカナダの8月雇用統計では、失業率や雇用者数が予想よりも悪化し上値の重い展開で終了。

前日の週明け東京市場で、カナダ円はやや上値の重い展開で始まりそうでした。しかし、NY市場からは底堅い動きに変わっています。米国はカナダにとっては最も重要な貿易相手国だけに、市場は最終的に妥結すると見ています。カナダ円もそろそろ買場に近いと思ったSさんは、テクニカル分析でエントリーポイントを見つけ、取引に入ることにしました。

まず、ドルカナダとカナダドル円の日足チャートを比較してみました（図5.25と図5.26）。ドルカナダは6月に1.3385の高値をつけてからドルの上値が切り下げてきたものの、NAFTA交渉が始まってから上昇に転じました。

しかし、1.32付近で上昇は止まり、もみ合いに入っています。ひとまず天井を打ったかもしれません。カナダ円の日足は直近で86.70円付近で天井をつけ、84円台でもみ合いが続いています。この安値は8月14日につけた安値とほぼ同レベルでした。この2つの日足チャートを見るとカナダ円はそろそろ反転するか、あるいは底を抜けていくかの転換点に近いと見ることができます。

8月末に高値86.58円をつけてから殆ど戻しなく、下落が続いていました。

図5.25 ● ドルカナダはもみ合い（ドルカナダ／日足／2018.3.29〜9.10） チャート提供：FOREX.com

図5.26 ● カナダ円はもみ合いから反転か（カナダ円／日足／2018.3.29〜9.10） チャート提供：FOREX.com

図5.27 ● フィボナッチでカナダ円2時間足の上昇幅を予測（2018.8.27〜9.11） チャート提供：FOREX.com

9月に入り83.77円を底に下げ止まりからもみ合いに入っています。もしここから上昇が始まるとすればどこで止まるのかを見つけるために、フィボナッチ分析を使うことにしました。

　高値86.58円から安値83.77円までの下落幅が約2.80円で、この38.2%戻しが84.80円付近。50%戻しが85.20円付近、そして61.8%戻しが85.50円付近になります（図5.27）。

売買の経過とポジションの推移

① 2018年9月11日火曜日〔7：00〕　20万カナダドル　84.45円で新規買い

　朝方からカナダ円は前日の高値圏である84.40円付近でもみ合いが続いていたのでひとまず買いを入れることにし、84.45円で20万カナダ円を買いました（図5.28）。

　そこで早速Sさんは利食いの目標を設定することにし、先ほどフィボナッチで計算した50%戻しのレベルである85.20円付近にしようと考えました。なぜこのレベルにしたかには、ちゃんとした理由がありました。

　それは2時間足のチャートを見ると、8月末から9月初旬にかけて85.20円付近で何度か上値が抑えられていたからです。また、8月27日にはこのレベル付近から上昇が始まっていました。**過去にこのような高値や安値、もみ合いの続いたレベルは相場の節目になることが多く見られる**ためです。

　Sさんは利食いと同時に損切りのレベルも最初に決めることにしています。前日の欧米市場での安値が84.20円なのでノリシロを考えて、そこから10銭下の84.10円を損切りレベルに決めました。Sさんはここ数日会社の仕事が忙しくなることから、注文を出しておくことにしました。既にポジションは持っているので利食いと損切りのどちらかが成立したら、もう一方の注文をキャンセルするという **OCO注文** を出すことにしました。注文の期限はどちらかができるまで有効という、時間制限のない注文にしました。

OCO注文（ワン・キャンセル・アザース）
売り注文85円20銭　　損切注文84円10銭

図5.28 ● 売買ポイントの結果（カナダ円/30分足/2018.9.10〜12）　　チャート提供：FOREX.com

　もし利食いの売り注文が成立すれば75銭の利ざやとなり、20万カナダドル×75銭＝15万円の利益になります。反対に損切りが先についてしまうと、20万カナダドル×▲45銭＝▲11万円の損失になります。

　Sさんは今回もそうですが、注文を出す時には必ず利益幅が損失幅を上回るように心がけています。

②9月12日水曜日〔5：20〕　20万カナダドル　85.20円で利食い売り注文成立

　11日の21時過ぎにレートをチェックした時は84.50円付近でした。5分足チャートを見ると、一旦85円近くまで上昇してから84.50円に戻していることから上値が重いと感じましたが、損切注文を既に入れていることもありそのまま様子を見ることにしました。

　12日6時、Sさんは朝起きてすぐに注文をチェックすると、つい先ほど利食い売りの注文が成立していました。そして、今のレートを見ると85.50円を上回っています。少し利食い売りが早かったかと思いましたが、損切りがつかずに利益が先行したことで満足しました。ドル円、ドルカナダ、そしてカナダ円の動きを5分足チャートでチェックしました。そして時系列的にニュースを追って調べると、トランプ大統領が早朝に「カナダ

との通商協議は順調」と発言。また、カナダが乳製品などで米国側に歩み寄りを見せたことが、カナダ円の上昇のきっかけでした。

Ｓさんはこのニュースを見てカナダ円はもっと上昇するのではないかと考え、カナダ円の買いを再度入れていこうと思い、再び相場のチェックを開始しました。

● この日の取引結果

日時	注文／ポジション	約定レート	利食い／損切り	利ざや
9/11 7:00	①新規買い／20万カナダ円	84.45円	ー	ー
9/12 5:20	②売り決済／20万カナダ円	85.20円	利食い	35銭

● 損益（コストを省略）

(35)銭×20万(カナダドル)＝70,000円

岡安のアドバイス

取引時間が制限されるような人は、ＳさんのようにOCO注文やIFDOCO注文を出しておくと時間の束縛なく取引ができますし、相場に一喜一憂することなくストレスも感じなくて済みます。ただ、IFDOCO注文の場合はエントリーが逆張りとなるため、どうしても引きつけて入らなければなりませんから、ちょっとの差でエントリーができないこともあります。また、そのエントリーや利食いポイントを見つけるには、レベルを示してくれるテクニカル分析が重要です。例えば、フィボナッチ・リトレースメントやパターン分析などが良いでしょう。この注文のメリットはエントリーを引きつけることで損切りの幅を小さくすることができるということです。利食いの幅を常に損切りよりも大きくすることが大切です。

通常のスイング取引の場合も、エントリーや損切りレベルはほぼ同じです。ただ、エントリーポイントに届かずに戻るような時には、Ｓさんのようにその時の判断で入ることができます。その時はOCO注文を出しておくか、そのまま自分で相場を見るようにします。自分で見る時には利食いのタイミングを状況次第で変えることができます。ただし、損切りは決して変えないようにしましょう。

5-04 ポジショントレードの実践と稼ぐコツ

大きなトレンドに沿って、数週間から数か月の間ポジションをキープしながら利鞘を伸ばすのがポジショントレードの基本。

→ ポジショントレードとはどんな手法か

　スイングトレードをさらに延長したものがポジショントレードです。スイングが数日から数週間トレンドに沿ったポジションをキープするのに対し、ポジショントレードはさらに長いトレンドを狙って、数か月の間同じポジションをキープすることもあります。チャートは**月足**、**週足**そして**日足**という長い足を見ながらトレンドを探ります。

　ポジショントレードに向いた通貨ペアは、デイトレやスイングと特に違いはありませんが、トレンドを確認した上でチャンスがあると見れば、外貨同士の通貨ペアも積極的に選択肢に入れます。

→ ポジショントレードの基本手順

●大きな長期トレンドに沿って順張りでポジションを作る

　例えば月足、週足ともに同一方向の長期トレンドが継続している時、日足も同じ方向のトレンドが見られるならば、その方向に順張りでポジションを持ち、トレンドが終了するまでキープするのが基本になります。

●利食いと損切りの幅は広く、ポジションは少なめに

　ポジショントレードは長期のトレンドを利用しますので、スイングよりもさらに利食いと損切りの幅は広く取ることになります。一度ポジションを作ったら、あとはOCO注文などで決済注文を出しておけば、普段はあまりいちいちレートをチェックする必要はありません。ポジションはスイングと同様デイトレよりも少な目に持つようにします。

◯→ 長期トレンドの見極めと入るタイミングがポイント

　長期のトレンドが始まる時はファンダメンタルズが変わる時と言っても良いでしょう。特にその国の金融政策が変わる時には新たなトレンドが始まるサインと見ることができます。通貨ペアを選ぶ時には特にその国同士の金融政策が異なるほど、トレンドがはっきりと出てくるものです。

　リーマンショック後は殆どの主要国が低金利政策を継続したことで、金利差は殆どなくなりました。しかし、米国の景気回復が見られるようになると量的緩和の終了に動きだし、2015年12月には7年ぶりに利上げに踏み切りました。ところが数か月前から利上げの可能性が示されたことで市場は先回りしてドル買いを進めており、実際に利上げが実施されると下落に転じました。一方、日本や欧州などは依然として緩和政策を継続。その後もFRBは利上げスタンスを継続し1年後の2016年12月には追加利上げを行うとの見方が広がり、ドルは上昇に転じます。この時も市場は先にドル買いに動いたことで利上げ実施後は織り込み済みとなり、ドルが下落に転じています。

　市場が先回りして織り込んでしまうにはそれなりの理由があります。それは、各主要中央銀行は市場の混乱を回避するために、それぞれの金融政策の方針を市場に前もって表明するからです。いわゆる**フォワードガイダンス**を行うようになったためです。

　その後2017年11月にはBOEが利上げに踏み切り、ポンドが対ドルや対円などで上昇に転じています。しかし、ブレグジット問題を抱えるポンドは政治的なリスクの影響が強く、政策金利の影響が素直に反映しなくなっています。それは米国FRBも同様です。トランプ大統領就任以来、米ドルは政治的な影響を受けやすくなっています。ECBは2019年夏以降に利上げに動く可能性を示していますが、イタリアの財政問題など政治的な材料が金融政策に影響を及ぼしかねません。

　このように、**長期トレンドには金融政策と同時に政治的な影響も考慮しながら見ていく必要があります**。

実践ポジショントレード事例

Pさん（35歳・主婦）
FX歴／取引通貨ペア　　8年／主にドル円、ユーロドル、ポンド円、豪ドル円
レバレッジ　　　　　　10倍程度
ポジション　　　　　　最大20万通貨単位（自分で決めたルール）
ポジションを閉じるまでの損失リミット　　50万円
主な取引時間帯　　　　早朝以外基本的にいつでも

　Pさんは5歳と8歳の子供がいてご主人は普通のサラリーマンです。これまで投資目的として株とFXを中心に取引をしています。株は日経225インデックスをもっていて、気にならない程度の金額をそのままにしています。FXを始めた頃にはデイトレードを中心に小遣い程度の金額を稼いでいました。しかし、子供ができてからはパソコンの前に長くいられないため、比較的長期的なポジションを持つ取引に変えました。

　ただ、ご主人と子供を家から送り出してから日中に取引することもあります。取引前には必ずドル円、ユーロドルの日足チャートをチェックします。そして時間足、5分足チャートを使ってみて、その日の取引通貨ペアを選びます。

　自己資金は外貨預金5万ドルと郵便貯金の100万円がありましたが、外貨預金の2万ドルを円に換えた200万円をFX資金に充てました。

　Pさんのやり方は一度トレンドができたと思えば、その流れに沿ったポジションを持つようにしています。そして、それとは別に日中はデイトレードをやることもあります。基本的にドル円かクロス円中心に取引を行います。それは円の動きが最も読みやすいという点からそうしています。しかし、今年のドル円は殆ど動きがなくドルを中心に相場が動いているため、対ドルの取引を増やしています。

　今年に入り米国FRBが3月と6月、既に2回の利上げを実施しました。9月に入り今月もFRBが3回目の利上げを実施すると予想されており、大

分織り込み始めています。ただ、トランプ政権は中国や欧州に対して輸入関税引き上げを実施し、次は日本に対して貿易協定を迫ると発言。しかし、日銀が今後も緩和政策を長期に渡り継続することを明確に示したことで、日米金利差拡大への思惑からドル円は底堅い動きが続いています。

　先週末（9月6日金曜日）発表の米国雇用統計で賃金や雇用者数が予想を上回る好結果となったことでドルは発表直後は買われたものの、その後下落に転じました。トランプ大統領が中国に対して、2670億ドル相当の追加課税を掛ける可能性を示したためでした。米国は中国に対して既に三度の制裁措置を実施しており、中国の報復措置をけん制するものでした。

　結局ドル円は111円ミドルから110.40円まで下落しましたが、110円を割り込みませんでした（図5.29）。一方、ユーロやポンドは寧ろドルに対して下落しました。それはユーロ円やポンド円など、クロス円の売りが主導で売られたことを示すものでした。土日の間に中国が米国に対して何らかの報復をすれば、円がさらに買われるといった見方もありました。

　しかし、結局週末は何も起こらず米中摩擦は長期化するとの見方が広がりました。米経済指標はここにきて予想を上回る好調さを示すものが多く、株式市場も最高値を更新。堅調な米国経済を背景に米ドルは今後も上昇すると見たPさんは、日米金利差拡大期待もありドル円を買うことに決めました。ドル円の日足チャートを見ると3月につけた今年最安値104.60円、

図5.29 ● 時間足も上昇の兆し（ドル円／時間足／2018.8.29〜9.10　16:00）　　チャート提供：FOREX.com

5月末の安値108.10円、そして8月の安値109.80円と底値が切り上がっています（図5.30）。また、ボリンジャーバンドの下限を下回ったのはその安値をつけた時だけで、上昇トレンドが続いているということです。

Ｐさんは最終的に、10万ドル程度のポジションを持つつもりで買いを入れてみようと思っています。

図5.30 ● ドル円は安値を切り上げてきた（日足/2018.2.9～9.10）　　チャート提供：FOREX.com

売買の経過とポジションの推移

①9月10日月曜日　2万ドルを110.90円で新規買い

先週末のドル円は111円丁度で引け、週明け東京市場でも111円を挟んでのもみ合いから始まりました。雇用統計後の安値110.75円のレベルにさえ届かずにいたので今のレート110.90円で2万ドルだけ買いました。トレンドの継続と見てこのポジションは根っことして長く持つことにしました。

損切りのレベルは8月の安値のレベルである108.10円に置きました。このレベルが切れるということはトレンドが終わる時だと思ったからです。

②9月11日水曜日　3万ドルを111.40円で新規買い

Ｐさんは子供を送り出してから相場を見ると、ドル円は前日から111.25円が天井でもみ合いが続いていました。111.25円は雇用統計発表前の高値であり意識されていました。ところがいきなり目の前で111.25円を上抜けてきたので3万ドルを111.40円で買い増ししました。このポジションはしばらく持つつもりで損切りだけ入れておくことにしました。損切りレベル

図5.31 ● 売買ポイントの結果（ドル円／日足／2018.5.4～10.8）　　　チャート提供：FOREX.com

は雇用統計発表後の安値110.75円のすぐ下の110.70円に置くことにしました。これで損失は70銭（損失額21,000円）に限定されました。

③9月18日水曜日　5万ドルを112.20円で新規買い

9月14日にドル円は、8月1日につけた高値112.15円と同レベルまで上昇して跳ね返されました。しかし、日足のボリンジャーバンドを見ると上限に沿って13日から**バンドウォーク**が始まっています。夕方家で見ていると112.15円を抜けてきたので、5万ドルを112.20円で買い増ししました。

この5万ドル分の損切注文はこの日の朝につけた安値111.70円の下の111.60円に置きました。損失額は3万円になります。

これでポジションは計10万ドルになり、Pさんはしばらく様子を見ることにしました。

●9月27日木曜日　損切りレベルを上方に変更

ドル円は7月19日につけた高値113.17円を上抜いてきたので、もう一段の上昇が見込めると思いました。そこで①の根っこの2万ドル以外のポジション、8万ドルの損切りレベルを上げることにしました。21日以降ドル円は112.50円付近で下げ止まっていたことから、そのすぐ下の112.40円に変えました。これで②③の8万ドルは全て利益が出ることになります。

④ **10月5日木曜日〔11：00〕　③の5万ドルを113.90円で利食い売り**

　前日に高値114.50円をつけた後、NY市場で113.65円まで下落していました。その後は買い戻しの動きが強まり朝方114.10円まで戻しましたが、再び下落が始まったのでひとまず5万ドルを売ることにしました。

⑤ **10月8日月曜日　①②の5万ドルを113.40円で利食い売り**

　この日は体育の日で祝日のため、Ｐさんも相場を随時チェックしていました。東京市場が休場ということもあり日中は殆ど動きが見られませんでした。しかし欧州市場が始まると、昨日まで下げ止まっていた113円ミドルを割り込んできたので、これはボリンジャーバンドの中心線まで下げてくると見たＰさんは残りの5万ドルを113.40円で売りました。これで根っこの2万ドルも全て清算してしまいました（図5.31）。

● **今回の取引結果**

日時	注文／ポジション	約定レート	利食い／損切り	利ざや
9/10	①新規買い／2万ドル	110.90円	−	−
9/11	②新規買い／3万ドル	111.40円	−	−
9/18	③新規買い／5万ドル	112.20円	−	−
10/5	④売り決済／③の5万ドル	113.90円	利食い	1.7円
10/8	⑤売り決済／①②の5万ドル	113.40円	利食い	①2.5円 ②2.0円

● **損益（コストを省略）**

　1.7円×5万（ドル）＋ 2.5円×2万（ドル）＋ 2.0円×3万（ドル）＝ 19.5万円

トレードしている期間の相場はどうなっていたか？

　Ｐさんがドル円の買いを入れてから、9月13〜15日にボリンジャーバンドの上限で上値が抑えられました。通常であればここから下落に転じるのですが、それ以降もバンドに沿って上昇が続きました。いわゆる**バンドウオーク**で上昇トレンドの始まりを示すものでした。

9月26日にはFOMC会合で3回目の利上げとなりましたが、既に織り込み済みということから発表後ドルは一時的に下落しました。しかし、この日発表された金利見通しでは12月も利上げを実施する可能性が示されたことで、再度ドル買いが始まりました。

　一方、懸念されたNY株式市場は強い経済指標を背景に堅調な動きが続いたことで、円安が同時に進みました。しかし、その後イタリア財政赤字問題や中国人民元安へのけん制発言などもあり、円買いの動きが活発となったことでドル円は下落に転じました。

　Pさんもそれらの材料が気になって、ポジションを清算することにしたようです。その後もドル円は下落基調が続き、ボリンジャーバンドの中心線も下に抜けてしまいました。

岡安のアドバイス

　Pさんの買いのタイミングは非常に良かったと思います。そして最初のポジションを根っこに持ってその後買い増ししていくあたりは、トレンド相場が得意だというのもわかります。

　特にボリンジャーバンドの上限で始まったバンドウオークに沿って、しっかりとポジションをキープしたと思います。また、損切りのレベルも上昇に合わせて上にずらすことで損失を限定的にしたのはお見事です。

　ただ、利食いのタイミングをもっとテクニカル分析で判断していれば、もう少し早く売りを入れることができたと思います。また、根っこのポジションも全て売ってしまったのはもったいなかったと思います。この上昇トレンドが終了のサインを示したところまで粘ってから切ることをお勧めします。全て決済した後に上昇トレンドが続いていたとしたら、根っこのポジションがあれば再び買いを入れやすくなります。相場から一旦出てしまうと、なかなか同じトレンド相場には再度入りにくいものです。

ポイント

- 月足、週足、日足がともに同一方向の長期トレンドになっていればチャンス大。
- 日足を見てタイミングに注意して入り、トレンドが終了するまでポジションをキープ。
- 利食いと損切りの幅はスイングよりも大きくする。
- ポジションのサイズはデイトレよりも小さめにする。

Q&A
もっと知りたい
スタイル別実践トレード

Q 初心者にはどのトレードスタイルが一番向いていますか？

A 最初は次の日にポジションを持ちこさないデイトレードが良いでしょう。ポジションも最小単位だけで売り買いを繰り返し行うようにしましょう。スキャルピングはかなり慣れないと売り買いを間違えたりするので避けた方が無難です。ポジショントレードやスワップトレードなど長くポジションを持つ取引は初心者でも簡単にできますが、相場に慣れるにはやはりデイトレが一番良いでしょう。慣れてくれば、自分のやりやすいスタイルに自然になっていくものです。

Q スキャルピングやデイトレなど、どのようなトレードスタイルを選んだら良いですか？

A これは皆さんの性格やライフスタイルとも関係があります。例えば会社勤めの方や、ポジションを持っていると気になって眠れないというような方は、帰宅後時間を決めてスキャルピングやデイトレなどをやり、基本的にその日で決済してオーバーナイトポジションは持たないというのも1つのやり方ですし、あまり時間が取れない方は、IFD注文などを使って頻繁に相場を見なくても済む1週間程度のスイングトレードをやるというやり方もあります。自分の仕事や日々の生活に支障のないスタイルでなくては、長続きしませんし良い結果も生まれにくいと思います。

Q 損切りや利食いのレベルを決める時のポイントは何ですか？

A 基本はテクニカルチャートを使ってチャートポイントを探し、その前後で出します。ストリーミング注文以外のOCO注文などを出す時には利食いはチャートポイントの手前で、損切りはポイントの後に置いておくようにします。チャートポイントの前後に置く時の幅は、チャネルやトレンドラインを引き、過去にどの程度の幅で戻っているのかなど騙しかどうかを見ながら、その幅を決めていきます。

Q デイトレードで、ポジションをその日のうちに決済せずに持ち越した方が良いのはどんな時ですか？

A その日のレンジの高値や安値のバンド内でのもみ合いが続く場合、せっかくバンド近くで持ったポジションを閉じてしまわずに利食いをバンドの内側に置き、損切りをタイトに置いておきます。また、トレンドができたと思った時には一部だけ手仕舞いをして最小単位のポジションをキープしておけば、次の日もマーケットに入りやすくなります。NY終値がその日の安値や高値で引けた時などは、東京市場でもそのトレンドが継続することが多く見られます。思った方向にマーケットが動いている時など、ポジションをキープした方が良い時もあります。

Q ユーロドル、ポンドドルといった外貨同士のペアの取引には、どんなメリットがありますか。それはどんな時に有利ですか？

A 円と絡めたクロス円などに対し、基軸通貨ドルとクロスする通貨ペアは実需取引などが多いため流動性が高くなります。ユーロドルはその典型です。そのため、提示される為替レートのスプレッドが狭くなり取引のコストが少なくて済みます。また、何か大きなニュースが出た時でもレートが取りにくくなるという状況も殆どないため、安心して取引ができるというのもメリットです。

Q スイングトレードとポジショントレードの違いは何ですか？

A まず、ポジションをキャリー（持ち続ける）する期間が違います。どちらもトレンドに沿ったポジションを持つ取引方法で、スイングトレードはデイトレードの延長として時間足などのチャートを見ながら数日間キープします。ポジショントレードは日足など中長期のトレンドに沿ったポジションを持つため数週間、あるいは数か月間キープすることもあります。ポジションのサイズも期間が長くなれば小さく持ち、損切り注文も長期のポジションであるほど遠くに置きます。

Q リーマンショック以降は全体的に低金利になってしまったので、今はスワップ狙いの長期トレードはやらない方が良いですか？

A 金利差を狙ったスワップトレードは当然金利差が大きいほど魅力的です。ただ、低金利同士でも今後どちらが先に金利を引き上げるかによって、金利差と同時に為替差益を狙うことも重要なポイントです。スワップトレードを始めるタイミングは急落した後の戻しを狙うのがコツです。むしろスワップトレードは低金利の時こそチャンスと言えます。ちなみに、現時点（2018年12月）では、主要国の中で米国がいち早く利上げに踏み切り、2.5％まで上げています。ユーロも来年後半には利上げの見通しがあります。いつまでも低金利のままというわけではなさそうです。

Q 長期の下降トレンドに乗ってショートポジションを作ったのですが、金利差が大きいためスワップポイントの支払いが大きく、途中でやめようか迷っています。何かいい方法はありますか？

A スイングのような数日間のポジションであれば、支払いのスワップポイントなど為替差益に比べると小さいものなので無視します（結構気にしてしまう人が多いようです）。ただ、数週間から数か月にわたるポジショントレードでは、一時的にトレンドと反対の方向へ動き出すこともあり、精神的に苦しくなってしまいます。そのような時は根っこのポジション（最小単位のポジション）を残し一旦ポジションを減らします。そして、再び長期トレンドに戻ってきたと確認したら元のサイズのポジションに戻すようにすると、精神的にもスワップポイントの支払いでもかなり楽になりますので、試して下さい。

CHAPTER 6

通貨ペアの特徴と攻略法

6-01	ドル円の特徴と攻略法	
6-02	ユーロドルの特徴と攻略法	
6-03	ユーロ円の特徴と攻略法	
6-04	ポンドドル／ポンド円の特徴と攻略法	
6-05	豪ドル円の特徴と攻略法	
6-06	ニュージーランドドル円の特徴と攻略法	
6-07	カナダ円の特徴と攻略法	

6-01 ドル円の特徴と攻略法

ドル円は戦後の1ドル360円から始まり、これまでドル安円高の動きが続いてきた。その直近までの流れを頭に入れておくことはドル円の特徴を知る近道になる。

→ ドル円は円高ドル安の下降トレンドが続いてきた

　図6.1はこの30年近いドル円の月足ですが、**長期の下降トレンドライン**を2本引くことができます。

　①は98年6月から2002年1月の高値を結んで引いた下降トレンドラインです。これを見ると2007年に一度トレンドラインを上抜けしているものの、その後再び下降トレンドを下回りました。しかし、2012年末からのアベノミクスによる円安で再びラインを上に突き抜けてきました。

　②は90年4月の高値から現在までの高値を結んだ下降トレンドラインです。アベノミクスで①のラインを完全に上抜けた後15年に入り、②のラインを若干上抜けしたものの100円の手前まで押し戻されて下げ止まりました。その後は②のラインを天井にもみ合いが続いているのがわかります。この2つのトレンドラインを見比べると、ドル円が完全に上昇トレンドに転換したかの判断はまだできません。ドル円の特徴や過去の動きを見ながら、ドル円の攻略を探ります。

● ドル円の歴史（1970年代〜）

　ドル円相場は1971年のスミソニアン協定で1ドル308円に切り下げられ、73年にドルは固定相場制から変動相場制に移行しました。その後2回のオイルショックを経て、80年の外為法改正により実需以外の為替取引が可能となったことで、それまで通常10万ドル単位で取引されていたものが100万ドル単位に変わり始めるなど、外為市場の規模が急速に拡大していきます。

　85年秋のプラザ合意を契機としたドル安誘導政策で、急速にドル安円高が進み、その後の円高と超低金利政策により日本のバブル経済は拡大して

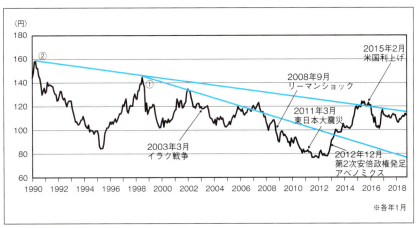

図6.1 ● 長期ドル安円高トレンドに変化の兆し（月足終値/1990.1〜2018.10）

いきます。当時海外では日本の生命保険会社が「ザ・セイホ」などと呼ばれるほど、機関投資家や投機筋が世界の為替市場を席巻した時代でした。しかし、90年代に入ると日経平均株価や地価の暴落などからバブル崩壊が始まります。日本の海外投資が激減する一方で対米輸出は伸び続けたため、貿易黒字から来るドル余剰の状態は依然として続きドル円の下落（円高）は止まらず、95年春には**1ドル79円75銭の史上最安値**をつけました。しかし、堪りかねた日本当局はこの円高を食い止めることを米国と合意した結果円安に向かい始め、98年秋には1ドル150円近くまでドル円は上昇しました。

その間、日本国内では大手銀行や証券会社の破綻などが立て続けに起こりました。その頃海外では97年のアジア通貨危機、98年にはロシア財政危機などが起こり、再びドル安円高に向かい始めます。03年にはイラク情勢などで大幅な円高を予想した世界中の投機筋が円を買い始めたため、日銀は03年から04年にかけて**大規模円売り介入**を行いました。

しかし、サブプライムローン危機回避のために米国は量的緩和第1段（QE1）をこの年の3月から2010年3月末まで実施すると、ドルは再び下落。ギリシャ問題から発した欧州債務問題の拡大でリスク回避からの円高が進みました。また、日本では2011年3月に東日本大震災が起こり、海外資産

売却による円高が進むとの観測からドル円は史上最安値となる75円台に突入しました。その後、大規模介入などで何とか下落が収まり回復しかけたところで、米国は2012年9月に量的緩和第3弾（QE3）を実施しました。

　そして、ドル円が再び下落に向かおうとした時に現れたのがアベノミクスでした。2012年12月の第2次安倍政権の誕生により大胆な金融政策を打ち出したことで、円は急速に売りが強まりました。しかし、米国FRBが量的緩和を終了したことでドル円は下落に転じ、2016年中旬まで続きました。その年末には米国大統領選でトランプ大統領が誕生したことでドルは一気に上昇。②の下降トレンド付近まで上昇した後のもみ合いが続いています。長期の下降トレンドが継続するのか、あるいはトレンドを上抜けするかはこのもみ合いの後の動きにかかっています。

●今後のドル円の主な変動要因
1. FRBの利上げ政策の打ち止めと日銀の出口戦略の時期
2. トランプ政権と自身の政治的リスク、そしてその発言

→ 日米の金融政策

　為替相場は、一方の通貨が他方の通貨よりも金利が高ければ、低い金利の通貨を売って高い通貨を買うというのが原則です。リーマンショック以前は主要国の中で、日本が最も低金利政策を長期に継続していたことから、円や売られやすい通貨となっていました。ただ、ドルに対しては経済や政治的なものが絡み合って円高に向かいやすい傾向が見られました。

　しかし、2008年9月のリーマンショック後は主要各国が軒並み低金利政策を打ち出したことで金利差が殆どなくなり、円が上昇。安全通貨としての円買いも重なり、ドル円、クロス円ともに下落傾向が続きました。しかし、2012年12月に第2次安倍内閣が誕生。デフレ脱却を目指して大胆な金融政策、いわゆるアベノミクスを打ち出しました。これにより70円台と歴史的な安値まで下落していたドル円は反転。約1年で105円付近まで押し戻されました。一旦は上げ止まったと思われたドル円は再び上昇に転じます。

2018年の米国FRB

　FRBは2019年に2回程度の利上げを実施する見通しを示しています。その後FRBは中立金利に達した時に、利上げをひとまず打ち止めすると市場は見ています。

　それまでドルの長期金利は上昇すると見られます。しかし、米長期金利が急に上昇する時は新興国からの資金が米国に還流し始めることから、ドルが上昇しても新興国通貨は下落。また、NY株式市場も急激な金利上昇により暴落する可能性が高まります。これらリスクの高まりから円が買われやすくなるため、結果的にドル円は綱引き状態となり、狭いレンジ内での動きになります。

　一方、日銀は物価目標達成が2021年以降にずれ込む見通しで、現在の低金利政策をそれまで継続する可能性を示しました。また、0％程度に誘導する長期金利の上限を0.2％程度まで容認する考えを表明。市場は日銀が低金利の副作用に配慮すると見て、円高が進む場面も見られましたが、改めて黒田総裁が緩和継続姿勢を示したことで再び円安に押し戻されました。

　金融政策だけを考えると、FRBが2020年に利上げを終了する一方で日銀が2021年まで緩和政策を継続するとすれば、**2019年中盤辺りからドル円は下落に転じる可能性が高い**と予想されます。反対に、それまでドル円は上昇するということになります。

トランプ政策の動向と大統領自身の政治リスク

　2016年11月にトランプ大統領が誕生したことで、相場はこれまでとは大きく変化していきました。最初ドル円はこのニュースで101円前半まで下落した後一気に上昇に転じ、その後一月余りで118円ミドルまで17円近く上昇しました。トランプ氏の公約に期待が高まったためと考えられます。

　トランプ大統領が就任時に公約した相場に影響すると思われる主な内容は、「雇用と成長を取り戻す」「全てのアメリカ人のための政策」「アメリ

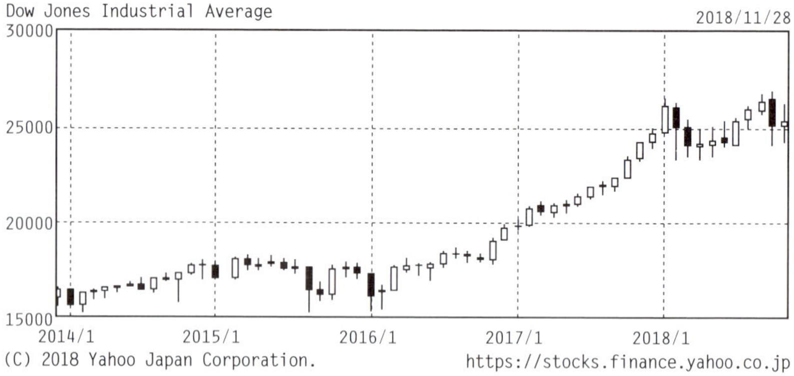

```
Dow Jones Industrial Average                    2018/11/28
30000
25000
20000
15000
     2014/1    2015/1    2016/1    2017/1    2018/1
(C) 2018 Yahoo Japan Corporation.   https://stocks.finance.yahoo.co.jp
```

図6.2 ● 好調な経済を受けて NY ダウは 25,000 ドルを突破　　出所：YAHOO! ファイナンス

カ第一のエネルギー政策と外交政策」「貿易協定や同盟政策の見直し」などが挙げられます。

　実際にトランプ大統領が就任してから株価は一貫して高く、失業率は過去17年間で最も低下するなど好調な経済状況をもたらしました（図6.2）。

　2018年に入っても積極的に公約を実行に移し始めており、通商や貿易分野においても TPP からの離脱、NAFTA 交渉で成功を収めました。中国に対しては第1弾、第2弾、そして第3弾と追加関税が発動され、米中貿易摩擦から米中貿易戦争へと発展する恐れがあります。これにより中国景気が減速すると、世界の景気減速にもつながる可能性が出てきました。

　追加関税を仕掛けた米国自身にも輸入コストの上昇などの影響も見られますが、結果的に米国独り勝ちの様相を呈してくる可能性が高く、世界の資金が米国に集まりやすくなります。そうなると米ドルも買われることから、**トランプ政策はドル高政策**と言っても良いかもしれません。

　欧州や日本も例外ではなく、米国からの圧力がかかります。日本に対して自動車関税の引き上げや数量規制などの圧力をかけてくる可能性があります。更に、為替への言及など**貿易摩擦は円高要因**ともなります。結果的に**ドル高と円高の双方が綱引き状態になりやすく、ドル円の値動きは限られる**と予想されます。

● **トランプ大統領自身のリスク**

政策のリスクの一方で、トランプ大統領の**ロシア疑惑**やスキャンダルといった**大統領自身のリスク**も伴います。

万が一大統領が弾劾手続きによって罷免されるようなら、マーケットにとっては大きな波乱リスクとなります。トランプ氏が大統領に当選した時は結果的にドルや株価が上昇しただけに、もし罷免という状況になればドル安株安に反応しかねません。ただ、政策自体に大きな変化がないようなら、いずれ株やドルも回復する可能性があります。いずれにしても市場にとっては大きなリスク要因となります。

● **トランプ大統領の発言と行動**

トランプ大統領が就任してからほぼ毎日、彼の発言や行動で相場が動くようになりました。それもこれまでの常識や経験では計り知れないような動きが見られるようになりました。

これまでは為替に関して、要人が直接市場に影響を及ぼすような発言をするのはタブーとされていました。しかし、トランプ大統領から突然円安をけん制するような発言が飛び出し、一時的に円高に振れることがあります。また、FRBの金融政策に対するけん制発言をするなど、中央銀行の独立性に対して口出しすることもありました。そのような時はドル売りに反応するなど、為替市場への影響は少なくありません。特に自分のスキャンダルや不利な状態になるような時は注意が必要です。自分が追い詰められた状況になると注目を避けようとして予想外の行動や発言が出て、市場のリスクが高まり**円買い**に向かいやすくなります。

しかし、マーケット参加者もパターンがわかり始めたのか、市場への影響は徐々に弱まっているように見えます。いずれにしても、これまでの経験則などが通用しないようなことが起きることから、ポジションも長く持ちにくい状況が今後も継続すると予想されます。

⇒ 日本の経済指標にも注目

為替相場は2つの国の通貨の綱引きの結果が現れるもので、1つの国の動きだけを見ていても捉えきれません。ところが現実には、基軸通貨の米

ドルと円とでは圧倒的にドルの影響が強く反映されます。かつて日本に巨大な対米貿易黒字があった頃は、貿易収支の数字によってドル円が大きく動いたことがありました。しかし、その後は貿易収支の数字だけではなく、日本の経済指標が発表されても殆ど反応することはありませんでした。

それは、日本の発表される経済指標には予想数値が実績値とほぼ同じであるため、殆どサプライズがないということも原因の1つかもしれません。これに対し米国の場合は速報値などが多いため、実績値との乖離が大きくなることが度々見られることから、指標発表によく反応します。ただ、アベノミクス以降は日本の経済指標に市場の注目度は高まり始めています。特に貿易収支やインフレ動向を示すものは注目度が高まります。

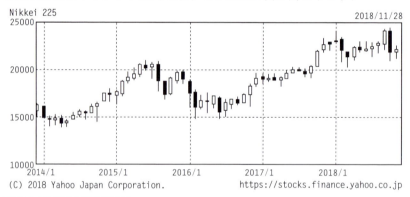

図6.3 ● 日経平均も2万円を突破　　出所：YAHOO!ファイナンス

今後のドル円攻略法

ドル円の動きはドルと円だけの要因ではなく、他の通貨との連動性も大きく影響を与えます。それはクロス円の動きに現れてきます。世界経済の動向が安定すればリスクを選好する動きが高まり、リスクの高い通貨（金利の高い通貨や資源国通貨など）に資金が流れ始めます。当然売られる通貨は低金利である円やスイスフランなどになります。これらは金利が低いことから**円キャリー取引**といった呼ばれ方をします。

リーマンショック以降各国が低金利政策を取ったことで、殆ど金利差がないことからキャリー取引は見られませんでした。しかし、既に米国が利

上げを実施し欧州やカナダ、そして英国などが利上げに踏み切りました。今後は金利差が拡大することで、円が売られやすくなる可能性が高まります。当然主要通貨だけではなく新興国通貨などへの投資も、市場が落ち着きを取り戻した時などは上昇しやすくなります。

相場は金利が既に上がった後に投資を入れると、一歩遅れてしまいます。金利が上がる前には何らかのサインがあるものです。その時に少しずつでも良いので買いを入れ、いわゆる根っこのポジションを持つようにします。「トレンドイズフレンド」と言われるように、**トレンドに早めに乗ることが大きく利益を稼ぐコツ**になります。

> **ポイント**
> - 米国の利上げ終了は2020年以降と予想され、経済の動向次第で早まるのか先送りされるかでドルの動きは大きく変わる。既に景気を先取りしたドル買いが進む中で利上げが終了するとの見方が広がれば、ドルが下落するタイミングにつながる。
> - FRBは2019年中も利上げ継続姿勢で米国長期金利は更に上昇する可能性がある（2018年12月3日現在3.0%）。これは基本的に、金利上昇→ドル高→株式市場下落を招く。株価が下落すればリスク回避の円買いが進みドル高と円高双方の動きが綱引き状態になる。金利の上昇はそれだけ景気が良くなっていることから、円高は一時的で最終的に円安に進むことになる。
> - 日銀は2019年以降も緩和政策を継続姿勢で、金利差拡大からの円安が進みやすいが、長期緩和政策継続の副作用が懸念される中で利上げを少しでも示せば、一気に円高が進むことになる。
> - 出口戦略を始める1つの目安として長期金利の上限を0.1%から0.2%に引き上げ、その後も0.2%超を容認する姿勢を示している。緩やかな上昇であれば市場はある程度受け入れるだろうが、急速に上昇し始め日銀が抑えられなくなる時には一気に円高に向かうことになる。
> - トランプ大統領のロシア疑惑が本格的に追及されるようなら、ドル円の売りにつながるものの、弾劾から罷免という事態にならない限り一時的な売り。

6-02
ユーロドルの特徴と攻略法

ユーロドルは取引シェアの23%を占める最もメジャーな通貨ペアで、実需取引も多く他の通貨ペアに与える影響も強い。

→ ユーロ誕生から今日までの歴史

1999年1月にユーロが誕生し、19年目に入りました。

当初11か国が参加して始まったユーロは2015年1月にリトアニアの参加により19か国が導入しており、この19か国はユーロを法定通貨としていることから**ユーロ圏**と呼ばれます。EUには28か国が加盟しています。

●ユーロバブルの最高値からリーマンショックによる急落へ

ユーロ誕生の時、最初に対ドルレートで値がついたのが1ユーロ1.1789ドルでした。その後は下落が続きその年12月にはドルとの等価である1ユーロ1.0000のパリティーを下回り、翌年2000年10月には史上最安値となる0.8230ドルまで下落しました。安値圏でのもみ合いが1年余り続いた後ユーロは本格的な上昇に転じます。その後2007年の夏頃から表面化したサブプライムローン問題によりFRBが急遽利下げを始めましたが、その一方でECBが利上げを継続したことで2008年7月にユーロは1.6035ドルの史上最高値をつけました。しかし、リーマンショック後の10月にはECBも利下げに踏み切り、ユーロは一気に1.23ドル台まで急落しましたが、半年近く乱高下が続きました。

●2009年からギリシャ問題とユーロ危機

09年に入ると、世界的な景気の底入れを背景に上昇に転じたものの、その年の10月にギリシャの巨額の財政赤字を発端とする金融不安が欧州全体に拡大すると、ユーロは再び下落に向かいました。2010年6月、ユーロは1.18ドルの最安値を更新し再び上昇したものの、ギリシャのユーロ離脱の可能性が高まるなど、再びユーロ不安が拡大するアップダウンの激し

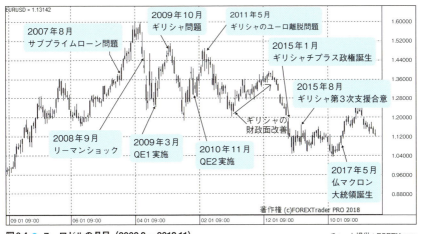

図6.4 ● ユーロドルの月足（2002.8〜2018.11）　　　チャート提供：FOREX.com

い動きが特徴です。

　2011年5月には、ギリシャがユーロ離脱を検討しているとの動きがありユーロは下落。2012年以降、EUからの追加支援を受け財政面で改善し何とか立ち直ったかと思われました。2015年1月の総選挙で最大野党のチプラス政権が誕生。その年の8月には第3次支援で合意に至り当面の危機が回避され、ユーロは1.05付近でようやく下げ止まりました（図6.4）。

●英国ブレグジットと欧州ポピュリズムの台頭

　欧州債務問題が依然として燻る中、2016年6月には英国がユーロから離脱を決定したことで、他の国にも離脱の可能性が残ることになりました。そして自国利益第一主義を掲げるトランプ政権が成立すると、フランスやドイツ、スペイン、イタリアでも反EUを唱える政党が躍進。失業の増加、難民や移民の増加などを背景に欧州にもポピュリズムが台頭。しかし、2017年5月のフランス大統領選でマクロン氏が勝利したことで、ひとまず危機は後退。2年近くもみ合いが続いたユーロは上昇に転じました。

　しかし欧州各国でポピュリズムが勢いを増してくる中で、ユーロの存続自体が今後問われる可能性もあり、注意しておく必要があります。

→ ユーロドルの特徴と主な変動要因

変動要因として、次の3つがあげられます。
1. 米国の金融や経済動向、そしてNYダウの動き
2. FRBとECBの金融政策、そして政治問題
3. その他、ユーロ圏の債務問題、英国ポンドや産油国の動向など

●米国の動向

ドルインデックスの約6割をユーロが占め、それだけドルとユーロの関係が強いとも言えます。第2の基軸通貨と言われるだけに、ドルの避難通貨としてのユーロといったイメージが強く、**ドルが売られる時にはユーロに買いが集中する**ことが多く見られます。その逆もまた然りです。ただ、米国はトランプ政権下で独自の動きが目立ちます。

それでもリスク回避の動きが強まる時には安全通貨としてのドル買いが強まる傾向は依然として変わらず、⇒NYダウ下落⇒ドル上昇⇒ユーロ下落といった構図が一般的に見られます。欧州債務問題などで一時このパターンがくずれる時もありましたが、この基本的な構図に変化は見られません。

●FRBとECBの金融政策、そして政治問題

米国FRBが2007年9月から利下げに踏み切り、その後のリーマンショック直後には欧州ECBも利下げに踏み切ると各国が追随しました。しかし景気の回復とともに米国は2016年12月に利上げを実施。同年11月にトランプ氏の大統領当選でドルが買われユーロが上昇していたことから下落幅は限られ、寧ろその後はユーロの買い戻しが強まりました。FRBはその後も利上げを繰り返し、2018年12月には9回目を実施しました（図6.5）。

一方、ECBは依然として緩和継続していたにも拘らず、2017年に入るとユーロは対ドルで1.05ドルからその年の9月には1.2ドル台に上昇。一旦は下げたものの2018年1月には約3年ぶりの高値1.25ドル台まで上昇しました。17年はボラティリティーが低いにも拘らず主要通貨の中で最も

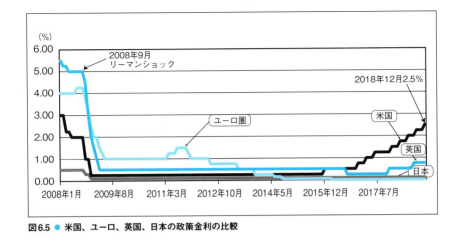

図6.5 ● 米国、ユーロ、英国、日本の政策金利の比較

上昇率が高まるなど、ユーロが主役の年になりました。

　オランダ議会選挙やフランス大統領選など注目のユーロ主要国の国政選挙で、反EU・極右勢力の伸長が抑制されたことで、「政治リスクの後退」がユーロ買いを促進させました。特にフランスのマクロン大統領誕生がユーロの信認を回復させ、ユーロを押し上げたと言えます。

　また、欧州圏経済の復活もユーロを押し上げた背景にあります。ドイツを筆頭に企業景況感は過去最高水準で推移、失業率も5％台と大きく改善したことも寄与しました。それでもこれだけ金融政策の違いが通貨に反映しない動きが続くというのは、稀と言えます。

　ECBはリーマンショック後の08年10月にそれまでの利上げから一気に利下げに踏み切り、16年3月には政策金利を0％（オペ金利）まで引き下げました。通貨ユーロも08年6月に高値1.6036をつけてから下落が続き、17年には1.0340まで押し戻されました。

　ひとまず世界はリーマンショックから立ち直り、景気も回復してきました。英国ブレグジットによる欧州市場への影響は今後徐々に明らかになっていくことになります。

　ユーロ圏の中でも英国に続き離脱や独立などを目指す国々が増えるなど、**今後政治リスクが高まる可能性もあり、その度にユーロ売りが強まること**

になりそうです。

●**その他、ユーロ圏の政治や経済、ポンドや産油国の動向など**

ユーロ圏に大きな影響力を持つ国はドイツとフランスです。そのためドイツやフランスの政治に絡んだ動きも注目されます。特にドイツの経済動向はユーロに大きな影響を与えることから、**市場はユーロ圏の指標と共にドイツの経済指標を注視する傾向**があります。アジア時間では主にユーロ円の動きが中心ですが、欧州時間になるとユーロを中心としたクロス取引が活発になります。特にユーロポンドやユーロスイスなどは貿易やM&Aだけではなく、寧ろ投機的な取引が活発になります。その他の欧州通貨や南アランド、中近東などの通貨とも複雑に絡み合いながら取引されています。

特にクロス取引では**ユーロポンド**の取引が目立ちます。ポンドがユーロ圏に加盟するとの思惑が広がる度に1.0のパリティーを目指す動きが見られるのも、それだけポンドとのクロス取引が盛んな証拠かもしれません。しかし、それ以上にユーロドルへ大きな影響を与えるのは**ユーロ円**です。

→ 今後のユーロドル攻略法

ユーロドルは長期トレンドができやすいため、デイトレに加え**ポジショントレード**にも適しています。ユーロの流動性の高さは市場参加者が多いことを示し、同時にこのような通貨は**中長期でのテクニカル分析がしやすい**とも言えます。まず月足で大きな流れをつかむようにします（図6.7）。

●**テクニカル的に見たユーロドル**

2008年7月に史上最高値となる1.6ドル台に乗せた直後の9月にリーマンショックが起き、ユーロは下落に転じました。後にECBは利下げに転じたことでユーロ売りが始まりました。その後はFRBとECBがお互いに利下げ競争が始まる中で、ユーロドルは上下を何度か繰り返しながら**上三角保ち合い**を形成しました。その形は水平なサポートラインに対して上値の切り下がる**下降型トライアングル**というもので、サポートラインを下抜くと下落トレンドが始まる可能性が高まります。実際に2015年に入ったところで1.2ドルのサポートラインを割り込むと、一気に1.0460まで下落

図6.6 ● ユーロドルの月足（2002.2～2018.11） チャート提供：FOREX.com

しました（図6.6）。

　その後は1.05の底から1.15の天井のレンジ相場が続きましたが、17年7月に上値のレジスタンスを上抜けると1.25ドルまで上昇。しかし、このレベルには下降トレンドラインが位置していたこともあり、上値が抑えられ再び下落に転じました。この戻しのことを**プルバック**と言って、**下降トレンドが始まる一時的な戻し**と見ることができます。結局1.2ドルを再び下抜けたことで、ユーロドルはテクニカル的に見ると一段の下落が予想されます。

　次のサポートレベルは、レンジ相場が続いた下限となる1.05が強いサポートとして意識されます。更に下落が続くとすれば1.0ドルの大台が意識されます。このレベルはユーロの最高値と最安値の76.4％戻しでもあり、相当強いサポートになると見て良いでしょう。

● **ファンダメンタルズから見たユーロドル**

　欧州の債務問題は依然として続いており、2018年にはイタリアの財政赤字問題からEUとの対立も生じました。また、ドイツでも州議会選挙でメルケル首相率いるキリスト教民主同盟（CDU）が大敗し、メルケル首相が党首辞任を表明。首相の座も2021年の任期満了で辞めることになり、

欧州に激震が走りました。メルケル首相はEUをリードしEUの結束を強めるように働きかけてきただけに、欧州にとって不安が残るものです。

景気に関しても米中貿易摩擦が激化する中で、中国向け輸出などへの影響もあり、今後成長率が低下する懸念もあります。

2018年6月のECB理事会では年末に資産購入を終了し、少なくとも19年夏の終わりまで現行の政策金利を維持するとしました。一方、米国は依然として利上げ継続姿勢を示したことで、ユーロは下落に転じています。**金融政策からユーロの動向を読むには、ECBの金融政策と米国FRBの動向を比較してみる**必要があります。

少なくともECBは2019年の夏までは緩和政策を継続する一方で米国が利上げを継続するとなれば、**ユーロはそれまでは下落トレンドが続く**ということになります。

しかし、それ以降はユーロが利上げを始める一方でFRBが利上げ終了となれば、ユーロドルが反転すると予想されます。ただし、その間の世界の経済事情などが変われば、このシナリオも見直す必要があります。

● **ユーロドルの活発な取引時間**

ユーロドルの特に取引が活発な時間帯は、日本時間で東京市場と欧州市場の重なる16時あたりからと、NY市場の始まる21時あたりからです。さらにロンドン市場の引け間際の深夜の2時頃もよく動くことがあります。

ポイント

- ユーロとドルは互いに相手の受け皿通貨として、シーソーのような関係にある。
- ユーロとドルは金利の影響を強く受ける。
- ユーロとドルの双方のバランス状態が崩れる時には、長期トレンドができやすい。バランスが崩れるサインが出るまでは大きなレンジ内での動きが続きやすい。
- 下落や上昇の後の反発は、ほぼ100％戻す傾向が短期的にも長期的にも見られる。

6-03 ユーロ円の特徴と攻略法

ユーロ円は過去にユーロドルの影響を受けることが多く見られたが、アベノミクス以降の動きでは円主導の動きが多く見られるようになった。

→ ユーロ円の特徴と主な変動要因

　ユーロ円、ユーロドル、ドル円の長期チャートを見ると、ユーロが誕生してから2008年9月のリーマンショックが起きるまではユーロとドルがほぼ同じように上昇しており、ここまではユーロドルがユーロ円をリードしているということがわかります。しかし、リーマン後の動きはどちらかと言えばドル円とユーロ円が同じように下落しています。これはドル円の下落がユーロ円を誘導したとみることができます（図6.7～6.9）。

　基本的にユーロドルの一日の取引額はドル円を大きく上回り、ユーロ円はユーロドルの影響を受けやすいものです。しかし、リーマン後はユーロとドルの綱引きが続き、一定したトレンドが見られませんでした。一方、ドル円ではこの間円高の勢いが増したことで、ユーロ円の下落（円高）を招きました。この時はユーロ円だけではなくクロス円全般に売りが進みました。

　Ⓐところが、アベノミクスへの期待が始まる2012年11月頃からは値動きに変化が生じています。

　アベノミクスによる円安が一気に進んだことでドル円が上昇。一方、ユーロ円はドル円以上に大きく上昇しました。この間のユーロドルはドル円とは反対に若干ですが、ドル売りの動きを見せています。結果的にユーロ円はドル円以上の上昇となりました。ユーロドルが上昇した背景には、**ユーロ円のまとまった買いがユーロドルを押し上げた**と考えられます。それだけユーロ円の買いのボリュームが大きかったことを示すものです。このような動きが見られる時は、日本などから個人や外貨建て投資信託などの

図6.7 ● ユーロ円の長期の動き（月足/2008.8〜2018.11）　　チャート提供：FOREX.com

図6.8 ● ユーロドルの長期の動き（月足/2008.9〜2018.11）　　チャート提供：FOREX.com

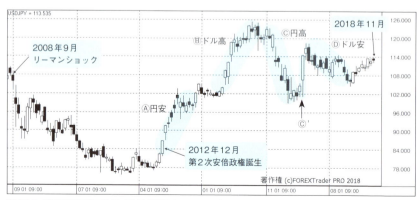

図6.9 ● ドル円の長期の動き（月足/2008.8〜2018.11）　　チャート提供：FOREX.com

円売り外貨買いが出ていると考えられます。

Ⓑ14年6月から末にかけてユーロドルは下落。一方ドル円は再び上昇。これは**ドルの上昇相場**ということになります。結果的にドル円とユーロドルが綱引き状態となり、ユーロ円は方向性のないレンジ取引が続いています。

Ⓒその後16年6月までドル円は大きく下落に転じたにも拘らず、ユーロドルは横這い。結果的にユーロ円はドル円と同じような下げ方をしました。これは**円主導の動き**であり、ドル円の売りがユーロ円を押し下げました。このような時は、ユーロ円によるストレートの売りはそれほど入っていないと考えることができます。

Ⓓ17年4月からはユーロドルが上昇し、同時に上昇したドル円は横這いとなりユーロドル主導でユーロ円が上昇しています。

●ユーロ円の主な変動要因

前項ではユーロドルの主な変動要因として、①米国の動向、②ECBの金融政策と政治問題、③ユーロ圏各国の債務問題、ポンドや産油国の動向など3つをあげました。ユーロ円の変動要因もこれとほぼ共通しています。

その他の変動要因としては、**日本の外貨建て投信設定や個人の外貨投資が活発化した時**などが影響を与えます。アベノミクスのような円が長期的に下落が続くような時には、日本の個人投資家だけではなく、海外のファンドなども買い入れてきます。このような時はドル円を中心に東京から動き出すことがよく見られます。

●リーマンショック時の下落の相場展開

ユーロ円は、リーマンショック前まではドルの代替通貨としての将来への上昇期待や金利差による中長期の投資通貨として魅力から、買いポジションは拡大していきました。しかし、リーマンショックにより短期・中期も含めかなりのロングポジションが損切りを余儀なくされました。

ユーロ円は99年の誕生以来の安値である**90円付近から08年7月の史上最高値170円まで上昇**しましたが、リーマンショック後には**112円付近**まで一気に下落しました。

●ドバイショックでギリシャ財政危機中心の相場展開（09年11月〜14年12月）

利下げによって一時戻したものの、09年11月25日のドバイショックを機にユーロは下落に転じます。12月に入るとギリシャの財政赤字問題が深刻化しました。ギリシャの格付けが引き下げられ、PIIGSと呼ばれる南欧諸国にまでその危機が飛び火。その後もQE2、日銀介入などにより上下に大きく振られ、ユーロ円は2012年7月に約12年ぶりに94円10銭まで下落しました。その後はアベノミクスによる円安が進み、2014年末には150円付近まで回復しました。

●トランプ政権の誕生と右翼化回避（2015年1月〜2018年代後半）

2015年に入るとユーロ円は再び下落に転じます。スペインやイタリア債務問題などが再び取り沙汰され、ユーロ円の上値は抑えられました。

16年はブレグジットショックでポンドが下落すると、リスク回避の円買いがユーロ円の下押し圧力となりました。しかし、その年の11月にはトランプ氏が大統領選で勝利。予想外の結果となったものの、その期待からドル高と同時に円安も進みました。トランプ政権はその後も実績を伸ばす中で、円安が進み上昇。一時欧州で極右政党が力を伸ばしたことでユーロ売りも見られましたが、17年に入りフランスやオランダで与党が政権を維持するなど右翼化を回避したことで、ユーロが上昇に転じました。

2018年に入りスペインの財政問題などが再び燻るものの、ECBは緩和政策の出口戦略を探る動きを見せています。

→ 今後のユーロ円攻略法

●テクニカル分析から見たユーロ円予想

図6.10はユーロ円の月足です。2012年7月の安値94円10銭から14年12月の高値149円70銭の半値戻しである122円を中心に収束に向かっているように見えます。

ボリンジャーバンドの中心線は上向きであり、上昇トレンドがしばらく続く可能性が高いと見ます。しかし、バンドの上限と下限の幅が徐々に狭

図6.10 ● ユーロ円のフィボナッチで見たポイント（月足／2007.7〜2018.11）　チャート提供：FOREX.com

まっていることから、値幅も狭まりつつあります。この状況はいずれ大きな動きが始まるサインでもあり、**このレンジをどちらかに抜けるとその方向に一方的に進む可能性が高い**と言えそうです。どちらかに向かうとすれば、月足チャートの上値を結んだ下降トレンドに沿った動きがまだ続いているため、下向き方向にいきやすいとみることができます。

　ただ、心理的な面から見ると、**下値目途としては大台代わりの110円が強いサポートとして意識**されそうです。

●ファンダメンタルズから見たユーロ円予想

　ECBは今年6月のECB理事会で、18年末で非伝統的手段である資産買い入れプログラム（APP）による量的緩和を終了。また、政策金利は少なくとも19年夏の終わりまで現状の緩和政策を維持する見通しを示しました。今後の環境が大きく変わらない限りこの見通しを実行するとすれば、当面ユーロの上昇は見込めないということになります。

　一方、日銀は2019年10月予定の消費税引き上げの影響を含めた経済や物価の不確実性を踏まえ、当分の間現在の極めて低い長短金利の水準を維持するとしました。既にFRBや英国BOE、カナダのBOCなどは利上げに踏み切っており、ECBもその後を追随する動きを見せています。市場は日銀も出口戦略を考えているとの見方から、円長期金利が上昇すると円買いを仕掛けてくることが多く見られます。しかし、黒田総裁は日本が出口

戦略を滲ませた途端円高に振れかねず、そうなれば物価の下押し圧力が更に強まることを懸念していると思われます。

したがって、少なくとも**2019年後半までは現在の緩和政策を維持する**と考えて良いでしょう。ECBが利上げについて2019年夏以降に動き出すようなら、その頃からユーロ円は上昇に向かう可能性が高まると考えます。

一方、欧州ではイタリアやギリシャの債務問題が更に拡大するようなら、ユーロからの離脱といった深刻な状況に陥る可能性も残ります。また、各国のポピュリズム政党の拡大が今後も継続する懸念も燻ります。

今後の問題山積の中、これまで欧州問題を支えてきた独メルケル首相が10月、18年末で党首を辞任し任期満了の2021年の首相退任を発表しました。メルケル首相はユーロ誕生後の欧州経済のけん引役であり、問題が起きた時の調停役でもあるだけに、ユーロにとっては大きな痛手になります。

結果、金融政策や政治リスクなどを総合的に見ると、ユーロ円はこれまでのレンジ内での動きが予想されます。

> **ポイント**
> - ECBが2019年夏以降も利上げに踏み込まないようならユーロ円は下落へ。
> - イタリア財政問題によるEUとの軋轢が生じ、資産買い入れが継続するようなら、ユーロ離脱などの思惑が広がりユーロ円は下落。
> - 米欧貿易摩擦の激化から米国からの輸出制限やユーロ安を誘導するような発言が出れば、ユーロは円下落。
> - 日本の物価上昇率が予想以上に高まり、日銀がイールドカーブコントロールの水準を一気に引き上げるようなら、出口戦略への思惑から円高が進みユーロ円は下落。
> - ドイツのメルケル首相が任期前に退任するようなら、後任次第でドイツ経済への影響や政治リスクが高まりユーロ円売りにつながる。
> - 欧州各国で難民危機や経済格差などを背景に極右政党が台頭すれば、ユーロ離脱に発展する可能性が高まりユーロ円は下落。

6-04 ポンドドル／ポンド円の特徴と攻略法

ポンドは値動きが激しいのが最大の特徴。日本でもポンド円はデイトレ用通貨として人気が高い。

→ 英ポンドの特徴と歴史

かつて基軸通貨であったポンドは、第2次世界大戦でその地位を米ドルに譲りましたが、それでもポンドドルの取引高は現在ドル円に次いで第3位と高い人気です。ポンドのこれまでの流れを簡単に振り返ります。

●ポンドの歴史（サブプライムショック以降）

2007年の米国サブプライム危機を機に、英国も政策金利を史上最低まで引き下げました。しかし、2013年後半に入り、住宅市場の回復を追い風に内需主導の景気回復が見られました。それでもBOEは緩和政策を継続しました。そして16年6月23日に**国民投票でEU（欧州連合）からの離脱を決定**します。いわゆるブレグジットです。

この結果ポンドは9月に31年ぶりとなる1.32ドル台まで急落。BOEはブレグジットを受け経済見通しが悪化したため、8月には政策金利を0.5%から0.25%に引き下げました。そして、10月に入るとEUとの合意無き離脱の可能性が高まる中で、イスラム関連のニュースをきっかけにポンドは更に下落幅を拡大。一時1.19ドル前半（一部では1.14ドルとも言われる）まで一気に下落しました。過剰反応とも思える下落の後は買い戻しが入り、18年4月には1.43ドル台まで回復しました。**2019年3月29日のEU離脱期限**までに合意に至るか市場の注目が集まります（図6.11）。

●ポンドの最大の特徴は値動きが激しいこと

ポンドはデイトレ通貨として最も取引される1つです。ポンドをうまく乗りこなせるようになるには、まずポンドの特徴を知ることです。

かつての高金利の時とは違い現在のポンドは寧ろ低金利の部類に入りま

図6.11 ● ポンドドルの動き（月足/1999.3〜2018.11）　　チャート提供：FOREX.com

すが、それでも活発な値動きは変わりません。高金利通貨の時には投資通貨としての魅力もあり、投資と投機の両方の動きも見られましたが、今では投機的な動きが中心です。2016年6月のブレグジット以降は更に値動きが激しくなった観もあります。ただ、一旦方向性が見えるとそのトレンドが継続する傾向が見られ、**長期でも短期でも同様にトレンド相場にも向いている通貨**とも言えます。しかし、一時的に上下に振れることもあり、短期トレーダーにとっても面白い通貨です。これまでロンドンは世界的な金融市場で中東のオイルマネーなどが集まり、活発な取引がポンドを支えていましたが、ブレグジットでその勢いは衰えていく可能性もあります。

→ ポンドの主な変動要因

次のものがあげられます。

1. BOEとFRBの金融政策
2. ユーロポンドの動向

● BOEとFRBの金融政策

為替相場の基本として、その国の金融政策が最もその通貨に影響を与えます。特にその国の通貨の長期的なトレンドを見る上で金融政策は欠かせません。

BOEはリーマンショックによる金融危機への対応として、緩和政策を

実施し2009年3月には政策金利を英国市場最低の0.5％まで引き下げました。その後、2016年6月のEU離脱決定を受け、景気減速リスクへの対応としてその年の8月には0.25％に引き下げました。

BOEはこの間量的緩和等、非伝統的な手段を講じてきました。既に昔の高金利通貨というポンドのイメージは微塵もありません。BOEは一度金融政策の方針を決めると、緩和も引き締めも徹底的に行うということが過去見られます。

しかし2017年11月にはポンド安によるインフレ加速を勘案し、2009年3月以来の緩和政策に終止符を打ちました。消費者物価はBOEの物価目標の2％を上回り一時3.1％まで高騰したことで、2018年8月には再度0.5％に引き上げるなど、引き締め政策へ転換したとみて良いでしょう。

リーマンショック時もそうですが、BOEやECBそして日銀はこれまで米国FRBの金融政策に追随することが多く見られました。リーマンショック前の政策金利は英国が5％、米国が2％とその差は3％ありました（図6.12）しかし、FRBは金利を0.25％に引き下げると同時に量的緩和も実施。BOEも政策金利を史上最低の0.5％に引き下げるとともに、資産購入プログラムを実施するなどFRBに追随。その後はFRBが量的緩和を終了し、15年12月には利上げを実施。BOEは2016年のブレグジット後に金利を引

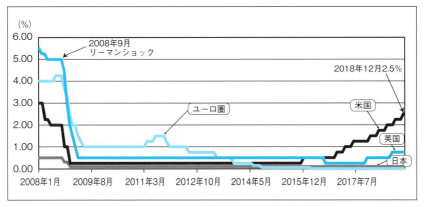

図6.12 ● 英米日欧の政策金利の推移

き下げましたが、それは例外で17年、18年には利上げを実施。FRBの後を追い始めたと見て良いでしょう。このように**BOEの金融政策を予想する上で、FRBの金融政策は先行指標**として参考になります。

● **ユーロポンドの動向**

今後は**ブレグジットが合意無き離脱となれば、ユーロポンドは上昇。反対に合意に至れば下落に転じる**と予想されます。ブレグジットの行方次第で、ユーロポンドは大きな転換を迎えることになりそうです。

→ 今後のポンドドル攻略法

ポンドドルはリーマンショックで対円と対ドルで大きく下落しました。これはポンドが従来高金利通貨であったため、買い持ちポジションが相当溜まっていたためです。その後は前述したように、ポンドとドルの金利差は殆どなくなり、また量的緩和も両国が行ったことで、ポンドドルはこの数年間およそ1.7ドルから1.45ドルのレンジ内での動きが続いていました。

● **テクニカル分析で見るポンドドル**

リーマンショック後の09年中旬から続いたレンジ**相場**（1.7ドルから1.45ドル）の下限を、16年6月のブレグジットショックを機に明確に割り込みました。その後アルゴリズムの影響もあり薄商いの中で瞬間的に1.14ドル台まで下落しました。この下落でひとまず底値をつけた観もあります。しかし、マーケットは一度つけたレベルは意識されることから、再度試す展開も予想されます。

月足ボリンジャーバンドの中心線を見ると、ほぼ横ばいに推移し始めていることから、トレンドはこれからどの方向にいくかは五分五分です。ただ、上下の幅が縮小していることから、そろそろどちらかに大きく動き出す可能性が高いと見ます。上値のレジスタンスはこれまでのレンジの下限である1.45ドルから1.5ドルにかけて**強いレジスタンス**となります。このレベルを上抜けるとレンジの上限となる1.7ドルですが、このレベルが上値の限界と見て良いでしょう（図6.13）。

下値は16年10月につけた1.14ドル台を割り込むと、1985年代につけた

図6.13 ● ポンドドルのテクニカルポイント（月足/2003.2～2018.11）　　チャート提供：FOREX.com

最安値となる1.05ドル台まで特に見当たりません。

●**ファンダメンタルズから見たポンドドル**

　ブレグジットの行方が今後のポンドにとって最も大きな影響を与えると言っても良いでしょう。EUとの合意なしで離脱する**ハードブレグジット**となれば、ポンド売りが一層強まると考えられます。下値目途としては2017年1月につけた1.2ドル付近、そして**ブレグジット後の最安値1.14ドル台が強いサポート**として意識されます。

　EUと英国がそれぞれ妥協して離脱する**ソフトブレグジット**となれば、ポンド買いにつながると考えられます。その時の上値目途としては18年につけた高値1.43後半か、ブレグジットを決定する直前の高値1.5ドル付近がレジスタンスと見ることができます。

　また、金融政策もポンドにとっては大きな影響を及ぼします。ブレグジットによりポンドが急落したことで、英国のインフレ圧力が高まりました。消費者物価は一時3.1％まで上昇し、足元では2.7％（8月）とBOEの物価目標の2％を上回って推移しています。BOEは既にブレグジット後に二度利上げを実施しており、今後も緩やかな利上げ継続姿勢を示しています。ただ、米国FRBも利上げ継続姿勢を示していることから、**どちらのペースが早いか遅いかでポンドドルの動きに変化が出る**ことになります。

　離脱が合意に至った時には、好調な英国景気を反映したポンド買いが強

まる可能性があります。しかし、その後の英国経済などに影響が見られるようなら、再び下落に転じる可能性もあります。

→ 今後のポンド円攻略法

ポンド円はポンドドル以上に値動きが激しい通貨ペアです。ポンド円は掛け算通貨ですので、例えばポンドドルが1.3ドルでドル円が110円であれば、1.3ポンド／ドル110円＝143円／ポンドとなります。インターバンクでは直接ポンド円の取引を行う場合もありますが、市場の流動性が低い時はポンドドルとドル円を別々に取引し、それをクロスさせることでポンド円を作ることもあります。このように、ポンド円を買う時にはポンドドルも買いドル円も同じ上方向で買うために、**ポンド円のような掛け算通貨の上昇や下落は通常の割り算通貨よりも大きな値幅で動く**ことになります。

●ポンド円の損切りや利食いのポイント

大きな値動きの通貨ペアは損切りのポイントが難しく、我慢し過ぎると取り返しのつかない損失を被ることにもなりますが、あまり近くに置くと損切りばかりが先についてしまい、いわゆる損切り貧乏になりがちです。

ポンド円などによく見られる特徴は**オーバーシュート**です。チャートなどからの損切りポイントよりも少し遠い位置に置いたとしても、殆どと言ってよいほど損切りがついてしまうことが多く見られます。経験上から言えば、損切りポイントはずらさずにそのまま置く方が結果は良いようです。

反対に利食いの注文を出しておく場合は、チャートポイントの手前に置くのが基本です。ただ、その場でレートを見ながら取引する場合は、注文を入れずにオーバーシュートの後の戻しを狙います。

ただ、最近は以前と違い金利差が少ないことから、極端な動きは少なくなりました。しかし、動く値幅は今も他の主要通貨よりも大きく、ディーリングにも適しています。

●ポンドドルとドル円の動きとポンド円の比較

ブレグジットショックの1年前からの3通貨ペアの動きを週足で比較すると、ポンドドルとポンド円の動きが非常に似ていることがわかります（図

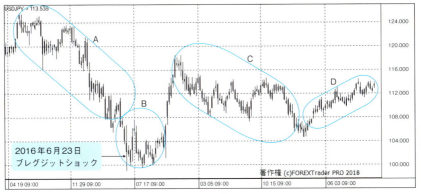

図6.14 ● ドル円の週足の動き（2015.4.12〜2018.11.25）　　チャート提供：FOREX.com

図6.15 ● ポンドドルの週足の動き（2015.4.12〜2018.11.25）　　チャート提供：FOREX.com

図6.16 ● ポンド円の週足の動き（2015.4.12〜2018.11.25）　　チャート提供：FOREX.com

6.14〜図6.16)。

　Aはブレグジットから1年前の動きです。この間ドル円とポンドドルが同時に下落していることから、**ポンド円の下げ幅は最も大きく**なります。

　Bは16年6月のブレグジットショックでポンドの急落場面ですが、ポンドドルの下落幅に比べドル円はそれほど大きくはありません。したがってポンド円の下げもやや抑えらたものの、それでも大きな下げとなりました。

　Cは米大統領選でトランプ氏当選後の動きです。ドル円は急騰の反動で下落していますが、ポンドドルは上昇トレンドに入ります。ドル円の下げよりもポンドドルの上昇幅が大きかったことで、ポンド円も上昇が続きました。Dはポンドドルが上昇しドル円が下落するといった動きで、ドル安が相場の中心なことからポンド円は**綱引き状態で横這い**に入っています。

　この動きを見ると、ポンド円はポンドの動きに連動していると言って良いでしょう。ブレグジットの今後の動向と日英金融政策の違いが、今後ポンド円に大きな影響を与えることになりそうです。

● **テクニカル分析によるポンド円予想**

　リーマンショックで急落する直前の高値215円80銭とその後の安値117円からの戻しをフィボナッチで測ると、76.4％戻しのレベルが2015年6月のほぼ高値圏と一致します。その後16年10月に120円に向けて円まで下落しましたが、この時も下抜けできずに反発。当面117円台が大底になったと見て良いでしょう（図6.17）。

　ここからの戻しがあるとすれば50％戻しの166円付近、あるいは15年6月の高値195円付近が強いレジスタンスになります。ポンド円の習性として下落前のレベルまで**V字戻し**があるとすれば、195円も視野に入ります。

　ボリンジャーバンドを見ると、バンドウオークが始まるとかなりの長い期間継続します。バンドの幅が縮小していることから、どちらかのトレンドが始まる可能性があります。

● **値動きが活発な時間帯**

　ポンド円やポンドドルは、欧州勢が動き始める日本の16時あたりから値動きが活発になり始めます。特に17時から18時にかけては英国経済指

図6.17 ● ポンド円のテクニカルポイント（月足/2008.2〜2018.11）　　チャート提供：FOREX.com

標の発表が多く、短期的に激しい動きが見られます。また、深夜1時（ロンドン16時）の日本の仲値に相当するロンドン・フィキシングタイムにかけても、値動きが活発です。その他、ライトムーブ住宅価格発表の朝8時や、ネーションワイド住宅価格発表の15時などもそういった時間帯です。

> **ポイント**
> - ポンドは既に低金利通貨。しかし値動きは従来と変わらず激しい。
> - ドル円の動きにも注意する。
> - ポンド円はオーバーシュートしやすい。損切りはチャートポイントから離して置き、利食いは手前に置くのが基本。
> - EUからの離脱の結果とその後の経済の活動で、ポイントの方向性を見極める。

6-05 豪ドル円の特徴と攻略法

以前は高金利で投資としての取引がメインだった豪ドルは、リーマンショックにより急落。その後は政策金利の引き下げが続く一方で、流動性も高まった。

→ 豪ドルは投資通貨とトレーディング通貨の両面を持つ

　リーマンショックにより豪ドル円は110円から55円まで50％も下落し、高金利通貨の魅力と同時に大きな変動リスクがあることも、投資家は知りました。しかし変動リスクがあるからこそ、デイトレで急落時の損失を限定することも、売りから入り一瞬にして利益を得ることもできるのです。

　リーマンショック直前に7.25％あった豪ドル政策金利はその後利下げが続き、2016年7月には1.5％まで低下しました。しかし、他の主要通貨も同時に豪ドル以下の低金利となったことで、豪ドルは相対的に金利は高くリーマンショック後は寧ろ上昇が続きました。

　高金利通貨という反面、高リスクであることがわかります。かつてほどの魅力は薄れましたが、急落後も他の主要通貨に比較して高金利である豪ドル円の攻略法を考えます。

→ 豪ドルの特徴と主な変動要因

豪ドルの主な変動要因として、次のものがあげられます。

1. 豪州と米国の政策金利
2. コモディティ価格（原油・金・食料など）
3. 世界景気、特に中国経済

●豪州と米国の政策金利

　図6.18と図6.19は、リーマンショック前後の豪ドル円チャートと米国・豪州政策金利の推移を比較したものです。豪ドル円の動きは**米国と豪州の**

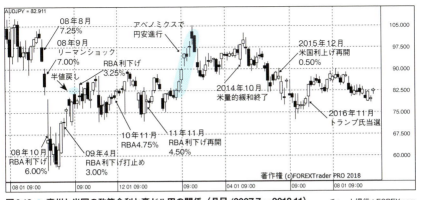

図6.18 ● 豪州と米国の政策金利と豪ドル円の関係（月足/2007.7〜2018.11） チャート提供：FOREX.com

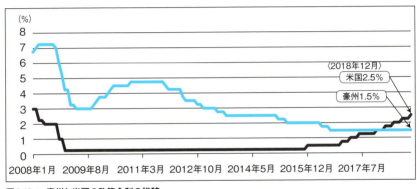

図6.19 ● 豪州と米国の政策金利の推移

金利差が大きく影響していることがわかります。当然日銀の金融政策も影響を及ぼしますが、日銀はどこの国よりも先に長期的な緩和政策を継続していることから影響は限定的です。

　したがって、豪ドル円の先行きを予想するにはRBAとFRBの金融政策を見ていく必要があります。リーマンショックで豪ドル円は直前の高値105円付近から3か月余りで55円まで下落しました。その反動からの買い戻しが入る中でRBAは08年9月に利下げをスタートし、09年4月まで断続的に引き下げました（7.25%⇒3%）。その時は同時にFRBも利下げを実施したことで、金利差は依然として大きく豪ドル円は上昇。そして同年

10月には主要各国に先駆けてRBAが利上げに踏み切り、2010年11月には4.75％まで引き上げたことで豪ドル円も上昇。しかし、11年11月にRBAは利下げを再開しますが、FRBは0.25％の最低金利を維持したことで豪ドル円の売りは限定的となり底堅い動きが続きます。

そして12年11月からアベノミクスへの期待で円安が進むと、豪ドル円はリーマンショック前のレベルである105円まで回復しました。その後FRBが量的緩和を終了し利上げを再開すると、豪ドル円は72円付近まで押し戻されるなど、米豪政策金利が豪ドル円に影響を与えることがわかります。

● **コモディティと豪ドルは強い相関がある**

豪州の人口は約2,460万人ですが、代表的な**資源国**の1つです。石炭、鉄鉱石、ボーキサイト、ニッケル、銀、亜鉛など豊富な鉱産資源の世界有数の産出国であると同時に農業大国でもあり、小麦、羊毛、牛肉、乳製品など農産品の2/3を輸出しています。そのため、**豪ドルはコモディティ価格の影響を大きく受ける**傾向が見られます。

コモディティ価格の代表でもある原油価格と豪ドル円を比較すると、原油は07年頃から価格は急上昇し、2008年7月には1バレル147ドル付近まで上昇しました。結果的にそれが天井となり09年2月には35ドルを割り込むまでに下落しました。豪ドル円もこの下落と共に急落するなど、**原油価格と豪ドルの相関の強さ**がわかります。原油価格は中東勢を中心とした投機マネーの動きが影響すると言われています。原油価格は景気底入れ期待から2011年5月には113ドル台まで上昇。しかし、欧州債務問題の拡大や米国景気減速などから、2014年後半から16年前半にかけて下落。この時豪ドル円も下落しています。2017年あたりからOPECの減産などで上昇に転じています。今後も世界景気に左右されやすい原油価格の動向には注意する必要があります。

● **中国経済の影響が強まっている**

豪州の最大の貿易相手国は、2009年に中国が日本を抜き1位になりました。この頃から中国経済指標が豪ドルの動きに影響を及ぼすようになりま

した。中国経済の発展により、間接的に鉄鉱石の輸出が急速に増えたことが豪ドルを下支えしました。

しかし、2018年から**米中貿易摩擦**が激化したことで、中国経済の失速感が広がり始めています。それに対して中国は積極財政や金融緩和へと方向転換しましたが効果は限定的で、今後の米中貿易の行方には注目です。

●**日本からの投資の影響も大きい**

一般的に言えば、基軸通貨の米ドルを中心に円や豪ドルは動きます。ところがドル円と豪ドル円が同じような動きを見せています。これは**円と豪ドルの相関が強い**ためと考えられます。その理由として豪ドル/ドルとドル/円のクロス(豪ドル/ドル×ドル/円)、つまり豪ドル円の取引が活発に行われているということになります。これは**日本からの投資が豪ドルの動向に大きく影響している**ことを示すものです。この傾向は市場が安定している時に見られます。市場リスクが高い時にはドルが中心に動くことが多く、ドル円との関連性は薄くなります。

⇒ 今後の豪ドル円攻略法

●**経済や金利面から豪ドル円を予想**

RBAは2016年8月の利上げ以来2018年11月現在まで、政策金利の据え置きを続けています。豪州の賃金上昇率は上昇が見られますが依然として低水準。失業率は5%まで低下しており雇用状況は上向き。一方、2018年7-9月CPIは1.9%と、RBAのインフレ目標の+2〜3%をやや下回っています。また、米中貿易摩擦により今後中国経済の行方にも不透明感が広がっていることもあり、RBAは慎重な姿勢を変えていません。しかし、次の政策変更は利上げの可能性を示していることから、いずれは緩和政策を終了するのは必至です。

利上げに動き始め、長期的な引き締め政策が続くと市場が見れば、豪ドルへの投資マネーが海外から集まり始めます。特に、日銀が緩和政策の長期化を示唆する日本からの投資が活発になる可能性が高いと思われます。

日本の個人や機関投資家から見て低金利政策が長期化していることから、

少しでも利回りの高い通貨は魅力的です。それには市場が安定して円高リスクが低い状態が必要です。リスクオンの動きから**低金利の円を売って豪ドルを買う円キャリー取引**が活発化する時です。いずれにしても、RBAが利上げを示唆する時は**打診買い**を入れるチャンスでもあります。

●テクニカル面から見た豪ドル円予想

図20～22はドル円、豪ドルドル、豪ドル円の2003年春から現在までの月足チャートです。

期間Aはリーマンショックまでの動きで、ドル円はレンジ内での動きですが豪ドルドルは大きく上昇幅を拡大。結果的に豪ドル円も上昇が続いています。この動きは**豪ドルが対円というよりも、対ドルで買われた**と見ることができます。

しかしリーマンショック後の期間Bを見ると、豪ドルドルとドル円が同時に売られたことで、豪ドル円の纏まった売りが入った可能性が高いと言えます。急落後の動きはドル円は下落し豪ドルドルは上昇。それでも豪ドル円は上昇しています。この動きは**ドル安が主導**していることになります。豪ドルの流動性が円よりも低いことから、豪ドルの上昇が円の上昇よりも大きくなります。したがって豪ドル円は上昇に転じています。

C期間はアベノミクスによる**円安**が進行したことで、豪ドル円を押し上げた格好になります。

D期間は2016年初頭に上海株式市場の下落から始まり、**原油大幅安**や米景気の不透明感が広がり**円高**が進行したことで、豪ドル円は下落に転じました。

E期間はトランプ政権が始まってからの動きですが、直近の動きを見るとドル高の流れがドル円を押し上げ豪ドルドルを押し下げるなど、**ドル高主導**の動きが続いています。Bのドル安主導の時と同じで、豪ドルの方が流動性が低いことから、豪ドルの売りが円売りを上回り豪ドル円の下落につながりました。

●今後の予想

高値と安値の半値戻しとなる81円付近を中心に上値は90円、下値は72

図6.20 ● ドル円の動き（月足/2003.3〜2018.11） チャート提供：FOREX.com

図6.21 ● 豪ドルドルの動き（月足/2003.3〜2018.11） チャート提供：FOREX.com

図6.22 ● 豪ドル円の動き（月足/2003.2〜2018.11） チャート提供：FOREX.com

円のレンジ取引（あるいは高値61.8％戻しの88円、下値38.2％戻しの75円）が続くと思われます。下値の72円付近は**変形ヘッドアンドショルダー**のネックラインと見ることができ、このサポートを下回ると23.6％戻しの67円台を目指す展開も予想されます（図6.23）。

反対に90円を上抜けると、2014年の高値103円付近までの上昇が見込めます。

図6.23 ● 豪ドル円のテクニカルポイント（月足/2004.7〜2018.11）　　チャート提供：FOREX.com

> **ポイント**
> - 豪ドルは現在でも主要国のなかで相対的に金利が高い。
> - 緩和政策の終了が示されると、一気に金利が上昇する傾向がある。
> - 豪ドルはコモディティ価格の影響を受けやすい。
> - 高金利時代には市場リスクに左右されやすく、米国株式市場の影響を受けることが多かったが、今は中国経済による影響が大きい。
> - RBAが緩和政策を終了し利上げを実施するか、その前にサインを示した時は上昇トレンドの始まりになる可能性がある。
> - 市場が安定しリスクオンの動きが強まる時は買いのチャンス。

6-06 ニュージーランドドル円の特徴と攻略法

資源が豊富というイメージのあるニュージーランドだが、資源国というよりも農牧業国であり、豪ドルの影響を強く受ける。

→ ニュージーランドドル（NZドル）の特徴と主な変動要因

　ニュージーランドはオーストラリアと並んで資源国通貨と言われていますが、鉄鋼や銅、原油などの資源は算出していません。全輸出の3割は酪農製品であり、農業国といった方が良いかもしれません。したがって、農産物価格、特に乳製品価格の影響をより受けやすいという特徴があります。資源国というよりも農牧業国というべきでしょう。

　NZドルは資源国通貨豪ドルとの連動性が強く、**資源価格に影響される豪ドルが動く時はNZドルもつられて動く**ことも多く見られます。また、ニュージーランド経済の貿易依存度はGDPの7割を占めており、輸出先、輸入先ともに1位の中国が全体の2割を占めています（豪州は2位）。その他にも豪州と同様、中国経済の動向がNZドルに影響を与えます。

　ニュージーランド市場は一日の中で最も早く始まる市場であり、NZドルは相場の動きをいち早く映す**先行指標**となることがしばしば見られます。特にNZドル円（キウイ円）は、クロス円やその他クロス取引の動きを先取りすることがあります。必ずとは言いませんが、注意して見ておくと良いでしょう。

　NZドルは豪ドルと同様、以前は高金利通貨の代表として知られていました。リーマンショック前のNZドルの金利は8.25％と豪ドルの7.25％より1％高く、投資家にとっては魅力的でした。ただ、リーマンショック後は中央銀行のRBNZが低金利政策を継続。2016年11月には史上最も低い1.75％まで引き下げ、2018年11月現在に至ります。

図6.24 ● NZドル円のテクニカルポイント（月足／2002.10〜2018.11）　チャート提供：FOREX.com

図6.25 ● ドル円の月足の動き（2002.8〜2018.11）　チャート提供：FOREX.com

　RBNZはこの緩和政策を2020年の第2四半期まで継続すると示唆しています（18年11月声明文）。しかし、経済指標が好調な結果を示すようなら、利上げ時期を前倒しする可能性も十分考えられます。

　ニュージーランドの人口は約480万人と非常に小さい国であり、同時にNZドルの流動性も低いことから、**ちょっとした材料にも反応しやすい通貨**です。また、経済指標の重要な発表やRBNZ政策会合など、東京時間の早朝に開かれます。薄商いの中で予想外の結果が示される時は、大きな動きになることが多く見られます。そのため、投機的な動きも入りやすく注意が必要です。

→ 今後のNZドル円攻略法

08年8月前に高値95円付近まで上昇したNZドル円は、リーマンショック後一気に44円付近まで50円余り下落しました。その後70円付近まで戻した後はもみ合いが続き、12年末から上昇。14年末には94円まで上昇するなど完全に**往って来い状態**となりました。図の6.24と図6.25のNZドル円、ドル円の月足チャートを比較すると、2012年11月からのアベノミクス相場で円安が進んでいくドル円とNZドル円の動きが非常によく似ているのがわかります。

リーマンショック以降、RBNZと日銀は同様に緩和政策を継続していることから、政策面から見ると当面の間は大きな変化はないと予想されます。

ただ、今後RBNZが日銀に先行して利上げをする可能性が高く、**金融面で見るとNZドル円は先行き上昇の可能性が高い**と見ることができます。

フィボナッチで計算すると、下値目途は50%戻しの69円付近がサポートと見られます。リーマンショックからアベノミクス相場が始まるまで69円から57円のボックス相場が続いた上限でもあっただけに、強いサポートとして意識されます。このレベルを下抜けした場合は、ボックスの下限となる57円付近が強いサポートとなります。この下の56円は76.4%戻しのレベルでもあります。

> **ポイント**
> - NZ市場は最も早朝に始まり、NZドル円は相場の先行指標になりやすい。
> - ニュージーランドの重要指標が早朝の薄商いの中で発表され、大きく窓が空く（値が飛ぶ）ことがよくある。窓埋めには数日かかることもある。
> - 酪農製品価格の動向がNZドル円に影響を与える。
> - 豪ドルとの連動性が強く、中国などの動きもNZドル円に影響を与えることが多い。
> - RBNZが日銀よりも先に利上げ示唆をするようなら、NZドル円の上昇トレンドが始まるサイン。

6-07 カナダ円の特徴と攻略法

カナダは世界的な資源国で、ガソリン価格の影響を受けやすいが、政治・経済共に安定している。米国との結びつきが強く米国経済の影響を強く受ける。

　カナダはロシアに次ぐ世界第2位の広大な国土を持つ鉱山資源の豊かな国です。特に原油や石炭、天然ガスなどのエネルギー関係の産出量は世界でもトップクラスでありながら人口は約3,650万人ほどで、世界的に裕福な国の1つです。90年台後半以降の経済は順調で、特に2003年からカナダドルは対ドルで上昇が始まり、07年にはパリティーの1.0を割り込んで米ドル以上となって価値が逆転しました。地理的に米国と隣接しているため貿易も活発に行われ、米国経済の動向はカナダにとって最も重要な存在です。

　しかし、2018年9月にはトランプ政権が**NAFTA交渉**でカナダに対して新たな貿易協定（USMCA）を締結。乳業市場の拡大や対米自動車輸出に制限を設けるなど、カナダへの負担が高まる結果となりました。

→ カナダドルの特徴と主な変動要因

　カナダは世界でも屈指の資源国であり、同時に先進工業国でもあります。原油などのコモディティ価格に影響されやすく、特に原油価格とカナダドルとの相関関係が強く見られます。また、地理的関係から米国との経済的な結びつきが深いことから、**カナダドルと米ドルは似たような動き**をします。最大の貿易相手国であり輸出の5分の4以上、輸入の約3分の2を占めるほど米国のカナダへの影響は計り知れません。そのため米ドルとは短期的に大きな動きの違いは見られません。しかし、USMCAが合意されたことで今後カナダ経済への影響に警戒感が広がります。いずれにしても米国の影響は大きく、特に**米国金利の動向もカナダドルに影響**を及ぼします。

FRBとBOCの金融政策は殆ど変わらず、カナダが米国の後を追う形で金利差も殆どありません。ただ、常にカナダの政策金利は米国と同じか、やや高めだったのが、2016年12月以降は米国がカナダの金利を上回っています（2018年12月現在米国2.50％、カナダ1.75％）。したがって、市場が安定するとドルカナダを買えば金利差が常に入るため、上昇傾向が予想されます。

　一方、カナダ円の動向は日銀が緩和政策を当面継続する姿勢を示しているのに対し、カナダは引き締め政策継続姿勢を示しています。そのため、**安定したマーケットではカナダ円は買われやすい状況が続く**と言えます。

図6.26 ● カナダ円の週足チャート（2015.3.15〜2018.12.2）　　チャート提供：FOREX.com

図6.27 ● ドル円の週足チャート（2015.3.15〜2018.12.2）　　チャート提供：FOREX.com

→ 今後のカナダ円攻略法

　米ドルとカナダドルは殆ど同じような動きになり、ドル円とカナダドル円のチャートも非常に似ています（図6.26、図6.27）。したがって、ドル円もカナダ円の取引もあまり変わらないこととなります。しかし、金利差では現在は米国の方が高金利であり、長期的にカナダ円よりもドル円を買う方が有利になります。反対に売りポジションではカナダ円の方が支払いが少なく有利になります。

　今後、FRBが利上げを打ち止めた時にBOCが利上げ継続姿勢を示すと、**ドル円からカナダ円への乗り換えの買いが増える可能性**があります。金融政策から見ると、カナダ円は上昇トレンドを継続すると考えられます。

　一方、USMCA合意によりカナダ経済への影響が懸念されることや、今後日米貿易摩擦が拡大するようなら、カナダ円の下落要因となります。

　全般的に見ると、カナダとの交渉が終了したことで当面はカナダ円の上昇が期待されます。しかし、今後米国が自動車関税や数量規制などを日本に課すようなら、円高が進みカナダ円は下落傾向に転じる可能性もあります。しかし、市場が安定するようなら政策金利が最も通貨に影響を与えることから、カナダ円買いが優勢になると考えられます。

ポイント

- カナダドルは資源国通貨のため基本的に原油などコモディティ価格に影響される。
- 米国との貿易比率が高く、米国経済に強く影響される。
- 市場が安定すればカナダ円は上昇する可能性が高い。

CHAPTER 7

FXで勝つ人の心構え

7-01　FXで勝つ人、負ける人はどこが違うか

7-02　情報収集と相場を読むヒント

7-01
FXで勝つ人、負ける人はどこが違うか

一発勝負を避けてコツコツやる人、負けた時に自分の感情を抑えて冷静になれる人、自分を客観視できる人の方が結局は勝っているケースが多い。

→ まず生き残ることでチャンスをつかむ

　FX取引も含め、相場に参加する人には2通りのタイプがいるようです。1つは一発型、もう1つはコツコツ型です。

●一発型のタイプは結局資金を失いやすい

　よく、「一晩で大金持ちになった」という話を耳にします。一晩というのはオーバーだと思いますが、それはレバレッジという武器があり、少ない資金で大きな取引ができるからです。

　ところが、実際はそううまくはいきません。一般的に一発タイプの人は大勝ちする前に資金の底がついてしまい、最終的に取引を止めてしまう場合が殆どです。また、もし大きく勝ったとしても、さらに大きく勝とうとして結局儲かった分も全て失ってしまうという人を数多く見てきました。相場の難しさは損切りの難しさにありますが、勝った時の利益を確保する難しさもあります。

●コツコツ型でチャンスをつかむ

　毎日小さい勝利をコツコツと積み重ねていれば、年に何回か必ずチャンスがやってきます。それをつかむにはFX取引を継続して行うことです。

　例えば、2008年のリーマンショックでは、全てのクロス円が急落しました。その急落場面では、それこそ短期間で数年分の利益を得られるチャンスが訪れましたが、途中で買いを入れてしまい大きく損を出した人、さらに買い下がってしまった人も見られました。ところが毎日コツコツと取引を重ねていれば、そのような場面では相場観が働くようになります。最初の下落時に危険を感じ、損切りを早めにして損失を最小限に食い止めた

人、損切りしてすぐに売りに転じ、損失を利益に変えた人もいました。

　毎日コツコツと取引を行っていたからこそ、このようなチャンスもつかめるというものです。

⇒ FXで勝つための心構え

●意地を張らないこと

　間違ったと思ったらすぐにそのミスを認めることです。少なくとも3回続けてミスをすることは避けましょう。1回目のミスは何とか取り戻せますが、2回目のミスを取り戻すのは1回目の数倍難しくなり、3回目のミスは取り返しのつかない損失に膨らみます。

　ゴルフの例で恐縮ですが、第1打をドライバーでボールを林に入れてしまい、ほとんどピンを狙えない状況だとします。第2打で無理矢理ピンを狙ったために木にぶつけてさらに林の奥に入ってしまい、そのあげくにそこから一発逆転でグリーンを狙い、最悪な状況になったという経験はないでしょうか。私にはあります。

　最初のミスをFXで例えれば、ポジションが思惑と反対に行った時のようなものです。その時にロスカットをしていれば傷は小さくて済みます。2回目のミスは林から直接狙おうとせず、横に出しておけばボギー程度で済んだかも知れないというものです。これは最初に持ったポジションを切らずに、もしかしたら戻ってくれるかも知れないといった「運任せの行為」と同じです。3回目はかなり頭に血が上り、既に冷静な判断ができなくなり、やけくそ気味の状態です。これは、為替レートがさらにアゲインストになったことから苦し紛れのナンピンや、ダブルアップ（倍返し）で一発逆転を狙うのと同じです。ある程度の確信があれば別ですが、このような取引を繰り返すと取り返しのつかない状態まで陥ってしまいます。

　最初のミスはミスではなく読み間違いです。間違いと気づいた時点で一旦ポジションを切らずに、そのまま持ち続けたことが大きなミスにつながるということです。そこで切れないということは、それ以上に悪化した時はさらに切れなくなります。間違ったら迷わず切るというように、自分の

感情を抑えられる人が最後に勝ち残れるのだと思います。

●相場は宇宙と同じ

為替市場は1日約5兆ドルを超える取引がされています。企業や個人が幾ら大きな金額を使って相場を動かそうとしても、殆どビクともしないのが為替相場です。相場は宇宙に似ています。一対一の戦いであれば相手を倒せば勝てますが、外国為替市場は違います。自分自身がその宇宙と同化していくように市場の動きに同化することで、相場の流れが少しは見えてくるものだと思います。

●私が日常で心掛けていること

私は元々短気で負けず嫌いなところがあります。その根本的な性格は変わらないかも知れませんが、それを抑えることはできると思います。そのために自分で日々心掛けていることが幾つかあります。それは歩く際に決して慌てないということです。エレベーターが閉まりそうな時や、電車に間に合わなくなる時などはどうしても走ろうとしてしまいますが、そのような時こそ敢えてゆっくりと慌てずに抑えて歩くようにしています。間に合うように余裕を持って計画を立てて行動すればそんな状況を避けられるのですが、そうは思ってもなかなか難しい。そんな時は「まあ、いいか」と考えて、人間生きていればなんとかなるだろうといった、終わったことにいつまでもくよくよしない生き方をしています。

もう1つ心掛けていることは、人生で「タラ・レバ」は決して言わないということです。後から「こうすレバ勝てたのに」とか「あそこで売っていタラ儲かったのに」と言うのは簡単です。日常でもどんなときでも決して「タラ・レバ」を言わないように心掛けることは相場にも通じることです。反省は大事ですが、いつまでも後悔していては何の利益にもつながりません。

7-02
情報収集と相場を読むヒント

同じニュースであっても捉え方が間違っていたり、既に古い情報を元に判断していたのでは、FXで勝つことはできない。

→ ニュースや情報の読み方

新聞などで読んだニュースは既に過去のものだと考えて下さい。終わってしまった記事を読んでからポジションを作るというのは危険です。

例えば、「ドル円の個人買いポジションが数か月ぶりの高水準」という記事があったとします。この記事を読んで私も買っておこうと思うのか、それともこれだけ買われていたらそろそろ危ないと考えるのか──このような記事は数日遅れで発表されるため、**既に終わりに近いかあるいはこの時点で終わった過去の記事**と思って下さい。

ただし、ドル円が上昇トレンドにある時には、寧ろどこで買って入るかのタイミングの時でもあります。それには中長期のドル円の見通しがなければわかりません。それにはやはり新聞の色々な記事を読むことが必要で、短期的な動きだけではなくグローバルな流れをつかむようにします。日本の新聞はどれも日本人から見た同じ記事が報道されることが多いため、どうしても一方向に偏る傾向があります。できれば英字新聞などにも目を通すと、日本と海外の視点の違いなどが見てとれます。

もう1つ注意することは、新聞やテレビの番組で金融のプロによる為替のレンジ予想がよく聞かれます。しかし、その殆どがコンプライアンスを経るため、他の予想と大きく異なるレンジは言えません。大体の人たちがその時の実勢レートを中心にしてプラスマイナス何十銭という言い方で答えています。ほんの少しどちらかにずらして予想を出す人は、自分の相場観を伝えたいという気持ちの現れと言ってよいでしょう。

●**経済指標は広く浅く**

　経済指標はそれほど深く知る必要はありません。寧ろ広く知ることの方が重要だと思います。あまり深く数字を気にし過ぎると、寧ろ相場観をつかめなくなることがあります。そのようなものはエコノミストに任せます。エコノミストと呼ばれる人たちはその数字の分析をするのが役目であり、相場から少し離れて数字だけを見ています。したがって、エコノミストの相場予想とディーラーの予想とは少し異なるのは当たり前です。要は、それらの分析結果から自分がどう相場を読むのかということが重要です。

●**FX業者の情報配信やブログなどを利用する**

　手っ取り早く前日の海外市場の動きを知るには、FX業者が配信している情報が役立ちます。業者の口座があれば大手の情報会社も含め色々な情報が見られます。良い情報とは1つの情報に偏らずニュートラルに時系列で書いてあるもので、コメントはまた別の話しです。色々なブログなどを見比べて、自分の相場観とは異なった相場観なども見るようにします。自分の相場観と同じ見解のブログばかり見ていると、偏ってしまう危険があるからです。

　過去の情報はどこの会社も殆ど変わりません。殆どの業者はロイターや時事通信などのニュースをそのまま流すため、ニュースも殆ど変わらないようです。問題はディーリング中に出る情報です。中には特徴的なサービスを提供している業者もあります。

　なお、私の例を少し紹介させていただきますと、私自身もFC2のブログで毎日数回、その日の市場コメントを発信しています。日曜日にはその週の一週間を通した相場予想、その週の注目材料など、前週からの流れに沿って予想しています。また、月曜日から金曜日は朝一番でその日の動きや注目の材料は何かを独自の視点で分析し、その日の注目通貨、テクニカルポイントやレンジ予想なども出しており、日中もし何か大きな動きがあるような時にはコメントを追加したりしています。もし、何かご質問などがあればできる限りお答えするようにしています。

　その他には日経CNBCの朝の番組で、為替コメントを電話でお送りし

ています。

→ システムトレードという方法

　最近システムトレードが日本でも広がりを見せており、例えばフォレックス・ドットコムなど「メタトレーダー4」という取引システムを提供しているFX業者もあります。これは高機能なチャートシステムを搭載したトレーディングプラットフォーム（メタトレーダー上から注文や口座管理ができる機能）で、プログラム売買取引機能を持ったものです。EA（エキスパートアドバイザー）と言われるプログラムを利用することで、自動的に売り買いをしてくれます。これらのプログラムは高価なものから無料のものまで色々と市場に出回っているようですが、自分でプログラム言語を駆使して組み立てる方もいるようです。バックテストでは勝てても実戦ではそうならないこともあるようです。

　気をつけなければいけないのは、このようなシステムを使えば楽にお金を稼げると思ってしまうことです。世の中にはそんな甘い話はありません。少なくとも為替取引の基本的な知識とテクニカル分析のスキルなどは身につけておくことが必要です。それでも勝てるかどうかはわかりません。自動売買では頻繁に売買を行うためプライスのスプレッドが狭いこと、そしてスリッページが少ないことが重要な条件になります。

　メタトレーダーにはもう1つの使い方があります。自分で思ったようなオリジナルのテクニカル指標を作成し、独自のチャート分析をすることができるということです。テクニカル分析による売り買いのサインを示してくれますが、やはり最終的に判断するのは自分自身です。

■著者紹介

岡安　盛男（おかやす・もりお）

1979年4月アムロ銀行（現ABNアムロ銀行）入行。アービトラージディーラーとしてスタートし、マネーやフォワードディーラーを経て外為スポットディーラーとなる。83年RBC（カナダロイヤル銀行）資金為替部長。85年ウエストパック銀行にシニア為替ディーラーとして入行。ロンドン支店を含み約10年間勤務。1994年にはインドスエズ銀行（現クレディ・アグリコル銀行）にチーフカスタマーディーラーとして入行。自動車や石油会社などのメーカーや、生損保、商社などの大手顧客へ為替のアドバイスを行う。

1998年独立してデイトレーダーに転身。日本ではまだFX業者はなく、海外のFXブローカーを使ったFXデイトレーダーの先駆けとなる。

その後マネックスFXチーフアナリスト、フォレックス・ドットコムジャパン株式会社（現ゲインキャピタル・ジャパン株式会社）チーフアナリストを経て、現在、レグザム・フォレックス合同会社代表取締役。

セミナーやブログの他、テレビ、ラジオ、新聞などを通し為替に関する情報発信を行っている。インターバンクディーラーと同時にデイトレーダーの経験を通じた独自の為替コメントには定評がある。

主な著書に、「岡安盛男の稼ぐFX 実戦の極意」「岡安盛男のFXで稼ぐ51の法則」（自由国民社）がある。

岡安盛男のFX攻略バイブル［第4版］

2019年1月18日 初版第1刷発行

著　者	岡安盛男
発行者	伊藤　滋
発行所	株式会社 自由国民社
	〒171-0033 東京都豊島区高田3-10-11
	http://www.jiyu.co.jp
	振替00100-6-189009 電話03-6233-0781（営業部）
チャート提供	FOREX.com（ゲインキャピタル・ジャパン株式会社）
本文DTP	有限会社 中央制作社
印刷所	新灯印刷株式会社
製本所	新風製本株式会社

ブックデザイン　吉村朋子

Ⓒ2019

落丁本・乱丁本はお取り替えいたします。

本書の全部または一部を無断で複写複製（コピー）することは、著作権法上での例外を除き、禁じられています。